南アフリカ
社会経済史

C.W. デ キーウィト

A History of
SOUTH
AFRICA
Social and Economic
C.W. de Kiewiet

野口建彦・野口知彦 訳

文眞堂

A HISTORY OF
SOUTH AFRICA
SOCIAL & ECONOMIC
By
C. W. De Kiewiet

© Oxford University Press 1957

HISTORY OF SOUTH AFRICA, NEW EDITION was originally published in English in 1957.
This translation is published by arrangement with Oxford University Press.

序

　歴史の記述とは常に単純化の過程である。歴史家は 1 巻本より 2 巻本を書きたいという誘惑に負けないようにしなければならない。この誘惑は，大量の「社会に関する材料」を扱う研究分野で特に強いものである。グリーンの『英国庶民階級の歴史』に関して，フリーマンが揶揄したのも，こうした「社会に関する材料」についてであった。社会経済史では，日常生活における食事，仕事，休息などの細々とした事象が重要となり，社会の全体像は，平凡な生涯を送って，人知れぬ墓に眠る無数の男女により形成されると考えられるからである。本書は，南アフリカの社会的・経済的発展において根幹をなす諸事実を記録したものである。

　慧眼の読者は，著者がケープ・カラード（混血）やアジア系の人々にあまり紙面を割いていないことにお気づきになるだろう。J. S. マレイ博士の優れた研究，『ケープ・カラードの人々』は，南アフリカ社会における，ケープ・カラードの重要な立場を明確に立証している。近年，このグループの人々に経済的・社会的・政治的特権を与える傾向が強まっているが，これは，18 世紀に，メスティーゾ*を純粋の現地人から切り離そうとしたスペインの意図的な政策を想起させる。南アフリカのインド人問題も注目すべきである。それは，この地域の問題であると同時に大英帝国の問題だからである。しかし，こうした差別があるとはいえ，カラードの人々も，アジア系の人々も非ヨーロッパ系住民という巨大集団に属していることに変わりなく，そうした集団に対して白人は，社会的には隔たりを置き，経済的には競合し，政治的には恐れを抱いている。したがって，筆者がヨーロッパ人と現地人との関係に使用した言葉は，少なからず，他の非ヨーロッパ系住民についても当てはまるのである。

---

* メスティーゾ：スペイン人と先住民との混血の人々

すべての植民地史の主題は成長・発展である。大英帝国自治領の歴史の基本的一貫性は，帝国内の連合という単純な事実に起因するだけではない。それは，入植当初のちっぽけな居留地がその孤立無援，貧困，無力さから抜け出そうとした葛藤の共通性にも起因している。それは，従属状態から政治的成熟へ，経済的脆弱状態から世界経済における重要な地位へ，という同一の進展にも起因している。しかし，同一性には，限度があり，そこから先は，特異性や差異が顕著になる。カナダが強大な隣国（アメリカ合衆国）と国境を共有することと，オーストラリアが極東地域の政治に重要な関心を持つことは，カナダとオーストラリアの政治活動のあり方に大きな差異をもたらす2要因を示す実例にすぎない。大英帝国自治領内で南アフリカが占める独特の立場は，南アフリカ住民の異民族混在という特異性と，その結果生ずる人種や肌の色の問題に帰着するのである。

　本研究は，大英帝国史の一部である。他の自治領に関しても同様の研究が行われるだろう。今日の重大な危機的状況において，大英帝国に関する関心は，現在も将来もけっして尽きることがないと言っても，あながち学者の道に外れないだろう。大英帝国には複雑多岐な事象があり，おびただしい人種を抱えている。なかには変わりゆく事象もある。変化は大英帝国の進展の重要な要素だった。しかし，戦争の影響を受けずに存在し続ける事象もある。そうした事象は不滅であり，時代を超越している。大英帝国とドイツの2度目の戦争で，時代を超越した諸特性がすでに明らかになりつつあり，後の世代の大英帝国史研究家がそれを研究するだろう。大英帝国は一政治体制に止まるものではないし，一経済体制に止まるものでもない。それは，精神的偉業であって，文学，芸術，あるいは，地球上における人類の関係などに見られる，精神的偉業の不朽の特性を持つものである。

　近年，著作者の間で，現地語研究者の確立した正字法を用いることが一般的になっている。本書ではその例に倣っていない。言語学的な正確さに価値があることは確かである。しかし，言語学的正確さは，長年慣れ親しんだ名前に見慣れぬ綴りをあてはめ，時には，それが何であるのか識別し難くしてしまう。一般読者にとって，Moselekatze（ムジリカーチ）や Moshete（モーシェット）の方が，uMzilikazi（ゥムツィリカージ）や Moswete

（モスウェーテ）よりも解りやすいだろう。また，Zulus という英語化された複数形と平行して，Basuto という正しい複数形もためらわずに使用している。

　本書のような性格の本を執筆するにあたって，多くの方々の恩義を受けた。W. M. マクミラン教授，E. A. ウォーカー教授，S, ハーバート・フランケル教授らの著作は，度々読んだり調べたりしてボロボロになっている。H. M. ロバートソン博士，C. G. W. アキューマン博士，W. H. ハット教授，グロスコフ教授他の研究者にも多大な恩義を受けている。E. A. ウォーカー教授と W. M. マクミラン教授には，本草稿を読んでいただき，有益な示唆を賜った。学生のアルフレッド・マーティン君は鋭い目でいくつかの誤りを指摘してくれた。友人の R. ウィンドラム氏は，著者が南アフリカに在住していないというハンディを克服し，距離を置いて展望できるよう，切り抜き，パンフレット，彼自身の慧眼のコメント等を大西洋の向こう側から，絶え間なく送り続けてくれた。秘書のメアリー・ストロングさんは実に頼りになる人物だった。アイオワ大学大学院の研究科長，ジョージ・ストダード氏の誠意に満ちた寛大な取り計らいに，本書は多大な恩恵を受けている。

　社会科学研究委員会に対して，研究助成金を賜ったことに感謝したい。本書はその成果の一つである。

C. W. de K.

アイオワ市
1940 年 12 月

目　　次

序 ………………………………………………………………………… i
第1章　新しい社会の創設 …………………………………………… 1
第2章　新旧思想の交替 ……………………………………………… 32
第3章　新旧フロンティアの交替 …………………………………… 59
第4章　新旧産業の交替 ……………………………………………… 91
第5章　ウィットウォーターズランドとボーア戦争 ……………… 119
第6章　南アフリカ連邦 ……………………………………………… 144
第7章　金鉱業 ………………………………………………………… 156
第8章　プア・ホワイトとプア・ブラック ………………………… 180
第9章　文化的労働 …………………………………………………… 208
第10章　産業の規制 …………………………………………………… 243
　参考文献一覧 ………………………………………………………… 268
　補遺　高位高官名簿 ………………………………………………… 270
　南アフリカ史における重要事件 …………………………………… 275
　訳者あとがき ………………………………………………………… 278
　索引 …………………………………………………………………… 298

図目次

I．降水量（15-50インチ〔381mm～1,270mm〕の降水量の地域が，
　　白人・黒人の植民地移住の目標である）………………………… 14
II．18世紀の白人入植者と黒人入植者の動き ……………………… 90

第 1 章
新しい社会の創設

「オランダの国内取引，海外貿易，富，船舶数の驚異的な増大は，現代の人々にとって羨望の的であり，後の世代の人々すべてにとっても驚異であり続けるだろう。」

ジョサイア・チャイルド卿*

　アフリカ最南端は最初，ケープ・オブ・ストームズ（嵐の岬）と呼ばれたが，その後，ケープ・オブ・グッド・ホープ（喜望峰）と改名された。しかし，その名声と重要性は高まり，ついには，地球上に存在する他の無数の岬と混同される恐れなく，ただ，ケープと呼び親しまれるようになった。ケープは巨大大陸の南端にあって，必然的に地理上の重要地点となった。また，文字通りヨーロッパとインドとの中間に位置し，戦略的にも重要な地点となった。東方への往路もしくはヨーロッパへの復路に，この岬をまわる船舶にとって，岬は中間地点を表す万感の魅力を持っていた。ポルトガル人がこの地を発見したのだが，オランダ人がその計り知れない重要性を認識して，1世紀半にわたって領有し，その後，イギリス人がインド帝国への途上，最重要な拠点としてここを掌握したのである。
　ケープはインド航路の司令塔的位置を占めていただけではない。内陸部をも制していた。そこは入植者たちが，健康的で暮らしやすい気候を持つ内陸部台地へおもむく最良の出入口だった。ヨーロッパ人が入植した進入路は，東からでも西からでもなく，南からだった。東海岸や西海岸にも，テーブル湾よりもっと良い港があったが，17世紀には，そうした港にはすべて居留や入植の基地として役に立たない欠陥があった。西海岸のサルダナ湾やウォ

---

* ジョサイア・チャイルド卿（1630 - 1699）：イギリスの商人，経済学者，イギリス東インド会社の総裁。重商主義を説く。

ルビズベイには良港があったが，その後背地では水が不足していた。東海岸の，特に，デラゴア湾の天然の良港の周辺は，低地で，マラリアが蔓延しやすく，ツェツェ蝿に苦しめられ，家畜や馬にとって危険な場所だった。フリオ岬からザンベジ川に至る海岸線上の地区の中で，ケープは南アフリカ植民には最良の訓練場所だった。テーブル山の背後にひかえる肥沃な渓谷は，ほんの少数の入植者たちが，広大な奥地の征服に乗り出す前に，居住し，人口を増やし，取得した土地に関する知識を増やすための養育所のような所だった。熱病や動物の疾病の恐れのない温和な風土でこそ，輸送用動物の育成が可能であり，輸送用動物は，スペイン人がメキシコやペルーを征服した時と同様，アフリカの開拓にも不可欠だった。海岸地域の先住民の数は多くはなかった。時には，やっかいであったり，危険なこともあったが，彼らにはヨーロッパ人の入植を阻止できるほどの力がなかった。

　インド航路途上におけるケープの重要性を最初に認識したのはオランダ人だった。ポルトガル人は，大総督アルメイダがテーブル湾の海岸でコイコイ人*の一団に殺害されて以来，ケープを疑惑と迷信を持って眺め，寄港地としてはセント・ヘレナの方を選んだ。彼らにとって，ケープは復讐心に燃えた暴風雨の精霊，アダマストルの岬だった。この精霊は『ルシアド』*の中で，真夜中にバスコ・ダ・ガマの枕元に現れ，インドへ航海する者には災いが降りかかると予言した。ポルトガル人は東インド帝国への進入路の防衛については，比較的に関心が薄かった。領有地の防衛体制を組織したのは，主にアフリカ東海岸とインド洋だった。アフリカ東海岸には獲得すべき金と伝道すべき人々が存在していたため，アルメイダ総督はモザンビーク，ソファラ，モンバサを占領し，要塞を築いた。彼の後継者アルブケルケ*は帝国に対するさらに強固な情熱を持って，インド本土のゴア，ペルシャ湾を支配するオルミュズ，中国や日本への航路を掌握するマラッカなどを征服することによって，アルメイダの偉業をさらに確固たるものにした。それは立派な業

＊　コイコイ人：自称コイコイン。かつてホッテントットの蔑称で呼ばれ，牛の遊牧を中心に移動生活を営んだ。
＊　『ルシアド』：ポルトガルの詩人，カモンイス（1524－80）による，ポルトガル人の偉業を称えた叙事詩。バスコ・ダ・ガマのインド航路発見に関しても詳述している。
＊　アルブケルケ（1453－1515）：ポルトガルの航海者，植民地行政官。インド第2代総督。

績だった。バスコ・ダ・ガマがインドを発見して20年も経たないうちに，何百年間もインド洋を自由に我が物としてきたアラブ人の支配は永久に打ち砕かれてしまった。しかし，17世紀から18世紀には，諸帝国の命運は大西洋上で決せられた。北海をはさんで，二つの新興商業大国，イギリスとオランダが台頭し，双方ともスペインのカトリック国王との闘いにかかわっていた。カトリック国王の野望は，教会のために旧世界を獲得し，カスティリィア王国のために新世界を保有することだった。スペインの無敵艦隊を破ったのはイギリスだったが，最初に海軍大国になったのはオランダだった。オランダ人に最初に富をもたらしたニシン漁船がヨーロッパにおける最初の商船となり，ベルゲン・オプ・ツームでスペイン人を船から海へ投げ捨てたベガーズ修道士たちが，ヨーロッパにおける最初の商人となった。

　もし，スペインの名高い歩兵が，ロヨラ*に従ってヨーロッパの反宗教改革の手先になったりせず，あるいは，もし，メキシコやペルーで得たスペインの財宝がドイツやオランダで湯水のように浪費されなかったら，1580年のスペインによるポルトガル併合は，崩壊に瀕したポルトガル帝国を強大な国の庇護の下に置くこととなり，敵対する諸国から救済できたかもしれない。ところが，逆に，スペインとの結合が原因で，ポルトガルの弱体化に拍車がかかってしまった。ポルトガル帝国をすでに蝕んでいた腐敗と失政の上に，さらに宗主国の冷淡で貪欲な重圧が加わったからだ。最悪だったのは，ポルトガルがスペインの敵国をそっくり受け継いだことである。オランダはリスボンからヨーロッパ諸国向けの海運業の中の，儲けの多い分け前に与かることで，すでに強大な力をつけていた。1595年に，コウニーリス・ハウトマンの率いる4艘の船の乗組員たちは，ケープをまわる航海に挑み，ポルトガルの東方帝国がポルトガル本国と同様，ひどく弱体であることに気づいた。

　オランダの資本，優れた船舶，強大な活力を相手にして，ポルトガルは全く無力だった。ハウトマンに続く人々は，アルメイダやアルブケルケの向こう見ずな冒険をさらに上回るものを東洋にもたらした。彼らは，抜け目ない

---

* ロヨラ（1491-1556）：聖イグナチウス・デ・ロヨラ，スペインの聖職者。イエズス会創設者。反宗教改革の闘士。

計算と洞察力，優れた組織力，新しい重商主義時代に適合する有益な目的にかなった手法を適用し，新重商主義時代を主唱する最初の成功者となった。1602年にオランダ東インド会社が創設されたことによって，複数のオランダの貿易商社が結束してポルトガルに圧力をかけることが可能になった。僅か5年で，百年にわたるポルトガルの独占体制は崩壊した。十余年のうちに，オランダ東インド帝国が現実のものとなった。1641年にマラッカを，1658年にセイロンを占領した時点で，オランダはポルトガルの領土拡張の最盛期を凌駕した。1623年に，イギリスをアンボイナ*から退去させることで，この多島海域における貿易の分け前に与かろうとするイギリスの挑戦を退けた。今やオランダの帆船は七つの海を航行し，はしけ船はドイツの河川をさかのぼり，荷馬車はヨーロッパ中の道路を走り回っていた。

イギリスとオランダの進路はケープでもぶつかりあった。互いに競合する両国の船舶は，航路の中間停泊施設を同じく必要としていたため，17世紀の初めからケープに目をつけていた。1620年に，イギリスの二人の船長が，世界中の海で，いつの時代にも行われていたイギリス船長の慣例に従い，ケープをイギリスの統治下に置くと主張した。この主張は，アフリカ沿岸の他の地点に対する数多くの似たような主権の主張同様，取り上げられなかった。ケープに実際に定着したのはイギリス人ではなくオランダ人だった。なぜなら，主にオランダ人が，ケープ半島の土壌は不毛ではないこと，また先住民は厄介者ではなく，彼らの飼っている畜牛ゆえに，価値ある財産であることに気づいたためである。

1652年，すなわちクロムウェルの航海条例によってイギリスの挑戦状がオランダにたたきつけられた翌年に，ヤン・ファン・リーベックが，サハラ砂漠以南の地に史上初めて入植することになるヨーロッパ人と共に，テーブル湾に上陸した。リーベックはインド航路の中間地点に補給基地，つまり中間停泊施設を設立するためにやってきたのである。最初，インド航路の途中にキャベツ畑として作った場所が，後に，オランダ東インド会社の帝国全土の中で，おそらくマラッカを除けば，最も重要な戦略地点となった。

---

* アンボイナ事件：1623年に，アンボイナ（現インドネシアのアンボン）駐在のオランダ守備隊がイギリス商館員を殺害，イギリス人をインドネシアから退去させることとなった。

ヤン・ファン・リーベックの指示は明確だった。オランダ東インド会社は，荒野を開拓するとか，オランダ人のために海外に新たな基地を見つけるという野望を持っていなかった。ヤン・ファン・リーベックの仕事は東インド会社の船舶に新鮮な肉と野菜を補給するだけで十分だった。ケープへの入植は独立した事業ではなかった。ケープは巨大な重商主義システムの歯車の一つであり，そのシステムが年々生み出す利益配当は，イギリス商人の羨望の的となり，コルベール*と彼の創設したフランス東インド会社に絶望感を抱かせるほど膨大なものだった。このシステムでは，香料と利益が宗教心や愛国心よりも重視された。聖フランシス・ザビエルや，アフリカの熱病で死んでいった無名の殉教者たちの耀かしい記録は，オランダの植民地化の努力を記す年報では空白になっている。

　ケープの気候風土はヨーロッパ人の入植に適していた。オランダの涼しさに比べるとさわやかさに欠けてはいたが，バタビア*の蒸し暑さのように気力を萎えさせることはなかった。地中海性気候で，しかも，ギリシャやスペインのようにオリーブを収穫する人の手を時折凍えさすような冬の霜は降りなかった。それでも，入植当初の4〜5年間，小さな集落は窮乏瀬戸際の惨めな生活を送っていた。植えつけたものは小麦を除き，かなり立派に生育した。小麦は夏の強烈な風になぎ倒されてしまったのだ。入植したオランダ人の目的は，東インド会社の船舶に食料を補給することだったとはいえ，行き交う船が持ってくる必需品がなければ，彼らは餓死していただろう。難問は，未発達の入植地がその基礎を固めるのに必要な通常の苦闘に止まらなかった。東インド会社は，軍制下の守備隊に農業共同体の仕事をさせようとしたのである。彼らの大半が，「ジョン商会」（東インド会社の通称）に奉職したのは，何も，居心地のよいヨーロッパと一攫千金の機会に恵まれた香料諸島との中間地点の，荒れ果てた僻地で苛酷な生活を送るためではなかった。当然のことながら，彼らは非能率的な労働者であり，彼らがふてくされ

---

* コルベール（1619 - 83）：フランスの政治家。ルイ14世の財務総監として重商主義政策（コルベールティスム）をとった。極端な保護貿易政策はオランダ戦争勃発の一因となった。

* バタビア：現在のインドネシアのジャカルタ。ジャワ島北西部にあり，年間を通じて温度，湿度が高く，雨季にはしばしば氾濫にみまわれる。1619年オランダ東インド会社に占領され，バタビアと呼ばれて，東インド経営の根拠地とされた。

ながら働いて作り出した生産物に比較して，そのコストは東インド会社にとって桁外れに高くついた。

　1657年に，東インド会社は規律の代わりに私的利益の原理を導入することに決めた。ファン・リーベックの提案で，9人の社員が「自由農民」(以下「ボーア自由民」)となり，土地所有者となった。彼らは13.3エーカーのささやかな土地を与えられ，税の支払いを免除されたが，そこに20年間居住することが義務づけられた。それは東インド会社が彼らに与えたごく僅かな自由であり，1634年にメリーランドで，領主植民地*の建設に加わった200人の労働者に与えられた自由よりもはるかに限定されていた。彼らは軍務の一部を担っていたし，東インド会社の要求する物資を指定価格で供給することになっていた。同社が専売権を持つタバコの栽培は禁じられており，地元民と交易する自由もなかった。このほんの限られた自由と多大な束縛との矛盾に，ケープ植民地のその後の歴史の大半が内包されていた。東インド会社は独占権を侵害されないよう躍起になった。入植者は次第に数を増大させながら，ほとんど封建制に近い統治の圧政的な手から自由をもぎ取ろうと苦闘した。同社はケープ植民地の拡張に断固反対した。入植者は駐屯地の近くで自由を得るのは至難であることがわかったため，海岸から遠ざかることによって自由を得ようとした。

　最初のボーア自由民は資本と労働力の不足に苦しんだ。1664年に，南アフリカの農場経営は最初の不況に見舞われた。ボーア自由民は，生活の貧窮と儲ける機会が少ないことを，声を大にして叫んだ。この叫びは，何世紀にもわたって，南アフリカの大地でよく聞かれる苦悩の声となる運命にあった。南アフリカの土地を耕した人には，そこが当てにならない，先の予想の立たないやせた土地であることがすぐに判明した。17世紀が終わっても，ケープ植民地は借金地獄から抜け出せず，毎年ケープに立ち寄る40隻余りのオランダや他国の船舶に必需品を十分供給することもできなかった。入植者の大半は貧乏で，多くが借金に苦しんでいた。施しに頼って生活する者さえいた。次の世紀に移る前に，ファン・リーベックと後続部隊は，ひょっと

---

* 領主植民地：アメリカ植民地時代，イギリス国王から土地を与えられた貴族や貴族のグループが建設した植民地。メリーランド，ペンシルバニア，デラウェア，などがその例。

すれば金の山を探り当てて植民地の運命を変えられないだろうかという望みを託して，12回にわたり貧弱な装備の探検隊を派遣した。しかし，彼らが探し求めた伝説のモノモタパ王国*は幻想に止まった。このような空想的で非科学的な17世紀のエルドラド探求者たちは，たわいもなく砂漠にその行く手を阻まれてしまったが，この地の貧窮を救おうとする自分たちの解決策が結果的に正しかったことを，知る由もなかった。とはいえ，彼らの世代のみならず，数世代を経た後までも，南アフリカの巨大な金とダイヤモンドの宝庫の鍵は発見されなかった。

　バタヴィアやアムステルダムの取引記録に記されたケープの負債のみが，入植の経緯を物語るすべてではなかった。1665年の対英戦争および1672年の対仏戦争は，ケープが帝国にとって戦略上重要な位置にあることを認識させた。1662年に，保塁の建設が始められた。その細長くて硬いレンガは，フェルメール*の描くレンガによく似ていたが，デルフト*では経験できない苛酷な太陽光線を浴びており，以後，このレンガはケープの恒久性を示すシンボルとなった。保塁は守備要員を必要としたため，東インド会社は入植を奨励した。入植ははかばかしくなかったが，それでも1657年に9人だった自由民は，1688年には600人近くになっていた。この年と翌年，ユグノー教徒*が渡来した。人数こそ僅か200人だったが，彼らが与えた影響力は，イギリスやオランダおよびドイツのいかなる地域での影響力と比較しても，大きかった。彼らが持ち込んだもの——家族，商売，特殊技術——は入植地が必要とするものだった。彼らの渡来がケープに植民地としての輪郭と実体を与えた。もし，人数がもっと多かったならば，オランダ人に対するユグノー教徒の立場は，17世紀末における，カナダのイギリス人に対するフランス人カトリック教徒の立場に匹敵していたかもしれない。ユグノー教徒らはオランダ人化しようとする企てに抵抗して，フランス語に執着した。しか

---

* モノモタパ王国：14世紀から17世紀にかけて現在のジンバブエを中心にして栄えた，ジョナ族，ロズウィ族を中心とする部族的連合王国。ジンバブエ遺跡が有名。
* フェルメール（1632-1675）：オランダの画家。
* デルフト：オランダ南西部の都市。16世紀以降商業中心地として栄えた。フェルメールの生地。
* ユグノー教徒：フランスのカルバン派教徒。政府の弾圧やカトリックとの宗教的対立，バシーの虐殺を発端としたユグノー戦争等多くの紛争を続けた。

し，その抵抗は失敗に帰した。言葉こそ違え，二つのグループは信仰心と生活習慣によって，次第に緊密さを増していった。2世代を経ずして，二つのグループは次第にまとまっていき，一つになった。

　貧困と不況にもかかわらず，自意識の高い共同体が生まれたのは，シモン・ファン・デル・ステル（総督在位 1679－99）とその息子ヴィレム・アドリアーヌ（総督在位 1699－1707）が総督だった時期である。ファン・デル・ステル父子は改革者であり革新家でもあった。彼らはケープに農業科学を導入した。当時，オランダの農業科学は，イギリスのジェスロー・タル*や「かぶら」で有名なタウンゼンドの時代よりはるか以前に，オランダの田園風景をヨーロッパで有名なものに仕立て上げていた。シモンはオークの木を植樹した。その息子は近代的なブドウ畑を作付けし，船長らが船上で仕方なしに飲んでいた粗悪でひどい味のワインより，はるかにまろやかなワインを生産した。ヴィレム・アドリアーヌは羊毛でも実験を試みた。実験は失敗に帰したが，この実験で彼は，南アフリカの牧羊国としての可能性を最初に考えた総督になった。不幸なことに，ヴィレム・アドリアーヌは改革と管理の才能を，私欲のために用いてしまった。彼が犯した過ちは単に私服を肥やそうとしたことにあったわけではない。オランダと東インド諸島では，多数の人間が，東インド会社の経営組織では到底阻止しきれない密輸，公金横領，贈収賄などの，あらゆる手段を用いて財を成していた。ただ，彼の過ちは，貧窮し，人手の不足していた植民地を犠牲にして財を成そうとしたことにあった。そういう状況での不正行為は苦闘する入植者の福利をたちまち打ち砕いてしまった。東インド会社の指令を無視して，彼は最大の土地所有者となり，最大の畜牛と小麦を擁する農場主，最大のワイン栽培者，奴隷所有者となった。父親，兄弟とともに途方もない独占企業を創設し，ケープ植民地の農地の3分の1を買占め，生産と販売を一手に牛耳った。純粋に経済的業績としてみれば，それは見事なものだった。ファン・デル・ステル父子は効率的な独占企業の秘訣を発見したが，それはとりもなおさず，東インド会社が入植地を創設したそもそもの目的だった。彼らの発見は遅きに失した。

＊ ジェスロー・タル（1674－1741）：条播機を発明，英国農業近代化に貢献した。

いかに効率的であっても，徹底した独占の時代は過去のものとなっていた。入植者たちの激しい抗議によって，植民地化の時代が押し開かれ，ついに，1707 年のヴィレム・アドリアーヌの免職という結末をもたらした。南アフリカの将来は，もはや「十七人評議会」の手に全面的に委ねられなくなっていた。これ以後，オランダではなく，南アフリカが入植者たちの故国となり，そうした人々の努力と熱望が，この地の発展の行方に影響をもたらした。

　東インド会社は自社の独占権を守り経営の簡素化をはかるため，入植地を狭い領域内に限定しなければならないと考えていた。同社は入植者とコイコイ人との接触を最小限にするよう指示した。それが辺境地帯の騒擾や紛争の種となることを熟知していたからである。理想的な入植地とは，当然のことながら，親密な人間関係と集約的農業が存在し，要塞を容易にしかも十分利益の上がるよう管理しうるものと考えられていた。東インド会社は入植者が海に関心を向けることを望んだ。アムステルダムを世界の中心地たらしめた豊かな富を船倉に満載した船が，海を行き来していたからである。計画と実行の間に，また，東インド会社が入植地に期待したことと，現地の気候，地理的条件，住民が提供できることとの間に，必然的に矛盾が生じた。

　植民地の発展は規制と制限の重圧によって阻害された，という周知の非難は当たっているとはいえ，18 世紀におけるケープの発展経過を示す唯一の説明ではない。南アフリカの生徒なら誰でも学んで知っている光景，すなわち，初期のボーア自由民が，自らの労働で得た利益すら認めようとしない東インド会社の貪欲な商業独占によって追い立てられ，打ちひしがれて海岸から立ち去っていくという光景は，実はかなり誇張されている。東インド会社の時代が終焉した時，ボーア人の間には圧制の伝説など存在しなかった。19 世紀のボーア人は同社をおよそ愛惜の念を持って回顧などせず，また，深い恨みなど抱いていなかったことも事実である。新しい環境で安定を得られず，その状況と折り合うための試行錯誤に追われていた人々が，経済的規制に激しい怒りを覚えたのは事実である。パン，肉，ブランデー，ワイン，タバコの消費に対する小売許可証の販売は，事実上，消費税の設置だった。東インド会社が指定価格で物資を買い上げる権利とか，通過船舶との小麦，ワイン，肉の取引で同社が最大のシェアを手にするという支配権に対して，苦

情の絶えることはなかった。この制度は東インド会社員にはえこひいきやごまかしを，入植者には脱税をそそのかした。18世紀に密輸は大規模に横行していた。密輸はセビリアの独占体制を阻み，アメリカに入植した人々に対するイギリス重商主義の重圧を緩和していた。ケープでも，密輸，酒の密造，先住民との不正取引が横行していた。

　しかし，東インド会社がもっと寛大だったとしても，ケープ植民地の厳しい自然条件を克服できなかっただろう。ニュー・イングランドの木材や，西インド諸島の砂糖のように，ケープを世界貿易に組み込む特産物がなかったからである。ヨーロッパの肥沃な土壌と先進農業技術にケープは太刀打ちできなかったし，東インド諸島の安い労働力と豊富な雨量とも競争できなかった。生産物の価格は割高で，品質はしばしば劣悪で信頼できなかった。ケープの小麦はヨーロッパ市場に出すには高すぎたし，もともと米の独占的市場である東洋に進出できる可能性もなかった。フランスとポルトガルはケープより優良なワインを生産していたし，船長らはケープの肉の不味さと価格の高さにしばしば苦言を呈していた。他の植民地を繁栄に導いた特産物のどれ一つとして，ケープでは成功しなかった。羊毛は失敗だった。ただ，毛の硬い，尾の太い羊はよく育った。ケープの地中海性気候にもかかわらず，オリーブも絹も成功しなかった。コーヒーと砂糖は全くだめで，タバコも失敗だった。これほど孤立していて，これほど自然条件に恵まれず，これほど狭小な域内市場と港に停泊する船舶のみに依存している植民地では，資本の誘引もかなわなかったため，自力で新たな富を創出するのに絶望的なほど長い時間を要した。17世紀には生産は慢性的に不足していた。18世紀には，生産過剰と，旱魃や穀物不作による凶作の年が交互する危機に翻弄され，シジフォス*に似た苦闘をしていた。新規入植者はほとんどなく，アムステルダムは入植者の数を増やす努力を全くしなかった。タバコ，米，木材，魚などが男たちを大西洋沿岸地帯に呼び寄せていたのに対し，ケープでは，生殖力によって人口の増大をはかりながら，人知れず，沈滞状態の中で生活が営まれていた。

＊　シジフォス：ギリシャ神話。コリントの王。地獄で重い石を山上に押し上げる仕事を課せられたが，山頂に近づくと石が落下して仕事は果てしがなかった。

オランダ東インド会社が犯した本当の罪は，その独占体制にあったというより，むしろ，南アフリカでなくヨーロッパの気候と条件に適した入植方式を強要したことにあった。このため，ケープの18世紀の課題は，その気候と世界における地理的位置に適した経済活動のレベルを見出し，環境に適した共同体を創り出すことだった。アメリカの入植地では，宗主国の経済体制との衝突が複雑な憲政に関わる政治的対立を引き起こしていた。ケープでは，憲政に関わる政治的問題は世紀の終わり近くまで，あまり重要視されなかった。人間の政治的エネルギーは物質的向上心の大きさに比例するようである。貿易は沈滞し，製造工業は存在しなかったため，富裕な人間が存在せず，公共心も乏しかった。政治的自由のために闘うどころか，ケープのボーア自由民は会社の規制に従うわずらわしさを避け，手軽に売って儲けのでないような品物を生産する仕事を放棄した。彼らの苦境は，離島に流されたロビンソン・クルーソーと同じだった。クルーソーと同様，人々は事態を潔く受け入れ，住み着いた土地に適した習慣や活動を自ら創出した。ケープ植民地の境界が徐々に拡大するにつれて，利益よりも自給自足を大切にする経済が発展した。商品穀物の栽培をあきらめ，もっぱら自家用消費にあてる作物を生産する人々にとって，東インド会社の独占体制はあまり脅威にはならなかった。コイコイ人との畜牛の交換，狩猟，そして，最終的には，畜牛の放牧が辺境社会の生活手段となった。ファン・リーベックの上陸後25年にして，牧畜と狩猟を営む辺境社会がすでに出現していた。初代ボーア自由民の息子たちの中には，本物の辺境開拓者となった者がいる。ケープタウンの当局が，いかに彼らとその生活様式に対する罰則を増やし，厳罰で締めつけようと，辺境開拓者の数は増大していった。銃が彼らの独立独行を可能にし，荷馬車は移動の自由を，畜牛は経済的独立を与えた。どの辺境地帯にも見られるごろつきや怠惰な連中もいたが，大半はフランスとオランダの血を引く，最も優れた資質を持つ人々であり，彼らは内陸部の貧窮を一つの生活様式および自由の拠り所として受け入れていた。18世紀初頭から，ケープ植民地公認の境界線からはみ出す周辺入植地は常に存在しており，したがって，そこまで当局の直接的支配は及ばなかった。1702年に，ある一団はアマ・コーサ部族の一部と接触するほど遠くまで迷い込んだ。これがボーア人

とバンツー人の最初の出会いだった。1760年に，ジャコバス・クートセーという象狩りがオレンジ川を渡河した。

　入植地は狭い沿岸地帯と内陸部の広大な高原とを隔てる山岳部の方向へゆっくりと広がっていった。トレック・ボーア人*が内陸部へ向かう行く手には，巨大な河も密林も熱病も立ちはだかっていなかった。南アフリカの地形はオーストラリアやカナダほど手ごわくなかった。オーストラリア内陸部に突き進むすべての探検家を執拗に悩ませた飢えと渇きという苦難は南アフリカの開拓者には無縁だった。この世界一豊かな狩猟地で，食料を入手するのは容易だった。象牙や野獣の皮は，アメリカの草原に棲む野牛の毛皮のひざ掛けやサイの皮ひもと同様，僅かな必需品やささやかな贅沢品と交換された。数世代後にデラゴア湾の位置する緯度に到達するまで，トレック・ボーア人はツェツェ蝿や蚊に悩まされることもなかった。カナダのような厳しい寒さや悪寒を感じたこともなかった。気候や地形が彼らの前進を厳しく阻むこともなかった。比類ない熱帯性の大陸にありながら，南アフリカは唯一，最大の，気候温暖な地域を擁している。乾燥した空気と土地の高度が太陽熱を和らげている。気候はさわやかで，それが若者には鋭敏さを，高齢者には体力を与えてくれる。夏の暑気の中で肉体作業をしても，白人の体質に耐え難い負担を与えることはない。イギリスやオランダのような涼しさや和らいだ陽光こそないが，南アフリカの気候は頑健で活動的な人々を扶養するのに十分適していた。

　エジプト人がアラビアの遊牧民のことを「奴らの手足は休むことを知らず，一箇所に落ち着くことができない」と評したように，東インド会社も配下の人々について同じ様に感じていた。彼らが気まぐれに踏破する途方もない地域に東インド会社はとても付き合いきれなかった。東インド会社はしぶしぶ彼らを追ったが，その追跡は不十分で，できもしない命令や実行できない威嚇を次々に意味もなく発した。同社はヨーロッパ人入植地をがっちり支配下に掌握するために必要な資金を使うことや，管理組織を発展させることはできなかったし，する意思もなかった。その結果，入植地の拡張は無計画

---

* トレック・ボーア人：旅する農民。ケープで成功できず，辺境地帯へ活路を見出した。

に，ほとんど自由に行われた。辺境地帯では，ケープタウン内部よりはるかに進んだ自由が出現していた。しかし，それはしばしば無法に近い自由であり，きちんとした法律や効率的な執行機関を欠いていたため，変則や不法が横行する地域に特有の自由だった。ランドドロストやヒームラデン[1]たちは環境の影響に左右される傾向があり，したがって，許可証なしに牛の取引や狩猟を行ってはならぬ，などという評判の悪い法律の執行は徹底せず，効果もなかった。

　沿岸地帯の小規模農業から内陸部の牧畜業への移行は，ボーア自由民がヨーロッパ的生活習慣を捨て，新たな祖国に見合った方式で生活していたことを示している。トレック・ボーア人の遊牧習慣は，けっして，彼らが農民失格で集約的農業の厳しい生活に適応できず，適応する意思もなかったことを示すものではない。トレック・ボーア人は，不当にも，またあまりにもしばしば，彼らの不器用で怠惰な生活習慣を非難されてきた。明らかなことは，勤勉な農民であることがほとんど無駄だったということである。18世紀の南アフリカでは，勤勉もやりくり上手もほとんど役に立たなかったからである。トレック・ボーア人の進展は南アフリカの環境条件への適応の失敗例ではなく成功例であり，その行動は単純な経済法則に従ったものだった。資本と労働は不足していたが，土地は安く十分にあった。土地の粗放使用は実際有効だった。集約農業は資本と労働力の消費を必要としたが，その見返り収入は全く不十分だったからである。農耕を減らし，狩猟を増やし，物々交換を増やし，物資の購入を手控えることで，ケープ辺境の人々の生活水準は，彼らの住む渇ききった土地のレベルに合わせて急速に低下した。経済史はかつて，人類の生活は狩猟から牧畜業へ，最終的に定住の農業へと徐々に発展した，と教えていた。南アフリカではその過程が逆だった（地図Ⅰ参照）。勤勉な集約農業の先進国から来ながら，東インド会社の入植者たちは次第に牧夫となり，狩猟者となっていったのである。

　オランダ人農民，後にボーア人と呼ばれる人々の性格に，地理と風土は消しがたい刻印を残した。地理学者，地質学者，気候学者の地図の方が，政治

1　原注：治安判事と自由民代表者。

14　南アフリカ社会経済史

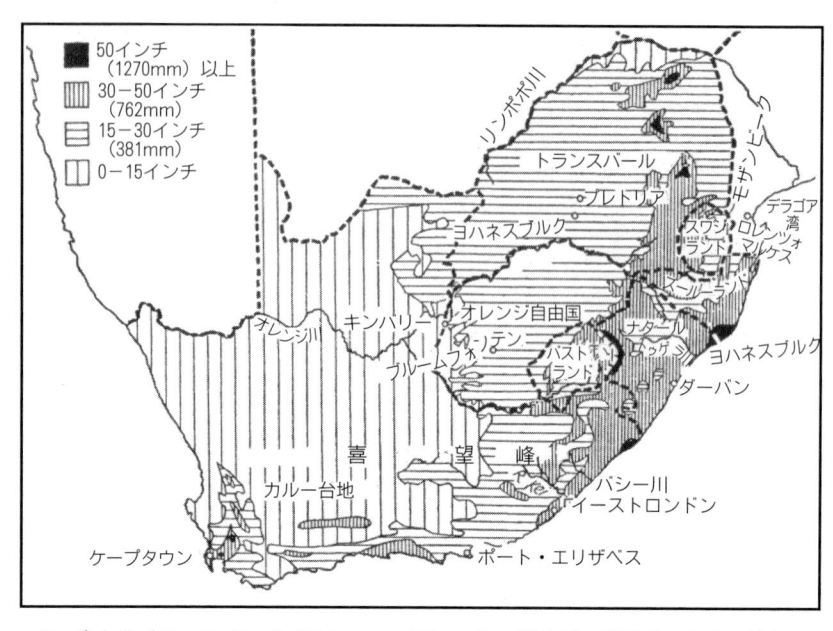

Ⅰ．降水量（15－50インチ〔381mm～1,270mm〕の降水量の地域が，白人・黒人の植民地移住の目標である）

地図よりも南アフリカの歴史の手引きとしてはるかに有効である。雨量地図を見れば，雨量が十分で確実に見込める地域がいかに少ないかがわかる。同緯度に位置するため，南アフリカの気候は多くの点でオーストラリアの気候によく似ている。雨量は東海岸では豊富だが，内陸に入るにつれて減少し，西部地域では砂漠に近い状態になる。南アフリカの広大な土地は，雨を規則正しくまんべんなく降らせる仕組みを与えるような，地中海やバルト海に匹敵する広大な内海が深く入り込んでいるわけでもないし，五大湖のような河川の集水域があるわけでもない。現代の地図でもわかるように，ケープ州全域で，年平均10インチ（254ミリ）足らずの雨量を享受できる地域はせいぜい半分にすぎない。その降雨もほとんどが夏の数ヶ月に集中しているため，アフリカの苛烈な太陽のもとでは蒸発率が高く，ケープタウンすぐ近くの細長状の地域の冬の降雨に比べると，その蒸発率ははるかに高い。このような地域では，耕作農業はほとんど不可能だった。この乾燥しきった地域

は，家畜用飼料も僅かな量しか供給できなかった。

　模型地図の示すように，南アフリカは大部分が高原台地であり，その周辺部は海岸付近で，でこぼこの山地の様相を呈している。海岸地帯は高原台地のふもとに沿う縁のような形で，東海岸も西海岸も一様に狭い。南アフリカの河川は航行不可能で，入植のために何の役にも立たなかったが，その理由は一定しない水量と，河口数マイルを除き，河川全体の高度が高いためだと容易に説明できる。南アフリカ最大の河川，オレンジ川は大西洋まで数マイル近くにまで広がるでこぼこの高地の峡谷を流れている。この国の大きな河川の中で，オレンジ川は最も航行に適していない。下流の非常に乾燥した土地を流れるため，海に到達する頃には，水源に近い800マイル上流よりも水量が少なくなってしまうからである。冬の乾期にはアフリカの他の河川と同様，オレンジ川は途切れて，水たまりや小さな池のつながりと化し，河口からほんの数マイルのところは徒歩で渡れるのである。

　内陸部は高地であり，海抜1,000フィート以下のところは稀で，高いところでは6,000フィートに及ぶため，南アフリカはオーストラリア内陸部のような気候を免れている。標高と緯度が互いに絶妙のバランスを保っている。夏には標高が高いので暑さが和らげられ，冬には緯度が低いため寒さが緩和されている。南アフリカはその緯度と大陸的地勢にもかかわらず，アメリカ中西部のうだるような湿気を免れ，「地球上で最も暑い」と言われるオーストラリアのマーブルバー*の灼熱の暑さからも免れている。オーストラリアの人口の大半が海岸もしくはその周辺に居住するようになったのに対し，南アフリカの白人人口の大多数は，海岸からはるか離れた内陸部に居住するようになったのである。

　雨量地図によると，ケープタウンとこの町が位置する小さな半島は，周りをほとんど，年平均雨量が15インチ（381ミリ）以下の広大な乾燥地域によって取り囲まれている。この乾燥地域は，海岸に沿って北西方向にオレンジ川まで，内陸部へは現在のキンバリーの位置まで，東方面は現在のベドフォードの位置まで広がっている。東海岸に沿って，年平均雨量が15から

---

* マーブルバー：グレート・サンデー砂漠西部の山岳地帯にある集落。

25 インチ（635 ミリ）の細いベルト状の地域がある。このベルト地帯はグレートフィッシュ川に達する地点で幅が広くなって，内陸部へ入り込んでいる。今日のナタールに相当する広大な地域，すなわち，オレンジ自由州北部と南トランスバールは，比較的豊富で確実な降雨量を享受している[2]。しかし，18 世紀には，この地域はトレック・ボーア人には到達できないほど遠くに位置していた。トレック・ボーア人は，冬に降雨のある海岸地帯を後にし，250,000 平方マイルに広がる地域に入り込み，聖書のいう 40 年間[*]よりはるかに長い年月をさまよう運命にあったことは明らかである。そこは，野生の花も，小麦も，ケープのブドウも育たない土地だった。その大部分は，コイコイ人に「カルー」（乾いた土地）と呼ばれていた。表面が平らな丘陵地で，斜面は石ころや乾燥して筋張った草叢で乱雑に覆われていた。無数に連なる丘はトレック・ボーア人の一団や牛車の妨げにはならなかった。地形は平坦で，乾燥した草地や，（刺さると炎症を起こす）棘の生えた雑木の藪で覆われていたからだ。ただ，焼成レンガのように固い蟻塚は，無頓着に走る牛車の車輪にとって，常に危険なやっかいものだった。足元の地面は茶色で固くしまっている。遠目にはそれは紫色に見えるが，乾燥した西風が天日で焼かれた土を土ぼこりにして舞い上げ，空一面，靄のように満たすときは別で，そんな時，冬の落日は息をのむほど美しい。西から吹く風はやっかいで，この風は，大地を浸食し，せっかく北風が恵みの雨を，熱でひび割れた土地や乾燥して灰色でカラカラになった植物，渇きで弱った動物の上に降らせても，それを徒労に終わらせてしまう。あちこちで険しい谷間が大地に鋭く切れ込みを入れており，雨が降れば一気に鉄砲水となって大地を切り裂き，黄褐色の激流となって，土壌を洗い流してしまうことを示している。この風食され樹木の生えない土地は，人間が荒廃させたのではなく，自然の営みのなせる業なのである。

　乾燥した内陸部には，沿岸地帯の農業や土地制度を適用する余地はなかった。牛車で移動する牧夫たちは，少なくとも沿岸の農業の 50 倍以上広い土

---

2 原注：ここに南アフリカの真正の大草原が存在する。
* 聖書のいう 40 年間：モーゼがイスラエル人をひきつれてエジプトを脱出し，荒野を 40 年間歩いた。

地を必要とした。1717年に，東インド会社は自由保有権付きの土地の交付を停止した。その代わり，農民は年当たりの賃貸料と引き換えに「貸付農場」を入手できた。賃貸料さえ払えば貸付農場を売却したり，遺産として譲渡することもできる保有権を保証された。実際には，貸付農場制度は借地権の形式をとっていて，契約期限はなく，賃貸料も名ばかりでごく僅かだった。それは，入植者が資金なしで土地を入手することを可能にしたため，彼らの拡散に急速な拍車をかけた。1732年以降，牧畜農民は6,000エーカー以上もある貸付農場の保有権を手に入れるため，年間およそ5ポンドを支払った。支払った代金の一部は放牧料，一部は賃貸料もしくは借地料，一部は東インド会社が土地所有者だという名義料だった。開拓者が各自6,000エーカーから10,000エーカーにも達する農場を持つことが，辺境社会に深く定着した慣例となった。若者は父親の農場を離れるとき，自分自身で農場を入手するという生得権を行使した。農場を測量する方法は中世の土地測量の不正確さに輪をかけたものだった。「1ハイド」を測量するのに，ボーア人は土地の中心点から東西南北の四方向へ馬を30分ずつ歩かせた。ボーア人の「1ハイド」は中世の「1ハンドレッド」の面積にほぼ等しかった。このようにして，比較的少人数の入植者が植民地の辺境地帯を外へ外へと驚異的な速度で拡大していくことができた。

　理屈上，当局の許可なしに開拓者が新しい土地へ移動することはできなかった。また，建前としては，行政府は入植者が居住する土地のすべてに支配権を有していた。しかし，開拓者に求められた忠誠の義務や当局の権威はしだいに希薄になっていたため，土地に対する開拓者の態度はだんだん先住民と変わらなくなっていった。厳密な法律の上では，土地保有権は自由保有ではなく，行政府の意思で解約可能だったが，実際には，トレック・ボーア人は全く自由に土地を我が物にしていた。最も遠隔の辺境地では，農場の登録や使用料の支払いが必ずしも常に履行されたわけではなかった。オーストラリア，ニュージーランド，カナダなどの入植の歴史上極めて重要だった官有地（王室直属領）という厳密な原則は，18世紀の南アフリカでは発展しなかった。個人が無償かごく僅かな賃貸料で土地を取得したその権利から，公的領土権が発生するという態度が，当初から生じていた。各自が6,000

エーカーを下らない農場の所有を主張することは，最終的に，彼らの生得の権利となった。ボーア人の領土拡張に対し東インド会社が統制力を失ったことによって培われた，このようなボーア人の勝手気ままな入植方法と生活習慣ほど，その後の南アフリカ史において重要な要素はない。

18世紀の長い平安の中で，ボーア人という人種が形成された。広大で，散文的で，乾ききった内陸部の風景の中に，南アフリカ植民地の真の中核があった。トレック・ボーア人が家畜の群れとともにそこへ入りこみ，荷車を露営させたとき，彼らはヨーロッパ的な生活習慣を捨て，祖国の経済習慣をなくしてしまった。彼らは心底，遊牧民になったわけではないが遊牧民的な刻印は色濃く押され，その顕著な特性はさすらいの窮乏生活に現れていた。遊牧民特有の広い空間への欲求を持ち，牧畜の群れを見張り，食用の肉を求めて狩猟する馬上生活者の厳しさと勇気を持っていた。財産は牛と子・孫であり，子・孫は数多く生まれ，驚くほど丈夫に育った。その生活は彼らに不屈の目的，寡黙な忍耐力，そして，きわめて強烈な自尊心を与えた。しかし，孤立生活は彼らの性格に深く沁み込み，想像力は封印され，知性は鈍くなった。彼らの徳性にも二面性があった。不屈さは頑迷さに，忍耐力は革新への抵抗に，自尊心はよそ者への猜疑心や劣位の者への蔑みへと変質した。学校教育もなく，きちんとした牧師もいなかったため，彼らは聖書を徹底的に読み，旧約聖書から教訓を得ていた。旧約聖書は彼らの生活について信頼できる言葉で語り，彼ら自身や，信仰，生活習慣の正当性を語っていた。もし，移民が続いてやって来ていたら，たとえフランスのユグノー教徒のような小さなグループであっても，新しいヨーロッパの啓蒙思想の一部なりとも伝え，時勢に遅れぬようにしてくれたかもしれない。ところが，ヨーロッパの一番辺鄙な片隅でさえ，この地よりは多くの情報に恵まれていた。

1803年から1806年にかけて，オランダの支配が終わりに近づいていた時に，リヒテンシュタインは南アフリカを旅行した。同じドイツ人仲間のフンボルト*がラテン・アメリカで正確な観察と明解な解説を行ったと同様の能力を，彼も持っていた。ケープタウン周辺地域を去り，木陰を作る樹木もな

---

* フンボルト（1769-1859）：ドイツの博物学者，探検家，地理学者。近代科学としての地球科学，生態学，地理学の基礎をつくった。

い，野獣の脅威に常にさらされている乾燥した土地へ移住した人々の「わびしい暮らしぶり」に，リヒテンシュタインは驚愕した。彼は川のない土地を見すえ，人々の活気のない単調な生活を実際に目撃して「最初の入植者はどのようにして，これほど荒れ果てた不毛の地に定着しようと思ったのか」不可解だった。文明から遠ざかる距離が長くなればなるほど，人々の欲望や好奇心は萎縮していった。「ほとんど無意識に近い虚脱状態のなかで，活動もせず，自分の周りに形成された家族という小集団の枠以外，より大きな社会に有益な影響を及ぼすこともなく，南アフリカのこの地域の入植者は孤独な日々を送り，その生活様式のために，今，見るような有様となってしまった」[3]とリヒテンシュタインは明言した。

　気候の温暖さが，人々の真剣な努力を阻んでいた。雨と風さえ防ぐことができればそれで十分だった。それはカナダの開拓者の途方もない苦闘とは明らかに大違いだった。カナダでは，農場や家を作るために未開の森林を伐採しなければならなかった。日干しレンガや葦で居住地を造るのは容易であり，家を作るのにほとんど手間はかからず，農場を作る費用も僅かですんだ。金持ちか貧乏かを識別するのは難しかった。彼らの生活の主要な価値基準である土地と畜牛は簡単に入手できたからである。それでも貧富の差は常に存在していた。後々，その差は際立つようになり，重要性も増した。南アフリカ史で，後の時代に現れる「貧窮白人（プア・ホワイト）」は，18世紀の開拓社会に，すでに人知れず存在していた。数家族が同居する窓のない草葺屋根の小屋，家族が寝る荒削りの木と皮ひもで作ったベッド，単調で乏しい食事，夢も希望もない日々のくり返しといった生活は，彼らを例えば，ニュー・イングランドの勤勉な人々にではなく，むしろ地元の先住民に近い存在にした。

　これほど広く拡散してしまうと，ヨーロッパの父祖が営んだ集団生活の習慣は失われてしまった。彼らはほとんど村落を作らなかった。広大な農場で，隣家の猛煙から逃れて住んだ。そのため，彼らの公共生活はあまりきちんと組織化されなかった。危険や重大危機のために集結せざるを得ない場合にの

---

[3] 原注：H. Lichtenstein, *Travels in Southern Africa 1803 to 1806*, London, 1812. Reprinted by the van Riebeeck Society, Cape Town, 1928.

み，人々は集まった。先住民と敵対すると，民族意識や仲間意識は非常に強かった。しかし協調性は持続も長続きもしなかった。彼らの社会生活は彼らのコマンド*の軍紀とよく似ていた。それは一人ひとりの意思の寄せ集めで，最良の時は申し分なかったが，最悪の時はコマンド自体を壊滅させた。

　トレック・ボーア人だけが植民地社会全体を形成していたわけではない。彼らのさすらいの生活は，ケープタウン周辺の落ち着いた地域社会から目を逸らせてしまう傾向がある。この地域では教育は，牧畜農場の聖書による教育よりずっと進んでいた。孤立社会の影響はここでも強く作用していたとはいえ，畜牛や降雨の話題以外の会話も成立する環境だった。ケープタウンは，ここを訪れるオランダ人，イギリス人，フランス人の商人がもたらす活気を誇っていた。美しい気候風土が健康によいことが一般に知られるにつれて，インドからやって来るイギリス人将校たちが休暇を過ごすようになった。ケープタウンの住民やワイン製造農家，穀物生産農家は行政府との接触が緊密だったため，損をすることも多かった。しかし，彼らは行政府と緊密だったからこそ，時が経つにつれて，開拓者の習性となった行政府からの逃避ではなく，逆に，行政府内のよりいっそう責任ある地位につくことを要求できた。彼らの資質は，その立派な家の頑丈な家具のように質実剛健で，彼らの未来社会への影響は，辺境開拓者の特性がもたらした多大な影響にけっして劣らなかった。

　南アフリカ社会は地理と気候のみで形成されたわけではない。当初から，その自然環境は他の民族や社会の存在によって複雑なものになっていた。白人社会の発展は，奴隷，コイコイ人，サン人*，バンツー人*とのかかわりによって根本的な影響を受けた。真の南アフリカ植民の歴史とは，ヨーロッパ人の入植の発展を描写するものではなく，種々異なった民族，異なった肌の色，異なった文化的成熟度を持つ全く新しい，前例のない特殊社会が，民族的伝統のあつれきや，不平等な社会的グループ間の対立によって形成される

---

* コマンド：南アフリカのボーア人の義勇軍。
* サン人：採集狩猟民，旧称ブッシュマンは蔑称。コイコイ人とともにコイサン人とも総称される。
* バンツー人：アフリカ大陸南部および中部全域とその周辺に広く分布するバンツー諸語の200以上の言語を用いる諸民族の総称。

発展過程を記述するものである。

　コイコイ人は沿岸地帯を自分たちのものと考えていた。彼らの背後には略奪者のサン人と厳しい気候が控えていた。白人が彼らの土地に入植したことは，彼らにとって致命的な出来事だった。初めのうち，当局は白人とコイコイ人を引き離しておこうと懸命に努力した。一時は，ケープ半島を横切る運河を掘るとか，生け垣で仕切るといったばかげたことさえ考えた。南アフリカは最初から，本気で人種隔離政策をとったのである。畜牛との交換により，コイコイ人の中に白人のタバコ，強い酒，各種の病気が持ち込まれた。ケープ植民地の拡大にともなって，牛泥棒をめぐる争いは放牧権をめぐる衝突となり，特に東インド会社が独自の畜牛取引所の制度を設けたとき，それは目につくようになった。コイコイ人はあっけないほど簡単に敗れ去った。彼らの破滅は，滅亡に瀕した民族の最後のあがきに見られる悲劇性など全くなかった。入植者の重圧を受けて，彼らの諸制度は用をなさず，緩やかな部族組織は完全に崩壊した。狭められた土地をめぐる部族内部の争いや，白人の天然痘に侵されることによって，彼らは死滅するか，労働者となって町や農場へ流れていった。1670年にロングアイランドに入植したイギリス人，ダニエル・デントンは「イギリス人が入植のために訪れた場所では，部族間の紛争や猛威をふるう死の病によって，神の御手がイギリス人のために道を拓き給うことが，一般的に認められる」と書いている。まさにこれと同じ眼差しで，南半球の入植者も先住民族のことを見ていた。入植者の信条によると，自分たちが先住民に打ち勝てたのは武力だけではないし，また，先住民より優れていたのは知性とか制度だけではなく，それらに勝るもののおかげだった。入植者の優越性は人種と信仰から生じたものであり，それらは神から授かった資質であり，他の人種に譲渡することができないし，他の人種が取得したくても取得できないものだった。ファン・リーベックが「臭い黒犬ども」と呼んでいた人々は，宿命的で挽回不可能な劣等性に苦しみ，その劣等性は白人社会における彼らの立場を決定づけた。経済的には農場や台所が彼らの居場所であり，社会的・政治的には白人の権利や特権の枠外に追いやられた。法律上でさえ，法と雇い主のむら気な意思との間のあいまいな領域に立たされていた。このため，やがて彼らが混血人種となっても，白人種の

純血性を溶解させることはなかった。ヨーロッパからの移住で補充されなかったため，18世紀の南アフリカ社会は，ニュー・スペイン*と同じ道をたどるかに思われた。白人と有色人種との関係はしばしば親密なものだった。多数の混血児が産まれ育った。しかし，入植地のオランダ人女性の気質によるものか，あるいは，言葉とともに死滅しなかったユグノー教徒の血統を貫く信条によるものかはさておき，白人社会は民族的純粋性を損なうことなく，その血を他の人種に気前よく分け与えることによって，通常，異人種との親密な接触から生ずる結果をうまく回避することができた。しかし，一方で，白人社会は教育のない下働きの人々の浸透によって，多大な変化を受けた。コイコイ人のもたらした影響が，ケープにおける奴隷の存在によっても強化されたため，その変化はいっそう大きかった。

　ケープでは奴隷制は必要からではなくままならぬ事情によって発展した。砂糖諸島のような基幹産業や土壌の集約的使用がなかったため，本来の奴隷経済は発展しなかった。オランダ人やユグノー教徒がなぜ本来の白人社会を維持できなかったかについて，やむを得ない理由や気候的な理由はほとんどなかった。しかし，ケープは世界の二大奴隷貿易海岸の中間に位置していた。オランダ東インド会社は西インド諸島の強欲な姉妹会社から，奴隷制を容認することを学んでいた。フランス船やイギリス船の船長は，全く良心の呵責なしに，奴隷売買によってケープの高価な食肉の支払いの一助とした。最も初期から，南アフリカ史は奴隷的な労働者と自由な入植者という二重の撚り糸で織られていた。1708年に1,147人の奴隷がいたが，1795年にはその数は18,000人に増大していた。奴隷とコイコイ人の存在は入植者の思想と生活習慣に著しい変化をもたらした。気候と地理的条件のみがボーア人の特徴的な習性を形成したわけではなかった。奴隷と旱魃，コイコイ人と孤立，安い労働と土地，こうしたものが相まって，南アフリカ社会の制度と生活習慣を創り出した。屈強なオランダ人やユグノー教徒のもとに生まれた子女は，農業労働とあらゆる骨の折れる肉体労働は隷属人種の仕事であるとみなすことを学んだ。18世紀の初期，中期，後期に，3人の明敏で著名な評論

---

* ニュー・スペイン：ヌエバエスパーニャ，現在のメキシコ・パナマ以北の中米・スペイン領西インド諸島・米国南西部，フィリッピンからなるスペインの副王領（1521－1821）。

家が，安い労働力や奴隷への依存こそが植民地の活力を喪失させ植民地を無気力にさせる結果を招いたと，述べた。そのうちの一人，オランダ東インド諸島の総督，ファン・インホフは，1743年に「人々は自らの手を使って仕事をすることを」堕落と考え，「自分が人のために働くより，自分のために人を働かせる方を好む」ことがケープのヨーロッパ人の際立った特徴である，と断言している。ケープで保有されているような多数の奴隷は，西インド諸島だったら，富のしるしであり，繁栄の源泉だった。しかし，ケープでは覇気のない経済生活の証しである，と評論家たちは指摘した。それはケープの貧困の原因であると同時に結果でもあった。コイコイ人，奴隷，ヨーロッパ人の社会全体が，さほど豊かになれず，人口だけ増大するにつれて，その社会内部に白人の特権階級が創り出され，過剰な数の奴隷と召使に依存し，その労働は無駄に，非効率的に使われた。奴隷や召使階級の生活水準向上のための努力も，出世の機会を増やすための努力もほとんど行われなかった。こうして，植民地の限られた富は白人の特権となり，白人の比較的高い生活水準は，多数の隷属階層の経済的・社会的福祉を犠牲にして保たれた。南アフリカはごく初期から，貧しく不毛な土地であっても，人種と肌の色の違いを社会・経済的差別待遇へ転化することによって，自意識の強い集団が，生活上，最悪の結果を免れうることを体得していた。

　スペイン人を相手に戦ったプロテスタントの強烈な熱意は，異教徒の魂の救済にはほとんど向けられなかった。彼らの間に，スペインの植民地活動に向けられた周知の疑問，すなわち，本当に神は先住民を「自由で隷属しない」存在として創り賜うたのだろうかという疑問は，全く生じなかった。むしろ，後のもっと人道主義的な時代に，カニング*が，教会は「黒人や，黒人と同じ苦しみを共有する野獣のために作られたものではない」と表明した信念を彼らも共有していた。ケープの奴隷たちの間ではイスラム教が普及していたが，世論も当局も警戒心を持たなかった。それは善良なカルバン主義者が軽蔑する異教信仰だった。だからこそ，それは奴隷や有色人種にふさわしいものだった。彼らは，17世紀の清教主義のように，信仰の大半を旧約

---

* カニング (1770 - 1827)：イギリスの政治家，首相(1827年)。ヨーロッパ内の自由主義的な動きを支援した。

聖書から得ていた。彼らの信仰は，神に選ばれなかった土着の異教徒とは一線を画す，選民としての特別な使命感を育んでいた。

　奴隷が大工や森林労働者となり，奴隷やコイコイ人が家畜番や洗濯仕事をすると，白人の若者や若い女性には職人，労働者，家事労働者になる余地がなかった。若者は成年に達すると仕事ではなく，土地を探した。ケープタウンとワイン農場の奴隷の存在自体が，多くの白人を奥地へ移住させた理由の一つである。働いて出世するより，農場を切り開く方が簡単だった。奴隷，混血人種，白人雇用主が混在する社会には，移民を奨励する余地も，あるいは，カナダや後のニュージーランド，オーストラリアなどで，綿密な植民地計画の主力となった自作農民，労働者，手織り職人といった人々を導入する余地もなかった。

　オランダ人は南アフリカで最初のトレッカーだったわけではなく，1835－7年の有名なトレックが最初の「グレート・トレック」だったわけでもない。牛車による移住生活（トレッキング）は痩せた土地と不安定な気候の当然の結果であり，その苦難は南アフリカのみならずアフリカ大陸の大部分が経験していた。白人が内陸部へ侵入するはるか以前から，一箇所に定住しないことは，先住民の生活習慣だった。野生の鳥獣の群れと同様，先住民[4]はゆっくりとしたリズムで移動と転地を繰り返していた。彼らはいかなる土地に対しても離れがたい執着など持たず，特に，彼らの原始的で無駄の多い農業が土壌を疲弊させたため，自由に移動していた。こうして，人々は痩せた土壌と不安定な降雨の土地に適した半遊牧的生活習慣を発展させた。18世紀初めに，奥地へ進んでいった狩猟者が始めて出会ったバンツー人こそ，この地域の最初のトレッカーだった。彼らの移動はヨーロッパ人よりはるかにのんびりしていた。ヨーロッパ人は広大な自営農場を求めるという欲望に駆られていたため，一跨ぎで7リーグも歩けるというおとぎの靴*を授かっているかのようだった。バンツー人は南へ向かって進み，オランダ人は北へ向かって前進した。

---

4 原注：「先住民」という用語は奥地のバンツー人を指し，海岸地帯のコイコイ人ではない。

* おとぎの靴：'Hop‐o'‐my‐Thumb'（一寸法師）に出てくる一跨ぎで7リーグ（21マイル＝33.6キロ）歩ける靴。

この地域とバンツー人住民の間には均衡が保たれていた。しかし，それは安定した均衡ではなかった。インド，北イタリア，西ヨーロッパの平原では，他からの侵入者に十分食料を供給できたし，ロンバルジア人やフランク人といった侵入者は同化吸収されたが，南アフリカはそうした地域とは異なっていた。南アフリカでは二つの競合グループの衝突が土壌と居住の均衡をひどく損ねた。そうした均衡の乱れは，白人と黒人との摩擦や戦争，あるいは部族間の内輪の闘争という形で現われた。また，この地域の家畜の群れを徐々に蝕んだ病気，部族の人々に以前より頻繁に現れた飢饉による「骨ばってやせこけた顔」，先住民社会とヨーロッパ人社会双方の変質，などの形で現われた。なぜなら，忘れてはならない最も重要なことなのだが，南アフリカでは，北アメリカのように入植者たちが自分たちの進路から先住民を一掃してしまわなかったからである。先住民の生活に加えられた打撃はすべて白人社会にもそっくりそのまま跳ね返った。これが南アフリカの歴史すべてにおける最も深遠な真理である。

　ヨーロッパ人が領土拡張のためとった自然な進路は西海岸沿いではなく，もっと当てになる降雨に恵まれた東海岸沿いの広い帯状の地帯だった。先住民がいなかったならば，入植の主流はインド洋を右手に，山岳地帯を左手にして東方および北東方面に向かって進んだだろう。南アフリカの降雨地図の知識があれば，白人と黒人住民双方の移動と衝突状況について極めて明瞭な説明が得られる。水と牧草を求めることこそ，ボーア人とバンツー人の生活の最重要原則だった。双方とも，家畜の群れで財産を計算したからである。18世紀を3分の1余り残した時点で，ボーア人とバンツー人がついに遭遇した時，先住民はすでに，比較的降雨量の多い地域の外にまで入り込んでいた。この辺境地は，ケープタウンから見た位置関係で「東部辺境地」として知られており，当てにできない降雨のため旱魃になりやすい地域にあった。ある意味で，この地域はその先にある牧草地帯へ通じる通り道，あるいは隘路だった。雨量の少ない地域はボーア人の背後に，豊富な雨量の地域は先住民の背後に位置していた。この状況だけでボーア人が先住民への攻撃を強行するに十分だった。家畜の群れに十分な牧草地を確保し，とりわけ，先住民の辺境を越えて水の豊かな土地に移住するために，ボーア人は先住民に強い

圧力を加えざるを得なかった。三つのものがオランダ人開拓者を有利にした。この同じ三つのものによって，コルテス*とピサロ*はメキシコとペルーを征服していた。つまり，ボーア人の馬は移動の速度を与え，銃は抵抗不可能な武器となり，荷車の車輪は家族や生活物資を輸送することによって，征服地を入植地に速やかに転ずることを可能にしたのであった。

　ケープタウンの行政当局は白人と黒人の居留地の境界が接触するのを妨げようと努めたが無駄だった。各プラカート（布告）が，境界線を限定する方策だった——1727年，1739年，1770年にプラカートが出された——が，どのプラカートも既存の拡張を追認しただけで，それ以上の拡張を阻止することはできなかった。1774年に，ファン・プレッテンベルク総督は，ヒステリックな布告を出し，先住民と不正な取引を続ける者には罰金，むち打ち，さらには死罪さえも適用する，と威嚇した。その4年後，彼は自らの威信と行政当局の権威をボーア人に印象づけるため，はるか遠隔の辺境地を旅行し，あらゆる辛酸と苦痛を経験した。それは無駄な努力だった。1779年に，入植者と先住民の間に，最初の，戦争と呼べる重大な衝突が起こった。このとき以来，二つのグループの間には，とぎれることのない，密接な関係が続いている。ファン・プレッテンベルクの標識も，いかなる境界線も，協定線も，あるいはいかなる中立地帯も，白人と黒人を切り離しておくことはできなかった。やがて，ボーア人と先住民の反目の原因がしだいに複雑化していった。人々は，牛泥棒や牛の売買，土地の所有，その土地での労働などをめぐって争った。1792年と1799年に発生した紛争は，こうした放牧権争い，牛泥棒，取引価格，労働条件などが原因で生じた。衝突のたびに，多くの先住民が白人社会に繰り込まれていった。ある意味で，辺境地の戦争は，相互に経済的にかかわりあう二つのグループ間の内戦と化していった。18世紀末には，双方の関係はまだ厳しくなかった。オランダ人はコイコイ人相手の時のように，容易に先住民を打ち負かすことはできなかった。それでも，先住民を使用人として服従させる過程は着々と始められていた。

---

*　コルテス（1485-1547）：メキシコのアステカ王国を征服したスペイン人。
*　ピサロ（1475-1541）：ペルーのインカ帝国を滅ぼしたスペインの探検家。

ケープは，創設以来，ほぼ 150 年にわたる平和を享受した。植民地戦争の世紀にもかかわらず，一度も敵の攻撃を受けなかったのは，城塞や傭兵のためではなかった。シーリー*が「第二次百年戦争」と呼んだ対仏戦争をイギリスが遂行している間，オランダはこの長年にわたる植民地獲得競争のライバルと，約百年にわたる和平を享受していた。ウィリアム（オレンジ公）が，1688 年に，イギリス王たるべく船出して以来，オランダとその帝国はイギリスの増大する勢力の風当たりを避けていた。こうして，クロムウェル*やチャールズ二世*の時代には，不可避と思われた両帝国間の最終的決着が先延ばしされた。

18 世紀を通じて，ケープはアーサー・ヤング*が「消費，活動，活気の欠乏」と呼んだ状態に悩まされ続けていた。入植地は資本の蓄積が遅々として進まなかった。東インド会社は投資をしぶっていた。同社の独占はケープ植民地の商取引を抑制し，いかなる製造工業の立ち上げをも妨げた。18 世紀を通じて，ケープ植民地はごく僅かで当てにならない輸出を大幅に超過する輸入代金の支払いのため，通貨を使い果たしてしまった。もう少し規制のゆるやかな政策がとられていたら，貿易ルートは切り開かれていたかもしれないが，気候と地理という自然のハンデは取り除けなかっただろう。ワインを一樽も売れなかった年が何年もあったし，畜牛の疫病のため，厳しい肉の配給を余儀なくされた年もあった。自由貿易が行われても，ケープのワインの人気を高めることはできなかっただろうし，ケープの小麦を利益があがるようスラト*やバルト諸国の穀物と競争させることも叶わなかっただろう。ケープ開設からちょうど百年の後，ケープ全体で 1 年当たり 75,000 ミード[5]の小

---

* シーリー（1834 - 1895）：イギリスの歴史学者。*The Expansion of England, The Growth of British Policy* 等の著書を著す。
* クロムウェル（1599 - 1658）：イギリスの軍人，政治家，護国卿，清教徒革命の指導者，チャールズ 1 世を処刑。
* チャールズ二世（1630 - 1685）：チャールズ一世の子，王政復古を成就，議会との対立により名誉革命の一因を作った。
* アーサー・ヤング（1741 - 1820）：イギリスの農学者。農業革命の推進者。1784 - 1809 年 "Annals of Agriculture" を編集，発行した。
* スラト：インド西部の都市。16 世紀にムガル帝国の重要な港湾だった。1612 年にイギリス東インド会社がインド最初の商館を設置した。
5 原注：1 ミードは 3 ブッシェル（約 109 リットル）に相当する。

麦を輸出するのがせいぜいだった。それでも，ケープはこうした惨めなほど少量の輸出に依存していた。人口の拡散，独占権の過酷さ，役人の不正などのため，ケープ植民地内部の市場は未発達で効率も悪かった。ケープ社会は役人が多く，頭でっかちだった。1740年に，8人のボーア自由民に対し3人の会社官吏がいた。1778年には，16人のボーア自由民に対し会社官吏は3人だったが，この割合でも，役人人口の多さが，オランダ東インド会社に特有の不正行為を助長したことに変わりはない。もともと高い物価がさらに引き上げられ，ついに，東インド会社が自らの船舶用に調達する肉その他の産品の値段の高騰に苦情を洩らすまでになった。時折，不景気が好景気に転ずることがあった。南アフリカは，19〜20世紀にはその繁栄を棚ぼた的なものに著しく依存していたが，18世紀にすでに，棚ぼた的なものに頼っていた。「七年戦争」*とアメリカ独立戦争がケープに軍需景気をもたらした。フランス軍が湯水のように浪費して，ケープに数年にわたる熱に浮かされたような繁栄をもたらしたので，ケープはしばらくの間「リトル・パリ」となって，小ぎれいな白い破風造りの家が建ち並んだのである。

　フランス軍とともに繁栄も消え去ると，ケープ植民地は通常の不景気に落ち込んだ。しかも，それは不吉な陰鬱さを伴っていた。甘い汁を味わった後では，もとの状態はよりいっそう辛いものに思われた。アメリカ独立戦争後，ケープ植民地が危機的状況に近づきつつある兆候が，年々，明らかになってきた。アメリカで13の植民州が宗主国から完全な独立を勝ち取ったとき，ケープはついに東インド会社の過酷で積極性の乏しい支配に反対すべく起ちあがった。1779年にアムステルダムへ送られた請願書には，百年経っても意識も方法も代わりばえのしない東インド会社の支配に従うには，ケープ植民地は大きくなりすぎていることが示されていた。総督の意思に対して植民地側が何の抑止力も持てないような総督支配体制に，請願書は反対を唱え，「政策評議会」にボーア自由民の代表制を設けるよう要求した。そして，ヴィレム・アドリアーヌ・ファン・デル・ステルの時代以来，ケープ

---

* 七年戦争：1756年8月から63年2月まで行われた戦争。イギリスとプロイセンがフランス，オーストリア，ロシア，スウェーデン，ザクセンを破り，イギリスはこの戦争で，世界市場と植民地の争奪戦で優位に立ち，世界帝国として絶頂に達した。

では耳にしたことのない口調で，請願書は，賄賂で動く官吏，役人の不正行為を助長させる法の混乱を暴きたて，ケープ植民地の法律の成文化だけでなく，「高等法院」の議席の半分を入植者が占めることを要求した。

「ジョン商会」の一般的イメージ——金がすべてで良心のかけらもない——は誇張である。東インド会社に妥協の精神が欠如していたわけではない。戦後，さまざまな改革が導入された。純然たる貿易会社が，全く利益を生み出したことのない植民地に，立憲的自由を是認したことを考えれば，この改革の価値は本物だった。「高等法院」の6議席が入植者に与えられ，道路の管理，課税，価格の決定などに関する発言権も同様に与えられた。与えられた特権には現実的でないものもあった。乗組員の3分の1をケープ入植者にするという条件付で，ケープの産物をケープの船で輸出するという権利は無用のものだった。しかし，端緒は開かれた。ケープ植民地が，立憲的自由に通ずる梯子の一段目に足をかけたことは明らかだった。

植民地の不満がより先鋭化したのは，時あたかも，戦争の直接的影響と，不正な会計とそれに輪をかけた不正な賄賂まみれの会計係による累積的な影響を，東インド会社が危機感を持って経験し始めた時期だった。1780年にオランダが参戦した後に，同社は二度の配当を行った。その配当は高額だったが，それが最後だった。あれほど羨望と賞賛を掻き立てた世界的な商業大国は，ついにくずおれて膝をつき，負債の重圧に打ちひしがれ，イギリスとフランスとの競争に敗れ去り，オランダ東インド会社の船舶も組織も，もはや，両国との競争にとても太刀打ちできなかった。年毎に，テーブル湾に入港するイギリス船とフランス船の数は増えていった。東インド会社の独占権が急速に崩壊していくのを目の当たりにする証しだった。同社は価格を維持するために，東インド諸島での生産を制限し，ヨーロッパへの供給を削減し，余剰備蓄を焼却処分さえした。それは無駄だった。外国企業が東洋における東インド会社の独占を粉砕し，ヨーロッパにおける同社の市場に侵入したからである。

アメリカ独立戦争終了後の10年間に，負債は雪崩となって東インド会社を襲った。負債は2倍，3倍に膨れ上がり，さしものオランダ議会も同社を救済できなかった。同社の最晩年は，歳出を抑え浪費を削減するために努力

していた。ケープほど倹約の必要性に迫られた所はなかった。東インド会社の所有領で，ケープほど利益の上がらない所はなかったからである。1792年にネダバーとフリュケニアスという弁務官がケープに到着した。彼らの到着以前に，すでに歳出は削減され，軍隊は撤退していた。弁務官を待ち受けていたのは陰鬱な社会だった。入植者たちは繁栄が戻ってくることを望んでいた。彼らは高い価格と，密輸することなく船団と自由に取引できる権利を求めていた。彼らは，役人の数が多すぎ，賄賂まみれで腐敗しきったゆがんだ体制から解放されることを望んでいた。しかし，弁務官が来訪したのは，入植者を喜ばすためではなかった。弁務官は人々が欲する水を背負ってくることはできなかった。倹約が弁務官の一番重要な任務だった。課税の引き上げ，歳入の増大，歳出の削減が東インド会社の最大の関心事だった。歳出は切り詰められ，役得収入は廃止された。ケープの役人身分制度の翼は容赦なく刈り取られた。しかし，そうした大規模な改革ですら，ケープの絶望的窮状の治療には十分でなかった。ケープ植民地に弁済能力をつけるため厳しい努力をするなかで，弁務官は奴隷とワインへの課税，新規の関税，荷車税，競売手数料の設置を宣言した。港湾使用料が外国船に課された。それでも，十分ではなかった。東インド会社の流す血はあまりにも多くの傷口から出たものであった。同社がオランダで信用を失墜し，巨額の負債を抱えている時，ケープでいくら出血をおさえても，何の足しにもならなかった。東インド会社が1794年の破産に向かって押し流されていくにつれて，ケープにおける，インフレと倹約という相矛盾する実験は，自信の喪失，信用の失墜，そして，ついには，経済的崩壊に至る歩みを止められなかった。

　ヨーロッパでは，王侯たちがピルニッツ*でフランス革命に異議を唱えていたが，フランスはそれを無視した。フランスでは死刑囚護送車が走り始めていた。ゲーテは，バルミーの戦い*とジェマップの戦い*の後，新しいヨー

---

* ピルニッツ：1791年8月に神聖ローマ皇帝レオポルド2世とプロイセン国王フリードリヒ・ウィルヘルム2世が，ザクセンのピルニッツ宮殿で会見し，フランス国王を擁護する「ピルニッツ宣言」を発した。
* バルミーの戦い：1792年9月，フランス革命軍とプロイセン＝オーストリア連合軍が交戦，革命軍が初の勝利を得る。
* ジェマップの戦い：1792年11月，フランス革命軍とオーストリア軍が対戦，革命軍が勝利し，ベルギー全土を占領した。

ロッパが誕生したことを告げた。18 世紀は終ったのである。

第 2 章

新旧思想の交替

「政治家たちは，征服した国民を殺戮する権利があるのなら，奴隷化する権利もあるという説を導き出した。」

モンテスキュー『法の精神』第10篇第3章

　1795年にイギリス軍が接収したケープ植民地は，他のいかなる巨大な植民地と比較しても，経済的に開発が遅れ，政治的に未熟で，文化的にも立ち遅れていた。ケープ植民地が成立して1世紀半も経ちながら，町といえるものが一つ，小さな村落が五，六ヶ所あるだけだった。他の住民は広大な地域に拡散していた。比較的こじんまりまとまっていた西部地域の人口は，約13,500人だった。残りの植民地全体に7,000人から8,000人の人口が拡散し，およそ10平方マイル当たり一人という割合だった。

　クレイグ将軍と彼の軍隊には，最初，接収したケープ植民地が豊かな土地に見えた。1795年は小麦の豊作年だった。しかし，その翌年，植民地はよく知られた別の一面を見せた。穀物の不作と無謀な小麦輸出が，ケープ植民地を危機的な飢饉状態に追い込んだのである。1798年，1799年，1800年と続いた不作の年は，南アフリカの気候がいかにあてにならないかを，最初のイギリス総督府に十分立証して見せた。この気候のため，18世紀を通じて，ケープ植民地は過剰生産と飢饉という両極に振幅する危機的状況に翻弄され続けていたのである。

　イギリス人はケープに革新のきっかけをもたらした。それはロベスピエール*やダントン*流の革命ではなかった。ジャコバン主義は品行方正な大英帝国将校にとって鼻持ちならないものだったからだ。しかし，イギリス人の到

---

* ロベスピエール（1758-1794）：フランス革命の指導者。ジャコバン派独裁を樹立。恐怖政治を行った。

来は過去との決別をもたらした。オランダの改革弁務官が手付かずのまま放置した役得収入や手数料などは通常の給料に変更された。独占権を廃止し，通過船舶との交易を自由化したのも，ジャコバン主義ではなかった。独占と役人の特権という体制は壊滅的な打撃を受け，植民地経済は世界貿易の流れと健全なつながりを持てるようになった。とりわけ，イギリス行政府はケープを単なる港もしくは補給用駐屯地とみなさなくなった。ケープは植民地で，それも広大な植民地であり，驚くほど複雑な問題を抱えていた。貿易商社が到底認識できなかったことで，短命に終わったイギリス行政府が明白に認識していたのは，この植民地には行政側の断固とした態度と，植民地住民ならびに住民間のあらゆる関係を律する法律の権威を遵守させる必要があるということだった。サン人，奴隷，辺境のカフィル人*といった人々は，いずれ，その状態に検証が加えられざるを得なくなるのだが，それはイギリスの新体制による検証というより，その新体制がもたらした新時代による検証だった。その新時代とは，サマセット事件*，クラークソン*やウィルバーフォース*，そして人道主義や福音主義の時代であり，スペイン人が 16 世紀にすでに気づいていた事実，つまり，未開人にも精神というものがあり聖書を通じて教化できるという事実を発見した時代だった。そこにはケープがいずれ経験する革新の種が宿されていた。したがって，それは，植民地内部で培われ，不平や欲求不満から引き起こされた革命ではなかった。経済的抑制への憤りがいかに強大になろうと，狭量で利己的な政府への苛立ちがいかに耐え難くなろうと，ケープの社会は根底から保守的だった。社会内部で生じた身分の格差や差別を保持するという願望以上の強い望みはなかった。東イ

---

* ダントン（1759 – 1794）：フランスの政治家，恐怖政治と歩調を合わせたが，ロベスピエールによって処刑された。

* カフィル人：白人（アフリカーナー）が黒人に対して用いる蔑称。コーサ族などバンツー語系諸族を指し，異教徒を意味するアラビア語。本書では，原文通り，カフィルという用語で訳すことにする。

* C. S. サマセット（1662 – 1748）：アン王女の寵を受けたが，王女の死に際し，ドイツから招いたジョージ 1 世を即位させた。

* クラークソン（1760 – 1846）：奴隷廃止主義者，植民地における奴隷，奴隷貿易の廃止を最初に唱えた。ウィルバーフォースらと 1787 年に奴隷貿易廃止委員会を創設し，運動を展開した。

* ウィルバーフォース（1759 – 1833）：イギリスの政治家，ピット政権を支持。奴隷貿易と奴隷制度の廃止に献身。その死の 1 カ月後に奴隷解放令が出された。

ンド会社がこれまでないがしろにしてきた，経済的，法律的，憲政的改革には喜んで応じたが，主従関係や白人と黒人の関係を変えようとしたり，そうした関係に反対したりするものには，何であれ，例外なく，即座に強烈な反感を示した。こうした事実が最初に明らかになったのは東部辺境地だった。

　1795年，イギリス軍がやって来る以前に，辺境で反乱が起きた。フランス革命と，グラーフリネットやスウェレンダムなど東部辺境地のボーア自由民の反乱との間に，密接な関連を見出そうとする試みがなされてきた。両者の関連は極めて希薄であって，この反乱はボーア自由民が近隣のカフィル人と気ままに交易する自由を不当に侵害されたと考えた結果，生じたものであるというのは紛れもない事実である。ファン・プレッテンベルクの無益な辺境地への旅行以来，年々，畜牛や土地をめぐる紛争は慢性的で扱いにくくなった。1793年，東インド会社は再度，頻繁に出している布告の一つ（de coercendo infra fines imperio）を発した。しかし，当時，たまたま，辺境地帯はオノレイタス・メイナーという役人に牛耳られており，彼は，辺境住民は政府の意見を聞き，法の命ずるところに従うべきだと決めつけていた。この頃，辺境住民は罪を犯す側というよりも，被害者側の立場で大いに苦しめられていたため，自分たちと，カフィル人の襲撃によって奪われた生命，畜牛，土地への遺恨との間に立ちはだかる行政府を許容するわけにいかなかった。1795年2月，南アフリカで最初の反乱が起き，6月にグラーフリネットとスウェレンダムに最初の独立共和国ができた。反乱と分離独立という，19世紀に絶えず出没する妖怪が出現したのであった。

　クレイグ将軍は辺境地帯に注意を向けた際，メイナーの先住民寄りの意見よりもっと不快な言葉をボーア自由民に対して使ったのだ。将軍は，カフィル人に向かって手を振り上げてはならない，何人にもカフィル人の土地を奪わせてはならない，と言ったのである。こうしたクレイグの言葉には，辺境地に暴力沙汰を持ち込んだのはボーア自由民であるというあからさまな非難が込められていた。クレイグは，彼の後に続く多くの後継者たちと同様，いかに複雑に絡み合った関係がすでに出来上がっていたかを理解できなかった。鎮圧命令を発することは，長年の紛争が引き起こしてきた緊張状態と憤懣を，危険なまでに見落とすことと同じだった。そのような辺境には，秩序

をもたらすだけでは足りなかった。知識と気配りも必要だった。その後，何年もの間，辺境に明らかに必要とされた法律が，しばしば，むやみやたらに施行された。1795年から1803年2月まで，すなわちケープがバタビア共和国*に返還されるまで，辺境地帯では紛争の絶える間がなかった。軍隊の出動で鎮圧されていた反乱自由民は，1799年初めに，再度決起した。この反乱は深刻なものではなく，軍隊が辺境に現われると沈静化した。しかし，これはコイコイ人の反抗を引き起こし，カフィル人をケープ植民地に引き込み，初めてイギリス正規軍に痛手を与えた。今や，この反乱自由民とコイコイ人，カフィル人のきな臭い三角関係で，なぜ，東インド会社の布告も，クレイグ将軍の勧告も功を奏さなかったかが明白になった。この地域には，土地を失い，雇用主との関係に不満を抱くコイコイ人が存在した。また，巧妙な牛泥棒で抜け目のないカフィル人が存在した。彼らは，背後は混乱に，内部は不穏状態に悩まされ，ヨーロッパ人入植者と接する前線では永続的な効果を上げられずに当惑していた。そして，ボーア人が存在し，手に負えぬコイコイ人と略奪を繰り返すカフィル人に悩まされ，彼らは怒り心頭に発していた。メイナーやクレイグの唱える先住民の権利などといういいかさまの教義に彼らは困惑し，とりわけ，東インド会社の無策によって結果的に発展させることができたボーア人の自治の尊重を，行政府が拒否したことに憤慨していた。このような辺境地に行政府の意思を強要することは，オランダ政府でも，イギリス政府でも，至難の業だった。このような辺境地では，優柔不断，間違った経済，無知無策といったものは，必然的に厳しい災厄をもたらす過失だった。しかも，そうした過失こそが辺境地政策の特質となる運命だった。

　1803年に，アミアンの和約*の条件に従い，ケープはバタビア共和国に返還された。ヤンセン総督とド・ミスト弁務官という二人の進歩的な人物による短期間の統治は，業績的にはあまり目立たなかった。目立ちようがなかっ

---

* バタビア共和国：1795年フランス革命の影響でネーデルランドに成立した（1795－1806）。1806年にボナパルトを王とするオランダ王国となる。
* アミアンの和約：フランス北西部のアミアンにおいて，ナポレオンとイギリス，スペイン，バタビア共和国との間で結ばれた講和条約。

たというべきであろう。僅か3年後に，イギリス軍が再び戻ってきたのである。フランスとの戦闘で，ケープはイギリス軍にとって最重要地点であることが判明したからである。しかし，ヤンセンとド・ミストの統治はその意図したことに注目すべきものがあった。ヤンセンとド・ミストを理解することは，南アフリカ史の次の世代を理解するに等しい。彼らは，イギリスの前任者よりいっそう明確に，ケープ経済の窮乏した不安定な基盤を認識し，いかに進歩的な布告や宣告をもってしても，そうした基盤の強化は至難であることを理解していた。明らかな事実は，植民地が進歩的な経済政策に即座に対応できるほどの生産を，量的にも，質的にも上げていないことだった。実際，イギリス軍がケープ植民地を去る直前，3年連続の不作に続いて，小麦の飢饉が目前に迫っていた。19世紀の植民地世界において，ケープ植民地が有利で高い地位を獲得できるような産物はまだ発見されていなかった。

　ヤンセンとド・ミストはケープタウンの行政機構の不備を認めた。高等法院の改革は最重要課題だった。彼らは高等法院を行政から独立させ，裁判官の地位を徹底した法律専門教育に委ねることによって，南アフリカ史において裁判制度が演じた輝かしい役割の基盤を据えた。しかし，さらに重要なことは，彼らが視線を海から内陸地へと転じたことである。彼らの視線は，ケープタウン周辺の小麦・ワイン農家の居留地の外側に茫漠と広がる大植民地を，以前よりも明確にとらえていた。彼らの改革は，人員の不足，資金の不足，時間の不足によって阻まれた。しかし，彼らが着手した刷新において了解されていたのは，この植民地で根本的に必要なことは機構の整備であるという認識だった。茫漠と拡大するこの植民地の特性には緻密さが必要であり，拡散してしまった人々には結束力を，脆弱な社会組織には強力な統制を加えねばならなかった。1806年にイギリス軍に降伏するまでに，ヤンセン総督が気づいたことは，東部辺境地でコイコイ人を反乱に駆り立てたのは土地への渇望であり，農場主が使用人を扱う際，法律や治安判事を無視し，私的に裁いたり罰したりする傾向が非常に強かったことである。辺境地における，彼の行政管理は果敢で先見の明があった。コイコイ人に居住地を与え，農場主に労働契約を記録させることによって，雇用主と労働者とを同一の法規則のもとに置こうとした。法規則はそれを施行する執行官なしでは何の役

にも立たないことに気づき，ヤンセン総督は，辺境地の怠慢でひ弱な役人に注目した。彼は，既存の役人の機構をそのまま採用する才覚を持っていた。ランドドロストとヒームラデンと呼ばれる代表者たちは辺境住民だったため，ヤンセン総督は，彼らと住民との絆を弱めることなく，中央政府の支配を強化し，しかも，彼らに真の代表者たる資格を与えた。それは見事な政策だった。この時期に執行された政策の例にもれず，人材と資金の不足に非常に悩まされていた。しかし多くの前途有望な刷新と同様，この刷新も時の試練に屈服することはなかった。

　ヨーロッパでは，アミアンの和約が単なる休戦協定にすぎないことが判明した。交戦状態が復活すると，イギリスは国益としての防衛をいかに組織化すべきかを，10年前より，はるかに明確に理解していた。ケープ支配の必要性が極めて重大であることは疑いなかった。1806年1月，イギリス艦隊はテーブル湾に入港した。2週間もかからずに，ヤンセン総督の率いる軍隊の弱々しい抵抗は終わった。ケープは再度，イギリスの支配下となり，今度は，歴史が示すように，イギリス領として存続した。

　イギリスによる支配の最初の30年の歴史は，想像力に欠け失策の多い独裁政治の時代として描かれることがあり，将来に憤懣の種と不和という遺産を遺したとされる。しかし，1836年以前の歴史は，良心的な新政府が，茫漠として一貫性のないケープ植民地の組織をまとめ統制力をつける努力をし，新たにこの植民地が大英帝国において占める立場にうまく対応できるようにさせた時代，とも説明できる。ケープ植民地はその長い歴史にもかかわらず，できたばかりの居留地のような政治的未熟さと混乱状態にあった。ケープ植民地はカナダと同じくらい古い植民地でありながら，カナダの豊かで確固とした政治組織には遠く及ばなかった。政治的自由より，もっと切実で直接的な死活問題が優先される段階にあったのである。1815年以後，大英帝国内では政治的自由を求める風潮が遅まきながら高まりを見せていたが，ケープでは大幅に遅れていた。なぜなら，白人よりはるかに人口の多い奴隷の運命はどうなるのか？コイコイ人は社会階級のどの位置におかれるのか？ヨーロッパ人の領土拡張が創り出した辺境地において白人と黒人は互い

にどのような形で生活すべきなのか？などについて知る必要性の方が大きかったからだ。イギリスの支配はしばしば傲慢で時には残酷だった。しかし，それは大規模かつ持続的な統制ではなかった。貧弱すぎて，あるいは，もっと正確には，出費を惜しみすぎて，そうはならなかった。しかし，いかに所轄大臣の意図が混乱していようと，いかに総督の方策が不適切であろうと，イギリス政府は植民地代表者会議で，自由を奪われた奴隷，権利を奪われたコイコイ人，平和を奪われたカフィル辺境地等の問題を優先すべきだと認識していたのは確かだった。白人入植者が，抑圧と誤解を受けて，圧制的な大英帝国の支配から逃れるため荒野へ逃避した，という単純な見方は19世紀の偏狭な見解である。ケープでは，貧困ゆえの経済的・社会的変革が政治的変革より優先された。

　イギリスの二度目の占領は植民地の経済生活を活発に刺激した。ケープタウンは，とりわけ，船舶や軍隊の整備・保全のための軍需によって生じた好景気を享受した。こうして導入された新たな資本，拿捕船の積荷の売却，交易制限の撤廃などは，直ちに，ケープ植民地の生産物の活発な需要と迅速な商取引を引き起こした。1806年から1820年の間に，輸出入高は6倍に増大した。1807年の奴隷貿易廃止ですら，一時的には増収の原因となった。奴隷の価値が高騰したため，奴隷所有者は繁忙期に奴隷労働者の賃貸料で多くの利益を得たからである。はるか遠隔の辺境地でも，好景気の影響を感じていた。1806年から1824年の間に，ケープ植民地の畜牛の頭数は3倍以上になった。しかし，イギリスとの関係によって，ワイン農家ほど大きい利益を得たものはなかった。1806年から1831年は，ケープのワイン取引の最盛期だった。フランスとラインのワインは，ケープのワインよりも1ガロン当たり4シリング7¼ペンス余分に税金を支払わされていた。1813年に，ケープ・ワインに有利なこの差額は6シリング8ペンスに増大した。1825-6年に，ケープ・ワインの特恵差額はフランス・ワインの場合4シリング10ペンスに，スペイン，ポルトガルのワインの場合2シリング5ペンスに急激に引き下げられた。しかし，それまでの間に，ワイン輸出額はその他の輸出の総合計額より大きくなっていた。1817年に1,621トンのワインがケープから出荷された。これに対して，18世紀には，たった1トンの輸出さえも行な

われなかった年も稀ではなかったのだ。

　ケープ植民地の通貨は，19世紀初期の大半の植民地と同様，貨幣のコレクションという印象を与えた。インドのモフール金貨*とルピー，マドラスのパゴダ，スペインおよびスペイン帝国のヨハンネス金貨，ダブロン金貨，ドル，ターレル銀貨*，ヴェニスのゼッキーノ金貨，イギリスのギニーとシリングなどが流通していた。通貨の大半は紙幣のリクスドル*で，粗悪な紙に貧弱な印刷を施したものだったため，すぐに磨耗し，無闇矢鱈に偽造された。アメリカ独立戦争以来，ケープのリクスドルは不安定だった。1806年に，イギリス総督府は保証の覚束ない膨張通貨を受け継いだ。ケープの窮状は，他の多くのイギリスの領地の窮状でもあるため，ケープ通貨の下落を阻止するのは不可能であると判断された。戦争の危機，慢性的な貿易赤字，不可避的な為替投機——これらすべてがインフレをさらに助長させる原因となっていた。1784年に創設された貸付銀行は今では手形割引と通知預金業務も行なっており，1808年に，500,000リクスドルを造幣し，増資する権限を与えられた。その上さらに，500,000リクスドルの発行が公共事業のために認可された。インフレの影響がすべて有害だったわけではない。ケープタウンは水道施設と数棟の重要な公共施設を建設できたし，市民は新しい家を手に入れた。古い家に，漆喰を塗って新しい平らな屋根を葺き，18世紀に数多くの悲惨な火事の原因となっていた美しいわら葺き屋根を一掃した。豊富な資金供給は商業活動を活発にし，1811年から1819年の間に，ワイン農家が新しいブドウの木を900万本植えつける助けにもなった。

　このような利点に劣らず顕著だったのは，無担保の負債と通貨膨張がもたらした悪影響だった。1806年から1825年にかけて，リクスドルはゆっくりと崩壊した。兵站部は手形をイギリス本国で最高値の入札者に売却し，支払いは最高値の平均為替レートで行われた。守備隊の支出はリクスドルが低落するにつれて膨張した。総督の給料は60,000リクスドルから136,250リクスドルにはね上がった。このため，ケープ植民地の財政の弱体化に，ますます

---

* モフール：1899年まで流通したインドの金貨（＝15ルピー）
* ターレル銀貨：スパニッシュ・ダラー，新大陸に流入し，アメリカ合衆国のドルの前身となる。
* リクスドル：イギリスが植民地用に発行した銀貨。

大きな負荷がかかった。ケープ植民地の産品すべてがワインのように，下落する貨幣とイギリス市場の開放という刺激に対して，容易に対応できたわけではない。イギリスによる占領の 10 年後，羊毛，獣皮，ダチョウの羽，穀物等の総輸出は，ワインの輸出額の半分にすぎなかった。1826 年の羊毛の輸出額はたった 545 ポンドだった。

　販売力の乏しい植民地では購買力も乏しく，その経済は偶発的な救いの手に頼らざるを得なかった。そして常に，突発的な変動に左右された。たとえば，イギリスの輸入額は，1817 年の 3,000,000 リクスドルから 1820 年には 1,500,000 リクスドルに落ち込み，1824 年には再び 3,000,000 リクスドルに急上昇した。ごく初期の段階から，ケープはイギリスの軍事費に依存する習慣を身につけていた。1821 年の，4,000 人から 2,500 人への駐屯兵の削減は，直接的で手厳しい痛手となった。大英帝国の経済体制においてケープがより安定した立場を手に入れるのは時間を要する困難な仕事だった。ケープの古い 18 世紀の度量衡[1]が，1848 年までイギリスの度量衡に統一されなかったことはケープ社会の動きの鈍さを証明している。1849 年にいたってもまだ，ケープ・オブ・グッドホープは，植民地とかプランテーションではなく，依然として軍事，海運駐屯地として財務省勘定に記載されていた。

　ケープは，イギリスとヨーロッパ大陸が打撃を受けたナポレオン戦争後の不況にまともにさらされた。不況は 1820 年に始まり，執拗に長引いた。ワイン業界は最盛期を過ぎていた。しかし，その真の崩壊が始まったのは，1831 年に外国産ワインに対する特恵の大幅な削減が実施されてからだった。一連の穀物の不作は小麦農地の疲弊を明らかにしていた。財政支出の増大に反して，歳入はリクスドルの慢性的下落のために減少していた。リクスドルは 1 ドル＝4 シリングから 1 シリング 6 ペンスに下がっていた。1825 年イギリス政府はリクスドルを窮状から脱出させる決定を行った。旧貨から新しい貨幣への交換は，大英帝国全体にわたる包括的な通貨改革であり，この改革は，ケープと同様，ニュー・サウス・ウェールズでも貴重で重要な改革だった。リクスドル紙幣をイギリス銀貨 1 シリングス 6 ペンスで一掃したこと

---

[1] 原注：面積単位の，1 モルゲン＝2.116 エーカーといったような単位は今でも用いられている。

が，多くの植民地住民に苦難を課した。しかし，それ以外の者にとっては恩恵となった。概して，リクスドルの排除は為替レートの不安定な投機を終わらせ，不況期がもたらしたやっかいな債務を一掃し，ケープ植民地に健全な貨幣制度をもたらし，イギリス本国と同じ貨幣価値をケープにもたらした。1825年の改革はケープを大英帝国の経済体制に同化させる重要な処置であった。

　1820年に，ケープ植民地はイギリスの領土でありながら，ほとんどの住民がオランダ人だった。この年，5,000人の英国人グループが入植し，「1820年入植者」として知られた。イギリス議会は，彼らの渡航費として50,000ポンドの支出を議決したが，それは，この渡航が大英帝国の厳しい失業問題を緩和するのではないかという期待に基づいていたからである。「1820年入植者」は，南アフリカに入植した最初のイギリス人男女の大集団という意味で重要だった。これは前衛部隊としての到来であり，もっと大規模なイギリス人入植者の部隊が後続して，ケープ植民地のオランダ的性格を根底から変えてしまうのではないかという疑念を引き起こした。彼らの到来には，オランダ人の血統と言語が，イギリス人種と英語に完全に吸収されてしまうのではないかという疑念も含まれていた。この問題は後にカナダに関するダラム卿*の有名な報告書で明確に指摘され，カナダにおけるフランス人とイギリス人の同様の融合の可能性が考慮されている。こうした疑念への解答に，南アフリカの将来の大半がかかっていた。イギリス人とオランダ人の関係は，重要な，時として，悲劇的な役割を演じたからである。オランダ人住民の大多数は農業に従事していたため，1820年にイギリスが入植者をアルバニー地区の土地に居留させようとしたことは，重大な影響をもたらした。この地域はカフィル人の東部辺境地に接しており，アルゴア湾へ至る海への出口に通じていた。

　「1820年入植者」はイギリスの不況に別れを告げてきたのだが，ケープでも彼らを待ち受ける不況に迎えられた。彼らは最初から，東部辺境地帯のあらゆる逆境と闘わねばならなかった。不慣れな環境は彼らを貧しい農民に

---

* ダラム卿（1792-1840）：イギリスの政治家。1838年カナダ総督。1839年に，有名なダラム報告を書く。

し，萎凋病は小麦を壊滅させた。1823年半ばに，土地に残留していたのは，当初の5,000人の入植者のうち3分の1以下だった。残りの大半は都市へ流れて行った。こうして，南アフリカにおける重要な区別，つまりイギリス人は主として都市派，オランダ人は主として農村派という性格上の区別の基盤が形成された。アルバニー入植地の相対的失敗は，南アフリカ入植が非常に厳しい不利な条件にあることを実証した。ケープ植民地自体が，大規模な移民に資金を提供するには，あまりにも貧しすぎた。そして，1820年以後，イギリス政府はこの種の不経済な投機的事業の実施を渋った。したがって，カナダとオーストラリアへ向かう移民の大きな流れは南アフリカを素通りした。南アフリカ奥地を開発し，地域の特性を決定するのは，イギリス人開拓者ではなくオランダ人開拓者の責任となっていた。イギリスの習慣と制度がもたらした影響は大きかったが，アルバニーへの入植とその後のイギリス人入植者の歴史が明らかにしたのは，150年にわたるオランダ東インド会社の支配が，ケープ植民地と南アフリカ全土に，ぬぐいようのないオランダの刻印を押していたことだった。

　イギリス行政府はケープの通貨の混乱と同じくらい重大な混乱を，土地制度にも見出した。18世紀の貸付農場制度は農民に最大の自由を与えながら，政府は最小の権限しか保有していなかった。政府の権限がきわめて限定されていたため，多くの開拓民は，農場の登録や，年当り24リクスドルの賃貸料の支払いという面倒なことをせずに，勝手に入植していた。イギリス総督府はこの制度を行政上の理由から不当と判断した。入植条件を規制すべき政府の権威を全く無視していたからである。法律上の理由からも，不当だった。農民は土地を売ったり，再分割したり，遺産として譲ったりできる確固たる権利を保有していなかったからである。農民が所有していたのは「オプスタル」つまり，土地の上の建物だけだった。政府は貸付農場の所有権を1年前の予告によって取り戻す権利があった。この制度は経済的理由からも不当だった。農民は土地保有権の保障がないため，高額の費用を要する土地改良を行う意欲を持てなかったからである。貸付制度は不毛な農業と不安定なその日暮しの生活習慣を助長していた。財政的理由からも，これは不当だった。すべての貸付農場は，面積，場所，土壌の優劣に関係なく，一律の賃貸

料を支払い，それも，リクスドル崩壊のため，年当たり3ポンドだったものが，1ポンド16シリングに下落していた。土地が歳入に対して，極めて僅かな寄与しかしていないことは明白だった。

　1813年に，総督のジョン・クラドック卿は布告を出し，貸付農地を恒久的な免役地代保有権へ変更することを許可した。当時，カナダでは，社会の発展の重荷となる旧弊な施策とみなされていたものが，南アフリカでは重要な改革だった。この布告は，イギリス本国や他の英領植民地では当然とされた土地保有上の秩序を，ケープ植民地にも適用しようとする努力の表われだった。しかし，この布告は，ケープ植民地の主な資産である土地に，植民地の歳入への寄与を増大させようとする努力でもあった。ニュー・サウス・ウェールズやカナダの土地制度と比べると，ジョン・クラドック卿の改革はゆるやかなものだった。行政府は重税体制ほど行政目的を失敗に帰させるものはないということを承知していた。免役地代は土地の優劣や場所によって異なっていたが，1年当たり250リクスドルの上限を超えることはなかった。この変更は強制ではなく任意だった。最初の年に1件の変更も行われなかったことは，住民が新土地制度を嫌っていたことを物語っていた。その後，比較的裕福な西部の農業地帯で，変更が緩慢に行われた。ケープ植民地の他の地域では変更は遅遅として進まなかった。牧畜農家は，自分たちに好都合だった土地制度を変えようとする企てに明らかに反感を持っていた。彼らにとって，布告の条文で約束されている特権や恩典はあまり魅力がなかった。貸付農場制度の法的欠陥や国境地域の不安定な条件が彼らを悩ませることはなかった。実際，イギリス政府が是正しようとした欠点こそ，彼らがその地域に移住してきた際の驚異的自由の拠り所だった。直接税，特に土地への課税に対する反抗と，一人ひとりが農場を占有する自由の抑圧に対する敵愾心が，ボーア人の根深い特性となった。土地の大部分はやせていた。奥地の大部分で，5エーカー当たり牡牛を1頭飼えれば豊かな方であり，12エーカー当たり1頭という状態が普通だった。畜牛の群れしか持たない貧しい人々に土地改革は重圧となった。土地と畜牛が彼らの生活手段そのものだったため，当局がボーア人と彼らの土地をより厳しい統制下におこうとした取り組みに不快感をつのらせた。こうして早々と，イギリス政府は，正当な税

を土地に賦課するという難問に直面した。政府のあり方についての二つの観念が衝突した。一つは活動的かつ積極的な政府という観念であり，もう一方は散漫で野心を持たない政府という観念だった。ある意味で，彼ら自身もあいまいだった。弁明する者はいなかったし，農民たちは，政府は彼らの生活になるべく干渉すべきでないと考えており，特に，農民が富を入手する方法や使い道に口を出すのは控えるべきだ，と考えていたからである。彼らの理想とする国家は，広大な牧畜用の土地を所有する人々の人種差別的な組織であって，牧場を持っていない場合には入手しやすく，いったん入手したらそれを保持しやすくするよう助力する法律を備えた国家だった。そうした観念を持っていたため，ギボン・ウェイクフィールド*と同世代のイギリス植民地総督たちより，17世紀のアイアトン*やロック*の方が親近感を持たれていた。

　東インド会社による辺境地放任は過去のものとなった。法の支配，近代的政府の法秩序が孤立する辺境地帯へ入ってきた。1811年の巡回裁判所の設立と，1819年の新治安判事8名の選出は，法律とその執行人が辺境地帯の内部に導入されたことを強調していた。1827年の有名な司法憲章はケープの制度的近代化にいっそう拍車をかけた。法を無視し，専横な総督の手先となるような判事は姿を消した。総督自身ももはや司法における最終控訴院を統括する立場ではなくなった。逆に，所轄の裁判官と独立した司法制度は，ケープ政府の軍事的・独裁的性格も法による制約を受けることを保障した。憲章は内陸部の裁判制度にも大幅な変更を加えた。ランドドロストとヒームラデンで構成される古い裁判所は廃止され，地方行政官と治安判事がこれにとって代った。もし，新しい役人の給料がもっと十全で，人員も広大な地域を管理する仕事に十分足りていたら，ケープ辺境地の歴史は，おそらく違ったものになっていたと考えられる。しかし，1827年の時点で，その後もしばしばそうであったように，イギリス政府は，優れた改革を実行したいとい

---

* ウェークフィールド（1796－1862）：イギリスの政治家。オーストラリアを流刑地ではなく自由殖民者の居住地にする運動を主唱。ダラム報告（前出）の企画者の一人。

* アイアトン（1611－1651）：イギリスの清教徒革命期の軍人，政治家。

* ロック（1632－1704）：イギリスの哲学者，1683年オランダに亡命。

う願望と，資金の支出や優秀な人材の使用を極力しぶる気持ちを一致させようとしていた。ケープ植民地自体が，あまりにも貧しく，十分な数の治安判事に十分な給料を支払う負担に耐えられなかった。ランドドロストとヒームラデンによる慣れ親しまれた法廷と比べて，新しい治安判事の方が明らかに勝っていたとは言いがたかった。不満が鬱積し，政府と辺境地との結束が最も重要性を帯びていた時期に，治安判事がボーア自由民の代表たりえなかったことは重大な欠陥だった。

　ボーア自由民の生活に入り込んできたのは法律とその執行官に止まらなかった。新しい時代精神も入り込み，ケープ植民地の保守的な考え方を混乱させた。イギリス人がケープを占領しなくても，ヨーロッパの知的・宗教的生活の新しい潮流や，人道主義・伝道活動の新しい影響力は南アフリカに押し寄せていただろう。しかし，イギリス人の到来がとりわけ大きく門戸を開いたのは，奴隷解放運動，ロンドン伝道協会，その他すべての，奴隷やコイコイ人，カフィル人たちの社会的状況改善を目的とする人々に対してだった。彼らの到来は，長く遅れていた変化が起きるのと同じ時期だった。イギリス軍将校の荷物や，伝道師たちの図書に混じって，啓蒙運動，ロマン主義，ウェスリー派主義*，福音主義復興運動などが提唱する様々な思想が到来した。そうした思想の影響は非常に強力で，その主唱者の意気込みは強烈だったため，ケープ社会は約25年という短期間に，奴隷，コイコイ人使用人，カフィル人住民との関係の全面的変更を受け入れねばならなかった。動きが緩慢で保守的な社会にとって，これは過激な変化であり，住民の精神にショックを与え，生活習慣に混乱をきたした。奴隷を解放し，コイコイ人と主人との間の政治的平等を確立し，辺境住民に政府の統制を強制することは，短期間に多大な変化を詰め込むことになった。東インド会社の時代に放任されてきた諸問題が今やすべて，手当たり次第に解決を求めて突き進んできた。

　ヨーロッパの市民社会で培われた自由主義がケープの保守的農村社会に与えた衝撃は激烈だった。それは宗教を通じて南アフリカに入り込んだため，

---

* ウェスリー派主義：メソジスト教会の創設者ウェスリーの主唱した，実践的な福音主義的信仰運動。

いっそうすさまじいものになった。伝統，宗教的信条，人種などに基づく種々の特権に反対し，自由主義的思想を説いたのは，主に，宣教師だった。彼らは，福音書のために働く人々に特有の，執拗さと快活さを持っていた。目的達成にあまりにも熱心なため，時間をかければ入植者の精神的風土に作用する可能性のある，ゆっくりとした変化を待つことができず，彼らはケープ植民地内部で全く用意できていない変化を，外部から性急に押しつけることとなった。そして，宣教師たちは，理想とする社会を形成すべく，政府の権限を断固として行使するよう直ちに要求した。すでに，ケープ植民地で権限の拡大をはかっていた政府は，宣教師たちの影響力と威信を笠に着て，住民の生活にさらなる重圧をかけた。このため，住民の心に疼く執拗な憤懣によって，自由主義的伝道活動の成功は激しい偏見を持たれた。ボーア人はどこへ行こうと，不当に受けた虐待の数々をけっして忘れなかったからである。自由主義の勝利は，したがって，内在的破綻をともなっていた。

　ケープの隷属的な人々の劣悪な地位に対する，伝道的立場や博愛主義による非難の急先鋒は，ロンドン伝道教会のジョン・フィリップ博士*だった。南アフリカ史において，彼の名前はいまだに論議の的となっている。1819年に，彼はケープに行くと直ちに現地がかかえる諸問題に取り組んだ。彼は新しい国の国情をすばやく理解するというスコットランド人の資質を持っていた。彼はリビングストン*より前の世代の旅行家であり，大英帝国の問題に関する彼の考え方は50年後，セシル・ローズによって再び表明された。イギリス本国の上層部は，いちはやく彼の名前を知るようになり，その見解に耳を傾けた。ウィルバーフォース，ラシングトン，トマス・ファウェル・バクストン*らも彼と手紙のやりとりを行なった。こうした人々やその仲間は盛大な奴隷制反対運動の最終段階に携わっていたとはいえ，ケープのコイコイ人の権利を擁護する彼の訴えには神経を尖らせていた。

---

* ジョン・フィリップ（1775-1851）：スコットランド出身の宣教師。南アフリカで現地人の権利のために尽力したが，入植者の反感を買った。

* リビングストン（1813-1873）：スコットランド出身の宣教師，アフリカ探検家。奴隷貿易の実態を文明世界に明らかにした。

* バクストン（1787-1845）：イギリスの博愛主義者，政治家。1822年に，下院で奴隷廃止運動の指導者となる。ウィルバーフォースらと反奴隷制協会を設立。

ケープ植民地の社会慣習に対する博愛主義からの非難は，ちょうど，労働市場が深刻な危機にあるときに行われた。ケープ植民地の生産能力の全般的向上によって，労働需要は増大していた。奴隷貿易廃止が新規労働力の流入を阻止していた時期に，西部地区では数百本もの新しいブドウの木が植え付けられ，東部地区では多くの畜牛を入手していた。1807年の奴隷貿易廃止から1834年の奴隷解放に至るまでの間，奴隷に有利となる規制が拡充されて，既存の労働力供給の効果的活用を妨げていた。当然のことながら，植民地住民はコイコイ人の手を借りようとした。この頃には，コイコイ人（原文：ホッテントット族）という言葉は誤称になっていた。彼らの部族的結合は，人種的純血性とともに，とっくの昔に解消していたからだ。30,000人を上まわるケープの有色民の血脈には，コイコイ人，マラヤ人，黒人奴隷，それに白人の血も流れていた。厳密な法律の上では，彼らは奴隷ではなかったが，社会的な権利を持たず，低い地位にあったため，奴隷と有色民の二つのグループは極めて近似していた。1834年に奴隷制が廃止されて以来，この二つのグループはいとも簡単にかつ急速に結合して一つになった。奴隷とコイコイ人の運命は同じだった。奴隷以外の住民の非常に多くの部分がすでに白人の使用人となっていたことも明白である。イギリスが最初にケープ植民地を占領したとき，すでに彼らの窮境は認識されていた。彼らは法による保護の圏外におかれ，雇用条件は雇用主の一存に左右された。ランドドロストは自分たちが農民で雇用主だったため，その権限は農民に有利に行使された。1809年まで，主人と使用人の関係を厳正な管理下に置こうという動きはほとんどなかった。1809年のカレドン総督法は，有色民を法の支配下に置こうとする初めての真剣な取り組みだった。この法律は有色民のマグナカルタとして，反対の意味に解釈されてしまい，労働力を渇望する白人農民の支配下に彼らをさらに強力に押し込める方便として利用された。1809年に，彼らの苦境を緩和する救済措置がほとんどとられなかったのは事実である。実際，この法律は入植者の要求に応じて，放浪生活を禁じ，すべてのコイコイ人に就労を強要するのに役立っていた。有色民に対する農民の支配が実際に強化されたことは確かだった。しかし，コイコイ人が法の圏内に組み込まれたことは，いかにその法律が冷酷なものであろうと，重大な意味を持って

いた。労働契約の登録や賃金の定期的支払いを規定し，契約を1年に限定し，入植者が借金を理由にして契約期間を延長したり労働を強要したりするのを禁ずることによって，カレドン法は主人と使用人の関係を正規の法手続きの枠内に組み入れた。しかしながら，法律そのものは彼らのために直ちに作用したわけではなかった。フィリップ博士と1827年の司法憲章の時代になるまで，法律はランドドロストの手で運用されていた。彼らは当然，コイコイ人を放浪者として逮捕し，仕事に就くよう強要するか，あるいは，携行しなければ他の地区へ移動することのできない通行許可証や証明書などを発行しないという手段によって，同じ結果を得ることも多かった。有色民の状況を厳しく抑圧する法律であっても，やはり，よりよい可能性を持っていることが，1812年の黒人巡回裁判として知られる悪名高い事件のうちに見ることができる。

　1811年に新たに設立された巡回裁判所はヨーロッパ系住民のみならず，コイコイ人にも利用可能であると表明したことによって，新時代を画した。ヨーロッパ人雇用主を相手取って早速持ち込まれた訴訟には，悪意のあるものや，共謀や，虚偽のものが多かった。宣教師の中には，明らかに，被保護者（コイコイ人）を支援するために無理をしすぎて失敗する者もいた。しかし，それ以外の告訴は立証された。法廷が白人雇用主の有罪を宣告した判決は，植民地の憤慨をかった。法廷での判決は，法律の保護が雇用主のみならず使用人にも及ぶことを宣言した。社会革命が始まったのだ。ジョン・フィリップ博士と博愛主義の活動はこの革命をさらにめざましく後押しした。

　フィリップ博士は植民地に滞在して僅か2年後に，有色民の法的・社会的身分の抑圧や不正に対し，個々の法律による是正を求めるのではなく，包括的な身分の是正をはっきり要求しようと決意した。フィリップ博士は植民地事務次官ジェイムス・スティーブン，植民地大臣を歴任したウィリアム・ハスキソンおよびジョージ・マレー卿らの力を首尾よく確保することができたので，その主張は成功を収めた。

　1828年の第50号法令は南アフリカ社会史の一時代を画した。この法律の規定では，放浪はもはや違法ではなく，有色民は通行証なしに自由に移動することができた。その結果，それまでコイコイ人を白人の支配下に留め置く

ために用いられてきた二つの方便が一挙に除去された。ケープの有色民が土地を購入する制限も撤廃された。とりわけ，彼らは労働の提供や留保を自由にできることになり，悪質な雇用主の下から去り，善良な雇用主につく権利によって，自由に自分の身分を改善することも可能になった。盗む，だます，不法侵入するといった彼らの不道徳な要素も，当然，解き放たれた。これら不道徳な連中の行状のために，ケープ植民地は直ちに非難ごうごうとなった。

　入植者の激しい憤りは経済的特権と社会的威信に対して打撃を受けた社会集団として，当然の反応だった。ロベスピエールの「原則を曲げるくらいなら植民地をなくしてしまえ」という発言は，皮肉な形で彼らに当てはめられた。入植者たちの社会制度に異を唱える博愛主義者たちは，奴隷と有色人の奴隷的身分が，白人社会を高位に保つためにいかに重要な柱石であるかということを認識していなかった。ケープ植民地のように貧しい土地では，ケープ植民地よりもっと豊かで繁栄している土地よりも，経済的・社会的差別がいっそう重要であり，いっそう厳しく行なわれねばならないということを，彼らは理解していなかった。社会的習慣と宗教的信念が極めて密接に融合しているため，一方を攻撃すれば他方を傷つけてしまうような住民の心情に博愛主義者たちの成功が与えた影響の大きさに，無関心ではなかったとはいえ，その平等主義的感情ゆえに，その影響の大きさを見逃すことになった。第50号法令は奴隷解放の直前に議決されただけに，その衝撃は強烈だった。後世，第50号法令は，住民の重要部分を構成する人々に尊厳と価値のある身分を確保すべく定めた進歩的で建設的な法令であると正当に評価された。それでも，その法令の通過は，すでに混乱していた労働市場を激しく撹乱するものだった。このような理由から，少なくとも当面の間，この法令はイギリスの土地政策が目指す，管理のより行き届いた植民と，より集約的な経済生活という目的を妨げるものとなった。明らかにこの法令は，古くからのトレック魂（trekgeest），すなわち，広大な草原，地平線の彼方の青々とした牧草地，神の配慮によって自由であるとされた者のみが自由であるべきだとされたような土地を求めるトレック魂を煽り立てた。

　第50号法令を廃棄するために断固たる取り組みが行われた。世論は，有色

民を農場の労働力需要に再度利用できるよう,浮浪者取締法を声高に要求した。1834年の奴隷解放の年に,司法議会は,コイコイ人を従来の無資格状態に戻すことを目的にした浮浪者法草案を可決した。しかし,フィリップとその支持者たちは自分たちの勝利を守りぬいた。イギリス本国政府はまだ南アフリカの先住民問題に食傷するに至っておらず,法案は却下された。

他のイギリス植民地で,これほど人種関係のもつれが紛糾した例はない。カナダの先住民問題,オーストラリアのアボリジニ,ニュージーランドのマオリ人問題などを全部合わせても,奴隷,コイコイ人,カフィル人の複雑さの比ではなかった。そして,南アフリカの人種問題でとりわけ深刻だったのは,ケープタウンから800マイル以上離れた東部辺境地帯だった。この辺境地帯とその奥地には,雇用主の使うオランダ語をすでに話すことのできた30,000人のコイコイ人ではなく,膨大な数の先住民が居住し,その数は数百万人に上っていた。この人々とヨーロッパ人の接触が,南アフリカ史全体で最も主要なテーマである。

南アフリカ史を記述する際に,カフィル辺境地の絶え間ない紛争は,野蛮で反逆的な民族が優越した人種の存在に対して本能的に抱く敵意から生じた結果である,と従来は考えられていた。実際には,黒人と白人の衝突は,双方の差異ではなく,むしろ類似点から紛争が激化していた。入植者と先住民が対峙する前線では,水,牧草,土壌といった同一の天然資源の支配権を入手しようとして,争いが生じた。そこは,アメリカ西部のようにロマンチックな辺境ではなく,インド北西部の辺境のように叙事詩的でもなかった。たとえば,伝説に関しても,ポンド族*はポーニー族*やパターン族*と同じ扱いを受けていなかった。アマ・コーサ,ズールー,バンツー諸族の人々を農業労働者,台所の下働き,使い走りなどにする過程で,伝説の材料を見つけるのは容易なことではない。

イギリス総督府が関心を向けた辺境地は手薄な行政と,貧弱な役人に悩ま

---

* ポンド族:ズールー人に近いバンツー語諸族の一民族。南アフリカ東部のポンドランド(1894年ケープに併合)に住んでいた。

* ポーニー族:アメリカミシシッピーの支流プラット川流域に住んでいた先住民。

* パターン族:パキスタン北西部およびアフガニスタン南東部に居住。

されていた。東インド会社は辺境のカフィル人を直接支配しようなどとは夢にも考えなかった。カフィル人との関係を調整する責任の大半は入植者に負わされた。常駐の軍隊を欠いていたため，辺境地ではボーア自由民のコマンドとして騎馬野戦軍が発達していた——南アフリカ史上有名な狙撃兵である。コマンドは東インド会社時代の後期にすでに存在していたが，ウィリアム三世（オレンジ公）時代のケルト族と同様，略奪を常としており，戦争でコマンドを利用することは，1689 年にダンディー子爵*を憤怒に駆り立てた時の状況と，あまり変わらなかった。しかし，今や辺境には赤い軍服と白ズボンが出現していた。役人の数も増え，行政も活性化していた。しかし，イギリスの政策を執行するのはイギリス軍だった。その政策は，辺境で一番必要なものは平穏であり，それは軍事力によって維持できるとする政策だった。1812 年に，慢性的な緊張が暴動をひき起こした後，クラドック総督は白人と黒人を切り離す一連の取り組みの第一歩として，カフィル人をフィッシュ川の対岸へ追いやり，彼らが戻らぬように見張る小さな要塞を建てた。1819 年，この小さな要塞が白人と黒人の切り離しに失敗した後，フィッシュ川とカイスカンマ川との間に中立地帯が設けられた。中立地帯は，イギリス本国への報告文書の上では，申し分なく思われた。しかし，それは双方をじらす方策であり，入植者と部族民の間の緊張を高めた。空白の土地は，土地に飢えている辺境住民にとってあまりにも強烈な誘惑であり，いかなる禁止命令をもってしても，中立地帯への侵入を防ぐことはできなかった。一度侵入が始まると，そこは相互に侵犯し合う混乱をきわめた入植地と化し，不法侵入や家畜泥棒などの告発と反訴で辺境地全体を大混乱に巻き込んだ。

　慧眼の人々にやがて明らかになったのは，辺境地の難問は，農民が厳しく糾弾する牛泥棒でも，カフィル戦争と称される周期的な暴動でもないということだった。辺境地は南アフリカ史における大変革が，他のどの地域よりも劇的に起きつつある舞台だった。辺境の軍事史の記録は，通商や労働に関する問題，はしかや発疹チフスの問題，シェフィールド製の鍬や油じみた木綿の衣服の話，収穫不足と偏った食生活の問題，家畜の病気や部族的規律の崩

---

* ダンディー子爵（1649-89）：スコットランドの王党派，ジャコバイト。名誉革命（1688 年）に反対し，挙兵，戦死。

壊などを隠蔽しているが，そうした問題こそ，対立関係にある人々が相互に争うより，むしろ共に対処してきた状況を示すものだった。彼らは無意識ながら，新しい社会の形成，新しい経済的・社会的関係の構築に携わっていた。もし，白人と黒人の混交が古い西部地区と同じくらい容易に行われていたら，こうした変化の特質はもっと明白になっただろう。ヨーロッパ人は前進しながら，カフィル人を奥地へ追い払うことはできなかった。カフィル人は次第に自分たちを扶養できなくなりつつある地域で，すし詰め状態で暮らすか，あるいはヨーロッパ人の手に渡った土地で無断借地人や労働者として生活した。これが後発的植民地において，ヨーロッパ人と先住民が接触する形態だった。

　入植者，そして役人でさえ，辺境部族の背後に大きく広がる無人地帯を先住民が容易に逃げ込める場所だと言っていた。入手可能な資料によると，東部辺境地域は前後からの厳しい重圧に悩まされていた。1820年代には，長引く危機がバンツー人全体を揺さぶっていた。内陸部からの不穏な波が先端部の部族に押し寄せていた。そうした事態の原因を十分調査することは不可能である。未開部族の歴史は，フェルカーバンデルング*の歴史と同様，資料不足に常に悩まされている。一般的説明では，当時のバンツー人社会の混乱は，よく訓練された戦闘的部族——ズールー族*，マタベレ族*，マンタテ一族——が突然出現し，広範囲にわたって死と破滅をもたらしたからだとされている。バンツー人社会の組織や習慣に関する情報で明らかなのは，このような戦闘的部族は結果として出現したのであって，けっしてその原因ではなかった。南アフリカ全土の至る所で，放牧や作付け用の土地をめぐり，また，広大な乾燥地帯で十分な水を供給する泉の「穴場」をめぐって，部族間に激烈な競争が展開されていたことは明白である。土地，牧草，水をめぐる普遍的な闘争は，入植者が辺境を越えて到来する以前から，南アフリカのバンツー人の実態だった。シャカ王の率いるズールー族やその子孫でムジリ

＊ フェルカーバンデルング：2～11世紀にヨーロッパへ移住したドイツおよびスラブ人移民。
＊ ズールー族：南アフリカ，ナタールを中心に居住するバンツー語系諸族のングニ諸族に属す。19世紀にシャカ王の下に軍団を組織，強大な征服王国を築く。
＊ マタベレ族：ンデベレ族とも言われる。バンツー語系のシンデベレ語を話す。シャカ王の軍事指揮官ムジリカーチが部下を連れ，軍を離れてマタベレ王国の母体を築いた。

カーチの率いるマタベレ族は軍事組織を頼みとしていた。不況や社会不安の時代に生まれた軍事政権の例にもれず，彼らは近隣部族を虐げ略奪するために軍事訓練を活用した。部族を打ちのめし，離散させ，散り散りになった者を新しい徒党に混入させるといった，特異な危機をもたらした諸原因のうちで，大きな影響を及ぼしたのは，おそらく東部辺境地に出没したバンツー族の先遣部隊だった。陣容を整え結束を固めた辺境部族の中に，テンブー，ベイカ，フィンゴーなど分派グループがどっと入り込んだ。彼らは多数の集団で宿営し，不安を募らせ，些細なことで騒動を引き起こす不穏な空気を全体的に増大させた。

1834年にすでに，植民地省は，辺境地支配にはマスケット銃や軍事規律は役立たず，活動的で有能な文官支配が必要だと認識し始めていた。総督のベンジャミン・ダーバン卿*は，新しい辺境地体制を構築する任に当たり，行政改善を求める博愛主義的な意見に好意的だった。しかし，改革を一つも実行できないうちに，辺境は災害に見舞われた。部族民の社会不安と入植者の不満は，1834年12月に襲った過酷な旱魃によって責め苛まれた。この旱魃は，カフィル人を略奪へ，入植者を報復的強奪へ踏み切らせた。総督は，着任早々，黒焦げになった家々や壊滅的状態の農民の有様を目撃して，怒りをカフィル人に向けた。そして，彼らを武力と処罰しかわからない野蛮人だと断定した。軍隊とコマンドがカフィル人の経済資源を抜け目なく攻撃した。公式報告書には軍人らしい勇敢な行動が語られているが，実際の戦闘ではカフィル人の畜牛や食料資源が攻撃目標だった。牧場は焼かれ，穀物は壊滅させられ，畜牛は追い立てられた。19世紀を通じ，カフィル戦争の大部分はスミスフィールド*の市場の牛追いとあまり変わらなかった。もっぱらカフィル人に正気を取り戻させるのが目的であり，戦争が終結したとき，彼らは貧窮状態に追い込まれていた。

ベンジャミン・ダーバン卿が締結させた和平は入植者の意に添うものだった。カイスカンマ川とカイ川との間の土地はすべて併合された。この新しい

---

* ダーバン卿（1777 - 1849）：イギリスの軍人，ケープ総督。
* スミスフィールド：ロンドンの1地区。12世紀から市場があり，家畜市開催地として利用され，1860年以来整備され，肉類，魚，果物等の卸市場として知られている。

クィーン・アデレイド州に，入植者とその息子たちは，当時先行きが危ぶまれるほど不足していた農場をようやく確保できた。総督は，先住民を掃討することは人間の力では不可能だと悟ったので，彼の計画は黒人と白人をいっそう混在させるものとなった。ベンジャミン・ダーバン卿は新たに帝国臣民となった人々に対して法律，産業，文明を導入すると言明した。彼は総督代理を主要部族に派遣した。これは諸部族をしかるべき役人の監督下におくための重要な第一歩だった。しかし，総督が和平協定を実行できないうちに，協定は植民地省の不興を買って破棄されてしまった。戦争の原因と結果に関してフィリップ博士が行なった抗議が，植民地大臣，グレネルグ卿に強い影響力を与えたのだ。博士は，土地の渇望と報復的強奪という過酷な体制を目にしたが，入植者が耐え忍んだ甚大な損害を見落とした。クィーン・アデレイド州を独立緒部族に返還すべしという指令は，英国政府が示した先住民への同情の意思表示であり，総督と辺境地住民に対する非難を表わしていた。実際の政策としては，先住民に土地の完全保有を認めるという意義があった。しかし，諸部族をイギリス支配圏外の自主・独立社会として扱う振りをすることによって，この政策は危険な虚構をはらみ，黒人と白人の境界線という欺瞞が，入植者と同様先住民に対しても，政府が直接責任を負っているという真実の前に崩れ去る，避けることのできない日の来ることを先延ばしした。

　諸部族の独立を承認する振りをすることによって，グレネルグは辺境地の行政支出を避けようとした。イギリス政府は，ケープほど貧しい植民地で十全な辺境体制を構築するのに必要な費用と労働をかけることを回避したのである。1830年の歳入が1815年とほとんど変わらなかったケープは，懸案の多い辺境や，広範な地域，ばらばらに散在する住民などを効率的に管理するために必要な人員を，大英帝国の援助なくしては，とうてい維持できなかった。厳しい倹約にもかかわらず，1823年以降の支出は絶えず歳入を超過していた。グレネルグは，多数の後継の大臣と同様，倹約を最優先するイギリス政府の政策を実現するため，無駄で危険な模索を行った。ワーテルロー*

---

* ワーテルローの会戦：1815年，ナポレオン一世がウェリントンに大敗した。

とインド大反乱*との間の世代である大臣はまだ学んでいなかったが，結局，軍人よりも治安判事を用いる方が安上がりであり，劣等民族を支配するコツは，軍事教練や銃剣ではなく，役人を雇って監督させるというもっと平凡な方法であって，それも，彼らの周期的な怒りの爆発よりも，日常生活の活動の方を監督することだったのである。南アフリカにおけるイギリスの政策は常に災害を切り抜けながら遂行される運命にあった。1836年のグレネルグの決定は，辺境地の爛れた炎症が，再度膿みを吹き出すまで放置するような決定だった。

　クィーン・アデレイド州を放棄した年に，グレート・トレックとして有名な大移動が始まった。慣例ではこの二つの出来事を直接の因果関係においているが，ケープ住民の壮大な領地拡大行動の背後にあった理由はもっと種々雑多だった。南アフリカ史において，グレート・トレックは叙事詩的な評価を下され，百年後には，強力な愛国的感情の中心となった。アメリカ憲法制定の国父たちと同様，フール・トレッカー*の指導者たちは近代南アフリカの創設者とみなされるようになった。南アフリカの学童たちは皆，その数多くの苦難を知っている。フール・トレッカーたちが南アフリカの栄誉の殿堂で高い地位を与えられたのと同様，グレート・トレックも偉大なできごとにふさわしく，苦難の原因の数々で豊かに彩られた。マルチン・ルター*でさえも，晩年には，ローマ・カトリック教会からプロテスタントが離反した原因を見つけようと，あれこれ理由づけをしていたのである。賢い生徒はいろいろなことを覚えたり学んだりするが，トレッカーたちの苦悩は事実だったとしても，グレート・トレックは，けっして，抑圧され誤解を受けた人々が圧制的な大英帝国の支配から逃れるために荒野へ逃げ込んだ，といった単純な話ではない。

　ある意味で，グレート・トレックは1世紀にわたってすでに進行していた大規模な領地拡大運動を加速したにすぎなかった。18世紀末以来，ある主

---

* インド大反乱：1857-59年，イギリス領インドでインド兵士や農民も加わって起こした反乱。セポイの反乱とも呼ばれる。最初の独立戦争と呼ばれる。

* フール・トレッカー：1834-37年にケープからトランスヴァールへ移動したボーア人植民者。

* マルチン・ルター（1483-1546）ドイツの宗教改革者。1517年に，九十五カ条の提題を発表し，プロテスタント宗教改革の先がけとなった。

要地域の住民は，敵対する先住民部族によって移住の自由を抑制されていた。もし，先住民がいなかったら，ヨーロッパ人の入植は比較的雨量の多い地帯（地図Ⅰを参照）に沿って行われただろう。しかし，そこに先住民がいたため，ヨーロッパ人の入植は二つの道しか選べなかった。一つは先住民に正面攻撃をかけて，ナタールに至る広い海岸地帯へ押し進む道である。一方を海，他方を山に挟まれて，先住民が密集していたので，彼らを駆逐するのは困難だった。そして，それは最も危険な仕事だった。先住民が比較的密集していたこの地域をそれ以上前進すれば，険しい山が連なる巨大なバストランド*の要塞に，入植者の側面をさらすことになっただろう。第二の道は，先住民居住地の端を迂回して，内陸部へ突き進むことだった。海から離れた内陸側には，強力なバスト諸部族を育成した豊かな耕地が広がっていた。ここでは，先住民は比較的攻撃されやすかった。1835年の戦争で取得した土地の併合を禁ずることによって，入植者による正面攻撃に対する先住民の抵抗を，イギリス政府が支援したとき，入植者たちは第二の道を採った。戦術的に，グレート・トレックは正面攻撃を断念し，敵の裏をかくという決断をしたことになる。この戦術が，完全に遂行されたとき，入植者をイギリスの支配権の圏外まで前進させることになり，多くの地点で先住民の重要な資産への攻撃を可能にする戦術となった。

　グレート・トレック運動は，このように，自らの本能的な戦略を用いた自然な行動だった。この運動は，正規の境界を越えれば，広大で豊かな土地が横たわっているという知識によって拍車がかかった。しかし，根深い悲憤慷慨の念にも駆られていた。大小様々な面で，イギリス政府の採用した多くの新制度はオランダ人住民の反感をかった。西部地域はリクスドルの下落と奴隷解放によって最もひどい打撃を受けた。東西両地域とも，コイコイ人労働者に関する五十号法令の影響に憤慨していた。イギリス政府は一つの法律を全階級の住民に無理やり適用しようとして，白人と黒人，雇主と使用人の間の適正な関係を容赦なく混乱させた，と感じない者はほとんどいなかった。トレッカーに言わせると，「雇主と使用人の間の適正な関係」の維持を，

---

* バストランド：レソト王国。1884年イギリス保護領バストランドになり，1910年南アフリカ連邦成立後自治を認められ，1966年レソト王国として独立。

イギリス政府が拒絶したことほど強い憤懣の種はなかった。だからこそ，トレッカーとその子孫は1812年の黒人巡回裁判を忘れられず，ジョン・フィリップ博士の名前は常におぞましいものとして嫌悪された。彼らの生活習慣から，土地あるいは土地への強い欲求が最も激しい憤懣の種を生んだと考えられる。従来，土地はそこに降る雨と同様，自然の恵みだった。ほぼ無制限に誰でも入手できた。土地の継承を規制しその経済的責任を明確化しようとするイギリス政府の真剣な取り組みは，土地の入手を困難にし，土地の保有には高い費用が必要になった。1813年にクラドック総督が土地改革を導入したとき，すでに，土地の下付を求める申し込みが3,000件あった。イギリス政府が，ニュー・サウス・ウェールズの19州の域外への居住を全面的に禁じたのと同じ年に，一つの法令が，ボーア人に植民地の正規の境界線を越えないよう命じた。1832年に，土地を無料で下付することは続行不可能だという声明が出され，農民の窮状はさらに悪化した。以後，新しい土地は競売に付されるとされた。この声明は実施されなかったものの，ギボン・ウェイクフィールドのもたらす，組織的植民地化や適正価格という暗雲が，苦しみあえぐ辺境地に垂れ込めた。真のフール・トレッカーは境界線を憎悪していた。イギリス政府がケープ植民地や内部の農場に境界を設定しようと固執したとき，トレッカーは大切なものを失った。それは，自由を求める心の根本的な要素，すなわち，ひろびろとした空間意識である。辺境地住民の切実な苦難にもかかわらず，カフィルランドにこれ以上農場を開拓してはならないという，グレネルグ卿の決定を耳にしたとき，彼らの堪忍袋の緒が切れた。辺境で猛威をふるう旱魃が彼らの憤懣をさらに耐え難いものにした。彼らはあまりにも多くの家畜を盗難と旱魃で失っていた。荒野をさまよったイスラエルの全会衆*と同様，彼らも水を求めて，支配者に対する不平の声を漏らした。境界線を越えて行くことこそ最上の策だった。そこには水と自由な土地があり，イギリス政府の支配は及ばず，放浪者禁止法が却下されたり，白人が使用人の不平に答えるよう法廷へ引き立てられたりしない場所だった。

---

* イスラエルの全会衆：『出エジプト記』，第17章1〜4。

イギリスの政策の暗黙の目的は，農民を土地から追い出すことではなく，逆に，彼らを土地に強固に結びつけることだった。この政策の意図は，土地を不足気味にして，土地の価値を引き上げることであり，それは，経済的に，土地の生産的利用を高めるために欠かせない予備的行為だった。1836年以前の動向を見ると，明らかに辺境地帯は外部世界との活発な商取引に引き込まれていた。1835年のカフィル戦争以前に，畜牛の頭数，とりわけ羊毛用の羊の頭数が急激に増大していた。ようやく，ケープ植民地は，真の富とは牧畜から得られる富であると悟り始めていた。

第3章
新旧フロンティアの交替

「見よ，ごく小さな火でも，非常に大きなものを燃やすではないか。」
『ヤコブの手紙』第3章5節

　グレート・トレックの本質的な原因は，その結果を見ればわかる。オランダ政府とイギリス政府が領土拡張を制限しようとして加えた束縛を，グレート・トレックは引きちぎり，トレッカーたちに内陸の広大な土地への入植を可能にさせた。内陸部への渇望は抑圧によって煽られていた。それは集約的植民をめざす政策の敗北だった。10家族ほどが入植するために，カナダであれば1郡区分の地域ですむところを，南アフリカでは全土にまで拡大された。グレート・トレックは白人と黒人を別々の居住区に分離することを永久に不可能にした。それは人種間関係の調整問題をとてつもなく複雑にした。グレート・トレックは，ボーア人をイギリス法の支配圏外まで移動させることによって，先住民とのいわゆる「適正な」関係の確立を可能にした。
　グレート・トレックは南アフリカ全体の将来とボーア人とを密接に結びつけた。14年間で，オランダ人入植地は内陸部の最良の地域にまばらに広がり，カナダのオンタリオのように，ほぼイギリス人だけで独占的に入植できるようなまとまった土地は，全く残されていなかった。トレッカーたちはただ単にケープ植民地の条例や法律から逃げ出したのではない。決然とした意思を持つ多くの住民が，修正を迫る思想的影響や，自分たちの母国だったケープ植民地の精神的風土のめまぐるしい変化などの及ばない遠隔地まで移住したのだった。2世代以上にわたって，フールトレッカーの子供や孫たちは，農場，草原地帯，ボーア人家庭内などで教育を受け続けてきた。19世紀後半まで，彼らは文学や産業社会とは縁遠い18世紀的な生活習慣を保持していた。このように凍結された精神的態度や習慣は，後に彼らが放浪から

帰還したとき，南アフリカ全体に根本的な影響を与えたのである。

　個々のトレックは，通例，旧植民地の同じ地域の隣組同士という仲間によって構成され，ピート・レティーフやアンドリース・プレトリウスなどの，仲間の信頼を得たリーダーに率いられていた。各トレックは土地を求める人々を組織したグループであり，トレック運動を全体的に見ると，巨大な土地組合のようなもので，各会員が内陸部の土地資源をきわめて自由に入手できるよう企図されていた。トレッカーたちによって設立された最初の原始的政府は，人々が取得した土地に法的な保証を与える機関だった。初期の数年にわたる混乱期の後にようやく出現した，もっと組織化され秩序立った共和政体でさえ，土地所有者の行政州であり，ボーア自由民の土地にかかわる権利の強化や保護を超える責務はほとんど持たなかった。思想と生き方と土地はボーア人気質と切っても切れないものとなっていた。したがって，最初から，内陸部の組織的入植など全く不可能だった。共和政体の土地政策の歴史は気儘な選択，無計画な入植の記録である。また，最初から，ボーア自由民が自らの資産に対する最も軽微な制限と負担以外，受け入れを拒絶したことによって，行政府の権限はきわめて限定された。例えば，共和政府が住民の土地に対して十分な課税ができなかったことが，政府の慢性的財政危機の唯一の原因ではなかったものの，それ以上重要な原因はなかった。1876年に，ようやくオレンジ自由国は100モルゲン当たり2シリングの土地税を課した。

　ボーア人の移住と19世紀の他の植民地建設運動との間の類似性はたやすく見出せる。オーストラリアの牧羊者による内陸部大草原への進出，アメリカ西部の土地ラッシュ，旧約聖書的性格を帯びたモルモン教徒の移住――こうした事例はグレート・トレックを類推させるもので満ちている。すべての無人の土地に共通する，安い，あるいは，無償の土地を求める渇望，政府による規制や規制撤廃の遅れに対する苛立ちが，ワシントン，ダウニング街，シドニー，ケープタウンを問わず，どこでも見受けられた。ボーア人とオーストラリアの大規模牧羊業者との間には，きわめて顕著な類似性が見られる。両者とも，自ら切望する広大な土地を求めて，植民地政府の管轄地を離れ，そうすることによって，政府の権威を蔑ろにした。両者とも，羊毛業を

国の最大の主要産物とし，商業を活性化し，新たな好機を生み出し，政府の歳入を増大させた。ケープ港から出荷された羊毛輸出高に経済成長の重要な記録を見ることができる。1834 年に 144,000 ポンドの羊毛が輸出された。1838 年には 491,000 ポンド，1841 年には 1,060,000 ポンド，1851 年には 5,447,000 ポンドが輸出された[1]。しかし，こうした類似性より，もっと顕著なのは，植民地の歴史のなかで，グレート・トレックを特殊な活動とした，著しい特異性だった。オーストラリアの牧羊業者は産業革命期のイギリスから移住してきた。彼らとその子孫の関心は常にイギリスに向けられていた。新しい土地で，彼らは自分たちの活動を商工業の栄える偉大な本国と関連させようと努力した。本国への心からの忠誠はけっして揺らぐことはなかった。織機の杼の鳴る音が彼らの耳を離れたことはないし，大工業都市の食料や原材料ニーズのことを忘れることもなかった。イングランド中部地方に大工場群を建設した原動力が，ここでも彼らを駆り立てた。最初に優秀な羊の飼育者となったマッカーサー*は，ジェスロー・タル，ジェームス・ワット*，さらにはスティーブンソン*といった人々と同じ伝統文化に属していた。それは後に，オーストラリアの「スタンプジャンピング・プラウ」*や刈り取り結束機，その他，すべての革新的技術を発明したのと同じ創意，進取の気性だった。そうした技術によって，積極的かつ営利志向の強い社会は，行く手を妨げる障害と闘い，それを克服した。このような強い衝動はカナダやアメリカ合衆国の開拓者社会の進展にいっそう明瞭に認められる。人や商品を運搬する新しい手段，土地開発の新技術，新市場などが森林を伐採し，大草原を耕すことを鼓舞した。

　南アフリカでは，初期の住民の移動は故意に意図的に，新時代に適用しようとしなかった。また食糧を必要とする新時代の住民や，原材料を求める機械類などから利益を得ようともしなかった。ボーア人が内陸部へ移住したの

1　原注：この統計のうち，大量の羊毛が依然として，旧植民地から出荷されていた。
* マッカーサー (1767 – 1834)：オーストラリアの牧羊の創始者。1789 年イギリス本国からメリノ種の羊を輸入して飼育に成功した。
* ジェームス・ワット (1736 – 1819)：イギリスの技術者。効率の高い蒸気機関を完成した。
* スティーブンソン (1781 – 1848)：イギリスの技術者。蒸気機関車を実用化した。
* スタンプジャンピング・プラウ：木の根や切り株に当たらないよう設計された鋤。

は新しい社会を築くとか，新しく富を得るためではなかった。彼らの社会は反逆的だったが，革命的ではなかった。土地活用や社会慣習の根本的革新など，彼らは容易に考え及ばなかった。産業革命などに見向きもせず移住し，追いつかれる前に離れていった。ある意味で，グレート・トレックは18世紀的なものが，後の物質的に豊かで，活動的で，組織化の進んだ新時代から逃避したものといえる。移住した農民は奥地を切り開き，後の南アフリカの発展と富裕化に大きな貢献を果たしたとはいえ，彼らの移住は，けっして，積極果敢な，金銭的利益のためとか子供たちに教育を施すために荒野に立ち向かう人々の移住ではなかった。初期の移住民のエネルギーと決断力が，土地から得られる農産物をすべて入手するために積極的に活用されることはなかった。家畜に損害を与える病害や，穀物を枯死させる旱魃に対して，彼らは旧い無知な世代の習慣や考え方に対抗した。彼らは草原地帯における生き方に長じており，巧みに馬を乗りこなし，すばらしい射撃の名手であり，雄牛や馬の調教の達人で，皮をなめし，レンガを作り，木工や石の加工もこなしたが，しかし，環境の物理的，物質的な障害を克服するための発明能力においては，オーストラリアやカナダの同時期の人々より数段劣っていた。オレンジ自由国*となった地域でさえ，牧羊飼育に成功したものの，その方法は粗放的なものだった。トランスバールでは，羊毛は長い間副次的産物であり，イギリスの羊毛市場ではトランスバール・ウールが最低の品種に等級づけされるような状況で飼育されていた。

　近代南アフリカ社会の起源を理解するのに最も重要なことは，ケープ国境の外側の土地は，オーストラリアの牧羊開拓者の行く手に広がっていたような無人の地ではなかったことを認識することである。そこはすでに人が住んでいる地域であり，しかも無数のバンツー人が居住していた。ボーア人のエネルギーと決断力は自然よりも先住民に対して多く費やされた。この点にこそ，この時代の南アフリカ入植の真の歴史が見られる。これら，太陽と野草，大地とその地下に眠る富，黒人と白人といった素材から，どのような新しい環境，新しい社会が構築されるのだろうか。

---

* オレンジ自由州：南アフリカ共和国中東部の旧州。1854年，ボーア人がオレンジ自由国を建設。1900年にイギリスに併合され，1910年南アフリカ連邦の1州となる。

第3章 新旧フロンティアの交替　63

　内陸部の無人の草原への入植には大きな自然的障害はあまりなかった。ところが，軍事指導者ムジリカーチ支配下のマタベレ族，ディンガネ*に率いられたズールー人の軍事力が内陸部への要所を，すなわち前者はハイ・フェルト（高原地帯），後者はナタールの肥沃な渓谷への要所，を固めていた。こうした状況に，ボーア人たちは先住民と同じくらい，慣れ切っていた。ケープ辺境地で送った日々や，野生動物の狩猟者としての経験は，彼らを抜け目のないカフィル戦士に仕立て上げていた。円陣や野営陣地を整えると，彼らの牛車は最強のインピ*の攻撃に対抗する砦となった。彼らの銃は射程距離を，馬は機動力を与え，それに勝つためには，部族民は奇襲攻撃によるしかなかった。彼らの牛車とコマンドは，クロムウェルの言葉を借りれば，「イスラエルの戦車と騎手」のようだった。トレックはその災厄を耐え忍び，血を流すことによって英雄的気質を示した。夜襲で攻め立ててくるアセガイ*は女も子供も容赦しなかった。ナタールの「ウィーネン」もしくは「ウィーピング」という村の名前は，そのような虐殺があったことを証明している。しかし，マタベレ族やズールー人のインピの軍事力，ハイ・フェルトやナタール全土の天災をもってしても，ボーア人を打ち負かすことはできなかった。1837年1月，コマンドがモセガでムジリカーチの村（クラール）を襲撃し，同年12月，龍騎兵連帯よりも小規模なボーア人の小部隊がマタベレ族を徹底的に敗走させたため，彼らは現在の南ローデシア*まで撤退し，それ以上トレッカーたちを悩ますことはなかった。その後，ハイ・フェルトはボーア人のものとなり，清教徒たちのように，「神の恵みの豊かさ」を語ることができた。1838年初め，1,000台の牛車がトゥゲラ川上流に集結し，トレッカーたちはこれまで見たことがないような水と牧草の豊かな土地を目の当たりにした。その年，このナタールの土地はボーア人のものとなった。この土地を手に入れるため，彼らは重い代償を支払った。指導者ピート・レ

---

* ディンガネ（1828-40）：ズールー人の王。シャカ王の後継者。A.プレトリウスに破れ，王位を追われて殺された。
* インピ：ズールー人またはカフィル人戦闘員の大部隊。
* アセガイ：南部アフリカ先住民が用いる細身の投げ槍。
* 南ローデシア：1965年に少数の白人政権が一方的に独立を宣言，ローデシアとしたが，1980年4月に黒人組織の愛国戦線が総選挙で圧勝，ジンバブエ共和国として独立した。

ティーフと100人の男たちがディンガネから土地を割譲する交渉をしようとして裏切られ殺害された。1838年12月16日に，ボーア人のコマンドがブラッド・リバー（血の川）の戦いで，3人の負傷者を出しながらも，3,000人のズールー人を殺害したが，それまでに総計400名あまりの生命をすでに奪われていた。「神はズールー人を我らが剣の切り株としてお創りになられた」のであった。

2年間で，トレッカーたちは先住民部族の大集落の周囲に流れ込み，ナタールを占領することによって，先住民居住地の長大な沿岸地域を二つに分断した。戦略上，それは非常に効果的な位置だった。ボーア人たちは東部辺境地の背後にいた。側面は旧植民地の方へ向かって湾曲し，マルティ山脈のふもとにある豊かなバストランドを取り巻いていた。彼らはバンツー人とカフィルランドの諸部族とを釘抜きではさむような形でとらえていた。彼らはヨーロッパ人と先住民との辺境線を途方もなく延長し，しかもこの辺境地域の大部分はイギリスの支配圏外にあったのである。

カナダとオーストラリアでは，沿岸地域にイギリス人が入植すれば，その後背地に対するイギリスの権益は暗黙のうちに成立すると考えられていた。牧羊者が分け入った「人跡未踏」の荒野が，国務大臣がいかに渋面をつくろうと，「ハンプトンコートの御料地」と同様，女王陛下のご料地だった。南アフリカの内陸部に関しては，イギリスはギボン・ウェイクフィールドの組織的植民地開拓者理論，つまり，すべての植民地は，大英帝国住民の現在および将来にわたる信託統治領として英国王室に領有される，という理論を適用しなかった。イギリス政府は，ケープ植民地の公式境界線を越えた外側の地域はすべて部族民が独立しているのと同様，王室からも独立しているとみなしていた。したがって，農民の移住拡大に従って，追加した地域を各々イギリスの管轄区として自動的に拡大することはできなかった。7年もの間，トレッカーたちに対するイギリスの態度は優柔不断の記録だった。総督のベンジャミン・ダーバン卿は，親切心から彼らに戻ってくるよう買収しようとした。彼はトレッカーたちを「勇敢で，忍耐強く，勤勉，礼儀正しく信心深い人々で，国の開拓者，防御者，納税貢献者である」と述べている。その親切心は，彼の後継総督たちによる脅迫と同様，無益だった。イギリス議会ま

で，1836年にケープ・オブ・グッドホープ処罰法を可決して，人々に移住の停止を呼びかけたが無視された。この法律の下に，治安判事は南緯25度までの地域でイギリス臣民が犯した違法行為の審問を行う権限を持った。この法律に効力を持たせるには軍隊が必要だったが，ビクトリア女王治世の初期には，イギリス政府はボーア人異端者を荒野に追跡することなど思いもよらなかった。すでに，この巨大大陸のどの辺で領土拡張をやめるか，という疑問が発せられていた。ちょうどその頃，ニュージーランドの命運がまさに同様の疑問への解答にかかっていた。ボーア人が一箇所に居つかないからといって，イギリスの国旗は，彼らの行く所へ必ず付いて行かねばならないのか？地理に疎い植民地省が荒涼たる未開地のような所までボーア人を追跡して，イギリスにどんな得があるのか？

　これらの疑問に対して，トレッカーたち自身が答えを出した。船乗りを祖先に持つ人間の本能から，彼らはナタール港に通ずる海への道を発見した。それは彼らの将来の独立の希望をはらんだ快挙だった。もし，良港を掌握できたら，彼らの立場は大いに強化されただろう。彼ら内陸の牧畜民族が海への出口を求めて苦闘したことは，19世紀の魅惑的な逸話である。しかし，ケープを，きわめて重要なインド航路の要所にあるという理由から占領していた強国としては，イギリスへの忠誠を拒む集団の体制がナタールに樹立されるのをのん気に見守ることはできなかった。しかし，海運上の位置よりも，もっと当惑させられたのは，先住民世界に占めるナタールの位置，とりわけ，東部辺境地に与える影響だった。この辺境地では，グレネルグ卿が先住民に強制した居住地において険悪で不穏な状況が続いていたが，それは，管理体制の組織化が不十分で，運営が及び腰の地域では不可避なことだった。先住民の首長を外国の君主として待遇できるという信念のもとに，イギリス政府は，1836年に正式協定による確認事項として，首長たちを説得して，配下の部族民に不法侵入や窃盗を働かせないようにする責任を負わせた。換言すれば，イギリス政府が境界線の内側でイギリス系住民に押し付けようとして果たせなかった規律を，先住民首長たちに対して，配下の部族民に強いるよう求めたのだ。それはおよそ無理な期待だった。これらイギリス人入植者の多くは移住ボーア人にとって代った人々だった。彼らは活動的

で，ケープタウンやダウニング街のやり方に苛立ち，牧羊のためもっと多くの土地を入手したがっていた。牧羊業は彼らの努力のおかげで景気の上昇が始まっていた。1840年頃から，辺境体制は次第に崩壊に向かっていた。もう一度灼熱の旱魃になれば，また火の手が上がっただろう。

　1843年にラッセル卿*の裁可で行われたナタールの併合は，人道主義を装った戦略的措置だった。植民地省の博愛主義はブラッド・リバーの戦いというおぞましい名称に身震いし，ボーア人が先住民の子供たちを捕らえて奉公させているという報告に不快感を覚えた。また，併合は，ケープの東部辺境地へのナタール方面からの圧迫を軽減した。イギリス政府は，トレッカーたちを沿岸地帯から内陸へ押し戻すことによって，彼らがどのような国家を設立しようと，海岸線のない内陸国家とすることによって，経済的に，イギリスの港に依存せざるを得なくさせた。南アフリカに良港が異常に不足していたことは，イギリスによる沿岸地帯の支配をきわめて容易にした。ナタール港以北はデラゴア湾に至るまで，使用可能な港は皆無であり，次の世代になるまで沼沢地と熱病によって保護されていた。

　平和と秩序を求めて，いかに遠くまで辺境が拡大していくかについては，ローマがすでに証明してくれている。ナタールの併合はオレンジ川以遠の地域の併合を身近なものとした。ここでの台風の目はグリカ族*の土地とバストランドの境界地域だった。グリカ族はヨーロッパ人と先住民との混血で，ぼろぼろの服をまとった集団であり，トレッカーたちと全く同じ方法で境界線を越えて放浪していた。トレッカーたちにとって彼らが目障りだったのは，カラカラに干上がった南部境界線地域の望ましい土地の大半に彼らがすでに居住していたことだった。表土の下に砕石層をなす頁岩と碧玉の地層が僅かな湿気を保ち，グリカランドの大部分に旱魃への抵抗力を与えていた。他の場所では不足していた雨水が一定量保たれ，牧草を常時生い茂らせていた。カレンドン川流域のバストランドの境界には，肥沃な土地の「目玉」の

---

* ラッセル卿（1792-1878）：イギリスの政治家。バートランド・ラッセルの祖父。陸相および植民相（1839-41），首相（1846-53, 65-6）。在任中各種の自由主義的改革を実現した。
* グリカ族：18世紀末から19世紀初頭，コイコイ人やバスタード（コイコイ人とボーア人の混血）がケープ植民地から奥地へ移住，グリカと自称する集団を形成した。

一つがあり，その獲得をめぐる争いは避けられなかった。

　1846年，東部辺境地でついに火ぶたが切られた。戦争の「原因」となった事件の背後には，旱魃，土地に飢えた入植者，陰気で恐怖にかられたカフィル人などの現実が存在していた。この戦争の主要部分は入植者のコマンドというよりも，むしろイギリス軍の連隊であり，イギリス財務省に提出された請求書はコブデン*やブライト*といった自由貿易，均衡財政，大英帝国の縮小を奉ずる人々にショックを与えた。すぐに，彼らの憤りは南アフリカの政治にはね返るはずだった。一方，南アフリカには新しいスターが登場していた。それは半島戦争の古強者で総督のハリー・スミス卿*である。彼はカフィル人と戦い，インドでも活躍した軍人であった。彼はある種のカリスマ性と電光石火の決断力をたずさえ，厄介な民族を扱う最良の方法は相手の土地を接収して支配することだという確信を持ち込んだ。彼は打ち破ったカフィルランドにビクトリア・イーストと呼ばれるケープの新領地と，英領カフラリアという新たな英領植民地を創設した。こうして，イギリスの支配下となった部族民たちには特別保留地をあてがい，治安判事の監督下においた。農民には新しい土地があった。辺境地はなくなり，白人と黒人を隔離する政策も廃止された。これ以後，両人種は隣接して生活し，その暮らしぶりは紛争の種を増やしたが，他方，さらに重要なことには，相互依存性を高めた。カフィル人と入植者は同一の社会に属していた。一時的に，イギリスの辺境地政策の及び腰は消え失せていた。また，カフィル部族を自治州として扱いうるという考え方も消失していた。そうした考え方こそ辺境の複雑に絡み合った集団に法的支配を拡大する妨げになる，とハリー・スミス卿は考えた。辺境地が必要としていたのは，行政府であり，有能な行政官の権威だった。

　次に，ハリー・スミス卿はオレンジ川流域を併合した。彼はボーア人に好

---

* コブデン（1804-65）：イギリスの政治家，ブライトとならび称せられる自由貿易論者。ブライトらと協力して穀物法廃止に成功（1846年）。

* ブライト（1811-89）：イギリスの政治家，自由貿易を唱え，コブデンとともに反穀物法同盟を指導，穀物法撤廃を実現させた。

* ハリー・スミス卿（1787-1860）：イギリスの軍人。ナポレオン1世に対する半島戦争，米英戦争，ワーテルローの会戦など転戦。47年総督としてケープ植民地に赴任。翌年オレンジ河流域をイギリス領に併合，これに反対したボーア人を撃破した。

意を持っているし，ボーア人にも好かれているから，この行動は彼らも賛同するだろうと明らかに確信していた。ナタールからバストランドを経て東部辺境地に至るすべてのカフィル辺境地が，いまやイギリス領となった。したがって，スミスの併合戦略は秀逸だった。しかし，ダウニング街はこのような新領地が大英帝国に追加されたことに当惑していた。イギリスの植民地政策は大転換の直前にあった。フィリップ博士もウィルバフォースも他界していた。ダウニング街の人道主義的良心は，奴隷解放運動の頃に比べて，その意気込みと感受性が薄らいでいた。その活動は途切れがちで，また財務省の「宣教師と博愛主義者の執拗な要求に応じるのは，例外なく不経済であり，往々にして得策ではない」という抗議に耳を傾けることが多くなった。倫理と政治，権利と政略との闘争が始まっていた。バシー川河口からナタール港に至る先住民の辺境地全体の支配権を掌握することによって，イギリス政府は事実上，トレック運動の支配権を握った。もし，イギリスの政策がアフリカ大陸南部の命運のすべてを支配することにあったとしたら，ハリー・スミス卿の処置は戦略的に非常に優れていただろう。しかし，ハリー・スミス卿の向こう見ずな植民を厳しく吟味した人々にとって，戦略よりも経済の方がはるかに重要だった。もし，先住民の騒乱やボーア人の社会不安が解消されたのであれば，彼の植民策は支持されたかもしれない。しかし，イギリス軍が再び進撃を迫られ，再度国庫金の注入が行なわれるとなると，内閣や議会は容赦するはずがなかった。

　南アフリカの将来の動向は大英帝国全体に影響力を持つ勢力によって決定された。1840年以来，植民地問題に対するイギリスの態度には著しい変化がみられた。一般的な雰囲気として，大英帝国の責任増大につながるものはすべて反対された。大植民地の宗主国への依存は軽減できるという考えが強まっていた。入植者たちにもっと自治の自由を与えるべきだというダラム報告の自由主義的な要望と，手遅れにならないうちに植民地と友好的に手を切った方がよいという及び腰の意見との間には暗黙の結びつきがあったし，また，自治と独立採算が可能な植民地を統治するのは無駄だと考える自由貿易主義者の信念と，イギリス軍の本分は，現地の野望の手先として使われかねない植民地にはない，という確信との間にも暗黙の結びつきがあった。そ

うした様々な動機から，この時期に，カナダ，オーストラリア植民地，ニュージーランドで，自治政府が誕生した。このように植民地が自立的発展の時流に乗っているときに，南アフリカが逆の進路をとるのをイギリス政府が快く奨励したとは思えない。事実，ケープ植民地だけを考えれば，1848年にはより高度な政治形態の機が熟していた。羊毛業，人口の増大，歳入改善などでケープはニュー・サウスウェールズや他の大英帝国植民地に近づいていた。1845年の時点で，ケープの世論や植民地省の考えは住民自治の制度の時期が到来したという点で一致していた。したがって，1848年にイギリス本国へ送付されたケープ植民地の憲法草案は，機が熟したら，南アフリカ全土は一つの国旗の下に，自主的統治の恩恵を共有できる日が来るという希望を確認していた。

　1850年に，あらゆる領土問題や憲政問題が見境なく，坩堝に投げ込まれた。ほとんど同時多発的に，ケープの東部辺境地とオレンジ川統治領のバスト境界地域で戦争が勃発した。二つの戦闘は密接に関連していた。この戦闘が最も明確に証明したのは，すべてのヨーロッパ人入植地と先住民居住地は相互依存を非常に深めており，バスト人がボーア人の雄牛を盗んだり兵士がコーサ人の小屋に火を放ったりすれば，その影響はとてつもなく広範囲に及ばざるを得ないという状況である。東部辺境地では，首長たちが土地の喪失に憤慨し，また，治安判事や植民地法が自分たちの権威や部族の長年の生活習慣を侵害したことに腹を立てていた。彼らが実際に憤慨したのは，部族の忠誠義務や制裁措置をないがしろにし，そこに新しい社会を創り，土地，労働，裁判をヨーロッパ人に依存させるという経緯に対してだった。バスト辺境地では，あからさまに土地をめぐる衝突になった。ボーア人とバスト人は各々，カレドン川の渓谷の肥沃なトウモロコシ地帯の所有権を求めた。二つのグループはほとんど指揮監督なしにこの土地へ入り込んだため，複雑に入り組んだ入植地で紛争が起きるのは必至だった。いずれの辺境地でも，イギリス軍を応援するために入植者やボーア人自由民が参集することはなかった。彼らの態度は，英国議会でおなじみの「英領南アフリカの入植者は自らの行動の責任をイギリス軍やイギリス人納税者に転嫁できる限り，自分たちは何の責任も持たない」という非難を立証していた。ホワイトホール（イギ

リス政府)の協議では，戦略より経済性が重視された。南アフリカにおけるイギリスの責任範囲の削減が決定された。1852年に，サンド川協約はバール川以北に居住するボーア人の独立を承認し，その2年後，ブルームフォンテン協約ではオレンジ川以遠のイギリス統治権が撤廃された。二つの協約は，トレッカーたちが，自由に独立共和国を建設できることを意味していた。また，トレッカーたちは自由に近隣の先住民と独自の関係を作りうることを意味していた。協約は，ケープが1854年に獲得した代議政体は南部アフリカ全土の政治的未来を築く土台になり得ないことを意味した。グレート・トレックは勝利を収めた。南アフリカは分割されたのである。

　1849年に，金を求める人々が幌馬車でカリフォルニアに殺到し，ビクトリア金鉱地がオーストラリアに向かう船に満載の移住民を引きつけていた頃，南アフリカは植民地の中で最も資源に乏しい所と思われた。その貧しさは，政治的再分割と先住民戦争の絶え間ない脅威によっていっそう厳しさを加えていた。資本は入植者に伴って内陸部へ恐る恐る投入されたものの，少しでも危険があれば腹立たしいほどすばやく撤収された。1877年に至るまで，トランスバールにおける金利は12パーセントの高利率が通例だった。ケープでさえ，1860年代に，十分担保のついた借款にこれと同率の金利が課される場合が多かった。ナタールの政府もケープの政府も，ロンドンで6パーセント以下の金利で資金を借り入れることは困難だった。6パーセントというのは，1861年にナタールが港湾改修費として借入した165,000ポンドに対して支払わねばならない利子率だった。この国は単に資本が欠乏していただけではなかった。資本を呼び寄せるものがあまりにも乏しかった。国内資本の蓄積は遅遅として進まなかった。家畜の疫病，イナゴによる被害，カフィル戦争，旱魃などが周期的な後退をもたらしていた。

　苦闘にあえぐ新興国の例にもれず，ケープとナタールは歳入の大部分を輸入税に依存していた。その結果，周辺共和国との貿易をめぐって，ケープの港とダーバンとの間に険悪で混乱を招く敵対意識が生じた。どちらの植民地も，貧困にあえぐ内陸部の共同体に輸入税を一銭も譲るつもりはなかった。陸地に囲まれた状態から脱しようとする共和国側の努力はことごとく阻まれ，報復の方法はなかった。ケープとナタールは貧しかったが，周辺共和国

はそれ以上に貧困にあえいでいた。1858年に，ケープはオレンジ自由国の50倍の歳入があった。1860年までに，グラッドストンの自由貿易政策とブドウネアブラムシ＊がかつてケープで繁栄していたワイン産業をほぼ壊滅させた。穀物はほとんど金にならなかった。羊毛だけが利益をあげた。グレート・トレック後の5年間の平均輸出高が30,000ポンドだったのに対し，1845-50年までの5年間には平均200,000ポンドに上昇した。1869年には羊毛輸出高は1,700,000ポンドに上った。オーストラリアの膨大な羊毛輸出に比べるとそれは大した額ではなかった。グレート・トレックはオーストラリアの牧羊開拓者のように広大な土地面積を開拓したわけではないが，それでも，南アフリカを牧畜業主体の牧羊国とし，羊毛を南アフリカの主要財源にしたのであった。

しかし，羊毛は19世紀半ばの植民地社会のニーズをすべて満たすのに十分な資金を捻出できなかった。羊毛と皮革だけの経済では，入植，橋梁，道路，鉄道，港湾設備，他の植民地政府が備えつつあった改良機器などを購入することは不可能であった。1860年まで，ケープは防波堤とドック設備を購う余裕がなく，これを欠いては，テーブル湾はいかに天然の良港だったとしても，機能不全で危険な港だった。テーブル湾を安全に航行できる港にする作業が始まる前に，帆船の時代は実質的に終わっていた。200年にわたって，東方航路を往復する船舶はテーブル湾に停泊すると，手漕ぎボートと一つの原始的な桟橋によって種々の作業が行われていた。湾を吹き渡る強烈な大風に対して，何の防御策も持たなかったのである。

1860年代，ケープ植民地は大英帝国の他の植民地にあまり遅れをとらないようにと奮闘努力し，ナタールも遠くからそれに倣った。1861年に資本金400,000ポンドでロンドン・南アフリカ銀行を，500,000ポンドでスタンダード銀行を設立し，植民地の資本収益を増やした。政府自体は臆することなく6パーセントの利率で資金の借り入れをした。束の間の活動が一気に展開され，働かないカフィル人用に拘置所が造られ，羊毛運搬の牛車用に道路が建設された。ナタールは周辺共和国との交易で支配力を強化するため，道

───────
＊ ブドウネアブラムシ：ブドウに大害を与える昆虫。

路造りにいそしんだ。民間企業が 2 マイルの鉄道を，ナタールのポイントとダーバン間に完成させ，また 1864 年には，ケープタウンとウェリントン間の 63 マイルの鉄道を完成させた。その後，突然確信が失われた。アメリカから波及した南北戦争と不況の影響はランカシャーの織機の稼動を停止させ，南アフリカにもその影響を及ぼした。1862 年から 1870 年まで，不況がこの地を襲った。未曾有の旱魃と有害な昆虫による被害が危機をいっそう耐え難くした。羊が，夏には水不足のため，冬には寒さのために死んでいった。束の間のにわか景気は資本過剰を導いたが，そうした貧しい国では，健全な投資機会はあまりにも不足していた。その結果として，土地への投機とバブル商法が跋扈した。いまや，土地価格は下落し，商業信用は落ちこんだ。まる 10 年間，南アフリカの鉄道にはたった 1 本の枕木も追加されなかった。実情は明白だった。ケープとオレンジ自由国の羊にしろ，ナタールで栽培可能だとわかった砂糖にしろ，南アフリカが商工業時代に遅れないようにするのに必要な輸入や公共事業の費用の支払いには十分ではなかったのだ。何か他の財源が必要だった。南アフリカはその財源としてダイヤモンドと金を発見したのである。

　ダイヤモンドと金によってもたらされた革命について語る前に，もう一つの，同じように重要な話をしなければならない。それは，南アフリカがいかに土地と住民という資源を開発し組織化したかについてである。鉱物とならんで土地と労働は南アフリカの経済発展の鍵だからである。18 世紀的な土地制度とグレート・トレックの発生は，組織的な植民地化の取り組みや土地利用の努力をすべて挫折させた。こうした努力は，他の植民地では入植資金調達の重要な手段だった。組織的植民地化の原則が完全に成功した例が皆無だということは，植民地経済史家の間で一般に認められている。しかし，南アフリカほど成功の条件が完全に欠落している例はなかった。1831 年にゴードリッチ子爵[*]に任命された移民委員会，1836 年の下院特別委員会——これは植民地の土地売却に関して報告するために任命された——および，

---

[*] ゴードリッチ子爵 (1782 - 1859)：イギリスの政治家。首相 (1827 - 28)。

1839年に任命された植民地土地委員会と移民弁務官は次から次へと，ケープ植民地の土地制度に関して異を唱えた。1812年から1840年の間に，31,500,000エーカーの土地が，譲渡時の支払い額，46,000ポンド未満で売却され，しかも，当時の免役地代は年当たり13,818ポンドで，これは10エーカー当たり約1ペニーの年間地代に相当する額だった。1842年に，ネイピア総督は王室直属領の中で下付に適した土地はせいぜい5,000,000エーカーしか残っていないという所見を述べた。しかし，これらの土地は，すでに下付された土地の間に散在しているか，あるいは「全く使い物にならない」64,000平方マイルの地域の中に点々と散らばっていたため，そのような土地を見つけて売却する労力には金がかかるし，厄介な仕事だった。測量司令官の部門では最も不正確なことがまかり通っていた。植民地の土地の大半は，正確かつ計画的に下付するための事前の全体的測量を全く実施せずに，下付されていた。測量が行われていたとしても，それは，ほとんどの場合，無知の代わりに混乱をもたらすような無能で無学な連中によって行われた。1846年のカフィル戦争よりはるか以前に，ケープ植民地は土地財産の大部分を疲弊させてしまっていたことは明白である。そのような土地から，オーストラリア植民地のように，移住のために大規模に使用できる十分な収入は得られなかった。遠隔地では，農民が100エーカー当たり6ペンスの免役地代についてとてつもなく高いという苦情を発した。大きな農地は100エーカー当たり僅か1ペニーという低い地代で保有されていた。地代収入は歳入のほんの僅かな部分にしか過ぎなかった。1850年から1870年の間，歳入の一割を上まわることはけっしてなかった。1860年のニュー・サウスウェールズでは，ケープ植民地の地代収入の12倍の収入があった。

　入植者の流入を活性化するような雇用機会も，ケープではほとんど提供されなかった。19世紀半ばに，カナダ，オーストラリア，ニュージーランドには非常に多数の人々が移住したにもかかわらず，ケープでは集約農業の欠如と農業労働者の賃金レートがきわめて低かったことが，小作人や労働者に移住を思いとどまらせた。1840年代と50年代の農業賃金の平均は，1カ月当たり食事付で10～20シリングだった。これはコイコイ人やカフィル人の安い労働力を使用することによって定められた賃金である。カナダ，オース

トラリア，アメリカに居住地を求めた人々の大多数は，自ら取得した技量と卓越した力量によって生活の糧を稼ぎ出していた。そういう人々を，南アフリカはほんの少人数しか受け入れられなかった。こうして，ケープタウンはシドニーより6,000マイルもロンドンに近かったにもかかわらず，19世紀初めの70年間の膨大な移民の流れは，南アフリカを素通りしてしまった。ほとんどの年について，南アフリカへの移民数はあまりにも少なかったため，ロンドンの移民弁務官は，報告書であえて触れようともしなかった。1820年から1860年の間，ケープ植民地へ移住した平均人数は，1年当たり750人を超えなかった。1847年から1850年にかけて，アイルランド，イングランド，スコットランドの貧窮にあえぐ人々が続々と海外へ流出した時でさえ，南アフリカは僅か数千人を受け入れたにすぎなかった。ケープ植民地への移住のハイライトは1820年の移住者5,000人，1844年から47年の労働者4,300人，1857年から1862年のドイツ人およびイギリス人移住者12,000人だった。こうして，新しい移民のエネルギーと積極的な意欲はイギリスの他の大植民地にたっぷりそそがれたほどには，南アフリカにはそそがれなかった。先に定着した住民が新規参入者から受ける精神衛生上好ましい揺さぶりをケープは受け損なった。最大の人口増加は国内からの入植者の旺盛な出生率によってもたらされたもので，外部からの増加ではなかった。グレート・トレックは，占有した新領地が広大な面積だったにもかかわらず，先人の経済的姿勢に挑戦し，その同質性を解消させ，分離状態や孤立性を打ち破るような，開拓者の第二波が続くことはなかった。トレッカーたちの気質は内陸部で強く凝り固まり，時の経過とともに，その出身地であるケープ植民地へ逆流し，その思想の特徴を南アフリカ全体に刻印した。

　ナタールは「ヒヒ岩」や不毛の土壌などを共有していたとはいえ，良質な土地の比率はケープ植民地より高かった。しかし，ナタールはケープに劣らず，合理的もしくは計画的な土地活用を行わなかった。イギリスのナタール併合よりずっと以前から，ボーア移住民は6,000エーカー単位の農場の体制を導入していた。イギリスの支配が確立したとき，ボーア人の緊急脱出という事態が起こった。彼らを引き留めるため，イギリス政府は各人に6,000エーカーの土地を，本人が居住し7年間転売しないことを条件として割り当

てた。ボーア人の植民地離脱が続いたため，そうした条件さえ撤廃された。ボーア人の中には留まった者もいたが，他の者は下付された土地を受け取り，相場師に売却して，結局周辺共和国へ立ち去った。当初から不在地主と投機的土地所有が植民地の土地制度の弊害だった。イギリスによる併合後の 12 年間に，3,000,000〜4,000,000 エーカーの土地が，このようにして投機家の手に渡った。ある総督が言ったように，あたかも土地が突然不毛になったかのようだった。イギリス領ナタールにも南アフリカの他のどこにも，昔，イザヤが「田畑に田畑を増し加えて，余地をあまさず，自分ひとり，国のうちに住まおうとする」(『イザヤ書』5 章 8 節) 人々に発した警告に，誰一人として耳を傾ける者はいなかった。このようにして，公的所有権から切り離された広大な地所は，僅かな資金しか所持しない弱小入植者には手が届かなくなり，入植者と入手可能な土地との間に大きく立ちはだかった。1851 年，ナタール植民地ができて 10 年も経たないうちに，すでに港から便利な場所には王室直属領はほとんどなかった。1857 年に，輸送援助システムによって移民を奨励しようとするスコット副総督の試みで，300 人足らずの移住者をナタールに入植させ，1,360,000 エーカーの土地を譲渡したが，そうした土地の大半は，またしても，投機家の手に落ちた。その結果，1864 年に，移民局は遺憾の意をもって，土地が非常に不足しているため移民の奨励はできないと弁明した。イギリスの町の大きさの基準からすると少人口にすぎない町が，12,000,000 エーカーの広大な土地の只中で土地不足にあえいでいた。このような形で分布している土地では，合理的な課税を行えず，住民の増大や積極的活動に対して深刻な抑制作用をもたらした。

　周辺の共和国でも，入植者は土地をウワバミのように手に入れた。成人のボーア自由民に対しては誰にでも 6,000 エーカー以上の農場を下付するという慣例は，共和国の土地資源への急速な浸食をもたらした。ケープでは土地測量者が自ら無能で不正直であることを示したのに対し，共和国では，ほとんどの地域で，土地は全く測量せずに配分された。具体的な風景の一つ一つが，例えば，高い木，地表が平らな丘，または峡谷などが各農場の境界を示す役割を果たした。規定の 6,000 エーカーどころか，10,000 エーカーやそれ以上の農場が数多くあったのは驚くに当たらない。また，土地相場師が英領

植民地ばかりでなく，周辺共和国にも押しかけたのは当然であった。共和国政府は土地の占有や効率的開墾についてきちんとした要求をしなかった。グレート・トレック運動の開始当初でさえ，建設区画が割り当てられるそばから所有者が変わるという事態が生じていた。特にトランスバールでは，200,000 エーカーから 300,000 エーカーの個人所有の土地が存在していたことが知られている。1854 年に，ウィンバーグからハリースミス*に至るまで，200 もの不在地主所有の農場が，ほとんど切れ目なしに広がっていた。ボーア人自由民自身も不在地主について厳しい苦言を呈するようになった。周辺共和国でも，すべての入植者とその息子が農場を持つのが難しくなる日の来ることは避けられなかったからである。その日は 1877 年のイギリスによるトランスバール併合より前に訪れた。

　南アフリカの広大な土地はヨーロッパ人が何の支障もなしに居住できるような無人の空き地ではなかった。ヨーロッパ人の入植が，先住民人口の比較的密集した地域で行われたことは，きわめて重要な事実である。広大な地域，特にケープの土地は，非常に人口がまばらで，全く無人の場所もあった。そのような土地は，雨の降らない，人間にも動物にも無価値な所だった。しかし，東部辺境地から先は先住民が比較的稠密に居住していた。最も人口密度の高かった地域は，カフィルランド（アマ・コーサ族，テンブー族，ポンド族，ケシベ族，アマ・ベイカ族が居住），バストランド，ナタールおよびズールーランド（ズールー族が居住），スワジランド，北部トランスバール（バペディ族，マグアンベ族，バラマプラナ族が居住），トランスバールの西部国境（バマンガト族，バクウェナ族，バングァケチ族，バラロング族，バトラピン族が居住）などであった。こうした地域はオレンジ自由国とトランスバールを囲んで蹄鉄状に弧を描いていた。ボーア人の言い分では，この弧の内部は無人状態で，マンタテー族の略奪集団とマタベレ族やズールー族のインピによって荒れるに任されていた土地を，彼らが発見したということだった。先住民の戦争は最も熾烈なものであっても，破壊的ではなかった。多くの部族が略奪を受け，追い散らされたことは確かである。グ

---

* ウィンバーグ，ハリースミス：ともにオレンジ自由国の町。

レート・トレックによって接収された土地が，ナタールを含めて，無人だったというのはきわめて疑わしい。ナタールとトランスバールの一部で，ボーア戦争中にボーア人自身が経験したように，追い散らされ，痛めつけられた先住民部族が，ボーア人が彼らの宿敵を打ち破った時に，起伏の多い土地や丘陵地域から出てきた難を逃れた仲間を見つけるのに成功したという証言はきわめて確かなものである。したがって，当初から，ボーア人と先住民は混在していたのである。多くの農場は先住民の村落を差し置いて建設された。他の多くの農場には生活苦にあえぐ部族民がばらばらになって戻ってきた。そのような先住民は無断居住者となり，土地の所有権を持たなかったため，支払うべき賃貸料はヨーロッパ人地主のお目こぼしに与かるか，労働奉仕によって多少なりとも大目に見てもらっていた。

　ナタールでは，こうした白人と黒人の混在する入植地が非常にはっきりと認められた。1843年にイギリスの支配が確立したとき，ナタールには100,000人以上の先住民がおり，その数はズールーランドからの移住によって日毎に増大していた。この移住を根拠にして，白人は自分たちが最初の移住者だという信念を強固にした。このため，すべての先住民居住地が厳密に言えば侵犯だとみなされた。セオフィラス・シェプストン*ほどの先住民問題の権威ですら，一時，先住民の大移住集団をことごとくナタール南部のポンドランドに誘導することによって，ナタールから先住民を一掃しようと考えたこともあった。1846年に，先住民に土地を分配する委員会が任命された。ナタール内部の先住民の地位を規定する基本原則を作成する機会がこれほど明確に与えられたことはかつてなかった。しかし，委員会が活動していたのは，ナタールの先住民を北はズールーランド，南はポンドランドへ追い払うべきであり，労働力として必要な人員だけ残せばよいと一般的に考えられていた状況の最中だった。したがって，委員会が総面積1,168,000エーカーに上る8箇所の先住民指定居住地区を確定したのは重要な偉業だった。トランスバールやケープの東部辺境地に比べると，ナタールの先住民は豊か

---

* シェプストン（1817-1893）：南アフリカ植民地の行政官。1820年家族とともにケープ植民地に移住。1846年ナタールの先住民行政官になり，シェプストン・システムとして知られる支配方法をとる。

だった。しかし，先住民人口の半分以上は引き続き，私有地や王室直属領に無断で不法に居住していた。

　社会経済史において非常に重要なことは，白人入植者がアマ・コーサ族やバスト族のようにまとまって組織化された先住民の集団と遭遇したことだった。先住民の戦争は，大規模な戦闘から不意打ちの小競り合いに至るまで多種多様で，侵略，追放，略奪など長期にわたる過程の壮絶な局面を持っていた。ほとんどの場合，戦争は野蛮で好戦的な部族特有の喧嘩好きから起こったわけではなく，非常に似通った農業・牧畜習慣を持つ二つのグループが，最も肥沃で水利に恵まれた土地の占有をめぐって，厳しい競争を行うことから生じたものである。乾燥地帯では，戦闘は非常に貴重な泉や水源近くの優良な土地の「最良部分」をめぐるものだった。一つ一つの紛争の責任を追及するのは無駄骨折りというものである。アマ・コーサ族は巧妙で大胆な牛泥棒だった。ズールー族のインピは戦闘用の盾に膝をぶつけて激しい音を立てた。スワジ戦士の振りたてる黒い羽飾りはトランスバールで恐れられていた。ナタールでは30年ほどの間，先住民の大反乱の勃発が恐れられていた。どこの開拓地でも焼き討ちの話は珍しくなかった。しかし，こうした紛争の一般的原因はその結果の中にもっとも明白に見ることができる。その原因は，先住民が土地を喪失し，厳しく制限された地域やさらに不毛な土地の中で生活を維持することが次第に困難になり，部族が自活する能力をどんどん失っていったことにあった。フィールディングの「貧民の苦難は，その悪事にくらべて見過ごされがちである」という評言は開拓史において大きな意味を持つ。戦争の大多数が旱魃の季節に起こったことは偶然ではなかった。南アフリカの旱魃の悲惨な不毛状態と先住民の暴動との因果関係はあまりに明白で見逃しようがない。過酷な炎天下で，養分を含まずカラカラに乾いた土壌，ひび割れた不毛の土地はしばしば反乱の引き金となった。しかし，すべての開拓地が暴力的に白人の手に渡ったわけではない。首長たちが書類に自分の判を捺すことで土地の譲渡が行われたが，ほとんどの場合，首長たちはその書類を理解できないか，後にそれを尊重しなかった。土地は馬具，銃，数ケースのブランデーなどと引き換えに購入された。土地は放牧権を占有権に変更する手続きで取得される場合もあった。辺境の入植地の背景には，土

地投機の欲得ずくの話が満ちあふれている。多くの宣教師が土地詐欺師の手先となったが，必ずしも皆が皆，善意で知らずに巻き込まれたわけではなかった。こうして，広大な区画の土地が囲い込まれてしまったため，共和国のボーア人が必要な土地を入手するには，先住民から文字通りもぎ取らなくてはならなかった。

　土地没収の複雑な手続きは，土地所有に関する白人と黒人の態度の違いによって，規制するのがさらに困難になった。ヨーロッパ人の心情としては土地の使用権よりも所有権の方が重要だったが，バンツー族の心情からすれば，所有権よりも使用することの方が重要だった。先住民の境界は解放的で，漠然としていて，不正確だった。それは不法侵入を助長した。署名させたり，飛節肉腫の馬を贈与することによって，白人が土地所有権を取得し，他の者はすべてその土地から排除されるという考え方は先住民の心情にそぐわなかった。さらになじめなかったのは，それまで誰でも許可なしで動物や家畜を放牧できた土地が，ある個人の家畜だけのために確保され得るという考え方だった。

　先住民政策で，英領植民地とオランダ系共和国の間に大差はなかった。なかでも，ヨーロッパ人に土地の特権を与え，先住民に労働の義務を割り当てるという経過は類似していた。創設途上の新興社会において，土地の取得は勲章であり，土地を没収されることは恥辱だった。白人に土地を与え，黒人から土地を奪うことは，支配グループが属している社会的倫理的規範に即した行為だった。同様に，一つのグループが苛酷な肉体労働を忌避し別のグループが服従することは，経済的格差以上のものだった。それは社会的身分の差別でもあった。部族民から奪い取った土地はすでに過密状態だったが，1846-7年のカフィル戦争末期には危機的な土地不足に陥っていた。1851年の戦争の後，ガイカ族はさらに600平方マイルの土地を奪われた。彼らに残された土地はさらに不毛な土地だった。後には，僅かな燃料，僅かな家畜用の牧草，作付け用の洗い晒したようにやせた土壌しか彼らには残されていなかった。

　1857年に，東部辺境地はある災厄に見舞われたが，その悲劇性とその重要性について語る必要がある。カフィル人は深刻な社会不安の救いをアセガ

イ（投げ槍）にではなく魔術に求めた。予言者たちは，部族の畜牛を殺し，穀物を種用の分まで残らず食いつくさなければならないと宣告した。そうすれば，部族の霊がその力を天国で書き記し，白人を海へ吹き払う嵐を引き起こし，彼らの土地を畜牛と穀物で豊かにする日が来るだろうという予言だった。豊穣の夢を一番見たがるのは窮乏にあえぐ人々である。アマ・コーサ族とテンブー族の迷信に見られる豊かな大地と悦楽の天国は，彼らの社会不安の根本的な原因を指し示している。大地から現れるはずの見事な白い畜牛が，現実の彼らの群れのやせこけた病気持ちの家畜に代わるはずだった。芽を出すとまたたく間に熟す穀物は，彼らが経験したことのない豊作をもたらすはずだった。なかでも一番痛切に希求された奇跡は，白人が海へ追い払われることだった。カフィル人は6度にわたる戦争で実現できなかったことを，彼らの霊に懇請した。しかし，部族の霊もやはり失敗した。何頭の畜牛が殺され，何トンの穀類が消失したかわからない。この突拍子もないギャンブルに挑んだ部族たちは，修復不可能なほど荒廃してしまったことを知れば十分である。飢え死にした数千人の，一説では25,000人とも言われる人々のほかに，何千人もの人々が浮浪者となって重い足取りで植民地へたどり着き，生きるための仕事を請い求めた。しかし，彼らを追い立てたのは飢饉だけではなかった。それは，もはや，彼らが自分たちの生活様式を守ることも維持することもできないという自覚だった。それは経済的服従の行為だった。これ以後，カフィルランドは労働力の宝庫となった。カフィル人は自らの愚行のために，さらに多くの土地を失うというこらしめを受けた。老首長クレリは，誇り高く頑迷だったが，自分の土地から放逐された。それは貧血症の患者に放血治療を施すようなものだった。ガイカ族の地域にはドイツ軍外人部隊が居留した。それまでははっきりしなかったが，今では，カフィルランドとケープ植民地の特別保留地は窒息するほど過密であることに疑いなかった。1864年に，大英帝国政府がクレリに対し自分の土地に戻る許可を与えたが，これは，バシー川以遠の過密状態をいくらか軽減したとはいえ，辺境地全体の土地への渇望を和らげることはできなかった。

　バスト人の国境付近にオランダ人が畜牛を伴ってやって来た時，バスト人も時を同じくして丘陵地から降りてきた。初めから，入植は豊かな穀倉地帯

にじわじわと不規則に浸透していったため，白人農家と黒人牧夫とを境界線で区切ることはできなかった。オレンジ自由国は設立以来4年間にわたって，策を弄して先住民から優良な土地を奪おうとした。バスト人は数で勝っていた。自由国は弱体で文無しだった。1858年の紛争で，オレンジ自由国のボーア人はバスト人を打倒する力も，バスト人を追い払う力もないことを自覚した。この時期に，オレンジ自由国はケープ植民地の総督ジョージ・グレー卿に対し，ケープ植民地との連合を求める有名な請願を行った。ジョージ・グレー卿はヨーロッパ人をイギリス支配下に引き戻す好機ととらえ，特に，共有している先住民辺境地をイギリス単独の政策管理の下に置く好機だと考えた。彼は植民地省に対し，熱心に，見事に，連合を推奨した。しかし，植民地省は1857年のカフィル戦争で1,000,000ポンド近くの費用がかかったことを記憶していた。植民地省は王室直属領の拡大を望んでおらず，特にボーア人やバスト人の居住する地域はなおさらだった。

1865年に戦争が再発したとき，ボーア人は戦力を強化していた。迅速な動きの警備隊がバスト人の畜牛を駆り集め，彼らの作物を荷車に積んだ。バスト人の抵抗を打ち破るにはこれ以上確実な方法はなかった。1866年，ボーア人コマンドは再び収穫物を破壊し，バスト人に服従を強要した。ボーア人は土地をめぐる戦争で勝利を得た。バスト人は耕地の半分以上を明け渡した。その土地は非常に肥沃で，オレンジ自由国の中でもここに匹敵するような土地はなかった。征服した土地からバスト人は「一掃」された。バストランドに残された地域はほとんど岩と山で，浸食された峡谷とほんの僅かな良質の土地の断片が散在するだけだった。バストランドは1869年にイギリス政府によって併合され，それ以上の土地喪失から保護されたが，それ以後，東部辺境地と同様人口過密で，土地や作物や森林などの資源の乏しい国となった。

トランスバールの長い国境線沿いの先住民の土地と入植の歴史は，協定と割譲，略奪と侵略を綴る記録である。トランスバールはズールー戦争を回避したとはいえ，ズールー国境では多くの侵略が行われていた。はるか北方のスワジ族，バペディ族，ゾートパンスベルク山地の諸部族の住む地域へと向かったボーア人の入植は，いっそう困難を極めた。熱病と起伏の激しい土地

は先住民がヨーロッパ人の入植を妨害するのを助けた。西部の国境，リビングストンのクルマン川が流れる地方は，乾燥地帯だった。土地がらみの紛争は泉や水路をめぐる争いより少なかったものの，水源のない土地は使い物にならなかった。水源を手にすることで，ボーア人は広大な土地を管理できた。水場への出入りを厳しく制限されたため，先住民の居住できる土地は著しく減少した。たった1箇所の泉を失うことで，数千エーカーの土地の価値は台無しになった。

このように，至る所で白人の入植が黒人の入植を圧迫した。至る所で先住民の生活条件は変更されたが，破滅させられたわけではなかった。はしか，ジフテリア，あるいは酒の力をもってしても，先住民の数を減少させることはできなかった。未開人種の劣弱な生命力は優等人種の活力に屈服せざるを得ないという決まり文句が間違っていることを彼らは証明した。軍事的敗北には，征服者の兵士となることで応酬した。先住民の戦争は社会・経済革命の劇的な局面の一つにすぎなかった。先住民がどのようにして白人社会の一員になったかは，南アフリカ経済史の最も重要な部分である。

完全に先住民寄りの，盲目的な博愛主義者たちは，諸部族が被った変動を見て白人文明を非難するだろう。歴史家なら，歴史も生活様式も異なる二つの民族が同じ土地に住めば，両者間にしばしば暴力を伴う調整が必要なことは避けがたいことを理解している。また，弱小な社会が，単純に強い方に屈服するとは限らないことも知っている。両者は互いにその習慣や態度に根本的変更を被りながら，相互に譲り合うのである。支配的な人種は，支配する相手から何の影響も受けない人種だということではない。19世紀末に近づくにつれて，二つの社会は各々別々の暮らしを営んでいると言えなくなってきた。ボーア戦争の苦難は和らぎ，ボーア人とイギリス人との反目が次第に落ち着いてきたため，南アフリカ史の主要テーマは，白人と黒人が相互に深い依存関係で結び合わされた新しい社会の発展をめぐるものになることは明白である。

白人入植者到来以前の部族の生活が，安定し，何の屈託もない，茫洋としたものだったという一般的なイメージはあまり正確ではない。部族は首長の

手腕，近隣部族の勢力，気候や季節の変動などによって，人数や勢力を増大させたり，衰退して弱小部族になったりした。部族の盛衰にしたがって，新しい土地にどんどん進出したり，旧来の土地から追い立てられたりした。カフィルランドで，ヨーロッパ人のマスケット銃が発砲されるずっと以前から，土地や畜牛をめぐる戦争は先住民同士の間で周知の事実だった。しかし，人口と土地の均衡はほぼ保たれていた。部族は土壌や牧草を消耗し尽すと，未利用の土壌の土地へ移動し，新しい牧草地を見つけることができた。新しい土地資源を活用することは，時にはとがめを受ける場合もあったが，部族民の経済生活を安定させる仕組みだった。部族内部には財力や社会的地位の差異があった。ある者が他の者より土地や畜牛を多く所有することは部族の生活習慣と矛盾しなかった。しかし，極端な貧富の差を抑制する傾向はあった。実際，途方もなく大きな土地と狭い土地とか，莫大な富とひどい貧困というような，極端な差異は見られなかった。部族の土地は，全員が分け前に与れる財産であり，厳密に平等とは言えないものの，かなり公平だった。一家族もしくは一親族の食料と畜牛の財産は一族全員を，老いも若きも，肢体不自由の者も，すべてを養った。経済制度としては単純であり，その機構は簡単で，生活水準は質素だった。相互依存度の緊密さと，部族の風習への強いこだわりという点で，バンツー社会は強固だった。その体制は，強力な持久力と驚くべき回復力を持っていた。さもなければ，これほど長期にわたる白人の植民地化の衝撃に耐えられなかっただろうし，これほど長く，慣習が踏みにじられた中で生活できなかっただろう。

　土地の喪失は，部族生活が築かれていた最も重要な基盤を失うことだった。そして，至る所で，先住民は完全に土地を失うか，あるいはますます狭小な土地に押し込まれるという事態が見られた。彼らの手に残された土地には，肥沃で水の豊富なところもあったが，大半は貧弱な土壌で，水も焚き木も乏しい場所だった。例えば，ナタールでは，先住民の居住地域は，でこぼこした急斜面が異様な形でそそり立ち，深い峡谷が横切って，夏の激流がすべての有用な土壌を流し去ってしまうような，起伏の激しい広大な丘陵地だった。インポファナの居住地では，耕作可能な土地は225エーカー当たり1エーカーの割合しかなかった。ケープの東部辺境地では，耕作可能な土壌

の断片的な区画があまりにも狭小すぎて，使い物にならないところもあった。なかには裕福な部族や部族内に裕福な者もいたが，大多数は旧来の生活を維持できないほど狭い土地に住んでいた。昔からの盟友で友好関係にあったフィンゴ族でさえ，部族の土地で息詰まるような生活をしていた。このような人間と家畜の密集は，彼らに残された土地には厳しい負担となった。彼らの原始的で浪費的な農耕によって，やせた土地は回復不能なほど荒廃し，豊かな土地は確実にやせていった。砂地と化す土壌，豊かな牧草の代わりにはびこる雑草，樹木や低木林の消失，峡谷や溝でえぐられた土地，こうした現象は，土地が過剰な人口や家畜の重圧に耐え切れないことを示す兆候だった。部族生活は畜牛を非常に大切にしていた。若者が花嫁を迎えるために支払うのは畜牛だった。多くの原始的な社会に見られるように，畜牛は単なる資産にとどまらないものだった。畜牛には宗教的な意味が付与され，それによって，畜牛およびその増加が部族の繁栄の保証であり象徴となった。家畜の群れを保護するために，たとえそれが部族の零落に拍車をかけることになろうとも，先住民は最大の努力を払った。

　食糧供給が逼迫した場合，先住民の食卓から最初に消えるのは肉と生鮮食品であることはよく知られている。白人到来以前の先住民の食卓は，それ以後の食生活より変化に富んでいた。潅木の茂みや畑地でできる，カフィルモロコシ，かぼちゃ，葦筍，豆，果実類がもたらす食事は，時折の肉類とともに健康的なものだった。しかし，雑草，浸食，過剰連作が生鮮食糧の供給を減少させた。1850－1年の東部辺境紛争の頃から，トウモロコシやカフィルモロコシのお粥とほんの僅かな肉や生鮮食品といった食生活が始まったと言えよう。多くのヨーロッパ人は，先住民の本来の常食は胃もたれのするお粥だと本気で信じてきた。実際，そのような食事は健康に必要な多くの栄養素に欠けていた。穀類だけの偏った食事は病気に対する抵抗力を弱め，エネルギーを喪失させた。先住民は元来，自由時間を非常に大切にした。骨折り仕事などせず，亜熱帯の温暖な日々を小屋の日陰で過ごすのは，部族生活の楽しみの一つだった。しかし，労働力を求める植民者が苦言を呈した怠惰は，しばしば栄養失調からくる無気力だったと言うのは当を得ている。

　先住民の生活に，文明化のもたらす功罪という重荷も負わされた。身にま

とっていた油染みた毛布や穴の開いたズボン，彼らが買った鍬や銅線，彼らが飲んだ「ケープ・スモーク」という安物ブランデーなどは，それぞれ，彼らの脆弱な経済力にとって負担となった。彼らは貧しかったにもかかわらず，塩，砂糖，紅茶，コーヒー，石鹸，ろうそくなどの消費，バケツや鋤の使用などが，結局，定着した。先住民の生活を一変させた媒介者のなかで，商人が最も強い影響力を持った。1870年までに，程度の差はあっても，工業製品を消費しない者はほとんどいなくなったと言えるからである。同じように，先住民は周辺共和国や植民地の納税者となっていた。とりわけ，ナタールでは，他の共同体でも同様だったが，先住民に重い賦課金が課された。1862年，ナタールの関税収入が40,672ポンドに達した時，先住民が支払った税金は17,925ポンドに上った。先住民への課税で非常に重要な手段は，先住民が消費する物品に対する輸入税だった。1860年と63年の，ナタールにおける関税引き上げは，主に先住民の消費する物品に課されたが，それは，ナタールの砂糖プランテーションで働く労務者をインドから導入する費用充当のために行われた。ヨーロッパ人の土地に居住するおびただしい数の人々には地代という負担があった。多くの地主は，特に英領植民地では，「カフィル農業」から巨額の収入を得ていた。大規模な土地所有会社はこの方法によって，何の費用も負担せずに，数ブロックの土地を封鎖し，先住民の無断居住者に地代を課すことができた。

　部族の生存ぎりぎりの水準の経済では，こうした負担をまかなえなかった。税金の支払いや鍬や毛布を買うために，畜牛を売ることへの抵抗は非常に強かった。豊作の年には，穀物を売るか，物々交換をした。しかし，あまりにも頻繁に，彼らはその穀物を飢饉相場で買い戻さなければならなかった。端的に言うと，部族の経済は新しい必要品，新しい税金をまかなうのに必要な収益を安定して生み出すことができなかった。部族経済は何か他の収入源によって補完されねばならなかった。部族民が売ることができるものは唯一つであり，それには恒常的需要があった。それは彼らの労働力である。彼らが住んでいた土地で無料だった土壌，水，牧草などは奪われるか，減らされていた。そうした資源は部族生活の基盤となる元手だった。これらの土壌，水，牧草がなければ，先住民は彼らを支配する人々のために働かざるを

得なかった。ヨーロッパ人による土地取得は，しばしば労働力をも取得する手段になった。最も初期のころから，農場主が土地を買うのは，単に土地そのものばかりでなく，そこに住む先住民の労働力を意のままにするためでもあった。それは，先住民の土地に根ざした財産と保有権の保障を故意に消滅させ，結果的に，私有権が白人側にもたらした権力の前に先住民を無力化させるという手法だった。白人社会に土地の余剰があり，先住民は土地不足にあえぐという事態は，先住民の困窮につけ入ることを可能にした。このような行動の中に，18世紀の囲い込み運動の次のような言葉が暗示的に読み取れるかもしれない。「労働者による入会地（コモン・ランド）の使用は，ある種の独立心として作用する」のに対し，囲い込みは労働者に1年中，労働をさせることになり，「当節，強く求められている下層階級の従属化を促すことになる・・・」。先住民の農業は徐々に損なわれていった。そうした農業は，土地と励ましを付与されて，税金や窮乏の重荷に耐えようとさせるのだが，そのような先住民の忍耐心はさえぎられ，その結果，先住民の農業人口は，労働力としてヨーロッパ人社会に奉仕するという副次的産業へ方向転換させられてしまった。

　19世紀半ば以後，毎年ある一定期間労働者として働く人々の割合が大幅に増大したことは間違いなく証明できる。しかし，新聞，議会，国民評議会などに寄せられた苦情から察すると，非常に深刻な労働力不足が蔓延し，増税その他の意図的な圧力をもってしても労働力不足を是正できなかったようだ。富が共有され，人々がその分け前に自由に与れるような後進的社会では，一人ひとりが努力して生活の糧を得ようという動機は強くないし，同じような意味で，個人が財力や経済的重要度を高めたいという動機もあまり強くないことは経済学的に確証されている。白人が抱いていた信念，つまり，先住民は怠惰な人間であり，仕事に対する持ち前の消極性が彼らを一種の赤貧の有閑階級たらしめたという考え方にはある程度根拠があった。しかし，労働力不足故に，ナタールは1860年に多数のインド人労働者を導入して，人種問題を複雑化させることになったが，労働力不足の最も重要な原因は，先住民労働者の浪費的，非効率的使用にあった。多くの労働者は個人農場に拘束されていたからである。周辺共和国と植民地は法律で，1農場当たりの

先住民借地人の数を制限して、労働力を流動化させようとしたが、その努力は自分の土地の先住民労働者を独占したいという一人ひとりの地主の願望に打ち砕かれ打破されてしまった。労働奉仕は現金や現物と引き換えに、間欠的に無計画に行われた。労働不足の背後で、農耕法の改良や生産量増大のための計画的な努力はなされなかった。非経済的に所有された広大な地所と、進歩の見られない農業には、おざなりで非能率的な労働制度しか存在し得なかった。主人と使用人の間には、先住民が白人の土地を借用し、その返礼として、仕事をし、支払いをするという、封建領地ときわめて類似した中世的な関係がしばしば見られた。もしも、市場用余剰作物の集約的生産のために、先住民労働者に対する工業からの強い需要があったならば、先住民労働者はもっと効率よく配分されただろうし、もっと効率よく使用されただろう。とりわけ、先住民労働者は労働力の需要競争で経済的地位の改善を確保することによって利益を得ていただろう。労働が現金でなく現物で支払われ、しかも、労働を自主的に提供する自由がほとんどなければ、需要供給の法則の恩恵に与ることはできない。能率の悪い仕事をして、不十分な報酬を受け取るのが関の山である。あらゆる経済法則に明らかに矛盾するにもかかわらず、19世紀後半には、低い労働報酬と労働力不足とが、不条理にも並存していた。本当の労働力不足ではなく、慢性的な不完全雇用が、共和国にも植民地にも是正のできない欠陥だった。先住民は自分の土地から追い立てられ、生活手段のためにヨーロッパ人社会へ入ったものの、その社会自体が経済的に立ち遅れ、あまりにも貧しく非生産的だったため、彼らの労働を利益に転ずることができなかった。そのような経済的条件が先住民に過剰な重圧を与える原因になったことは容易に理解できる。

　先住民が「薪を切り水をくむ者」*としてヨーロッパ人社会に入ったのは、本質的に暴力的な性質のものではなかった。白人と黒人が戦ったのは、経済的習慣が類似していたためだった。しかし、戦いで先住民は打ち負かされ、その類似性が協同関係をもたらした。牧夫であり農夫であった先住民は使用人として白人社会に吸収され、その仕事は相変わらず牧畜と農耕だった。仕

---

* 薪を切り水をくむ者：「下等労働者」の意。『ヨシュア記』9章21〜27節参照のこと。

事をする動機は土地を保有し畜牛を手に入れる権利のためであり，それらは，結局，彼らの経済生活で一番重要なものだった。先住民とヨーロッパ人との緊密な経済的連携をいっそう強固にしたのは，両者の非常に強い互換性だった。この互換性は，対立よりも，両者の緊密な経済関係を解き明かす，はるかに重要な鍵だった。ヨーロッパ住民側が意識的に行った搾取は，先住民生活の変換をもたらした影響の一部分にすぎないことを理解するのは重要である。利他的な動機を持っていたのは宣教師ばかりではなかった。ジョージ・グレー卿は1857年以降，東部辺境地の真っ只中に白人を入植させることによって，先住民が隣人から勤勉の習慣を学び，「植民地の力と富の源泉」となれるようにした。働くことは学ぶことだった。見習い奉公をする以上に，未開人が白人文明を学ぶ良い方法はなかろう。部族内に留まれば，その原始的な習慣から逃れられないだろう。「神聖で気高い労働」によって，首長や呪術師の影響から完全にひき離されれば，それだけ早く彼らは解放されるだろう。こうした議論は，必ずしも，白人が先住民労働力を求める貪欲さを弁解しようとしてもっともらしく唱えられたとは限らない。ヨーロッパ人に雇われることこそ野蛮な生活から脱出する方法だと実際，信じられていた。ほんの少数の人々だけが，先住民は実は野蛮な生活から貧窮生活へと移行したにすぎないということを見抜いたが，彼らの言うことに耳を傾ける者はほとんどいなかった。19世紀の南アフリカでは，貧困はすぐ目の前にあっても容易に認識されなかった。先住民が裸の代わりにぼろをまとっていても，それは落ちぶれたというより，むしろ進歩のしるしだった。白人の農村社会自体が，貧困と富裕の区別をつけ難かった。その上，周辺共和国や植民地の平均的社会は先住民の貧困に対して何の責任も感じていなかった。仕事ならいくらでもある，というのが極貧状態に対する解答だった。土地の没収，差別的課税，先住民を労働市場へ駆り立てるために用いられたあらゆる手段は，このように，迷信と怠惰を攻撃したが故に，道徳的に正当化することができた。

　ヨーロッパ人の入植地は，ほとんどの地域で，秩序ある政府ができないうちに，拡大していった。部族社会の特性を理解することを職務にしている官吏の手助けをほとんど受けずに，先住民との関係が持たれていた。土地，

水，労働力をめぐる紛争は無知と誤解から険悪化した。政府が入植地の管理に乗り出したときでさえ，先住民の考え方，土地保有権，法律に関する情報はきわめて不十分にしか入手できない状態が長く続いた。20世紀に入り，まる1世紀にわたる先住民との接触を経験した後，はじめて，先住民が真剣な科学的調査の対象となった。入植者は少なくとも2世代にわたって，先住民が部族国家の中で生活上の多くの困難を切り抜けてきた巧妙さや臨機応変さを知ることなく，また先住民を結束させてきた社会的・道徳的規範を知ることなく成人した。ヨーロッパ人社会が一番よく目にしたのは部族生活のあまり好ましくない面だった。迷信，魔術，残忍性を目撃したのである。しかし，部族生活の合理的な構造，個々の部族構成員への保護体制，人々の心に与える安らぎ，食糧や土地の分配の監視体制といったものは見逃すか，気づいたとしても全く不十分だった。ヨーロッパ人はその沈滞した未開発の生活様式を非難したが，先住民がそこに幸福感や充足感を見つけるのはけっして難しくなかった。軍人と入植者，宣教師と治安判事の間には，部族制度に対する暗黙の申し合わせがあった。「まず部族制度をすべて破壊し，先住民をヨーロッパ化する過程は，先住民の最後のよりどころである自信を喪失させ，その代わりに，彼ら独自のものはすべて無価値で進化の妨げになるという新たに得られた信念によって，先住民に劣等感を抱かせた」と現代の政府委員会は言明した。

　部族生活の内部で侵食作用が進み，先住民を親世代の生活様式から引き離し，親世代になじみのない方式に甘んじることを強要した。教育という穏やかな方法もなく，友好的接触というゆるやかな勧告もなしに，避け難い生活の変革を先住民に受け入れさせた。初期の宣教師やイギリスの博愛主義者の約束はあまり守られなかった。先住民政策は，継続的かつ積極的な信託統治ではなく，総じて，無知に翻弄され，怠慢の犠牲となるような統治だった。社会形態の崩壊は上層部から始まるものである。首長の権威は部族の法律や慣習とあまりにも密接に一体化していたため，部族の結束の乱れが表面化する前にすでに失墜していた。大黒柱と中心を失って，部族は内部崩壊をきたし，最悪の場合，抜け殻のようになった。

　こうした変化にはばらつきがあった。ある部族では変化は先延ばしにされ

た。多くの部族が旧来の様式に執着することによって，独自の部族生活を驚くほど長く持ちこたえてみせた。それでも，部族の歴史は崩壊と変化の歴史である。ダイヤモンドが拾い上げられ，最初の金が発見される頃には，黒人と白人は，相互に非常に密接な経済関係で切っても切れないほど融合した新しい社会への道程をはるかに進んでいた。ここに，南アフリカが，カナダやオーストラリアと同じだけの移住者を引付けられなかった理由が見られるかもしれない。実際には，かなり多数の移住者を受け入れていた。それは，内部からの移住だった。そして，南アフリカの移住者は黒人だったのである。

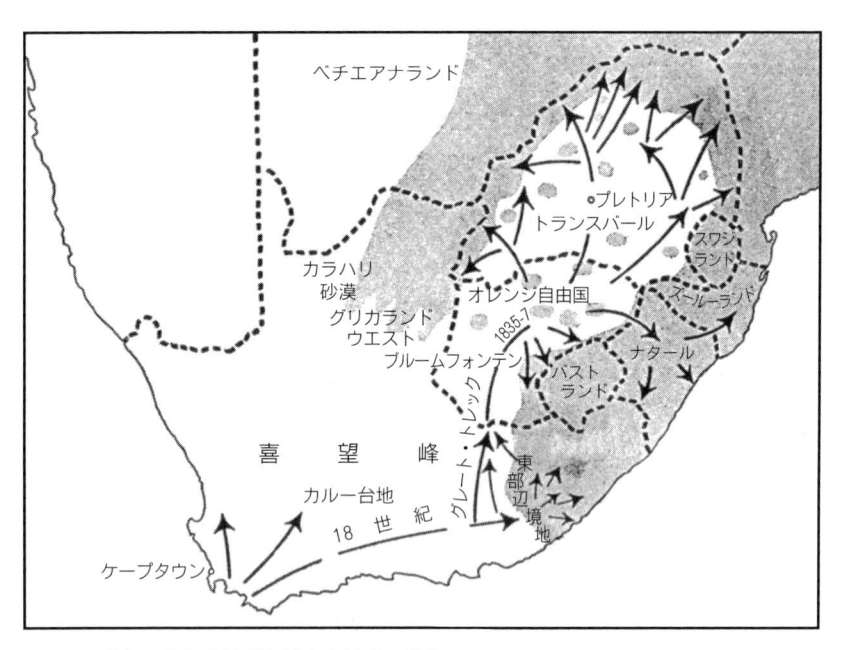

Ⅱ．18世紀の白人入植者と黒人入植者の動き

　グレーの地域は，1835～50年の頃のバンツー人主力部隊の分布を示す。小さい円の部分は分散した入植者を示す。矢印は，グレート・トレックの移動と，白人入植者，黒人入植者の勢力関係を示す。
　境界線は1994年以前の南アフリカの州区分である。

第4章
新旧産業の交替

「言っておくが，やつらの言う自由とか自治というのは，政府や法律を我が物にして，生活や財産をやつらの自由にすることなのだ。」

チャールズⅠ世，断頭台上にて

　18世紀まで，ダイヤモンドは他の大方の「輝く石」と同様，東洋からもたらされていた。ゴルコンダ*はインドの宝石採掘者たちの市場だった。黄金にまつわる伝説や神話におけるオフィル*やエルドラド*に匹敵する地位を，この地は宝石の伝説・神話で獲得していた。骨董的価値を持つ有名な宝石はほぼ確実にインドの鉱山の砂や砂利の中から生まれたものだった。18世紀半ば以後の約百年間，ブラジルのバイア*その他の鉱山が世界のダイヤモンド生産で突出し，見事なブラジル産ダイヤモンドが，有名なインド産ダイヤモンド・コレクションに追加された。そして，1867年以降，南アフリカで大量のダイヤモンドが生産されたため，世界各地の名だたる鉱床もすべて物の数に入らなくなってしまった。

　化学的に言えば，ダイヤモンドは純粋の炭素であり，ごくありふれた元素の一つである。しかし，それは自然の手によって，あらゆる宝石の中で最も劇的な歴史に彩られた絢爛豪華な鉱石に創り変えられた。シェエラザード*，

---

* ゴルコンダ：ハイデラバード西郊にある古都。1518‐1687年王国の古都だったが，1687年にムガル帝国に併合された。

* オフィル：旧約聖書，ソロモン王のもとにもたらされた金と宝石の産出地として知られる。(『列王記』上，9章28節，10章11節を参照のこと) アラビア南部またはアフリカ東海岸と推定される。

* エルドラド：南アメリカ北部にあると信じられた黄金卿。インディオの首長が祭りで砂金を全身に塗って，聖地グアビタ湖に入り，祈りを捧げて洗い落としたという伝説に基づく。

* バイア：ブラジル東部の大西洋岸の州。鉱物資源に恵まれ，重要な油田地帯。ダイヤモンド，鉛，銅，クロム，大理石，金，マンガン他，多種にわたる鉱産物がある。

アラジン，女王シバ*の「おびただしい宝石」の物語の中でダイヤモンドは重要な地位を占めている。聖書で選り抜きの宝石，「赤めのう，トパーズ，緑柱石，オニキス，碧玉，サファイア，エメラルド，紅玉」*のどれ一つとして，多面体にカットされた「グレート・ムガル」*，血塗られた「オルロフ」*「コイヌール」*に，実物でも伝説においても太刀打ちできない。ダイヤモンドはいかなる宝石よりも硬く，光り輝き，形や色彩においても多様性に富んでいる。天然の色は，黒，ピンク，ブルー，黄色のものもあれば，蒸留水の水滴のように透明である。反射光の輝きと屈折光の赤や青，紫の閃光によって燦然と輝いている。

南アフリカの歴史において，ダイヤモンドの重要性はきわめて大きい。実に見事な「南アフリカの星」*——それに先立って発見されたブラジルの「南の星」*に比肩する——が発見されたが，1869 年当時，南アフリカは世界市場で販売可能な主要産物を求める競争において，オーストラリア，カナダ，はてはニュージーランドにすら大幅な遅れをとっていた。例えば，近代社会で欠かせない器械類や施設類を購入，借入，装備する財力をニューサウスウェールズ州やビクトリア州にもたらしたのは，羊毛産業だった。確かに，南アフリカの羊毛生産はイギリスの織物工業の急成長に対応していた。羊毛が最重要の単一輸出産品として，ワインを凌駕した後でも，グレート・トレックはまだ続いていた。1862 年に，25,000,000 ポンドの羊毛が輸出された。1840 年以降の南アフリカの成長はほとんど羊毛のおかげだった。しか

---

* シェエラザード：『アラビアンナイト』の語り手。毎夜処女を娶って殺すスルタンの妻となり，千一夜の間物語を王に聞かせて殺害されるのを免れた。

* 女王シバ：旧約聖書，ソロモン王を訪れたとき財宝を贈り物にした。(『列王記』10 章)

* 「赤めのう他」：『エゼキエル書』28 章 13 節を参照のこと。

* 「グレート・ムガル」：1550 年ころゴルコンダ付近の鉱山で発見された。原石では 787.5 カラットあったが，カットの段階で 280 カラットになった。その後の行方は不明。

* 「オルロフ」：194.7 カラット。ロシア貴族オルロフが女帝エカテリーナに献じた。現在クレムリン宮殿にある王笏につけられ保存されている。

* 「コイヌール」：1849 年以来，イギリス王室の王冠につけられた巨大ダイヤモンド。108.49 カラット。ビクトリア女王に献上され，王妃のみが身につける。

* 「南アフリカの星」：47.75 カラット。1869 年羊飼いが道に落ちていたのを発見。デビアス社が保有。

* 「南の星」：1853 年ブラジルで発見。128.8 カラット。ボンベイ在住の個人が保有。

し，南アフリカの羊毛はオーストラリアの羊毛のような圧倒的優位を占めるにはほど遠く，19世紀の科学，工業，教育の恩恵を受けるために必要な購買力と信用を生み出せなかった。

南アフリカは政治的進歩を災害によって実現し，経済的進歩を棚ぼた的な授かり物によって達成した。オーストラリアの羊毛，ニュージーランドの羊毛と後のマトン，カナダの魚，毛皮，木材と最終的には小麦，などがそれぞれ果たした役割を，南アフリカでは，ダイヤモンドという授かり物が羊毛の力を大いに借りながら果たしたのである。

ダイヤモンド採掘地は南アフリカで最初の産業社会であった。ここで，南アフリカは初めて，資本と労働という現代的問題に実際に直面した。ここで，南アフリカは，土地と畜牛ではなく，産業における地位をめぐって，白人と黒人住民相互の新しい競争に直面した。ダイヤモンド・ラッシュが始まったその年のうちに，キンバリーはケープタウンを除く，南アフリカで最も人口稠密な開拓地となり，二つの教会，病院，劇場を備え，おそらく，南アフリカ全土の酒場を集めたのと同じくらい多くの酒場があった。1871年には，白人と黒人の人口は50,000人を数えた。白人はグレート・トレックに参加した総人数よりも多かった。彼らは当然のことながら，巨万の富を求めて産地から産地へと流れる浮動人口だったが，求める富は大多数の人々の手をすり抜けていった。初期の混乱状態——バシッという鞭の音，大声で鳴きわめく雄牛，夕方，赤い靄となってあたりにたれこめる灼熱の砂ぼこり，それも，あまりに微細なため，ほんの僅かな風でも毛髪，目，はては時計の中にまで入り込む砂ぼこり，トタン屋根に降る耳をつんざくような霰の轟音，砂礫層を掘り起こしバケツや手押し車や荷車で水辺へ運びダイヤモンドの選別をする男たち——こうした混乱は，「精神病院が海岸で野放し状態にされた」かのようだった。その多くは，パイクスピーク*のゴールド・ラッシュ，カリフォルニアやオーストラリアのゴールド・ラッシュなど，世界のゴールド・ラッシュにおなじみの光景だった。6月には貧乏だったが12月には大金持ちになる者もいた。しかし，期待感で熱気を帯びた雰囲気に包ま

---

* パイクスピーク：アメリカ，コロラド州の山。1858年に近くのチェリー・クリークで金が発見され，ゴールド・ラッシュとなった。

れた抗夫たちの，今にも手に入りそうな幸運への熱情は，あっけないほど急速に冷めていった。確かに掘り出されたものは驚異的であり続けたが，たとえそれを平等に分配したとしても，各抗夫に分配できる報酬は，微々たるものだっただろう。僅か1～2年後には，強運の者か，根気強い者しか残らなかった。そして，これら残った連中にも，新たな複雑な問題がのしかかった。テントや掘立小屋の集落がやがて町となり，鉱区の採掘権保有者が各々勝手に採掘していた所が複雑な過密地域と化したため，行政的秩序と，すでに産業化の進んだ鉱業としての秩序の必要性が求められた。幸いなことに，アメリカのような堕落した暴力的な辺境社会は，アフリカの草原地帯には再現されなかった。実際，ダイヤモンド産地が出現したのは，イギリス政府，オレンジ自由国，トランスバールが，支配権をめぐって対立している最中だった。紛争が持ち上がりそうな険悪な危機もあった。一度は，イギリス軍の進撃があった。しかし，上述の三者は敵として戦わずに，ビールを酌み交わした。ダイヤモンド産出地では，その土地がオレンジ自由国のものだろうとイギリス王室のものだろうと，重要な問題ではなかったからだ。むしろ，もっと重要だったのは，全南アフリカ住民に密接な利害を持つ鉱業が，いかに組織化され管理され得るのか？白人と黒人との間に出現した巨大産業は両者にいかなる影響を与えるのか？いかなる方法によって，ダイヤモンド鉱業は無秩序かつ浪費的手法を排除し，然るべき姿の効率的産業となり得るのか？といった問いに対する答えだった。キンバリーは社会・経済政策の揺籃の地であり，実験場だった。

　ダイヤモンド鉱業がもたらした重大な変化を測定する手段として，ケープ植民地とナタールの輸出入量の急激な上昇を指摘するのが通例である。もう一つの指標は，ケープタウン，ポート・エリザベス，イーストロンドン，ダーバンなどの町から内陸部へ走る何千本もの枕木，何マイルもの線路で計ることができる。しかし，商品のトン数や線路の長さでは，人々の生活がどのような影響を受け，この鉱業の実績が世界の株式取引所だけでなく，非常に多くの家族や先住民部族の運命にいかなる足跡を残したかを，的確に語ることはできない。ダイヤモンド産地には白人と黒人という二つの流れが入り込んだ。産地にやって来た会社の事務員，脱走した船乗り，旱魃で被害を受

けた農民，聖職を捨てた牧師などを1とすると，ズールー人，ベチュアナ人，コーサ人は2倍，3倍，4倍の割合でやって来た。1871年から1895年までの間に，100,000人の先住民が雇われ，彼らが扶養する婦女子は400,000人に上ったと言っても過言ではない。当初から，ダイヤモンド鉱業は，取り返しのつかないほど決定的に先住民の労働力に依存していた。鉱山で働いていた年間10,000人の先住民のうち，ある者は銃を買えるほどの金を稼ぐようになったが，ある者は白人のならず者が売るケープの「スモーク」と呼ばれる安酒とかハンブルグ火酒の犠牲になったりした。しかし，大多数の人々は銃や酒などよりはるかに重要な，やむにやまれぬ事情からやって来た。彼らは部族生活や部族経済の崩壊を示す証人だった。この後，先住民問題は都市問題，産業問題となり，もはや単なる農村問題に止まらなくなった。部族への帰属意識を喪失し，土地を持たない，南アフリカ産業都市の無産階級が形成される第一歩が踏み出されたのである。

　グリカランドウェスト*の最初の副総督リチャード・サウジー卿は，ケープ植民地の自由主義的な法律を先住民労働者の身分にも適用しようとして失敗に終わった。世論は初めから先住民は未熟練労働者であって高い身分たり得ないことを強調していた。産業都市キンバリーは，農村を代表するグレート・トレックに同調し，この町も農村部と同様，白人と黒人との間の経済的・人種的差別を基礎に置くべきだと主張した。農場の奴隷的旧習が産業部門に持ち込まれた。それは，先住民の無知と貧困を食い物にし，同時に，その弱みを永続化させる粗雑な政治経済だった。また，浮浪者防止法を要求し，保留地や先住民指定居住地で「のらくら」している先住民を糾弾した。ダイヤモンド採掘者自身もいずれ資本主義的鉱山会社によって，雇われ人の身分に引き下げられることになるが，そのはるか以前から，採掘者たちは先住民には低賃金の未熟練労働者以外の身分はないものと心に決めていた。

　1875年に召還されるまで，サウジー副総督は，高等弁務官のヘンリー・バークリー卿の暗黙の支持を得て，ダイヤモンド産業に対する政府の支配力

---

* グリカランドウェスト：ケープ植民地北部のキンバリーを含む地域。ダイヤモンド産地として有名。ダイヤモンド発見以来，オレンジ自由国とイギリスとの紛争の種となり，1871年，イギリスにより併合され，80年にはケープ植民地に併合された。

を確立し，個人採掘者の利益を鉱山会社や組織的財閥から保護することに尽力した。鉱山地主から弱小の鉱区採掘権保有者を保護し，個人や会社に鉱区を10区以上買占めさせないための法令をいくつか議決した。しかし，採掘者たちは政府の自由主義的な先住民政策を非難し，彼ら特有の先見の明の欠如から，彼ら自身を保護するために作成された法令を忌避することによって政府の力を弱体化させた。サウジーの定めた法令は，資本および財産権に対する攻撃であると，植民地省のビクトリア中期の経済思想により難色を示されて却下された。もしも，グリカランドウェストの行政府に富と権力が十分にあって，鉱山専門家を雇い，鉱業を支配するための専門的機関を設立する余裕があったならば，「巨大企業」に打ち勝てたかもしれない。しかし，現実には，政府はあまりにも貧しく，歳入はきわめて不十分だったため，その支払い能力の点で銀行業界に頭が上がらなかった。鉱山の開発も会社と組織的財閥の手に委ねざるを得なかった。

　ダイヤモンド鉱業の特性が個人採掘者にもわざわいした。他の産地では，ダイヤモンドは通常，砂や砂礫の沖積した鉱床で発見され，原始的な用具による採掘作業が可能だった。南アフリカの草原地帯にも沖積鉱床はあったが，ダイヤモンドの大半は地中深く走る管状の青い土の層から成る特異な地層の中に発見された。これは，例えば，キンバリーの鉱山で，一時1,600の鉱区があり，それには僅か7平方ヤードほどの小さな鉱区も含まれていて，数百もの別々の採掘坑が特定の同一地層を目指して掘り進むことを意味していた。キンバリー，デビアス，ブルトフォンテン，デュトワパンの四大鉱山に，3,200以上の完全鉱区があり，その多くはさらに細分化されていた。地底では気まぐれな採掘が行われていながら，地上では鉱区採掘権の保全に躍起になって，鉱区採掘権保有者がこぞって，地下数百フィートの鉱区あるいはその一部の所有権を行使しようと，各々別々の方法で採掘作業をするのは，いたずらに混乱と消耗を招くだけだった。地上でも，ダイヤモンドの売却で同様の混乱が広がっていた。いかさまや窃盗が横行し，やがて，市場の供給過剰と不況のため，ダイヤモンド価格の大幅な下落が生じた。鉱坑が100フィートの深さに達すると，鉱区間の通路は消滅した。青い土をバケツで地表に運び出すのはもはや不可能となり，代わりに，もつれたワイヤーが

第4章　新旧産業の交替　　97

坑口の縁から下ろされた。土の入ったバケツは，最初は息切れであえぐ先住民によって，次には馬によって，そして最終的には，蒸気エンジンによって上げ下げされた。このように，採掘は単純な作業から非常に複雑な作業へ，筋肉労働から機械操作へと進展していった。採掘者にかかる負担は次第に重くなっていった。鉱坑の底に多量の水がたまり，協同作業や機械の使用を採択せざるを得なくなった。1874年に鉱山局が設立され，より大規模な協同作業の確保に当たった。しかし，鉱山局はサウジー政権の行政力の弱さが主な原因で，財力も技術力もなく，各採掘場の地底に群がる連中に命令を下せる権威もなかった。深さが400フィートに達すると，採掘は危険で無駄が多くなった。岩石や鉱脈の大規模な落盤は，鉱区を埋め，多数の死者を出した。ダイヤモンドを含む土を荷車1台分入手するために，その何倍もの不要な瓦礫の山と数千ガロンに上る水を除去しなければならなかった。危機が迫っていた。組織的な資本が個人資産にとって代わり，科学と政治的手腕が個人の技量にとって代る時期が到来した。1874年以後，集中合併が着実に進行していった。セシル・ローズ*やバーニー・バーナト*といった資本家が有名なダイヤモンド鉱区の囲い込み活動に乗り出すずっと以前から，中世の荘園の使い物にならない細長い土地のように，多くの採掘権は大きな所有地に吸収されていった。1882年に，巨額な費用のかかる竪坑と入り組んだ地下採掘法が採用された時，採掘者たちの運命は決した。いまや，採掘は並の採掘者の能力をはるかに上回る技術と，合名会社ですら手の届かないほど巨額な資本を必要とした。ここに，セシル・ジョン・ローズは絶好の機会を見出した。彼の成功にはある程度の偶然があった。この競争には，他にバーニー・バーナト，アルフレッド・ベイト，ユリアス・ヴェルナーといった，財力も技術もある人々がいた。しかし，ローズは豊かな想像力と，大胆不敵な行動によってその想像力を幻想から現実化させる力において，他のライバルたちより抜きん出ていた。

---

* セシル・ローズ（1853-1902）：イギリス出身の南アフリカの政治家。ロスチャイルド家の資金援助でダイヤモンド鉱山を買収。ケープ植民地の首相（1890-96）となる。
* バーニー・バーナト（1852-1897）：本名バーネット・アイザックス。イギリスからダイヤモンド・ラッシュの南アフリカに来て，財をなし，ローズのライバルとなるが，ローズのデビアス社に吸収される。ケープ植民地議員に選出される。

弱小採掘者を排除したのは彼の功績ではなかった。水と落盤と倒産のなせる仕業だった。むしろ，彼の業績は，1881年に70社もあった鉱山会社を発展的に吸収合併し，ついには各鉱坑を1単位として機能させ，全鉱山を有名なデビアス鉱山会社のもとに統合したことだった。この統合の最終段階は，一地方牧師の息子が，イーストエンドのユダヤ人（バーナト）や，パリのダイヤモンド商（ベイト），ハンブルグの仕入れ業者（ヴェルナー）といった，いずれも錚々たる連中を打ち負かした経緯を示す，強欲さと賞賛の入り混じる物語である。牛車と脂尾羊*が草を食む土地へどのような目的で巨額な融資がなされたかについては，ロスチャイルドの名前がキンバリーでよく引き合いに出され，会社をローズ一社の支配下にするための買収金が 5,338,650ポンドに達したのを見れば明白である。1888年，ローズのデビアス鉱山会社はジュール・ポージスのフランス系会社とバーニー・バーナトのキンバリー中央鉱山会社を吸収合併した。1889年に，ローズはグリカランドウェスト会社とバルトフォンテン合同会社の支配権を手に入れた。1890年にトランスバールのプレミア鉱山を取得することによって，彼の巨大トラストは，全ダイヤモンド鉱山を支配下におさめて完成した。

　目覚しい金融活動の水面下では，別の重要な現実があった。合併の報酬は，採掘と販売面における効率化と経費節減だった。合併が進むにつれてコストも下がった。しかし，コスト削減のみが一人歩きしていたら，市場は供給過剰と深刻な価格の下落によって，ダイヤモンド産業は痛手を受けていただろう。ローズは，単一の会社で，一様の安定した方式によって生産高を調節し，生産量を年当たりおよそ 4,000,000 カラットに限定することができた。採掘者が独立して採掘していた時代に強く求めていた黒人と白人の差別体制を継続させるのにも，会社規模の採掘は有利だった。かくして，ダイヤモンド鉱業における労働者は，二つの階級に分けられた。一つは低賃金黒人労働者の大集団であり，もう一つは高賃金を得るごく小さな白人労働者の集団だった。こうした労働者の分割は南アフリカのその後の社会的・産業的発展にとって，限りない重要性を持つため，明確に理解しておく必要がある。こ

---

* 脂尾羊（しびよう）：尾骨の両側に多量の脂肪をつけた毛の粗い肉用羊。

れは単なる肌の色への偏見から生まれた結果ではない。ダイヤモンド産出地にやって来た先住民は売るべき技能を何も持っていなかった。熟練職や技術職は白人労働者が当然のことながら独占していた。先住民は出入りが頻繁だった。彼らの住居と関心は部落にあり，短期の労働契約が終了すればそこへ帰って行った。それと対照的に，白人は居場所を変えず，様々な結びつきによって職場とつながっていた。彼らは相互に緊密な関係を保ち，自意識を持っていたが，それは，多様な部族から駆り出され，数種類の言語を話す先住民労働者の持ち得ないものだった。白人労働者の大半は南アフリカ生まれではなかったため，その差異はなおさら際立っていた。荷馬車製造人を除くと，鉱山で利用できる技術者は南アフリカには全く存在していなかった。このため，熟練労働者という特別な地位は，外国から導入された労働力ということでなおさら際立った。このように，白人と黒人労働者の分離は様々な事情から生じた。ダイヤモンド鉱業における労働様式の最も重要な特異性について，もう一つ，言及しなければならない。近代産業における労働者はたいてい，熟練労働者を最上段，不熟練労働者を最下段に置く階段にたとえられる。そして，その中間には，半熟練労働者の段があって，努力と経験を積んで上に昇れるようになっている。南アフリカでは，産業における白人と黒人の差別を強化することによって，この中間段階を排除してしまった。技術と高賃金は白人の特権であり，重労働と卑しい仕事は黒人の領分であることが，南アフリカ労働経済学の原則となった。両グループの立場は競争がなく，しっかりと防御されていた。両者の領域に一方が沈み込むことはないし，他方が浮上することもなかった。このような労働力の特性は，ダイヤモンド鉱業に多大な利点をもたらした。それは，毎年平均10,000人の先住民労働者を低賃金で雇うことができ，しかも，先住民労働者には発言力がなく抑圧されていたため，賃金を毎年同率に保つことができるという利点だった。南アフリカの新たな繁栄はダイヤモンドあるいは，近々発見されることになる金によってのみ築かれたわけではなかった。南アフリカを最終的に，世界経済において，オーストラリア植民地，ニュージーランド，カナダと並び立つことを可能にさせた資源のうち，先住民労働力は最も重要な資源の一つだった。ニュージーランドのマトンにとっての豊かな雨量と牧草，オース

トラリアの羊毛にとっての広大で安価な牧草地，カナダの小麦にとっての肥沃な大草原に当たるものが，南アフリカの鉱山業や工業の場合，安価な先住民労働者だった。

　1875年に発行された *Handbook of the Cape Colony*『ケープ植民地の手引き』の著者は，「旧世界から新世界へ労働力と資本が大移動していた時期に，ケープ植民地の資源はこのように封印され，休眠状態に置かれ，まばらに分散した住民はのらくらと眺め暮らすだけだった」と述べている。確かに，先住民紛争が原因で，資金，エネルギー，人命などの強制的な投資を余儀なくされてはいたが，それはほとんど，利益を伴わない投資だった。民間資本はカナダ，オーストラリア，ニュージーランドに引き寄せられていた。キンバリーは様々な変化をもたらし，土曜の夜の喧騒，黒人娼婦，泥作りの小屋，ハバナ産の葉巻などによって，それまでの状況を一変させた。産業革命を南アフリカにもたらしたのはキンバリーだった[1]。羊毛産業が率先しながら完遂できなかったことをダイヤモンド鉱業が遂行した。鉱業は鈍重な輸送機関の近代化に強力な刺激と実質的な手立てを提供した。鉱業は人員と資本をこの国に引きつけ，生活を多様化し，若い男女の雇用機会を拡大し，政治に力と目的を与えた。ケープの自治政府は幸いなことに，モルティノー，メリマン，ホフマイヤー，ド・フィリエといった有能な人材に恵まれ，彼らは試行錯誤の時代に，浅瀬や砂洲だらけの危険な航路で，ケープ議会をたくみに操縦した。しかし，ケープ自治政府が繁栄の上げ潮にうまく乗れたのは，二重の幸運のおかげだった。信頼できる政府と繁栄が同時に出現したため，ケープ植民地は巨額な負債や高額の公共投資から解放され，軽快かつ力強く，新しい進路へと力強く参入することができた。新たに発見された繁栄によってケープがいかに強化されたかは，1869年のスエズ運河開通が，ケープタウンの港に何の痛手ももたらさなかったという事実によっても明らかである。1870年の入港船舶から上る収入は，過去10年間の平均より僅か10パーセント減少したにすぎなかった。その後数年にわたり，ダイヤモンド産地向けの活発な輸入があったため，ケープタウンはもはやヨーロッ

---

[1] 原注：1865年に南アフリカ全土で，1,000人以上の人口を有する町は20に満たなかった。

パからインドへ通じる唯一の航路ではなくなったという事実を軽く受け流すことができた。

ケープの港とナタールの港を経由する輸入総額は，1871年に3,058,042ポンド，1875年に7,000,157ポンドだった。1872年のケープ財務省の収入は1,161,548ポンドで，1869年の2倍だった。関税率の変更なしで，輸入税額も同時期に倍増した。1870年から12年間に，鉱山は，ダイヤモンドが発見される以前の36年間——12年間の3倍にあたる期間——に農業と酪農が合わせて輸出できた総額をさらに上回る額を，ダイヤモンドによって輸出した[2]。1872年に，259,900ポンドの公債を償還した後でも，ケープはまだ425,000ポンドの剰余金を保有していたため，公共事業の当座費用を自己財源でまかなうという不慣れな贅沢を味わうことができた。1874年に再び546,966ポンドの公債が償還された。これはケープの負債が1年分の歳入を下回り，利子支払い分は歳出を上回る歳入剰余金によって十分まかなえることを意味した。さらに重要なのは，ロンドン貨幣市場におけるケープの力と地位だった。1870年以前には，6パーセントの利子率でもなかなかケープには資本が投下されなかったが，いまでは，最初は5パーセント，次には4パーセントの利子率でも喜んで投資された。19世紀のいかなる大規模植民地でも開発と近代生活に必要な設備に不可欠な資本の輸入を，ケープ植民地はいとも容易に行うことができた。ウッドハウス総督の時代には，2,000,000ポンドに満たない負債がケープの支払い能力を脅かしていたが，今や，公債は近代化の手段となり，1886年までに，植民地は1,000マイルの鉄道を建設するため14,000,000ポンドの資金の利用が可能となった。1875年から1890年にかけて，ケープは年平均1,500,000ポンドの公債を増加発行できた。1860年代には公債発行を低く抑えることが必要だったが，もはやそうしたやり方は賢明ではなかった。この茫漠と伸び広がった土地を緊密につなぎ合わせ，沿岸と内陸との間隙を何とかして埋めるべき時期が来ていたからである。

1870年には，ケープタウンとウェリントンの間に63マイルの鉄道が通っ

---

[2] 原注：1869年から1936年までの67年間に，総額320,000,000ポンド分のダイヤモンドが南アフリカで生産された。

ていた。他にはこの亜大陸全体で，ダーバンに僅か6マイルの鉄道があったにすぎない。人と機材を内陸部へ輸送するという突然生じた需要は，この国の原始的輸送体制に場所により偏った崩壊をもたらした。輸送能力は道路と牧草次第だった。悪路では一組の牛車がもてあます量の荷物でも，改良された道路なら，その倍の量の荷物でも容易に牛車が引くことができた。牧草が乏しければ，荷車を引く家畜を衰弱させたが，牧草が豊かならば，その力を増大させた。良い道路で牛の栄養状態が良ければ，牛車の積荷はトン当たり15ポンドだったのに対し，悪路で牛がやせ衰えていた場合，30ポンドもかかったのはこうした理由による。1874年のナタールにおける輸送機関の深刻な崩壊の背後には，力を振り絞って無数の丘陵を上る雄牛，橋のない涸れ谷の斜面をきしみを立てながら下る荷車のブレーキ，ぬかるみに足をとられて進む雄牛の苦難があり，その苦難は疲弊した牧草地のためいっそう厳しさを増し，しかも，血尿症＊その他，土地特有の風土病による死で終わりを遂げることがあまりにも多かったのである。

　キンバリーが発展するまで，ウェリントンの鉄道の末端は，どこといって目的地を定めることなく，突然打ち切られたままになっていた。しかし，もしキンバリーが存在していなかったら，鉄道はほぼ確実に，雨量の確保できる沿岸地帯を東部地方に向かって伸びていただろう。そこには，羊毛，獣皮，そして，後年にはモヘアなどの産物があった。しかし，ダイヤモンド鉱業は強大な吸引力を持っていた。産業の効率を上げるために，近代的輸送力の援助がどうしても必要だった。ダイヤモンド鉱業の組織化は，ローズ一人の天才的業績ではなかった。もし，1885年にキンバリーまで達する鉄道がなかったとすれば，採掘人のシャベルやバケツ，手作りの起重機などを，ローズがデビアス社の圧倒的な設備に置き換えることは不可能だった。

　人口の希薄な大英帝国植民地での鉄道の敷設は，民間投資家にとって，人口の稠密なブリテン諸島やヨーロッパほどの魅力がなかった。民間資本は慎重だったり，高い利子率を要求したり，損害賠償の補償，土地や鉱物に対する特別な権利などを要求した。例えば，1860年に，ナタールで小さな鉄道

＊ 血尿症：血尿の出るマラリア性の家畜の病気。

がダーバンとポイントの間に敷設された。その後15年間，様々な投機家たちが土地と鉱物の利権を入手することをもくろんで，ナタールの鉄道を支配しようとした。ケープでも，やはり，民間資本がケープタウンとウェリントンの間に鉄道を敷設したが，それ以上延長することはできなかった。オーストラリアやニュージーランドと同様，南アフリカにおける鉄道建設は，ほとんど，政府が民間資本を使って遂行したものだった。カナディアン・パシフィック鉄道でさえ，完成に至るまでは，大英帝国の保証という刺激剤を必要とした。南アフリカの鉄道は，オーストラリアと同様の長大な距離と人跡まばらな砂漠地帯，それにニュージーランドと同様の急勾配やカーブに対処しなければならなかった。海岸地帯から内陸高原へと上る急勾配のため，最初の100マイルの敷設は，それに続く500マイル分に相当する難事業となった。ケープタウンとポート・エリザベスの双方からキンバリーに至る2路線において，確実な雨量が見込め，人口稠密で，比較的肥沃な地域は，ほんの僅かだった。2路線とも大半は，カルー台地の乾燥しきった広大な土地を横切るもので，その地域の平均雨量は年間5インチ（125ミリ）から15インチ（381ミリ）だった。ケープの乾燥地帯やナタールの無数の丘陵地帯をまたぐ鉄道を早急に建設するには，ケープ植民地とナタールの政府収入と貸付金だけでは不十分だった。

　南アフリカの鉄道はもう一つの点でオーストラリアの鉄道に似ていた。ナタールとケープが分轄され，英領植民地と周辺共和国が分轄されていたため。鉄道は錯綜した政治的・経済的敵対関係に深く巻き込まれていた。物理的空間を征服し，一つの社会を他の社会に結びつけるはずの鋼鉄製の機械が，実際には，不協和音と敵愾心を増大させていた。経済的発展の道が，政治的協調の欠如によって阻まれていたのは明白だった。

　1870年代初頭に，英領植民地と周辺共和国の双方で，何らかの効果的な協力を切に期待する空気が広がっていた。1872年にトランスバールで選出された大統領トマス・フランソワ・バーガーズ*は，イギリス統治下の南アフリカ連邦か，それともオランダ人とオランダ語だけのための単独国家かと

---

* T. F. バーガーズ（1834-1881）ケープ生まれの政治家。トランスバールの大統領となり，1877年，イギリスによるトランスバール併合を許した。

いう葛藤に悩まされ，ついに破綻してしまった。オレンジ自由国では，ブランド大統領*が，1869年のイギリスによるバストランド併合に衝撃を受け，イギリスのダイヤモンド産出地に対する権利に頑強に異議を唱えた。しかし，彼はケープ法曹界の一員であり，父親は準男爵でケープ議会の議長を務め，妻はイギリス人で，子供はイギリスの教育を受けていた。間違いなく，同時代のイギリス人やオランダ人より道徳意識に勝っている人間として，彼の意向は分割されたものを統合することにあった。ケープ植民地の初代首相，ジョン・チャールズ・モルティノーは，彼よりもっと視野の狭い人物だったが，それでも，いずれケープ植民地は南アフリカの他の地域を併合するだろうと予感していた。キンバリー卿も，南アフリカの他の地域はいずれは，より裕福で自治能力を持つ中心的な植民地の軌道内に引き入れられるという期待を抱いていた。彼は植民地大臣として，1872年に，ケープ植民地に責任政府を持つよう熱心に勧めた。キンバリーの後継者，カーナボン卿*も南アフリカ連邦という考え方を強力に支持していた。しかし，彼は，キンバリーやモルティノーと違い，時間とケープ植民地の威信があれば，いずれ南アフリカ全体が一つの国家に結晶するとは信じていなかった。それどころか，彼は，ケープの自治政府は時期尚早で連邦化への障害になるだろうし，イギリス本国政府のみが卓越した強国として連邦化を実現できるという考え方に傾いていた。カナダが1867年の英領北アメリカ法によってすでに採っていた道を南アフリカにも採らせようと，彼は熱心かつ精力的に導こうとした。その政策に関して内閣に行った説明は，ジョージ・グレー卿が1858年の有名な，連邦公文書で用いた議論を言い換えたかのように読み取れる。

　彼は内閣に次のように報告した。「連邦制の持つ利点は明白である。資金力に問題があり，資産に対する十分な保証を欠き，信頼できるまともな法律のない，弱体で孤立した政府を擁する国々へのヨーロッパ人の移住や資本の

---

* ブランド大統領（1823-1888）：南アフリカの政治家。オレンジ自由国の大統領（1864-88年）。英領植民地と周辺共和国との融和を図り，1882年，ビクトリア女王から爵位を授かる。

* カーナボン卿（1831-1890）：イギリスの政治家。1867年，イギリス領北アメリカ条例によりカナダに自治領を成立させた。1875年にカナダ方式による南アフリカ連邦法を提案したが失敗した。

流入はなかなか進まない。連邦制であれば，あらゆる分野で行政運営を大いに改善でき，経費の節減も可能だし，大英帝国の資金や軍隊といった形での援助の要請が行なわれる可能性も大幅に減ずるだろう。しかし，総連邦化を必要とする最も直接的で差し迫った理由は，先住民問題という難問であり，その処理のための均質的で，賢明かつ強力な政策のもつ重要性なのである。」

「帝国的要素*（インペリアル・ファクター）」はナタールにおいて大胆な最初の一歩を踏み出した。この地で，ランガリバレレという名の首長が起こした些細な反抗的行為が，植民地にパニックを引き起こした。首長とその部下に加えられた過剰な反感と極めて過酷な刑罰は，カーナボン卿の目に，単独の共同体では難しい先住民問題に厳正かつ公正に対処できないことを示す実例と映った。カーナボンはこの危機をとらえて，イギリス政府は南アフリカにおける帝国としての責任を回避できないと主張した。植民地省の権限と，特別に任命された副総督ガーネット・ウルズリー卿の卓越した才能と威圧的態度によって，彼はナタールの議会における指名議員の議席を増やし，副総督の権限を拡大した。同時に彼は，1875年5月に迫力十分な公文書を書き，その中で，各植民地と周辺共和国の代表者会議が「南アフリカを何らかの形の連邦制のもとに連合させる可能性という最重要課題」について検討すべきだと勧告した。カーナボン卿は，英領北アメリカ法に携わっていたにもかかわらず，各植民地がいかに「ダウニング街の干渉」に神経を尖らせていたかをあまりよく理解していなかった。ケープのモルティノーは不吉な予感をもって，ナタール政体の廃棄を眺めていた。彼はカーナボン卿がケープの自治権をあまり尊重していないこと，したがって南アフリカに連邦制を強要することなど全く時期尚早だと考えていた。もし，同様の状況に置かれたならば，他の植民地の政治家，例えば，カナダのマクドナルド，ニューサウスウェールズのパークス，ニュージーランドのヴォーゲルなども間違いなく彼と同じ態度をとったことだろう。その反面，モルティノーの視野はケープに限定されていて，南アフリカ共通の利害にまで及ばず，その点に関しては，ダウニング街の方がよく

---

*「帝国的要素（インペリアル・ファクター）」：海外のイギリス植民地については，本国政府の主導する大英帝国の一員として統治することを原則とする考え方。

見通しが効いていた。現地での経験がなくても，カーナボン卿の方が，バーガース首相，ブランド首相あるいはモルティノーより，個々の政府では各々の社会・経済政策をもはやうまく遂行できないことを非常に明確に理解していた。海に面した植民地が港で徴収する関税を，陸地に封じ込められた内陸社会に分配するのを利己的に拒否する限り，あるいはケープとナタールが内陸貿易で熾烈な競争に明け暮れる限り，また，最も重要な先住民政策で共通の了解が得られない限り，南アフリカには発展も平和も保証し得ないのだった。

　カーナボンは優れた政治家だったが，政治的手腕には欠けていたと言える。ケープが彼の早期連邦化計画への参加を拒否した後，彼はさらに強硬な姿勢で計画を押し進めた。彼は 1876 年に，オレンジ自由国のブランド首相とダイヤモンド産地に対する権利の承認に対して 90,000 ポンドを支払うことで和解した。彼のさらに強硬な政策は，グリカランドウェストとナタールの副総督による支援を受けた。リチャード・サウジー卿は熱烈な帝国主義者であり，ボーア系共和国の独立に好感を持っていなかった。弱小で貧しい政府の首長として，彼は，小国分立状態がもたらす不利益をモルティノーより認識しやすい立場にあった。南アフリカ各地からダイヤモンド産地にやってくる先住民労働者の流入が，元来深刻な問題をさらに複雑にするだろうと，彼はきわめて正確に認識していた。ナタールのガーネット・ウルズリー卿は，軍人でカーナボンの手先にすぎなかった。しかし，彼は優秀な人物であり，ナタールがズールー人の主導する大規模で悲惨な先住民暴動の勃発を恐れるのはけっして杞憂ではない，と考えていた。彼はまた，ダイヤモンドは内陸部で発見される重要鉱物資源の最初の一つにすぎないことも理解していた。経済的重力の中心は，沿岸植民地から内陸部へまさに移動しようとしていたのである。

　カーナボンの胸中にある様々な動機が強硬措置をとるよう促していた。彼は先住民に対して人道主義的関心を持っていた。差し迫る危機を感知して，南アフリカの平和とイギリス人納税者の懐具合の双方に懸念を抱いていた。彼らイギリス人納税者は，頻発する南アフリカ戦争ですでに莫大な費用を負担していた。南アフリカの小国分立状態を解消すれば，カナダ連邦と並ぶ

カーナボン個人にとっての勝利となり，重要な業績になるだろう。南アフリカ全土にイギリスの国旗を掲揚すれば，大英帝国の勝利となるだろう。1877年に，彼は過激な措置を講じ，それ以来，その措置は論議の的となっている。彼はトランスバールを併合したのである。

　ダイヤモンド発見以来，オレンジ自由国，ナタール，ケープは繁栄したが，トランスバールはいっそう厳しい危機に追い込まれた。この国には，オレンジ自由国のような豊かな牧羊業も，利益のあがる馬車輸送業も存在しなかった。グレート・トレックがトランスバールに持ち込んだ困難な諸要因のため，この国の歴史には紛争の種が充満していた。政府は弱体で無能だった。絶え間ない人事の衝突はブランド大統領のような立派な人物の出現を阻んでいた。ブランド大統領の指導力によって，オレンジ自由国政府は英領植民地並みに安定し，効率的だった。トランスバールを弱体化させた主な原因の中に，放漫な土地政策があった。手当たり次第に惜しげもなく土地の下付を行ない，適切な報酬や収益を国家に還元せずに，土地資源を手放していた。国家が土地の権利をあまりにも杜撰に散逸させてしまったため，新たな土地保有者も国家への責務について同様に無頓着だった。

　1875年に，バーガーズ大統領はヨーロッパの3カ国の首都を歴訪した。ロンドンでは，彼はカーナボン卿に連邦化の理念に傾倒しているという姿勢をとった。しかし，アムステルダムでは，彼は必ずしもイギリス国旗の下での連邦化を考えてはいないと明言した。彼は3,600,000ギルダーの公債発行を企てていた。1876年1月に，リスボンの *Diario do Governo* 誌がこの公債の目的を明らかにした。ポルトガルとトランスバールの両国政府が，デラゴア湾への鉄道建設を企画したのである。トランスバールからデラゴア湾への鉄道は，後に，十分実証されるように，実現可能なばかりでなく，海へ出るための最短かつ最も効率的なルートだった。そうした独自の出口があれば，トランスバールはケープやナタールの港への隷属状態から抜け出せただろうし，イギリス覇権の支配圏からも抜け出せただろう。不幸なことに，バーガーズの行動はあまりにも時期尚早だった。トランスバールの公債は3分の2以上が売れ残ってしまったのである。ポルトガル政府も手の打ちようがなかった。

1876年に，人為的要因で発生した土地不足のため，農民とセククニの率いるバペディ族の間に紛争が発生した。この戦争はトランスバールの財政と行政に大きな負担をかけ，その負担により財政と行政の両方が崩壊した。信用の破綻と戦争の敗北は，トランスバールへの抗議の声を一挙に高めた。共和制反対論者，金融界や商取引の利害関係者，小国分立体制の打ち切りを望む比較的寛大な人々が結集して，イギリスの介入を求めた。イギリスにおいて，カーナボンは，バーガーズ政権の完全崩壊が判明する前に，すでにトランスバールをイギリスの支配下に置くことを決意していた。トランスバールの混乱のおかげで，シェプストン卿は，1877年4月12日に，トランスバールをイギリス国王直属領として容易に併合することができた。

　併合のメリットに関しては，有能な歴史家の間でも意見が分かれている。共和国の独立を突然終結させれば失敗するのが関の山だ，と主張する者がいる。あるいは，併合した地域で，賢明かつ寛大な支配を行えば，トランスバールの好意的支持を獲得できただろうし，連邦化の実現も容易になっただろうと考える者もいた。しかし，イギリスのトランスバール統治は多くの失策と様々な不運に見舞われた。住民の支持獲得に失敗し，トランスバールの有力者たちを敵にまわしてしまったのだ。その中でも，ポール・クリューガー*は最も有力な人物だった。100,000ポンドの大英帝国国債があったにもかかわらず，あまりにも性急にトランスバールの支払い能力を高めようとして，農民に税金や延滞金の支払いを強要するという失策を犯した。農民は自分たちの共和国政府にすら，支払いをしぶっていたからである。トランスバールにおける狭量で専制的な統治という失政は，イギリス本国の内閣の危機的情況，旱魃，当世紀最悪の先住民戦争，世界的規模の金融不況，イギリス議会選挙の気まぐれなどによって決定的な失敗に帰した。1878年2月に，カーナボン卿はロシア政策*をめぐる意見の不一致の後，内閣を去った。彼の後継者マイケル・ヒックス・ビーチ卿*は，カーナボンのような信念もエ

---
* ポール・クリューガー（1825-1904）：ボーア人政治家。トランスバール大統領（在任1883-99年）。1880年反イギリス闘争の指導者となり，翌年勝利，トランスバールの独立を回復した。1899年ボーア戦争を開戦したが，1902年に亡命。
* ロシア政策：露土戦争の結果結ばれたサンステファノ条約を不満とする列強国間の調停のため，1878年にベルリン会議が開かれ，ディズレーリ首相が出席，ロシアの近東進出牽制に成功した。

ネルギーも持ち合わせていなかった。1877年に，南アフリカで過去30年間に経験した中で最も苛酷な旱魃が始まった。この旱魃は東部辺境地において，かつてない人口過剰と家畜による牧草の過食の実態を露呈させた。南アフリカでは旱魃の灼熱は戦争の過熱へと容易に転じた。1877年10月，東部辺境地の先住民を相手に，植民地と大英帝国の軍隊は困難でかつ甚大な費用のかかる戦争を開始し，それにともなって，モルティノーとケープ総督で高等弁務官のバートル・フリア卿との間に，厳しい憲政上の反目が生じた。1878年に和平が確定したとき，トランスバールは再びセククニと戦争状態にあり，ナタールが30年間にわたって恐れていたズールー人との戦争も差し迫っていた。

　ナタール，ズールーランド，トランスバールの各地では，毎年のように続く旱魃のため，地方は干上がり，動物は飢え，住民は苦難に責め苛まれていた。ヨーロッパ人の間には不安が，先住民部族の間には不穏な空気が漂っていた。部族の中でも，ズールー人は特に強力で，組織化されていた。東部辺境地戦争の経験から，バートル・フリア卿は，南アフリカ全土を連邦化するというのであれば，イギリスによる先住民の制圧が肝要だという結論を得ていた。強大なズールー人の軍事組織に勝利すれば，イギリスの威信を高め，トランスバールに対する支配力を強化し，連邦化の可能性が有望になると思われた。フリアはカーナボン卿に劣らず，連邦化への野心を燃やしていた。ズールー人の不満とカーナボンの連邦化政策への性急さがズールー戦争を引き起こした。

　こうした戦争では，通例，先住民はヨーロッパ人の武器や軍事訓練に太刀打ちできなかった。しかし，ごく稀に先住民が勝利を得ることがあり，それは世界的に知れ渡った。イサンジュワナで，ズールー人がイギリス軍の連隊を全滅させたことで，イギリス世論の流れは反ディズレーリ*に転じ，また，

---

* ヒックス・ビーチ卿（1837 - 1916）：イギリスの政治家。植民地大臣（1878 - 80年）。ソールズベリ内閣の財務大臣や下院議長を歴任したが，健康上の理由から退く。財務相として南アフリカ戦争の戦費調達のため，増税を図った。

* ディズレーリ（1804 - 81）：イギリスの政治家。ユダヤ系。財務相，首相を歴任。露土戦争でロシアの南下阻止，スエズ運河の買収，東インド会社の政府移管など帝国主義政策を推進，ビクトリア女王にインド女帝の称号を贈った。文筆家としても，多数の小説がある。

南アフリカでの積極的政策に対する世論も逆風となった。ズールー戦争は南アフリカにおける支離滅裂な政治の実態を露呈した。大英帝国軍がズールーランドでズールー人相手の厳しい軍事行動に苦戦している時，トランスバールの首脳たちは自分のテントでふてくされ，ナタールさえ，しばしば，自分たちは中立だと言明し，時にはそのようにふるまった。経済的にもこの戦争はさらなる実態を暴露した。ナタールの数百万エーカーの土地すべてをもってしても，入植者と兵士たちを養うのに十分な飼料や食糧を供給できなかった。すべての家畜，すべての道路をもってしても，軍需品の必要を満たせなかった。半ば飢餓状態の輸送用の家畜はあっけなく肺炎や血尿症の犠牲となって倒れた。辛うじて病気を逃れても，死にもの狂いの兵站部士官が，やむなく負わせる過酷な重労働のため死んでいった。これらの地域では，戦争とその悲惨な災禍という単純な話ばかりでなく，非経済的土地保有，遅れた農法，政治的分裂，経済的混乱といった話題が満ち溢れていた。カーナボンは連邦化によって，このような悪弊を是正したいと望んでいた。そこから，ディズレーリ政府は異なった結論を出した。ズールーランドの併合を拒否し，権力も権威もほとんど持たない13人の首長の統治下にズールーランドを置くことによって，英国政府はカーナボン政策の破綻を宣言したのである。

　ズールー人を速やかに征服し，ハリー・スミス卿のような魅力的で優れた人物が連邦化を宣告していれば，連邦化はなんとかなっていただろうし，トランスバールも救済されていたかもしれない。しかし，ウルンディ*戦の勝者チェルムズフォード卿は，南アフリカを嫌悪していた。ヘンリー・ブルワー卿はナタールの副総督として在任中，常に不満を抱いていた。チェルムズフォードの後継者で，1879年に，南東アフリカの高等弁務官に任命されたガーネット・ウルズリー卿は，トランスバールのボーア人に対し断固たる強圧的姿勢をとるべきだと主張していた。バートル・フリア卿は，トランスバールにおいて不都合なことは何かを，誰よりも把握していたが，植民地省も南アフリカも，もはや彼を信頼していなかった。イギリスの政策の失敗

＊ ウルンディ：もとズールーランドの首都。1878年7月4日チェルムズフォード卿がズールー人を破った。現在，南アフリカ共和国　KwaZulu‑Natal州の州都。

は，トランスバールに不満を生じさせるきっかけとなった。さらに専横で吝嗇な態度を強めた行政府は，かつて保持していた民衆の支持を失った。共和国の崩壊が弱体な統治力と放縦な財政に起因していたとすれば，イギリス統治の破綻の一つの原因は，そうした欠陥をあまりにも性急に正そうとしたことにあった。クリューガーやジュベールといった人々は，トランスバールの併合は不法であり，統治は失敗に帰したのだから，独立状態に戻すべきだと要求した。彼らの不満状態から，新しく強力な愛国心が芽生えた。しかし，彼らの不満は，経済的に立ち遅れかつ組織の貧弱な社会が，支払いと服従を迫る近代的政府に対して向けた抗議でもあった。いいかげんで杜撰な組織のボーア人社会は，規則的で迅速な納税や地方公務員による正確な月例納税申告といった規律をけっして快く受け入れなかった。また，自分たちの資産を土地や畜牛で勘定していた人々は，ホワイトホールの官庁と同じ方式で帳簿をつける政府の流儀を理解できなかった。したがって，トランスバールのボーア人とイギリス行政府の反目は，後進的自給自足経済と近代的貨幣経済の対立だった。ダイヤモンド鉱山の影響，政治の近代化，財政や銀行業務の処理手続きといったものすべてがトランスバールの鎖国状態の中に押し寄せてきた。確かに，ポール・クリューガーの宣言は愛国心に溢れボーア人の権利を表明していた。この宣言は誠実に述べられ深い感動を与えたため，ボーア人および最終的にはイギリス政策筋自体も，耳を傾けた。しかし，ボーア人は愛国心の経済的基盤を自分たち独自の生活様式への愛着に置いており，その生活様式は，法による支配，行政の効率化，国家財政の支払い能力，近代科学と産業の革命，そして，カーライル*のいわゆる「金銭的結びつき」といったものを，まだ無条件に受け入れることができなかった。後のトランスバール共和国の歴史が証明したように，彼らの生活を圧迫していたのはイギリス政府による支配ではなかった。イギリス政府の撤退は新時代の圧力の撤退にほかならなかった。トランスバールにイギリス国旗が翻らなくなっても，古いものと新しいものとの間，畜牛と現金との間，農民と技術者との

---

* カーライル（1795-1881）：イギリスの著述家，歴史家。物質主義，功利主義に反対し，*Chartism* において，ビクトリア朝という「cash nexus＝金銭的結びつき」が人間社会の唯一の絆となってしまった時代を，痛烈に批判した。

間，牛車と蒸気機関車との間，自給自足体制と近代商工業の相互依存体制との間で，熾烈な闘いが依然として続くはずだった。

　こうした事実に，イギリス政府はおぼろげにしか気づいていなかった。その間にも，イギリス政府の後退は続いていた。ミッドロージアンの選挙戦*におけるグラッドストンの勝利は，保守党政府の帝国主義政策に対する最も痛烈な譴責だった。1880年9月，ケープ政府は「帝国的要素」を拒絶した。ケープ政府はバスト人の武装解除を行い，バスト戦争はイギリス本国政府とは無関係だと宣言し，東部辺境地の部族に対する1878年のケープの勝利を完遂させようと図った。適切な状況判断と根気をもってすれば，武装解除の実現に成功したかもしれず，それは南アフリカのためになったはずだった。しかし，ケープ政府は強硬な態度をとったため，すでに旱魃と人口過剰に苦しんでいた人々を反乱へと駆り立てた。この長い，不首尾に終わった戦闘にイギリス人兵士は一人も参加しなかった。ケープ政府がそう仕向けたのだった。この戦争は，イギリスの政策が主要植民地の共感や支持を当てにできない例として警鐘となった。このため，イギリス政府は慎重に行動し，責任を限定することが得策だと考えた。

　そして，1880年12月にトランスバールが蜂起した。イギリス軍は敗退し，反撃することなく直ちにトランスバールから潰走した。グラッドストンはミッドロージアン選挙戦終了後でありながら，当初，トランスバールの放棄をためらった。それから，クリューガーや他のボーア人指導者たちとプレトリア協定を結ぶ決意をした。トランスバールは「女王陛下の宗主権の下での完全な自治」を獲得した。宗主権とは，実際には，トランスバールの外交関係および先住民政策はイギリスの管轄下にあること，トランスバールはイギリスの承諾なしに国境を変更できないことを意味していた。

　小国分立状態が再び支配的となり，分離主義が勝利をおさめた。トランスバール共和国が非難の応酬という雰囲気の中で復活した。ボーア人とイギリス人との不和は，19世紀になってこれまでにないほど悪化していた。ケープではアフリカンダー・ボンド*が，あからさまな人種差別的，反イギリス

---

* ミッドロージアンの選挙戦：グラッドストンは，この選挙区でディズレーリの帝国主義政策を非難する有名なキャンペーンを行い，1880年総選挙で勝利した。

的立場に立つ支援を懇請した。政治的沈滞は経済的破綻によっていっそう深刻化した。イギリスのトランスバール撤退がもたらした最初の結果は信用と信任の失墜だった。ダイヤモンド市場は、まだセシル・ローズのデビアス社による防衛措置が講じられていなかったため、崩壊した。旱魃と不況という背景は、1880年代最初の6年間を、南アフリカ始まって以来の暗黒時代にした。この6年間に、イギリス政府は、過去の欠陥を改めることは許されても、それによって未来の可能性まで否定できないという教訓を得た。イギリス政府はトランスバールを振り捨てることによって、ダイヤモンドで始まり、金によって加速され、ついには大英帝国を大戦へ突入させていった歴史の流れの深みになおいっそう引きずり込まれたことを、ビスマルク、クリューガー、ローズ、金採掘者らがこぞって証明した。

プレトリア協定が結ばれるまで、南アフリカの行政は、列強諸外国の利害の及ばないイギリスの内政として、植民地省とイギリス議会が公然と審議していた。また、南部アフリカの現有領地の境界線の外側には、諸外国の侵入を阻む広大なイギリス勢力圏があるという暗黙の了解があった。ズールーランドやオレンジ川以北の土地の併合をイギリスが拒んだからといって、その土地に他の列強の野望が及ぶなど、植民地省には思いもよらないことだった。しかし、アジアにおけるロシアの帝国追求、レオポルドのコンゴ自由国*、ベルリンにおける *Kolonialmenschen*「植民地協会」などは、こうした状況をすべて一変させ、「イギリス人種と英語を話す者のみに帝国を与えるという変更不能のルール」に対して異議を唱えた。1883年、ドイツが南アフリカの遠隔地に侵入すると、直ちに、南アフリカ問題は、エジプトやフィジー諸島の問題と同様、国際的論争の課題となった。1884年8月にビスマルクがアングラ・ペクウェニャ*を接収したことは、イギリス外交政策上有名な事件である。グランビル卿*がドイツの植民地的野望を見逃したこ

---

* アフリカンダー・ボンド：1873年、農民運動から発生してできた政治団体。公然と反イギリス的立場を表明した。指導者ホフマイヤーは後にセシル・ローズと協力関係を結ぶ。
* コンゴ自由国：ベルギー王レオポルドⅡ世の命を受け、スタンレーがザイール川流域に基地を建設、1885年、王私有のコンゴ自由国が成立した。現在のコンゴ民主主義共和国。
* アングラ・ペクウェニャ：現在のリュデリッツ、ナムビア南西部の港町。
* グランビル卿（1815-91）：イギリスの政治家、グラッドストン政権の外相。グラッドストンとビクトリア女王との仲介役を果たす。晩年は影響力を失った。

と，エジプトにおいてフランスへの対抗上ドイツの支援をイギリスが必要としたこと，ドイツにも植民地事業を行う権利があると考えられたことなどの理由から，イギリス政府はドイツによるナマクア・ダマラランドの保護領化をしぶしぶ黙認した。この地域はドイツ領南西アフリカとしてよく知られている。しかし，ビスマルクの抜け目のなさやイギリス外務省の拙劣な外交術などは，ドイツに勝利をもたらした部分的要因でしかない。実際，アングラ・ペクウェニャがドイツ領となったのは，この地域でのイギリスの利権を守る義務はイギリス政府にあるのかケープ植民地政府にあるのかで意見が分かれていたためだった。1868年以来，少なくとも沿岸地帯の併合は議題に上っていた。イギリス本国政府は，ナマクアランド*の併合はガレカランド*と同様現地の植民地政府の仕事だと主張した。そして，1879年にズールーランドの併合を拒否しトランスバールを放棄した後，イギリス本国政府はさらに南アフリカにおける負担をこれ以上増大させないという決意を固めていた。こうして，1878年のケープ植民地政府によるウォルビズベイ*併合を例外として，ケープタウンとウェストミンスター〔イギリス本国政府・議会を指す〕はナマクア・ダマラランドを相互に押し付け合い，ついにその地はビスマルクの手に落ちたのである。

　ドイツの南アフリカ上陸が明らかにしたのは，イギリスはけっして南アフリカに背を向けて周辺共和国や先住民，ドイツ人たちに自由に我が道を行かせたりはしないという新たな証拠だった。金属資源の発見が南アフリカを世界経済の枠内に引き入れていた。アフリカ分割は世界の外交上の駆け引きに南アフリカを巻き込んだ。そして，1881年のトランスバールは，もはや1877年のトランスバールではなかった。イギリスがトランスバールを併合したことへの憤懣は，この共和国がかつて持たなかった自意識をかき立てた。イギリス軍に対する勝利は，新しい精神——オランダ魂とトランスバール国粋主義を培った。トランスバールはイギリスの政策の弱点には気づいた

---

* ナマクアランド：ナミビア南西部と南アフリカ共和国北西部にまたがる地域。オレンジ川をはさむ沿岸地帯。銅資源が豊かである
* ガレカランド：トランスカイの地域。カイ川とウンタタ川との間の南アフリカの沿岸地帯。
* ウォルビズベイ：ナミビア中西部，大西洋岸にあるケープの飛び領地。古来良港として有名な港湾とその後背地からなる。

が，自由主義精神を評価できなかった。イギリスに自由主義精神がなければ，二度目の独立は獲得できなかっただろう。こうして，イギリスの撤退は両国に協力関係をもたらさず，残念ながらプレトリア協定で課せられた制約への反発を誘発した。例えば，協定はトランスバールに対して国境線の拡大を禁止した。これに対して，トランスバールのボーア人は再度国境地帯に押しかけた。土地不足が原因で，1881年と1882年に，再び国境周辺地域に住む先住民部族にむかって新しいトレックが進められた。ズールーランドは敗戦後，13人の首長による無能な支配を受けていたが，その地域へ新世代の開拓者たちの荷車がきしみながら進んで行った。トランスバールの西部辺境地域で，きわめて重要な水路と水源地を手に入れようと，ボーア人が再び手を伸ばしていた。ボーア人のこの新しい動きはプレトリア協定に対する抗議活動の範囲を大きく逸脱していた。それはトランスバールの住民に染み付いていた，グレート・トレックの習慣と目的という強い影響力の証明だった。1882年7月と10月に，ステラランドとゴッシェンという小さな共和国がトランスバール西部の国境に形成された。それはリビングストンとモハト間の，狩猟者や商人が内陸部へ入る道路を横断する形で位置していた。この新共和国は実質的に，グレート・トレックの先例にもれず，移住集団の自然発生的な，いわば，蜂の巣別れのようなものだった。しかし，ステラランドとゴッシェンの小共和国に対して，強硬な異議が唱えられた。先の侵略で先住民の手に残されていた土地の最良の場所に，ステラランドとゴッシェンが大胆な侵略を行なったことは由々しい事態だった。それ以上に問題視されたのは，この二つの共和国が封鎖する恐れのある道路の持つ戦略的重要性だった。この道路は，雨量地図で年平均雨量が15インチ以上の地帯のちょうど内側を走っているのである。そのすぐ西側から，カラハリ砂漠の乾燥した居住に適さない荒野が始まっていた。セシル・ジョン・ローズは，キンバリーで，この道路の重要性をきわめて明確に認識し，はなはだしく声高にその重要性を言明した。道路はトランスバール国境と砂漠の間に割り込む形になっていたため，彼はそれを的確に隘路と呼んだ。その道は内陸部へとつながり，マタベレ族やマショナ族の広大な，まだ接収されていない地域へと伸びていた。ローズはこの時点から，南アフリカにおける政治と，財政面での最

重要人物となった。その重要性において，彼に比肩できるのはポール・クリューガーだけだったろう。ローズは一人の人間というよりは，何人かの人格を異にする人間の，相矛盾した特性を混在させ，堅固で完璧に融合させた人物だった。彼が極めることのできたその高尚さと，彼が身を落とすことを辞さなかったその卑しさとの矛盾を正当に論ずることのできる伝記作家はまだ現れていない。優れた先見の明を持つ帝国主義者として，ローズは，道路の喪失はイギリスの内陸部への拡張を妨げるものと考えた。彼はアフリカ大陸全土を貫くイギリス領土の切れ目のない帯によって，ケープタウンとエジプトをつなぐことが可能だという計画を心に描いていた。ローズは，ジョン・フィリップやバートル・フリアが考えていたことを見抜いていた。つまり，丘陵すなわち内陸部高原が，南アフリカの構造上，最も望ましい部分だということである。その大半はすでに周辺共和国に保有されていた。これ以上周辺共和国の内陸部進出を許してはならなかった。ローズ的発想の論理は，時節が到来したら，周辺共和国に南アフリカ亜大陸共有の忠誠を受け入れさせ，南アフリカを元の完全な統一体に戻すことを求めていた。

　ダウニング街とイギリス内閣は，南アフリカのローズや東アフリカのカークのような人物が新帝国主義の旗印を掲げるのを，懸念をもって見守っていた。その旗印に従ったのは不承不承だった。じっとしてはいられないトランスバール人に，これ以上，農場や新開拓地を勝手に造成させてはならないという点で本国政府は新帝国主義に同意した。歴史についてのイギリスの直感が，これ以上沿岸地域が外国の手に落ちるにまかせることに一斉に反対の声を上げさせた。デラゴア湾がポルトガルの，アングラ・ペクウェニャがドイツの領土であることは十分な痛手だった。しかし，本国政府は，交易道路と未接収の沿岸地域は，カフィルランドそのものと同様，入植者が自ら直接対処すべき問題であって，大英帝国政府の問題ではないと主張しようとした。イギリス人，ボーア人，バンツー人がこの地域に孤立した状態で居住していた時代には，それがどちらの問題なのか区別をつけるのは難しかった。アングラ・ペクウェニャがドイツ人にアフリカ入植を許したことは，帝国的利害なのか植民地的利害なのかについて，ケープと本国政府との間で意見の一致を見ることは不可能だった。本国政府は植民地の手先として動くことを嫌悪

していた。しかしアングラ・ペクウェニャが手痛い教訓となり，本国政府はしぶしぶ主導権を取った。撤退政策は退けられた。1884年12月，イギリス国旗がセントルシア湾に掲げられ，それはナタールからデラゴア湾に至るまで，沿岸への干渉はまかりならぬという意思表示となった。1カ月後，ポンドランド沿岸地域の保護領化が宣言された[3]。1885年3月にベチュアナランド*保護領，9月にベチュアナランド直轄植民地を設立することによって，交易道路が確保された。ズールーランドはボーア人の新興共和国に削り取られてかなり縮小されていたが，1887年にナタール総督の支配下に置かれた。

　沿岸地域のほぼ全域がイギリスの手に入り，ボーア人の周辺共和国はほとんど包囲された。イギリスの勢力があまりにも強力に拡大されたため，共和国側の自治問題が再燃した。1884年に至っても，イギリス政府は依然，南アフリカにおける権威と支配力を削減することをいとわなかった。1884年のロンドン協定に従って，ダービー卿は植民地大臣として，トランスバールの現地立法権に対する女王の拒否権を放棄することに同意し，トランスバールに対してオレンジ自由国と同等の内政自治権を与えた。先住民部族やオレンジ自由国以外の諸外国との条約に対して，女王が承諾を拒否する権限の方は保持された。しかし，この協定から18カ月もたたないうちに，トランスバールの自治は再び危うくなった。

　イギリス政治の新たな活動は，たとえその政策が利己主義や領地獲得欲から生じたものではなかったにせよ，南アフリカの境界線を整備し，その統一の復活を図ってこそ正当化されるだろう。深刻な不況期だったにもかかわらず，見通しは悪くなかった。イギリス人ローズとオランダ系アフリカ人ホフマイヤー*との巡り合わせは十分期待できた。ローズは優れた直観力を持ち，ホフマイヤーは熟慮において勝っていた。ローズは大局的理解力に優れていたが不注意だった。ホフマイヤーは綿密で深く細心な理解を示した。20世

---

[3] 原注：ポンドランド自体は，1894年までケープに併合されなかった。
* ベチュアナランド：現在のボツワナ共和国。古くはサン人の居住地で，イギリス保護領となった後，1966年に独立し，イギリス連邦に加盟した。ツワナ族が主体で町を形成。
* 　ホフマイヤー (1845-1909)：政治家，アフリカンダー・ボンドの指導者として，ケープ議会で強い政治力を発揮した。彼はイギリスと連帯する価値を悟り，ローズと親交を結び，その拡大路線を支持した。ジェームソン侵攻事件で両者の協力関係は終わった。

紀初頭にスマッツ将軍＊が果たした役割を，ホフマイヤーは19世紀の終わりに果たしたのだが，彼は大英帝国の歴史と政策において見逃されがちな一つの事実を認識していた。それはイギリスの海上支配があったからこそ，カナダは別としても，オーストラリア，ニュージーランド，南アフリカは，政治的および社会的な実験に余裕をもって，あまり危険に遭遇せずに専心する機会が持てた，という事実である。イギリスとの関係は，イギリスの政治家が重大な失策を犯す懸念があるとはいえ，南アフリカへの諸外国による干渉を防ぐ砦としての役割を果たしていることを，ホフマイヤーは認識していた。そのため，オランダ系住民が，トランスバールに倣い，オランダ人は団結してイギリス支配から脱却すべきだと説いた時に，彼は自分の名前や影響力を提供しようとしなかった。彼は，アフリカンダー・ボンドを，当初の反英，民族主義路線から引き離し，ケープ植民地のオランダ人がクリューガー路線に乗せられて戦闘体制を採るトランスバール側に巻き込まれることを防いだ。

　イギリスが勢力をさらに拡大することをさし示す徴候は，トランスバールの脆弱さ，政府組織の粗雑さ，国庫の資金力不足など少なからずあった。1885年に，植民地省の要人は覚書に「トランスバールが自治国家として存続できるとはとうてい考えられない」と記している。これは妥当な予言だったが外れていた。トランスバールは独立を維持したからである。実際，トランスバールは突如強国になり，そのまま国力を強める一方だった。1885年以後の10年間で，南アフリカの中で最も繁栄した国となった。これほど予知できない変化，これほど前例を見ない発展をもたらしたのは，1886年に発見された有史以来最大の金鉱のおかげだった。1886年以後，南アフリカについての物語は黄金伝説となっている。

＊　スマッツ将軍（1870-1950）：南アフリカ共和国の政治家，軍人。1906年トランスバール自治植民地成立後，イギリスとの協調政策を推進。南アフリカ連邦首相。国際連盟の創設に貢献，国際連合憲章草案の起草にも参画した。

第5章
ウィットウォーターズランドとボーア戦争

「黄金はゼウスの子である。錆びも害虫もこの金属を犯すことなく，人の心を驚くほどときめかす。」

サッフォー，『断章』より

　低い丘陵と浸食された谷，まばらに草木が生え，か細い川が幾筋か流れている．そのような地域に，近代鉱山科学をもってしても計り知れないほど大量の埋蔵量の金という財宝が存在した．地質時代最古の地層の下に金鉱床が形成されており，この鉱床が世界の鉱山史上名だたる地名──カリフォルニア，カムストック*，アラスカ，ユーコン*，バララト*，カルグーリー*──の中でも，ウィットウォーターズランドを冠たるものとした．この一地域から，僅か50年の間に，過去400年間に世界中で産出した金の総量の4分の3が産出されることになった．

　エジプトの御影石やヌビアの砂岩が掘り出されていた古代から，金は伝説的にアフリカ大陸と結び付けられていた．女王シバの物語，オフィルという金産出地の話，ソロモン王の鉱山の話などはアフリカ大陸全土にあまねく実在する金鉱床に依拠している．ヘンリー王子*の後継者たちは東西アフリカ

---

* カムストック：1859年にアメリカのネバダ州西部で発見された．金，銀鉱脈で一時は銀を大量に産出したが，1890年までに掘りつくされ，ゴーストタウンになっている．
* ユーコン：カナダ北西部の州．20世紀初頭ゴールドラッシュをみたが，やがて衰退した．
* バララト：オーストラリアのビクトリア州中南部．1851年の金鉱発見により急成長した．金採掘は1921年に終わったが，商工業中心地として発展した．
* カルグーリー：南西オーストラリア．1893年からのゴールドラッシュで急成長した．現在も金，ニッケルの主産地．大陸横断鉄道が通る主要内陸鉱業都市の一つ．
* ヘンリー王子（1394-1460）：ポルトガルの王子．エンリケ航海王とも呼ばれる．大西洋，アフリカ西海岸に探検隊を派遣した．探検隊はアフリカ西海岸の金と奴隷を求め，シエラレオネまで達した．

沿岸から多量の金を持ち帰った。その後，ポルトガル人は神話のモノモタパ王国*を求めて，出鱈目で無計画な探索を行った。初期のオランダ人総督たちは決死的な遠征隊を人跡未踏の内陸部に次々に送り込み，新しい耕地や古い伝説上の建造物を発見しようとした。しかし，モノモタパ王はモンテスマ*より実在性に乏しく，ヴィジティ・マグナという都市はアステカの巨大都市ほどの実体を持たないことが明らかになった。

　ウィットウォーターズランドの金鉱発見は偶然ではなかった。トランスバールの鉱物資源が豊富なことはすでに，少なくとも30年以上も前から知られていた。アメリカとオーストラリアでの大金鉱発見が南アフリカへ注意を向けさせた。1884年にストルーベン兄弟がウィットウォーターズランドで金の鉱床を突き止めるまで，25年もの間，男たちは峡谷を引っ掻き，丘陵を掘り続けていた。実際，ウィットウォーターズランドに金があることは，すでに1850年代に，ボーア人の間で知られていた。しかし，この金を含有する地帯は，他の大鉱山地帯とは全く異質だった。オーストラリアの光輝く金鉱石の塊とか，カムストックのように品位の高い鉱床ではなく，また，ユーコン砂鉱床のように流星のごとく金が突然出現するわけでもなかった。カリフォルニアやオーストラリアのおびただしい金の産出は沖積作用によって凝集された金鉱床によるものである。それは「地質学的に最上のクリーム層」で容易にすくい採ることができた。それに反し，ウィットウォーターズランドの鉱石は地下の最下層に埋まる鉱床に含まれていた。

　ウィットウォーターズランドの岩床は本来堆積岩で，前カンブリア紀の地層であり，金を含有する鉱脈を含んでいる。その鉱脈は，非常に粒子の細かいきわめて硬い石英の基質に埋め込まれた丸みのある石英の小石から成る礫岩である。この基質中に見出せる金の粒子はきわめて微細で，礫岩の中に細かく散らばる黄鉄鉱の粒子としっかり組み合わさっている。ウィットウォーターズランドの金の地質学的生成に関する問題については，世界の多数の科

---

* モノモタパ王国：アルブケルクの部下のポルトガル人がモザンビークの海岸に上陸し，内陸に入ったとき，ジンバブウェと呼ばれる石造りの都市を発見した。

* モンテスマ：アステカ民族の王。Ⅰ世（1390 - 1469年）は，対外征服を行い，領土を拡大。Ⅱ世（1466 - 1520年）は，対外戦争で勝利し，メキシコの最高権力の地位を確立したが，コルテス上陸後は，抵抗の意志を失い，殺害された。

学者も，まだ解明していない。金を含む鉱脈が風化して露出した部分は，最初，採掘者を引付けたが，地下へ斜めに傾いて深く入り込み，ついには，鉱石の一部は探索作業の手の及ばないほどの深度にまで達している。ウィットウォーターズランド地層の地質層序は，長さ約170マイル（272km），幅100マイル（160km）あり，そのほんの一部分が採算の取れる鉱業を維持しており，地質学者と採掘専門家は周期的に採鉱可能限度の見積もりを修正してきた。金を含む岩石がこれほど広範囲に存在する例は，世界中どこにもないことだけは確かである。また，鉱石がきわめて均質であることも重要である。金鉱の歴史といえば，採掘用テントが建てられては打ち捨てられる話，金のぎっしりつまった鉱脈瘤や鉱脈が突然廃鉱になる話などで溢れている。しかし，南アフリカの草原地帯では，金鉱業は現代社会の巨大で恒久的な産業の一つとなるよう運命づけられていた。

ウィットウォーターズランドの鉱床は世界一豊かであると同時に，世界一貧弱である。最も豊かだというのは，金鉱石の量がほぼ無尽蔵だからである。最も貧弱だというのは，トン当たりの金の平均含有率が低いからである。世界中の金産出地でこれほど金の平均含有率の低いところはない。アメリカの金鉱石の平均含有率は，ウィットウォーターズランドの3倍から6倍もある。しかし，この貧弱で採算ぎりぎりの鉱石が膨大な金を産出するのである。金鉱業では，鉱石が低品位でも多量に存在すれば，高品位の鉱石よりはるかに勝ることになる。高品位の金鉱石は実際には稀である。ウィットウォーターズランドの発見以来，金鉱業の課題は，高品位の金鉱石を発見することではなく，低品位鉱石でいかに採算を取るかになった。

コルテスやピサロの時代であれば，ウィットウォーターズランドの金鉱脈は無価値な岩石同然だったろう。中央アメリカや南アメリカの大鉱山で16世紀から17世紀にかけて働いたスペイン人だったら，ウィットウォーターズランドの金鉱床を前にしてなすすべがなかっただろう。1849年にカリフォルニアへ殺到した「フォーティーナイナーズ」の技術をもってしても，トランスバールでは使い物にならなかっただろう。技術と化学の長足の進歩がなければ，地球の中心部へ深く突き込まれた低品位の鉱脈から金を抽出するという難題は解決できなかっただろう。科学は無価値な岩石を採算の取れ

る金鉱石に変えた。ここは，砂金選鉱鍋や手製の砂金採取桶を持つ個人の来るところではなかった。重機械，鉄道，技師，技術専門家，科学者，巨大資本——これらがトランスバール鉱業では絶対的に必要とされた。

　最新の工業科学や化学の成果，複雑な金融支配などへのこうした依存が，必然的に，ウィットウォーターズランドを革命の中心地たらしめた。のんびりとした動きの農民の只中へ，驚くほど近代的で，世界的重要性を帯びた産業が出現した。金鉱がもたらしたとてつもない需要や，金鉱と共和国内の他の地域との著しい格差は，ボーア戦争につながる厳しい難局を生む大きな原因となった。

　金鉱業の初期の発展に運命の女神が微笑んだ。金鉱業は低物価の時期に，しかも，世界の金需要が一般市場の供給を大幅に上回る時期に始まった。トランスバールの金がロンドンに届き始めるまでは，世界の金の新たな生産は，いずれ混乱を招くほど大きく下落する可能性があった。1886年以前の50年間の金の年平均生産量は僅か20,000,000ポンドにすぎなかった。いまや，トランスバール金鉱は，世界通貨が金供給量の激しい変動で容易に混乱しなくなることを保証した。ランド*は「通貨本位をめぐる戦い」で銀本位に対する金本位の勝利を確実にした。アメリカの政治家ウィリアム・ジェニングス・ブライアン*が，1896年に「金の十字架に人類をはりつけにしてはならない」と宣言したのは，文明諸国の貨幣制度の基盤として，金が銀に勝利したことへの最終的で，辛らつな抗議だった。

　金鉱石を採掘するのに欠かせない巨大機械類は容易に使用可能なエネルギー源を必要とした。ウィットウォーターズランドには木材がほとんどなく，水力も皆無だったが，幸いなことに，豊富な石炭があった。石炭は18世紀のイギリス鉄鋼業にとって貴重な存在だったように，南アフリカの金鉱業にとっても貴重だった。ある地点では，金鉱脈の露出部分が実際に石炭層のすぐ下に潜っているほどである。良質で安価で豊富な石炭は，金鉱業の経

---

* ランド：ウィットウォーターズランドのこと。以下では，ランドと表記する。
* W. J. ブライアン（1860-1925）：アメリカの政治家。民主党から銀貨の無制限鋳造を掲げて大統領候補となるが，大統領選挙で3度敗れる。革新主義者として独占資本家に恐れられた。金権政治を批判，帝国主義反対を唱え，大雄弁家として知られる。

済にとって最も重要だった。金鉱業はダイヤモンド鉱業の肩を支えにしてさらに飛躍した。資金と経験はキンバリーにあり、いつでも行動に移れる態勢にあった。金融資産家は現地の人間であり、現場の状況を熟知していて、迅速な判断や行動ができた。1886年の金鉱発見の公式発表から数カ月のうちに、かなり大規模な採掘が始まった。1887年には、一つの鉱山が57パーセントの配当を支払い、驚く株主にさらに25パーセントを支払った。もちろん、いんちき会社や無駄な骨折りもあった。粗雑な投機や世間に知れわたるような失敗もあった。重大な判断の誤りや、荒地での困難な採掘は耐え難いつまずきをもたらした。ここの金鉱脈は、多数の弱小会社が競合すれば、キンバリーの管状鉱脈の場合以上にうまくいかないと判るまでに数年を要した。鉱山技師の正確無比な知識と、鉱山技術者の最高の熟練を要する採掘は、問題解決のために最先端の経営組織と金融組織の適用をも必要とした。鉱脈が深くなればなるほど、鉱石は処理しにくくなり、断層や岩脈が採掘作業を困難にすればするほど、入念に計画され組織化された採掘が絶対不可欠となった。ローズやJ. B. ロビンソンのようにキンバリーでの経験を持つ人々は、素早く混乱に秩序をもたらした。ローズはデビアス鉱山会社を設立するのに20年近い歳月を要したにもかかわらず、南アフリカ金鉱会社については6年間で完成した。

　ダイヤモンドによってすでに始められていた大変革は、金によってさらに加速され、いっそう激しく押し進められた。かつてニュージーランドやオーストラリアを目指す移民を乗せた船が次々に、一瞥も与えずに通過するのを眺めていた国が、今では、人々がなだれを打って波止場に上陸し、鉱山へ向かって田舎道を急ぐ姿を目撃していた。大半はイギリス人だったが、中には、リガ*、キエフ、ハンブルグ、フランクフルト、ロッテルダム、サンフランシスコから来た人々も少なからず含まれていた。さらに目覚しかったのは、経済・商業活動の活性化だった。植民地のなかで最も沈滞していた地域が、突然爆発的な活動を始めたのである。一番ちっぽけで最も辺鄙な村落が経験した変革の大きさを、数字で説明することはとうていできない。1884

---

* リガ：ラトビアの首都。バルト海のリガ湾に注ぐダウガバ川上流にある工業都市。

年のトランスバールは、ほとんど支払い能力がなかった。3年後の1887年に、トランスバールの歳入は638,000ポンドでナタールの歳入と並び、その2年後の歳入額、1,500,000ポンドはケープを急追するものだった。1883年にトランスバールがしぶしぶ支出せざるを得なかった金額1ポンドに対し、1895年には25ポンドを入手した。それは、印紙税、土地譲渡証書、採掘権、土地所有権および鉱区払い下げ許可証、関税支払いなどから徴収されたものである。恵みをもたらす妖精は明らかに金だった。1896年のトランスバールの輸出の97パーセントを金が占めていた。トランスバールに劣らず、他の地域社会も未だかつてない活動へと駆り立てられた。1881年から1886年の不況期に、ケープとナタールは不安に満ちていた。この二つの英領植民地は、鉄道や他の近代化事業のために借金を限度一杯まで背負い込んでいた。農業や先住民を顧みず、相互に破滅的な競争関係に陥っていた。しかし、今や、治癒の手が差し伸べられていた。外国資本の輸入と信用の便宜の増大がもたらした影響は、急上昇する輸入額を見れば明らかだった。ケープでは、1886-7年の歳入は1,990,000ポンドだったが、1889-90年には500,000ポンド以上の増大があり、同じ時期のナタールの歳入も、478,000ポンドだったのが、320,000ポンドも増大した。オレンジ自由国のささやかな歳入でさえ、ほぼ同じ割合で増大を見た。

　南アフリカに近代的設備を供給する仕事はさらに積極的に進められていた。訓練の行き届いたチームを持つ農民一人ひとりの自慢の種だった見事な歩調の牛は、進歩を妨げる歩みの遅い動物と化した。この国は、銀行、信用、鉄道、貿易などがあまりにも不足していることに気づいた。そして、ゆるやかな変革という道をかなぐり捨て、できるだけ短期間に、近代的輸送と商業を確保しようと努めた。資本と企業心は、ついにグレート・トレックを槍玉に挙げた。革新の精神は、草原地帯の長年のやり方に我慢できなかった。ダイヤモンド鉱山で地面が陥没する震動や、金鉱のダイナマイトの爆風は、農家や先住民部落で感じられた。共和国の住民が、自分たちの周辺でいかなる力が作動しているのかをかいま見たのは、荷車用の牛の値段が3ポンドから12ポンドに跳ね上がり、薪が元々生えていた土地の値段よりも高く売れ、荷車一杯のジャガイモがそれを引く雄牛の値段の2倍の価格で売れた

時だった．土地そのものも値上がりした．投機的取引はすでにこの国の命取りとなっていたが，試掘料と採掘料が投機を熱狂的なものにした．

　南アフリカにおける金鉱の出現は，カリフォルニアのメキシコ人入植者の間に出現した金鉱と同様だった．それは進歩に取り残された田園社会に混乱をもたらした．資本と産業の最前線は，グレート・トレックの畜牛の開拓地にゆっくり溶け込み，新旧社会の融合によって最終的に新しい社会を形成するようなことはしなかった．それどころか，資本と機械の最前線はボーア人の真っ只中へ突然参入し，攻撃的で異質な人間を連れてきた．革新や進取の気性よりも伝統や均質性を好む田舎の人々は，建設，組織化，開発に意気込む新参者に好い顔はできなかった．新参者たちはやりたい事を猛然と押し進めた．自分の投資に対して高い収益と保証を要求した．彼らは自分の計画をおし進める自由を求めた．彼らは，しばしば，オランダ系住民の控えめな誇りなど意に介さず，オランダ人の社会的，精神的価値観に無頓着だった．

　貨幣と機械に依拠する社会は，土地と畜牛に依拠する社会と，摩擦を起さずに共存し得ないし，また，両者の目的と習慣を一致させることも容易にできなかった．世界市場に一方的に依拠する産業は，共和国の地域主義と相容れなかった．独自の生活習慣を守るために荒野を抱え込んでいた単純な社会は，多彩な産業・商業上の仕事を擁する複雑な社会秩序の挑戦を受けた．ボーア人が心から尊んだ自由はボーア人の間だけに限定されていた．先住民にも自由を拡大しようとする努力を，ボーア人はことごとくつぶし，ボーア人の生き方を理解せず非難する連中に対して自由を与えるのをしぶった．ボーア人は僅かな技術しか持たず，建築技術についてはさらに乏しく，文学については皆無だったため，先住民やよそ者から自分たちを峻別するために，農場，聖書，血統を拠り所とした．これら三つのものへの忠誠心は，変化に対する抵抗を強め，沈滞した経済にふさわしい惰性を肯定するものだった．土地保有の社会が，彼らの土地を基盤にした商工業を求める連中の挑戦に抵抗するのは当然だった．

　トランスバールがきわめて友好的でイギリスの帝国支配を容認していたならば，トランスバールの非産業社会をヨーロッパの高度先進工業主義によって侵略するのは非礼な暴挙だったろう．1869年のイギリスによるバストラ

ンド併合から屈辱的返還に至る一連の事件は，トランスバールと，程度の差はあれオレンジ自由国において，憤りと激しい反感を駆り立て，その感情は自意識の強い人種的愛国心と一体となった。政治的，人種的隔離主義が共和主義的ボーア人の大多数の信条となったのは，貿易，資本，工業といった新勢力が彼らの間に入り込んできた時点だった。内陸部へ牛荷車で慎ましく侵入してきた人々と，同じ道を鉄道で走らないと満足しない人々が相容れないのは必定だった。片や均質的，田園風，無風状態，片や世界主義的，都会的，侵略的という新旧二つの経済集団の本質的な不調和は，イギリスとオランダを引き裂いた政治的，倫理的不和によってさらにいっそう強化された。

ケープ植民地でホフマイヤーが拒否した人種差別的愛国主義政策は，トランスバールにおいてクリューガーにより採用された。イギリスの併合に対する憤り，マジュバの戦い*での圧勝，英領植民地の利己主義に対する当然の怒りなどが，トランスバールでの愛国心の高揚に拍車をかけた。イギリスの支配から脱却したオランダ系独立共和国という理想を歓迎する人々が，オランダやドイツからクリューガー支援にかけつけた。そうした人々は，ヨーロッパ的な外交思想を語り，彼らの外交手腕を南アフリカに適用した。イギリスの支配にあからさまに反対する者もいた。ベルリン会議*からファショダ危機*に至るまでの年月は，ヨーロッパ大陸でイギリスの人気が芳しくない時期だった。クリューガーの助言者たちは，彼のアフリカンダー民族国家計画の具体化を支援した。彼らが取り組んだのは，オランダとイギリスの関係を，ヨーロッパにおける別々の国家の関係に匹敵するものとして解釈することだった。この目的のために，外交戦略を駆使するよう助言した。関税，外国借款，列強諸国へのアピールなどが，トランスバールの独立を主張するために用いられた方策の一部だった。金が発見される前から，トランスバー

---

* マジュバの戦い：1881年2月27日，ボーア軍が，ナタールの総督兼最高司令官となったジョージ・コリー卿の率いるイギリス軍に圧勝した戦い。

* ベルリン会議：露土戦争の結果結ばれたサンステファノ条約を不満とする列強の調停のため，1878年6月，ビスマルクの仲介で開かれた国際会議。英，独，露，仏，伊，他の関係諸国が参加。ロシアの南下政策に打撃を与えた。

* ファショダ危機：1898年に，アフリカ分割をめぐってイギリスの縦断政策とフランスの横断政策が衝突した事件。ナイル河畔のファショダ（現在のスーダンのコドク）で一触即発の危機となったが，フランス側が譲歩し，1904年英仏協商が結ばれた。

ルはナタールとケープ植民地を対抗させて,漁夫の利を得ようとしたり,関税によって植民地商業を困惑させようとした。しかし,トランスバールの財政能力の脆弱さとイギリスの独占的な沿岸地帯の支配によって,トランスバールが独立路線をとるには限界があった。鉄道の拡張によって,英領植民地は以前にも増して商業・通信の支配を完全なものとし,内陸に閉じ込められた周辺共和国の英領植民地への依存度はますます高まっていた。1883年にマクマードというアメリカ人が,トランスバールから非イギリス系の港に至る鉄道計画を復活させた。彼はデラゴア湾からトランスバールの国境まで鉄道を建設する会社を起した。1884年に,この鉄道建設計画を国境からさらにプレトリアまで延長するため,オランダ南アフリカ鉄道会社が創設された。しかし,確実にトラブルが予想され,利益の疑わしいこの計画に資本家はしり込みした。ケープおよびナタールから内陸へ通じる鉄道が存在するのに,第三の鉄道を建設しようという事業は疑問視された。1885年,クリューガーは敗北を認め,関税同盟を結ぶことを申し出て,キンバリー線のトランスバールへの延長を受け入れる覚悟を決めた。これは重大な局面だった。こうした「南アフリカのツォルフェライン」(関税同盟)の申し出は,政治的制約があまりにも大きいため,二度と行われなかっただろう。しかし,ケープが常に犯してきた失策は,与えるものは僅かで,奪うものが多すぎることだった。自らが強大だと知りながら,周辺国家に関税の分け前を与えようとしなかった。ナタールに対してさえ,その敵対意識は強烈だった。南アフリカの問題は,オランダ系共和国側に敵対的態度を止めさせるという単純なものではなかった。共和諸国の離反に劣らず,英領植民地側でかき立てられた敵対感情こそ,19世紀末の数十年間を損ねた不協和を招く原因となったからである。こうして,またしても,ケープは自らの利益のみを優先し,関税同盟を進めようとはしなかった。

　周辺共和諸国が誕生して以来,英領植民地は輸入品の関税収入を隣国と分け合うことを利己的に拒んできた。例えば,ナタールは農業,牧畜資源の開発をほとんど行わなかったため,国庫収入は大英帝国の中でも,おそらく,最も寄生的であり,先住民への課税や,先住民相手および内陸部取引用の商品への課税をあてにしていた。周辺共和国の財政的脆弱さと,その脆弱さが

もたらす有害な影響に関して，英領植民地の負うべき責任は重大だった。

あまり資力のない貧困国で発見されるものとして，金は理想的な富の形態だった。金のおかげで，クリューガーは，歴代の大統領が海への出口を求めて実施してきた調査を再開できたし，1887 年末までに，プレトリアからポルトガル領国境に至る鉄道路線の測量を実施できた。1888 年に，ケープが遅ればせながら，関税会議召集の意向を示したとき，金のおかげで，それをはねつけることもできた。トランスバールは，ようやく，不満感を癒し，沿岸植民地の利己的態度に制裁を加えることができた。長年，それら植民地の商業的，金融的優位に対して無力だったが，今や，強力な攻撃用武器を鍛造できた。関税には関税を，鉄道には鉄道を，港湾には港湾を。イギリス系の港からトランスバールに向けて敷かれる枕木に対抗し，同じ数の枕木がトランスバールからデラゴア湾のポルトガル系の港に向かって敷設された。1887 年に，トランスバールはオレンジ自由国に対して同盟の締結を呼びかけ，両共和国とデラゴア湾鉄道を連結し，英領植民地からの鉄道の侵入を阻止するため国境を閉鎖しようとした。ブランド大統領のオレンジ自由国は，トランスバール，ケープ，ナタールと国境を接していたため，非常に大きな戦略的重要性を持っていた。二つの共和国の友好的接近は，関税同盟や政治的同盟に加え得る最も痛烈な一撃となっただろう。共和国独立の戦士として，ブランドほど高い地位を占めた者はいなかった。しかし，彼の卓越した価値は，英領植民地や英国の国旗に敵対せずに，オレンジ自由国の戦士たり得た点だった。彼の人格と彼の統治する国家が中心となって，トランスバールと英領植民地が経済的・政治的協調関係で結束できる可能性が残されていた。1888 年初頭，オレンジ自由国は関税と鉄道をめぐる紛争調停のために，建設的な第一歩を踏み出した。ナタール，オレンジ自由国，ケープ植民地の代表がケープタウンで行われた関税会議で顔を合わせた。トランスバールはすでにデラゴア湾に目が向いており，利権を受けることにも，与えることにも難色を示した。ケープは従価税率を 15 パーセントから 12 パーセントに引き下げ，内陸部の共同体に対しては，ケープ経由の通過商品について 9 パーセントにする，との提案を行なった。しかし，ナタールの関税率は僅か 7 パーセントだったから，5 パーセントの引き上げを行うことによって，低関税率

の有利さを放棄することをナタールは拒否した。もし統一関税が実施されれば，南アフリカ全ての港で関税率引き上げを実施する必要があったからである。オレンジ自由国はケープ植民地との関税同盟に同意し，ケープ植民地に対してオレンジ自由国領土を通過する鉄道通行権を与えることによって，この会議が全面的な失敗に終わるのを救った。1888年にブランドが死去するまで，オレンジ自由国はケープ植民地の勢力圏内に留まった。彼の死はトランスバール支持者に道を開いた。後任の大統領，F. W. レイツは，全ボーア人が人種，言語，統一オランダ人国家の理念に力を得て，結束してイギリスの支配に立ち向かうべきだ，と信じていた。レイツの影響で，オレンジ自由国は1889年に，トランスバールと防衛同盟を結ぶことによって，ケープとの関税同盟というせっかくの成果を部分的に損なった。

　過酷な自然条件，ケープやナタールの抵抗にもかかわらず，トランスバールの国境は，1889年にデラゴア湾とつながり，1894年に最初の汽車がプレトリアからデラゴア湾まで走った。1891年にナタール鉄道がトランスバール国境に達し，ポート・エリザベスからブルームフォンテンまでの鉄道は，1892年にトランスバール国境に到達した。ケープ鉄道は1892年にランドと連結したが，ナタール鉄道は1895年まで連結しなかった。

　当時の関税率や鉄道料金をめぐる争いについてこれ以上詳細を述べるのは無駄だろう。政治が構築できなかった結合の輪を，電報，道路，橋梁，技術などで築けるという期待は裏切られた。ケープとナタールは自らの敵対意識を調停できず，結果的にトランスバールの分離主義者に好都合な行動をとった。両者の経済的競合において，ケープは資本量，人口数，良港で勝っていた。ナタールは距離的な有利さと低率関税という強みがあった。ナタールは1本の鉄道を経営していたのに対し，ケープはケープタウン，ポート・エリザベス，イーストロンドンから3本の鉄道の経費を賄っていた。鉄道が1本だけなら，ケープ植民地はナタールの挑戦にもっと容易に応じられただろう。最も効率的で実用的な鉄道はケープタウンからの路線ではなく，ポート・エリザベスからの路線であり，ポート・エリザベスは羊毛貿易の中心地で，金鉱へもダイヤモンド産地へも何マイルも近かった。しかし，ケープはポート・エリザベスとの競争をケープタウンによって満たさねばならず，ま

たイーストロンドンとの競争をポート・エリザベスによって満たさねばならなかった。南アフリカ全体にとって弊害となっていた分裂状態は，このように，ケープ自体の内部におおける地域優先主義という形でその姿を露呈していた。

　イギリス系の鉄道にとって最大のライバルはオランダ南アフリカ鉄道会社だった。この会社はすべての路線の終着地ランドを支配し，自社の利益を主体に鉄道料金を調整し，輸送量を差配した。ケープ鉄道が苛立って鉄道料金を自社の管轄部分について思い切った値下げを断行したとき，オランダ南アフリカ鉄道会社はその線に接続するランドまでの区間の料金を3倍に引き上げた。ケープはこれに対抗してトランスバール国境で商品を鉄道から牛車に積み替えた。クリューガーはこれに対抗して，1895年8月に浅瀬[1]の通行禁止を断行した。そしてこの通行禁止が解除される前に，南アフリカはこうした関税や鉄道をめぐる紛争の中に，南アフリカを全面戦争に導く原因があると気づいたのである。

　ケープでは，ホフマイヤーはオランダ系住民とイギリス系住民の協調が可能であるという望みを捨てていなかった。また，彼の盟友ローズは関税同盟と政治面での連邦化に取り組んでいた。ホフマイヤーは，自治政体の実現は必ずしもイギリスとの連携忌避という形で行なわれるわけではない，という信念を揺るがせなかった。彼も彼の支持者も，イギリスの植民地政策の精神は，束縛より緩和，服従より解放にあると信じていた。このため，彼はケープの黙りこくるオランダ系選挙民に，ケープ政府が認める特権をもっと自由に行使するよう説得し続けた。彼の指導力のおかげで，オランダ人の意見はケープ政界で強い力を持つようになった。1882年の憲法改正は，議会におけるオランダ語の使用を認めた。同時に，オランダ語による教育が学校の一定の学年に導入された。1884年に，治安判事による法廷においては，オランダ語と英語は同等の地位に並び，あらゆる公式の証書や書類が二つの言語で議会に提出された。このこと自体は全面的変更ではなかったとはいえ，オランダ語とオランダ人の将来がイギリス系の自治政権によって妨害されない

---

1 原注：バール川の浅瀬を渉る場所。

ことを示すのに役立った。1889年にクリューガー大統領に対し，ホフマイヤーは一つの提案をしたが，それは，政治的に優れ，経済的に卓越したものだった。トランスバールに他の植民地との関税競争を放棄させ，貿易と通信を自然の流れにまかせようという提案だった。ケープ鉄道はブルームフォンテンから北進する方法を模索しており，その方向にローズの大英帝国の未来像が進行していた。この鉄道にとって，望ましい進路はトランスバールを通り，金産出地へ行き，さらにリンポポ川とその先の地域へと至る路線だった。さもなければ，トランスバールを迂回し，ベチュアナランドの不毛な低木地帯を通って，リンポポ川とザンベジ川に挟まれた地域まで行かねばならなかった。この地域には牧草と水があり，ランドに劣らぬ重要な新しい金産出地の存在する可能性があった。しかし，トランスバール議会には，ポール・クリューガー以上に英領植民地との協調に反対する者がいた。ケープ植民地との鉄道の連携すら許さないという議決は，トランスバールの分離独立を確認し，クリューガーと彼の反英主義的助言者たちをさらに反抗的にさせ，このため，ローズの胸中に，最終的にジェームソン侵攻事件*に至る一連の考えを生じさせた。

　トランスバールの頑固な気質に駆り立てられて，ローズはイギリス支配圏によってトランスバールをさらに強力に締め付ける作業を開始した。1889年に，トランスバールはまだ，北はマタベレ族とマショナ族の土地に，東はスワジ領に領土を拡張できた。セシル・ローズはすでに1885年に，トランスバールの決定的に重要な交通路建設の企てを阻止していたが，今度はトランスバールが北側の国境からザンベジ川に至る土地へ拡張しようとする行動の機先を制した。1889年に，イギリス南アフリカ会社が勅許により設立された。1890年に先遣縦隊が，マタベレランドを通りマショナランドに至るまで大胆な進軍を敢行し，失敗をも辞さなかった。もしこの行軍が失敗していたら，ちょうど20年前のイサンジュワナでの惨たんたる敗北と同じ影響をダウニング街に与えていただろう。1890年に，イギリス本国政府は，現地の動きがトランスバールとの被害甚大な紛争に政府を巻き込むのではないか

---

* ジェームソン侵攻事件：1895年12月，ケープ植民地首相L. S. ジェームソン卿がボーア政府を転覆させようとトランスバールに侵攻して失敗，首相を辞任した。

と懸念していたからである。政府は，トランスバールからイギリスの支配権の影響力が減じることをいとわなかった。1890 年に，イギリス政府は，トランスバールが関税同盟に参加しイギリス政府に先取特権を与えることを条件に，スワジランドを通りコージ湾に至る路線の建設を許可しトランスバールに独自の海への出口を作る野望を実現させてやる用意があった。1894 年に，イギリスの国務大臣リポン侯爵はスワジランドをトランスバールの保護領にすることを認可した。しかし，トランスバールは新たに獲得した力をもって，スワジランドとコージ湾の無条件支配を求めた。この目的達成のため，トランスバールは，1894 年に武力外交という危険な道に進むことを決定した。クリューガーはドイツを南アフリカに直接招聘することを決意した。ドイツの新聞が，イギリスにトランスバールから手を引くよう警告したことを背景にして，クリューガーは 1895 年に演説し，意図的にドイツを南アフリカ介入に招じ入れることを印象づけた。トランスバールにドイツ人士官が出現し，国務大臣ライズ博士がベルリンへ発ち，ドイツの軍艦がデラゴア湾に出現したことは，クリューガー演説に不吉な意味を持たせた。ドイツのトランスバール支援という脅威に対して，イギリスは素早く行動を起した。その結果トランスバールは自らを保護してくれる国（ドイツ）を失い，自国の管轄地域を通って海へ出入りする望みをすべて絶たれた。今や，トランスバールは，四方八方を拡張阻止の万力で押さえ込まれた。これまで，「帝国的要素」は，南アフリカで主導的役割を演じることをしぶり，1893年にナタールに対して自治を認めたほどだったが，すさまじい勢いで，主役の座に復帰した。クリューガーとドイツはイギリス政府を怒らせることによって，トランスバールを含む南アフリカは全てイギリス支配圏の下にあるという，断固たる宣言をさせるように仕向けたのだった。

　この宣言の持つ極めて大きな重要性は必ずしも認識されていない。結果的に，宣言はトランスバールを宗主国の属州とし，その内政にイギリス本国政府が直接かかわりを持つこととなった。その代わり，イギリスの政治手腕については，南アフリカ全体の政治の失敗や混乱から脱け出す方法を見つける責務が求められた。計り知れぬほど困難な時代に，きわめて危機的諸問題の只中で，女王陛下の政府は，ちょうど 20 年前にカーナボン卿が取り組んで

失敗した任務に取りかかったのである。その任務とは，経済的，政治的協調の方策を見出し，その方策を南アフリカが受け入れるよう説得することだった。

　1895年以降の南アフリカの外交記録は外務省のファイルに収められた記録と同様，複雑をきわめている。現地の高等弁務官，副総督，国務大臣，大統領などの間で行われたやり取りを全部そっくりそのまま示したら，その量は膨大なものとなろう。しかも，鉄道や道路がすべて金産出地を目指していたように，細かい問題や苛立ちはすべて，次のような単刀直入な疑問に集約されていた。いかなる方法──公正な方法それとも卑劣な方法，即決的方法それとも長期的方法，流血を辞さない方法それとも穏健な方法──でトランスバールとその周辺諸国に以下の事実を認識させることができるのか？つまり，金鉱は南アフリカの金鉱だということ，白人，黒人を問わず金鉱労働者は南アフリカ全土からやって来ていること，ナタールの政治家の隙あらば相手を出し抜くバルカン的な考え，ケープの優越感，トランスバール政治家のひ弱な愛国心などがこの地域を陰謀，疑惑，策略で腐敗させていること，以上の事実をいかに認識させることができるのか？また，金とダイヤモンド，鉄道と関税，人種と言語をめぐり，人々は果てしない闘争を続けているが，これらはすべて，闘争をしないための最も説得力ある理由となりうることを，いかなる方法で，人々に認識させることができるのか？一言で言えば，統一なくしては，いかなる繁栄も確保できないが，その統一はいつ達成できるのか？という疑問である。

　1895年には，その解答が戦争という血腥い方法で与えられるとはおよそ考えられていなかった。ケープのホフマイヤーの穏健な意見と，ケープ自治政府が二つの人種グループをまとめることに明らかに成功したことでケープ自治政府はきわめて楽観的だった。1893年にナタールがついに獲得した自治は，ダウニング街が，現地社会に独自の組織を決めさせてもよいという意向をまだ保っている証拠だった。優れた学者の判断によると，この時点では，気難しい老大統領（トランスバールのクリューガー大統領）の意思はまだ顧問団の言いなりではなく，永続的協定を結ぶよう彼を説得できたかもしれなかった。紛争の種は無数にあったにもかかわらず，紛争の方向性はまだ

はっきりしていなかった。意見や判断のやり取りが行われている間は，まだ議論や調停の機会があった。南アフリカ史におけるこの時期は帝国的政治（インペリアル・ステイツマンシップ）という烙印が押されており，それはまだ拭われていない，というのが大方の意見である。1895年以降植民地大臣を務めたジョセフ・チェンバレンの名前は，イギリス政府と金融資本との忌まわしい癒着が誇り高い人々の独立を破棄させたことを示す証拠となった。

　帝国的政治は多くの迷妄や失策を免れなかったが，全能であるとか故意に流血を招くというような誤った妄信とは無縁だった。しかし，1895年に一つの事件が発生し帝国的政治の名誉と信頼に最も重大な疑念がもたらされた。ジェームソン侵攻事件は大英帝国史の中で最も悪名高い事件の一つである。侵攻の招いた不幸な余波，事件が引き起こした疑惑や敵意，協調精神をもって互いに暗中模索していた人々に与えた挫折などについてしきりに論じられている。侵攻は人々を相対立する陣営へと押しやり，偏見を正当化させ，敵意を固めさせた。

　ジェームソン侵攻事件の主な原因は，ランド鉱山が超一級の鉱山だと判明したことにあるが，そのことは1895年以前には，まだ不確かだった。1889年から1890年の不況は，鉱業の先行き不安を示していた。経営の不備や経験不足が多大な資本の浪費を引き起こしていた。資本不足や乏しい資産から必然的に生じる会社の倒産は，金鉱株式の評価を下げていた。容易に採掘できる露出鉱脈を掘りつくし，処理しにくい鉱石が現れると，鉱業はより多くの資本を投下せざるを得ず，採掘と経営に新しい科学的処置を迫られ，その報酬を得られるのは何年も後のことだった。しかし，1895年までに，多くの困難は克服されていた。地底深く掘り下げる鉱法の成功は，鉱山に長い寿命を約束し，ヨハネスブルクに出現した鉱山を支える巨大共同体は，最初の豊かな鉱脈を掘りつくしても，衰退や離散をしないことを証明した。海抜ゼロの深さへと着実に掘り下げられる竪鉱，地表の高価な機械類，鉱山を経営する金融会社の連携などは，当分，活動低下のあり得ないことを示していた。この頃，トランスバールやリンポポ川とザンベジ川の間の新しい土地に，別の「ランド」が存在し，南アフリカはその入り口にあるのだと強く信

じられた。ローズや彼を信奉するジェームソン博士たちは，南アフリカを統一自治領にして，この今にも出現しそうなダイヤモンドと金の帝国のために，準備態勢を整えたいという欲求に駆られ，必要とあれば軍事的戦略も辞さなかった。

　採掘法の成功は，トランスバール政府の採る鉱業政策と鉱業労働者政策に対する注目を急激に集めた。エイトランダー[2]たちは，アテネ市のメトイコス*のような扱いを受け，居住権を得られても参政権や市民権を拒否されるのではないか？従来は，農場を入手すれば市民権を取得できた。したがって，土地を持たずに鉱山で働く人々は当然不利な条件下にあった。1882年以後，クリューガーはこの不利な条件をさらに厳しくし，ついには，市民権法を極度に厳格にして，新参者はトランスカイの先住民よりも市民権取得が困難になった。トランスバールの市民権法は，南アフリカの政治生活習慣と逆行していた。周辺共和国の大統領のうち少なくとも三人はイギリス人だった。そのうちの一人は共和国大統領の職を退くとナタール議会の議員となり，他の一人は準男爵として亡くなった。植民地や周辺共和国では，いつでも人々の行き来は自由であり，土地の売買も自由だった。南アフリカで最初の共和国が1852年と1854年に建国された頃，特別な議会法令などはなく，また，アメリカで1783年以後に，それ以前に入植した人々の法律的，市民権的身分をイギリス法で定めたような試訴も，ここには存在しなかった。しかし，1882年以後トランスバールは国家としての威信を次第に強く主張するようになった。「ヘート・フォルク」もしくは「国民」という言葉はあいまいな意味から，厳格にトランスバールを祖国とする人々を意味するようになった。トランスバールは国家，それも国民国家たることを主張し，エイトランダーたちは，ベルギー，オランダ，デンマークなどの国で外国人が遇される身分と同じ扱いを受けるべきだとした。南アフリカの政治において，これは革新的なことであり，その大部分はクリューガーのオランダ人顧問やドイツ人顧問が導入したものだったが，それでも厳格に適用された。

2　原注：よそ者もしくは外国人。特にボーア戦争以前に南アフリカに渡った英国人を指す。
*　メトイコス：古代ギリシャの都市に住む異邦人で限定的な市民権を許されていたが，参政権，不動産取得権は与えられなかった。

トランスバールの狭量で圧政的な態度を咎めるのは容易である。しかし，クリューガーと「国民議会」（フォルクスラート）の支持者たちは，自分たちの主張を正当であると考えていた。彼らは，経験の乏しい政府と対決する金融業者の貪欲さ，自分たちの単純だが深い愛国心を理解できない連中の冷笑的態度，金が自分たちの間に持ち込んだ不正と卑俗さなどを感知していた。しかし彼らは，すでに起きてしまった変革が必然的で，ダイヤモンドと金の引き起こした革命に抵抗できないということをあまり明確に認識していなかった。イギリスがダイヤモンド産出地を併合したことによって，オレンジ自由国は身勝手で不愉快な採掘者の厄介な問題から解放され，ブランド大統領はオレンジ自由国の特質を保持することができた。しかし，もっと身勝手で不愉快な金の採掘者の問題はこうした形で解決できなかった。しかも，膨大な数の鉱業従事者に市民権を認めることは，既存のボーア自由民の政治的優位を明け渡すことになりかねなかった。1895年には，ボーア自由民3人に対し，エイトランダーは7人の割合だった。エイトランダーに市民権を与えることはトランスバールを放棄するようなものだった。この国のために，人々はイギリスの権力そのものと戦ってきた。そして，その権力との戦いの栄誉と苦難は，人々の国家に対する忠誠心の特別な中身となっていた。その愛着はあまりにも深く，法令で気軽に否定できるものではなかった。彼らよりも豊かで人口も多く生活様式の異なる人々の市民権を拒否したのは，必ずしも狭量で近視眼的な判断とは言えなかった。しかし，市民権を保持するためにとられた処置は厳格で，じれったくなるような無能さを伴っていた。英語の使用を法廷や学校で禁じ，公的集会の権利を拒み，時折補償請求を拒否する際に大統領が乱暴な物言いをする，といったやり方はあまり賢明ではなかった。

　エイトランダーたちの艱難辛苦は，南アフリカ問題に関するイギリスの青書（報告書）に大げさに誇張して書かれた。トランスバールに富や生計を求めてやってきた人々の中には，鉱山王と言われる人々でさえ，市民権を持たなくてもあまり不満を感じない人々が多かった。また，必ずしも，すべてのエイトランダーが本当の意味で外国人だったわけでもない。大多数の人々は，南アフリカの他の地域の出身であり，従来なら，トランスバールの他の

『南アフリカ社会経済史』

推薦のことば

　南アフリカ共和国でサッカー・ワールドカップが開催されるのに合わせて、日本における南アへの関心が高まっている。南アに対する大衆レベルでの関心の高まりは、アパルトヘイト（人種隔離）政策廃止後に初の全人種参加選挙が実施された一九九四年以来のことではないかと思われる。

　だが、残念なことに、関心の高まりに合わせて、平均的日本人の南ア認識は「世界で最も治安の悪い国」という負のイメージに彩られることになった。二年前まで南ア在住の新聞社特派員だった私が受ける質問は、「南アへ行ってみたいが、犯罪被害に遭わずに済むにはどうすればよいか」という内容が圧倒的多数を占めている。

　南アの治安の悪さは否定しようがなく、旅行者が犯罪対策に敏感になることは当然だろう。だが、せっかくの関心の高まりを機に、一人でも多くの日本人が次の問いを発し、南アの近現代史にその答えを求めて欲しいと、私は願う。それは「なぜ、南アの治安は世界最悪水準にまで悪化したのか」という素朴な問いである。

　治安悪化の原因を歴史的に考察すれば、必然的にアパルトヘイトについて考えることになる。アパルトヘイトについて、日本には「一九四八年の国民党政権成立後の人種差別法制」として一面的に理解する傾向がある。確かに狭義のアパルトヘイトは一九四八年以降の人種差別法制を指し、白人至上主義を具現化した法的差別はアパルトヘイトの特質であった。

　だが、各種の差別的法律が撤廃され、全ての国民が選挙権を得た今も、アパルトヘイト時代に築かれた社会的・経済的不平等は存続している。なぜか。それは、アパルトヘイト体制とは単なる人種差別法制度ではなく、人種を媒介項に徹底した搾取を可能とする資本主義システムの一形態でもあったからだ。政治的民主

キーウィトの本書の刊行から七十年が過ぎ、法制化された人種差別は地上から姿を消した。だが現在、グローバリゼーションと民営化を旗印とする自由市場経済が世界を席巻し、かつて帝国主義が権力と武力によって強要した格差の拡大は、市場での競争によって半ば強要されている。

キーウィトの著作は長年、日本の少数の南ア研究者らによって英語の原文が読まれてきた。それが今回、野口建彦氏の手で邦訳され、より多くの日本人に読まれることが可能になった。地球大的な格差拡大が進行する今日、多くの日本人がこの翻訳書を通じて南アという究極の格差社会がどのように形成されてきたかを知り、我々が生きる時代を考える手がかりとすることの意味は大きいと考えている。

化だけでは克服し得ない強固な搾取の仕掛けが社会の隅々に埋め込まれ、南アは今もその桎梏に苦しみ続けているのである。治安の悪さは、そうしたアパルトヘイトの足枷が生み出す現象の一つに過ぎない。

南ア・リベラル史学の黎明期に偉大な足跡を残したコーネリス・ウィレム・デ・キーウィトの一九四〇年の本作品は、南アが今なお苦しむ搾取の仕掛けが十九世紀から二十世紀初頭にかけて成立していく過程を鮮やかに描いている。

南アの白人至上主義を巡っては、オランダ系白人移民の子孫アフリカーナーの偏狭な民族主義にその起源を求める「アフリカーナー悪玉論」が今も幅を効かせている。だが、キーウィトは既に一九四〇年の時点で、この通俗的理解を排し、大英帝国とアフリカーナー勢力が相互補完的に「人種隔離」の枠組みを構築した点を指摘している。我々は彼の著作を読み、後にアフリカーナー勢力の手で導入されたアパルトヘイトが単なる「特異な人種差別体制」ではなく、覇権国家主導の資本主義システムに立脚した超搾取体制であったことを知ることができる。

二〇一〇年四月

毎日新聞社外信部記者・前ヨハネスブルク特派員

白戸圭一

ボーア自由民と同じ身分を入手するのはさほど難しくなかった。選挙権を持たなくても，彼らの影響力はトランスバール人の思想や判断力を柔軟化させたため，ある自由主義運動家がクリューガー政権の強硬な態度を緩和するようやんわりと求めるほどだった。1895年までは，「国民議会」の自由主義多数派と大統領自身ですら，自由主義トランスバール人たちの手の届く範囲にいた。1895年以前には，トランスバールのボーア自由民が排他的で反動的なボーア人国家の理念に全員一致で従うことはけっしてなかった。しかし，南アフリカのような国で，金産出地に住む人々の市民権に関するクリューガーの強硬な態度は怒りを煽った。もしも，ランドがアフリカ版パイクス・ピークの金鉱ラッシュであるか，あるいは，新興国の鉱業共同体の例にもれず統制困難な状況だったら，クリューガーの政策は多少容認されただろう。トランスバールは急速に膨張し，動きの激しい鉱業人口の生活を規制するのに必要な経験と組織が不十分だったのは当然とはいえ，ランドは無秩序ではなかった。力仕事は先住民が行った。白人鉱夫は安定したグループで，技術工と熟練雇用者が異常に高い割合を占めていた。彼らの大半はランドで生涯を送るつもりだったし，彼らの子供たちも同様に，粉砕した岩石の白い山を目前にし，雷鳴のように轟く機械音を耳にする場所で成長することになっていた。遅かれ早かれ，彼らの市民権問題は解決の必要性を迫られるはずだった。法的，政治的修正への門戸があまりにも固く閉ざされていたため，力ずくで法律と政治を出し抜く方法を人々が考え始めたとしても驚くに当たらない。

　エイトランダーたちの不満は容易に理解され，容易に誇張され，政治的，感情的に容易に利用された。しかし，1895年のジェームソン侵攻事件前後の時期に，もっと重大な意味を持っていたのは，農業共和国とその真っ只中に出現した世界的産業との関係だった。この金鉱地が非常に豊かな鉱脈でも短命というような種類の富鉱ではけっしてないことは，いくら強力に，繰り返し強調しても足りない。1895年には，金を含有する岩石がどれほど膨大なトン数であるかが，だんだん正確に推量され始めていた。しかし，1895年までに金鉱石は一定条件のもとでのみ利益を生み出す，扱いに慎重さを要する厄介な代物であることも判明し始めていた。無駄の多い採掘と莫大な費

用を要する工程は即座に収益の減少を伴う痛手を受けた。岩石中に細かく散在する金の抽出には，1オンスごとに高い費用がかかった。1ペニーの利益毎に，それに対応する大量の資本，機械，労働の投資を必要とした。粉砕した岩石1トン当たりの経費と収益の利ざやはほんの僅かだった。採算の取れる採掘には，資本，機械，経営組織，科学技術といった大規模な上部構造を必要とすると同時に，経済性と効率に関する正確な配慮も必要だった。並外れて豊かではあるが，経費を1ペニーたりとも油断なく監視するという条件下でのみ豊かであり得るという産業の概念は，南アフリカの金鉱業の歴史を理解するのに，この上なく重要である。

　金鉱業はその産品にふさわしく浪費的な体質だった。しかし，コストのかかる堅鉱を深く掘り進めるという実態が徐々にわかり，倹約すべしという教訓を与えた。採算の取れる鉱業に立ちはだかる自然的障害に人為的障害も加わった。海抜ゼロ地点から標高の高い内陸台地まで，荷物を引き上げなければならず，また狭軌の鉄道による輸送料金は当然高かった。ケープ鉄道は不毛で利益のあがらない土地を何百マイルも横断した。ケープとナタールの鉄道に対するトランスバールの敵対心によって，料金はさらに引き上げられていた。高い鉄道料金は高い設備コストを意味した。港における関税と，トランスバール国境におけるクリューガーの関税とが生計費を高騰させ，異常に高い賃金の原因となった。金鉱業は南アフリカの政治的，経済的効率の悪さに対する高い代償を支払っていたことは明白である。政治的憎悪と経済的混乱の悪影響を，巨大鉱山会社の元帳でこれほどはっきり感じられ，これほど具体的に計れるところは他にない。鉱山会社には政府の独占権，採掘権，税金などの重荷も負わされた。ケープやナタールもトランスバールに劣らず鉱業を食い物にしていたが，トランスバールが課した直接税は最も注目を集めやすかった。その結果，南アフリカの他の諸国と分かちあうべき責めをトランスバール一国が負わされた。

　現代の評価では，クリューガーの鉱業政策はもっと好意的に見られている。独占制度と採掘権制度はトランスバール政府に多様な地点での鉱業開発を可能にさせ，最も重要なダイナマイトを独占することで鉱業を厳格な支配の下に置くことを可能にした。鉱山会社の激しい苦情にもかかわらず，苛酷

な課税が鉱業にもたらした結果は必ずしも有害なことばかりではなかった。利益を維持するため会社はさらに採掘効率を上げ，無駄の削減を決然として実行せざるを得なかった。したがって，鉱山の歴史に驚くべき一章を記した技術や経営管理の目覚しい成果は，その大部分がクリューガーの課した重税のおかげだった。組織化された資本が鉱脈を強奪したり，埋蔵金脈の最良部を掠め取ったり，飽くなき貪欲さで金鉱の寿命を縮めて，ついには産出量を減少させてしまうことを，クリューガーはおそらく無意識に阻止したのである。地中の金は公共の利益であって資本主義企業の獲物ではないという考えを容認させることに，クリューガーはグリカランドウェストの副総督よりも首尾よく成功した。かくして，若き日にグレート・トレックの雄牛と共に歩んだ老人は，国家と産業との関係史で重要な立場を勝ち得た。しかし，1895年当時，金融資本がクリューガーの厳しい支配を見る目には好意のかけらもなかった。

　1895年のクリスマスには，鉄道，参政権，関税，独占をめぐる紛争の早期解決が全く絶望的だとは言えなかった。しかし，1896年の正月には早期解決の可能性は完全に絶たれてしまった。それは，ジェームソン博士と500人の同調者が，ウィットウォーターズランドの不満分子勢力を蜂起させ，権力奪取を目論んで，ベチュアナランドからトランスバールに侵攻した結果だった。侵攻はあまりにもばかげた話で実施されたため，侵攻のもたらした損害がこれほど甚大でなければただの茶番劇として片付けられただろう。その愚挙には弁解の余地がないし，その結果は許しがたかった。植民地大臣ジョセフ・チェンバレン，高等弁務官ハーキュリーズ・ロビンソン卿，あるいはローズ自身の過失責任を正確に裁定し，謎の解明に成功した歴史家はまだいない。この中で誰一人として潔白な者がいないことは確かである。ローズがウィットウォーターズランドで反乱爆発の導火線を引く手助けをしたことは確かである。事実，この陰謀が成功する要素が多少あったことは確かである。クリューガー大統領とその政策に対する異議申し立てがエイトランダーたちから生じたのであれば，それは交渉の行き詰まりを打開し危機的状況を引き起こし，そこから新秩序を出現させることによって，エイトランダーの市民権や，関税と鉄道政策におけるトランスバールの協力を確保でき

たかもしれない。そのような楽観的な考えがローズとその仲間の脳裏を横切ったことは疑いない。しかし，ジェームソン侵攻の醜悪な失敗はそれに関わった者を卑しい山賊のように見せ，トランスバールを陰謀の名誉ある犠牲者のように見せた。侵攻はイギリス政策の将来全体に泥を塗り，さらに悪いことには，過去にさかのぼってそれ以前のイギリス政治にも不名誉な汚点を残した。イギリス政府とのかかわりにおいて共和国は不正と背信しか受けていないと言い立てる連中を，ジェームソンの侵攻は正当化してしまった。トランスバールにおける対立分野が明確化された。トランスバールの政策は，今や，妥協に反対する反英グループの頑なな意見で硬直化し，トランスバールは独立の主権を断じて弱めてはならないと主張した。

再び，ドイツによる支援の噂がささやかれた。噂の出所がベルリンか否かははっきりしない。しかし，大多数がドイツによる支援を約束ととらえその線に沿って進路を決めた。これ以後，イギリスとトランスバールの関係は疑惑と敵意に満ちた危険な道を躓きながら進むこととなった。対話は続けられたが，デラゴア湾経由で出現したドイツのモーゼル銃や大砲は，武力と軍事的威嚇が説得と妥協にとって代る日の近いことを示した。周辺共和国の目には，旧ケープ植民地の威信は失墜して見えた。ホフマイヤーとローズの重要な連携は，ジェームソン侵攻で断ち切られた。ローズの名前の威力，諸国連合の緊密化という彼の理想が持つ影響力は失墜した。トランスバールでは，ポール・クリューガーの錚々たる取り巻き——オランダ人法律関係者，ドイツ人砲手，カルバン主義者，共和国愛国者——が挙って，やはり錚々たる混成の集団——企業創設者，親英家，自由主義者，帝国主義者——と対決していた。国家権力と法律はクリューガーの側にあった。資金と将来性はクリューガーの相手側にあったのである。

出版法，外国人排除法，移民法といった新しい法律が，エイトランダーに不利な形で議決された。1897年3月に，トランスバールはオレンジ自由国と強固な攻守同盟を締結した。これまで失望の憂き目を見たにもかかわらず，共和国は再度ヨーロッパに資本を求めた。その資本でイギリスの金融勢力を迎え撃ち，できれば，デラゴア湾鉄道とデラゴア湾の港の支配権を手に入れるためだった。憎むべきイギリス宗主権の重荷を振り払うために，ベル

リンの援助とともに、パリからの援助も可能性があった。パリでは、スダン*以上に、一時はファショダとエジプトが激しい頭痛の種となっていたからである。脅迫と武力は武力を生むのが常であり、再度、イギリス戦艦が出現しイギリス政府は南アフリカへのいかなる干渉にも対決を辞さないという警告を列強諸国に発した。軽砲兵隊と歩兵大隊のアフリカ遠征も、ジョセフ・チェンバレン流に表現すると、「帝国的要素」を南アフリカから撤回する可能性を断念したことを暗示していた。1897年4月に、新任の高等弁務官アルフレッド・ミルナー卿*がイギリスを発ち、南アフリカの総督支配を再度企てるために南アフリカへ向かったが、かつてこれほどの大物が南アフリカの諸問題の処理に当たったことはなかった。ミルナーはトランスバールに屈服を迫る指令を携えて来たわけではなかった。また、彼は金鉱主や金融業界の手先でもなかった。エイトランダーたちの策略を非難の目で見ていたほどだった。ミルナーはトランスバールの柔軟な人々がこのことに気づいて、頑固な気質を和らげる可能性もあるという希望を抱いていた。まだ、トランスバールの自由主義陣営が優勢に転じる可能性があるかもしれなかった。大統領自身永遠に生き続けることはできまい。ミルナーのことをトランスバールの意志を挫こうとする帝国主義植民地大臣（チェンバレン）の手先だとする考え方は、妥協策を求めるミルナーの熱意やイギリスの政策——これは相変わらず様々な提議がなされ、各局面で相矛盾し、各執行者間の調整もなされない状態である——をあまり正当に評価していない。同じ意味で、クリューガーがあまり頑固な姿勢をとるのは危険だと気づいていたことも事実である。1898年2月に相手側にとって残念なことに、クリューガーが大統領に再選されるまで、ミルナーは慎重に事を運びイギリス覇権の「圧力」を見せないようにしていた。敏感な歴史家であれば、当時の記録を読みながら、相互の歩み寄りの要素が近づいた箇所や、老大統領の心中に事態を理解しようとする意思が健在だったことを示す箇所、金鉱の大物でさえ共和国体制の利点を認めて協力しようと努めた箇所など、多くの箇所で立ち止まり、

---

* スダン：フランス北東部、アルデンヌ県の町。普仏戦争の激戦地。1870年、ナポレオンⅢ世が敗れ、プロイセン軍の捕虜となった。
* アルフレッド・ミルナー卿（1854-1925）：イギリスの政治家、植民地行政官。

考え込まずにはいられないだろう。ボーア戦争前の数年間を反ボーア，反帝国主義，反資本主義で解釈する説明は，すべて，事件の複雑さや当事者の性格を十分に評価していない。資本家像を，金塊を手にし，言葉遣いは図々しく，顔には軽蔑の表情を浮かべ，心では裏切るという人物像として描くことが当を得ていないのは，帝国像を，弱小国の富を求めてその独立を奪うとか，近代に屈服するより国家を破滅に導く方を選ぶ無知で片意地な老人像としてクリューガーを説明するのが当たっていないのと同じである。

　ボーア戦前に起きた紛争の要点について十全に扱った本はまだ書かれていない。ボーア戦争は大まかにいって二つの状況から引き起こされ，そこに戦争直前の数年間に生じた無数の紛争が起因していた。その第一は，明らかに金鉱の存在とウィットウォーターズランドに集中する強大な金融，商業関係者たちの存在だった。ジェームソン侵攻，エイトランダーの不満，イギリス系インド人の問題，独占，関税などの諸問題は，金鉱業界と直接関連していた。イギリス本国政府がトランスバール政府から採掘権や各種改革を確保しようとすれば，それは必然的にイギリス政府を金鉱の大立物の代理人の立場に立たせることになった。エイトランダーたちの主義主張を支持するとか，デラゴア湾の英領以外の港をトランスバールが使用するのを妨害しようとすることによって，イギリス政府はダウニング街がそれを意識していたか否かにかかわらず資本と金鉱投資を支援していた。この限りにおいて，イギリスの政策は「経済的帝国主義」と呼ばれることもある政策の好例であった。しかし，共和国の独立を暴力的に奪取するに至ったのは，資本主義的な圧力のせいだけではなかった。第二の事情は，第一のものより称揚に値し，アフリカその他の大英帝国領土におけるイギリスの政策を正式に表明したものであって，第一の事情と併記されなければならない。ボーア戦争は長年にわたるイギリス政府のアフリカ連邦化の取り組みの結果でもあったのだ。カナダの連邦化達成以後の，イギリスの政策の記録を詳細に注意深く読めば，イギリス政府が南アフリカの内部分裂を何とか収束させようと暗中模索している姿を見逃せないはずである。しばしば，イギリス政治の先見性は疑わしく，政略は拙劣で，その活動は手間取り，失敗は混乱を招くことが多かった。それでも，1867年以来，いつ，いかなる方法で統一が達成できるかを見極め

ることが，イギリス政治の課題だった。1848年の，ハリー・スミス卿によるオレンジ川流域の併合，1858年のジョージ・グレー卿による連邦化の建言，1877年のカーナボン卿による拙劣なトランスバール併合はいずれも失敗だった。それぞれの失敗は平和的解決の可能性を一つ一つ減らしていった。結局，19世紀の様々な事件が連邦化反対のために築き上げた抵抗を打ち破ることができたのは，重大な危機だけだった。1898年になると，次のような一連の疑問が避けられなくなった。イギリス本国政府は，南アフリカ全体にきわめて重大で直接的な影響をもたらすような問題について，トランスバールに勝手な発言や気ままな行動を，これ以上，許しておくことができるのか？南アフリカは統一への道が明らかに定められているにもかかわらず，一共同体に統一を拒否させ，不幸な分裂状態を政治的特質とする道へ進ませることを許容できるのか？トランスバールが列強諸国との同盟を追及し，南アフリカを，エジプトとアフガニスタン，サモアとヴェネズエラのように，常に国際的戦争の脅威にさらされる国々と同様にすることを許容できるのか？その回答はついに明確になった。イギリスの覇権は広く行き渡らねばならなかった。1898年2月のクリューガー再選後，ミルナーは威嚇的な言辞を用いて強硬に改革を迫り，「旧弊な人種的寡頭政治」はもはや巨大な近代産業の命運を自由にできない，と断言した。危機は金によってもたらされた。金がもたらした危機であっても，それが政治的危機でもあるという事実を隠蔽してはならなかった。ボーア戦争の流血と苦難は，共同体相互の分裂や衝突を特質とする旧体制（アンシャンレジーム）に終止符を打つ革命でもあった。戦争は通例，その原因によって判断される。しかし，和平と和平のもたらした結果によっても判断されねばならない。それは，第一次世界大戦とベルサイユ講和条約のもたらした教訓なのである。

第 6 章
南アフリカ連邦

「南アフリカの白人がたどった道は，かつて人がほとんど踏み込んだことがなく，成功したためしのない道である。」

セルボーン卿*，1907 年

　1895 年までに，ヨハネスブルクは，19 世紀をより鮮明に，かつ明確に眺望できる有利な位置にあって然るべきだった。不幸にして，イギリス，オランダ両国の過去の反目は最初に関係の生じた時点にまで遡って探り出され，その偏見に満ちた歴史的発見を相互に投げつけ合い非難しあった。またたく間に，多くの誤った歴史が捏造され，その後，長期にわたる公正な研究によっても反証が困難な情況である。そうした歴史は白人の扱いが多すぎ，黒人の扱いは少なすぎた。19 世紀の，とりわけ最後の 20 年間は，先住民政策がなおざりにされていた。しかも，この時期ほど，先住民社会の出来事に慎重な配慮の必要性が求められたことはなかった。白人社会は鉄道建設とその利用をめぐる争いに忙殺され，先住民問題に対して当然払うべき配慮ができなかった。ボーア戦争前の 15 年間とその後の 15 年間，白人社会は自らの問題にかまけすぎて，同じ社会の中に存在する先住民に積極的な注意を向けることができなかった。ズールー戦争後，イギリスがズールーランドの併合を拒否し，ケープ植民地がバストランドを放棄したことは，本国政府にも，また現地の最強の自由主義政府にも，先住民問題に精力的に決然と立ち向かう意思がなかった証拠だった。南アフリカでは何でも争いの種となったが，先住民政策は別だった。本国政府ですら，故意に無視を決め込む策略に加わった。先住民政策の一触即発の性向に気づき，本国政府は発言や行動を禁じ

---

* セルボーン卿（1859 - 1942）：イギリスの政治家。1905 - 10，南アフリカ高等弁務官となり，南アフリカ連邦成立に尽力した。

て，ただでさえ反感を持たれている上に，かつて，フィリップ博士やエクセター・ホール*に寄せられたような抗議の声が付け加わらないようにした。無視と無関心という荒海の中に，2 通の報告書と 1 件の法律制定があった。1881 年の *Report of the Natal Native Commission*『ナタール先住民委員会報告』と 1883 年の *Report of the Natal Laws and Customs Commission*『ナタールの法律および関税委員会報告』は，先住民の生活と考え方を科学的に解明するための貴重な第一歩だった。1884 年のグレン・グレー法はローズによって作成されたものだが，過去 50 年間で最も前向きのものだった。この法律は，トランスカイの名で知られていた先住民地域，グレン・グレー地区に，土地の個人保有権制度を導入して，限定的な先住民自治を開始したものである。土地保有権は，ヨーロッパ人による侵犯の可能性のないことを保証したものである。狭すぎる土地に多すぎる先住民をすし詰めにしたため，この法律はささやかな成功を収めたにすぎなかったが，先住民地域全体に偏在する重圧に，ある時点で待ったをかけたことに重要な意味があった。しかし，徒歩でとぼとぼと，あるいは，新設の鉄道で，ウィットウォーターズランドへと向かう先住民労働者の大集団は，ダイヤモンド産出地が引き起こした革命が，その激烈さを少しも弱めていない証拠だった。平和の追求は，戦争状態に劣らず，先住民に耐え難い重圧を加え，労働のために閑暇な暮らしを捨てさせ，町へ出るために故郷を捨てさせ，鉄道や鉱山の仕事仲間のために部族仲間を捨てることを強要した。衣服，毛布，税金，コーヒーその他多くの物品が，彼らに現金の価値を教えた。生産性の低いヨーロッパ人の農場で現金収入を得るのは難しかった。多くの農場は生存水準ぎりぎりの農業経営を行っていたからである。こうして，先住民居住地域のみならず，ヨーロッパ人保有の土地からも，人々の町への流入が始まっていた。土地の喪失と土地資産取得に立ちはだかる絶対的な障害が，先住民プロレタリア階級を生み出した。今や，この巨大な階級の一部が都市へ，産業部門へと移動していた。

　19 世紀末の 10 年間に，マタベレランドとマショナランドの先住民は，他

---

* エクセター・ホール：ロンドンに，1829 – 31 年に建設され。宗教関係の集会やコンサート，奴隷制反対集会などもここで開かれた。後に取り壊された。

の南アフリカ住民と同じ立場に組み込まれた。イギリス南アフリカ会社，電報，鉄道，新たなイギリス版ウィットウォーターズランドを捜し求める鉱山試掘者たちがこぞって，マタベレ族の首長ロベングラおよびその配下の勇猛なインピと対峙した。マタベレ族とマショナ族の領地を白人企業のために開発するとの決定がなされるやいなや，先住民の独立が破棄されることは，朝日が昇るのと同じくらい必然的だった。ケープの東部辺境地では，部族が最終的に敗退するまでに1世紀にわたる多大な戦闘が繰り返されたのに対し，マタベレランドとマショナランドで白人が覇権を主張するのに10年もかからなかった。1893年，マタベレ族は機関銃と騎馬隊に敗北した。彼らの最良の土地は没収された。1896年の反乱は7カ月にわたる戦闘の末に鎮圧された。同じ年に起きたマショナ族の反乱は鎮圧されるまでに比較的時間がかかった。しかし，1897年，鉄道線路の末端がロベングラの首都ブラワーヨに達した時点で，グレート・フィッシュ川からザンベジ川に至る地域の南アフリカ人諸部族は治安判事に従い，税金を納め，白人入植者のための労働力補給庫となっていた。

　ボーア戦争を終結させた和平の中で，二つの問題，つまり先住民政策と政治的対立状態が突出していた。この二つは，19世紀を通じて起きたあらゆる流血の惨事の誘因であり，ボーア人とイギリス人，白人と黒人，植民地と宗主国との間で生じた紛争の原因の最たるものだった。今や，戦争の結果すべての共同体がイギリス国旗の下に服従した。講和条約はフェレーニヒンクという「統合」を意味する楽観的な地名の場所で調印された。この和平は，ついに，南アフリカの重要問題を真に包括的に解決する機会をもたらしたかのように見えた。

　しかし，先住民政策と政治的統一という二大問題には，両立し難い矛盾が存在していた。ボーア戦争前に行なわれていたイギリス政治の煮え切らない中途半端な姿勢は，先住民に対する責務と白人社会に対する責務について，イギリス政府が優柔不断な態度を取ることになった大きな原因といえる。白人に政治的自由を無制限に与えることは，先住民に対する社会的，経済的，政治的制限を強化することだった。先住民の身分の改善を主張することは，白人社会，特にナタールや周辺共和国の最も重要な信条を侵害することだっ

た。人間性と自由は，長い間麻痺状態に置かれていたが，対立するようになった。

　しかし，今や，ボーア戦争が先住民政策への決断を迫っていた。講和条項の中で，イギリス政府は旧共和国諸国に対して自治権を認める以前の先住民の政治的身分（選挙権を与えられていないこと）を変更するつもりはないと約束した。この画期的な決定によって，イギリス政府は人道的立場から後退し，ボーア人指導者たちの軍事的敗北を記す和平交渉そのものにおいて，彼らに目覚しい勝利を獲得させることになった。ダウニング街は辺境地に屈したのである。

　長期間の戦争はイギリス本国の人々に熟慮の機会を与えた。キャンベル＝バナマン*やロイド・ジョージ*の率いる自由党反対派の意見に対する激しい風当たりは軽減した。できるだけ早く自治権を授与し，「帝国的要素」を南アフリカから撤収するべきだ，という彼らの要求は，与党支持者の中でも聞く耳を持つ人々に理解された。終戦になると，イギリスがボーア戦争を遂行したのは，南アフリカを保有するためではなく放棄するためであったこと，またイギリスの勝利は，逆に，南アフリカにおける支配を終焉させるものであることが明らかになった。

　ボーア戦争は南アフリカ全土をイギリス国旗の下に従えたとはいえ，政治的には依然として分裂状態のままだった。ナタールとケープ植民地の自治体制は，イギリス政府がトランスバールとオレンジ自由国[1]に対して行使したような支配を許さなかった。1872年にケープ植民地に与えられた自治は，南アフリカにおけるイギリス本国政府の立場を大幅に弱めた。自治権によって，ケープはカーナボン卿の当初の連邦化計画を挫折させる重要な役割を演じた。今や，イギリス本国政府は周辺共和国に対する支配力を強化することによって，ナタールとケープ植民地の立場を他の英領植民地政府並みに引き

---

* キャンベル＝バナマン（1836-1908）：イギリスの政治家。首相（1936-08年）。ボーア戦争に批判的姿勢をとり，自由党内閣首相として在任中，トランスバールとオレンジ自由国に自治権を与えた。
* ロイド・ジョージ（1863-1945）：イギリスの自由党の政治家。首相（1916-22年）。党内急進派としてボーア戦争に反対した。
1　原注：1900-10年まで，オレンジ川植民地と呼ばれていた。

下げ，連邦化への近道を見つけることが可能なのか？という問題が提起された。そうなれば，南アフリカ全土は対等の立場に立ち，共通の統一政府を形成する作業はもっと迅速に進められるだろう。しかし，1688年以来，英王室が一度授けたものは軽々しく取り上げない，ということがイギリス立憲政治の慣例の中で最強の規範となっていた。ミルナーは，イギリス本国でチェンバレンの支持を獲得できず，ケープに憲政の独立を放棄するよう説得できなかった。

1902年12月にチェンバレンが南アフリカを訪れたとき，彼の関心はもっぱらボーア人の懐柔に集中していた。彼の判断では，それこそが第一の最大の復興事業だった。和平の調印の際に，イギリス政府はトランスバールとオレンジ自由国の住民の復興・再建のために3,000,000ポンドの出資を約束していた。チェンバレンは，今度は，35,000,000ポンドの帝国保証の援助借款を取り決めた。救済と賠償のために割り当てられた資金は惜し気もなく，ほとんど無造作に分配された。イギリス政府は，1877年にトランスバールを初めて併合したとき，厳しい財政的締め付けによってボーア人のイギリス政府への心証を損なうという失敗を犯していたので，同じ過ちを繰り返さない決意をしたようだ。

土地への再入植，住居や設備のための費用だけでは，旧共和諸国には繁栄を取り戻す力はなかった。1902～3年の厳しい旱魃が，痩せた土壌と住民の後進性という痛ましい状況に注意を引きつけた。ミルナーが支援を求めた相手は鉱山だった。これまで，大英帝国公債が負っていた責務を，今後，鉱山が引き受けねばならなかった。ボーア戦争後ミルナーが建設した道路の維持費，新しい学校や教師への給与の支払い，新しい地方議会への，少なくとも，間接的な援助，イギリス人とオランダ人の不均衡を是正するためミルナーが期待した英国民の新規移入の奨励，これらに必要な財源を鉱山に仰がねばならなかった。

鉱山側は，戦争で離散した先住民労働者を取り戻すまでは，そのような責務は引き受けられないと訴えた。終戦の時点で，鉱山はさらに70,000人の先住民労働者の補充を必要とすると見積もられていた。とにかく多数の低賃金先住民労働者なしには，経営がおぼつかないという鉱山会社の抗議は重大

な論争を引き起こした。ファン・リーベックの時代以来，誰も，先住民労働力の経済性を真面目に問題にしたことはなかった。今，南アフリカが新しい運命の門出に立つ重大な時に，驚くべき疑問が発せられた。先住民労働者への依存は白人の高潔さを損なうのではないか？これは F. H. P. クレスウェルの発した疑問だった。1903年の時点で，彼は鉱山経営者だった。その後，そうした疑問を提起した人物にふさわしく，彼は南アフリカ労働党の指導者となった。彼は，白人労働者の独占的職分は熟練労働という限定的な上層部分だけで，不熟練労働という膨大な分野は先住民のものという前提を攻撃した。黒人労働者の代わりに使うには，白人労働者の賃金は高すぎるという議論に，彼は反駁した。先住民労働力は安いというのは錯覚にすぎず，効率の悪い労働は，たとえ賃金が低くても不経済なのだ，という意味のことを彼は主張した。それは，イギリス政府に白人と黒人の関係を根本的な問題として再考することを迫る要求だった。それは南アフリカのその後の「文化的労働政策」を支持する，最初の一撃であり，後に繰り返し起こる周知の難題の最初の問題提起だった。

　ミルナーは，この国の経済生活に携わるより多くの白人，特にイギリス人を増強したいという願望に全面的に賛同していた。実際，ウィットウォーターズランドがイギリス人移住者を引付ける磁石になって欲しいというのが，彼のはかない望みだった。しかし，鉱山は特別だと彼は考えていた。鉱山の役割は他の一般産業の役割とは違っていた。その役割は，南アフリカ経済全体にできるだけ速やかに刺激を与えることだった。鉱山は効率よく略奪するための宝庫だった。その寿命は短い。だから，鉱山を目的としてではなく，手段として扱うほうが賢明だった。鉱山会社が熱心に主張するように，安い労働力の使用で鉱山の利益と配当を増大できることが事実とすれば，安い労働力の採用こそが最良策だった。ミルナーとクレスウェルが白人労働者にふさわしいとした地位は，短命な鉱山が生み出す富で育成されるより恒久的な職種として登場することになる。

　こうした論法が導いた結果として，南アフリカやポルトガル領植民地内部の先住民労働者だけでは足りない労働力を補給するため，1904年に，中国人労働者1万人が第一団として輸入された。オランダ人は不満だったが，鉱

山は繁栄した。会社の利益と国庫収入は増大した。生産は着実に上昇し、ついに、1906年に24,600,000ポンドが生産され、18,000人の白人が雇用された。戦後不況は浮揚し、旧共和国時代の掘立小屋の間に、新生ヨハネスブルクの堅固なビルと整然とした町並みが出現していた。

鉱山の繁栄は、戦後復興に取り組むミルナーの多大な努力の強力な味方だった。しかし、彼の目標の中に、鉱山が協力できないものが一つあった。鉱山は十分な人数のイギリス人移住者を引付けることができず、局面をイギリス側に有利に転換できなかったのである。年々、南アフリカの自治において、選挙民の圧倒的優位はオランダ人側にあることが明白になってきた。年々、オランダ語とオランダ人の信条に対して適切な地位を与えるべきだという、オランダ人の決意が明白になってきた。こうして、新教育制度にイギリス寄りの姿勢を強化しようとするミルナーの努力に、オランダ人が反抗する事態が生じた。それは、彼がイギリスの支配に有利になるよう局面を変えたいと願って採用した手段の一つだった。新任の教師たちはよく働いた。1910年までに、彼らは健全で活動的な教育制度を設立した。しかし、トランスバール人とオレンジ自由国の人々は人種意識を失っていなかった。ボーア戦争は彼らの間にさらに強いボーア人社会への執着を培っていた。この戦争はケープのボーア人と旧共和国のボーア人との結束を復活させていた。ケープ・ボーア人、特に旧西部地域のボーア人の豊かな生活と、J. H. ホフマイヤーのような指導者たちの経験は、全国のボーア人たちの自我意識を確認した。ミルナーの創設した学校とイギリス人教師たちは、旧共和国において、地元の父母委員会の下に創られていた約200の独立学校から反撃を受けた。公立学校の優秀な教師、立派な設備、財政力に比べたら、オランダ人の「キリスト教民族教育」学校はとても勝ち目はなかった。しかし、その重要性は大きかった。ボーア人は自らの言語と伝統への愛着を捨てる意思はないと通告していたからである。選任された学校委員会は、ボーア自由民はいつまでも黙っていないという意思の表れだった。1905年までに、ボーア人指導者たちの大半は、イギリス政府が懐柔策によって与え得る最善・最良の証は、自治の早期確立である、という態度を固めていた。

1905年12月に、イギリス本国ではバルフォア政権が倒れた。しかもそれ

は手ひどい敗北だった。翌年，キャンベル＝バナマンはトランスバールに対し自治の約束を履行した。自治はオレンジ自由国にも1907年に認められた。各植民地における選挙の結果，南アフリカの政治の将来はオランダ人の手に託されることが判明した。したがって，すべてはオランダ人とその指導者の態度にかかっていた。グレート・トレックの時代以来，オランダ人社会は二つの動揺するグループに分かれていた。一つは進んでイギリスとの妥協に応じ，寛大な措置に共鳴するグループであり，もう一つは非妥協的で外国の支配に抵抗するグループだった。トランスバールのスマッツとボータ*，オレンジ自由国のヘルツォーク*などは最後まで戦った人たちだった。こうした人々やその他の指導者たちは，大英帝国圏内であっても，オランダ人の愛国心は栄えうるという，ホフマイヤーやケープ指導者たちの言明を受け入れるのだろうか。それとも，旧共和国時代や独立の記憶が彼らの脳裏からけっして消えることはないのだろうか。新秩序の中で彼らやその他の支持者たちが高い地位を取得できると認識したことは，間違いなく彼らに指導力があるという証拠だった。実際ボーア系の名前が，大英帝国の政治年代記の名誉ある位置に名を連ねていた。

　旧共和諸国にとって，自治は，ある意味で後退への一歩だった。再度，南アフリカは四つのバラバラの自治社会を抱え込んだ。再び，バラバラの政府と相異なる政策が生み出す摩擦がいかに大きいかを思い知った。自治が導入される以前に，すでに鉄道や関税をめぐる紛争が起きていた。しかし，最初の危機は先住民問題の領域で生じた。1906年にズールー人の小部族長が反乱を起した。反乱の背景には，土地，税金，労働といったお馴染みの事情があった。反乱が収束したとき，南アフリカは50年来熟知してきたこと，つまり，各自治体と先住民との関係は，南アフリカ全体に関わる重大問題だという教訓を再び思い知った。

　同じ教訓は，ナタールのインド人住民が引き起こした争議によっても，切

---

* ボータ（1862－1919）：南アフリカの軍人，政治家。イギリス自治領トランスバールの初代首相。南アフリカ連邦の初代首相（1910－19年）。スマッツとともに人民党（Het Volk）を結成した。
* ヘルツォーク（1866－1942）：南アフリカの軍人，政治家。アフリカーナー民族主義者。反英的立場でアフリカーナーを基盤とする国民党を結成。南アフリカ連邦首相（1924－39年）。

実に自覚された。世界市場で競争するには経済的に引き合わない砂糖栽培のために，南アフリカは永住するインド人を引き入れていた。そのうち，100,000人以上のインド人がナタールにいた。インド政府は，ナタールでの契約が切れた時点で，彼らが強制的に本国に送還されることを拒否していた。彼らは南アフリカで自由に定着することが認められるはずだったのではないか？彼らはトランスバールへ移住する労働者や住民の流れに加わることが認められているはずではないのか？トランスバールはすでに中国人排除に躍起になっていたため，インド人の増大はトランスバール立法府をアジア人排斥への断固たる処置へと踏み切らせることになった。新トランスバール立法府の最初の行動は，1907年のアジア人法改正法案の議決だった。これはインド人のトランスバールへの移住を抑止する取り組みだった。ガンジー*は非暴力抵抗の行使によって妥協にこぎつけた。しかし，問題が解決したわけではなかった。大英帝国とインド政府双方に関わる問題を，ナタールやトランスバールが単独で解決できないことは明らかだった。

　鉄道はふたたび頻発する紛争の火種となった。トランスバールだけの利益を考えれば，デラゴア湾のポルトガル港に通じる鉄道が一番役に立った。海へ出るための，最短で一番安い方法だった。必要不可欠な先住民鉱山労働者の大部分はポルトガル領から来ていた。しかし，ポルトガル側が得た利益は，ナタールとケープの鉄道にとって損失となった。これが指し示すところは明らかだった。南アフリカ全土が鉱山の繁栄に依存していた。その繁栄の利益を全共同体に正当に確実に分配するには，トランスバールが自己の利益のみを追求することは許されず，特に，それが外国の港へ行くとなればなおさらだった。ランドを往復する鉄道交通輸送をめぐる複雑な争いは，ボーア戦争前の最悪の時期の雰囲気と危険性をそのまま再現していた。当時と同じく，ケープとナタールの争いで生じた反目，すなわちケープタウン，ポート・エリザベス，イーストロンドンの間での同様の反目が生まれていた。関税協定をめぐる争いがさらに明らかにしたのは，南アフリカ共通の問題に，

---

* ガンジー（1869-1948）：インドの政治家，建国の父。マハトマ（大聖）と呼ばれた。1893年南アフリカに渡り，インド人の人権擁護のために非暴力抵抗運動を組織した。1915年帰国，インドの独立運動に中心的役割をはたした。

第6章　南アフリカ連邦　153

　別々の決定を下す別個の社会単位が存続すれば，ボーア戦争は全く無駄であったということになりかねなかった。どの自治体も，手を出せば必ず隣国との争いが生じるという立ち入り不能な問題に悩まされていた。1787年*にアメリカで，1867年*にカナダで，1900年*にオーストラリアで明らかになったように，国は中央の統制権力なしには存続し得ないことが明白になった。

　1910年に，政治的連合が達成された。これは南アフリカの救済であると，19世後半の政治家なら誰でも知っていた。ナタール，オレンジ自由国，トランスバール，ケープ植民地が一つに統合されて南アフリカ連邦となったのである。南ローデシアは，ダウニング街，特許会社，入植者などとの関係上その立場を明確化できず，連邦の外部に留まった。連邦の協約条件作成に当たった国民会議は大変な難局を克服したが，それはホフマイヤーが審議は失敗に帰するだろうと予測したほどの厳しさだった。各自治体は連邦への忠誠を受け容れるようになった。連邦内ではどの州も同胞だった。地方議会の創設によって，議会には高等教育以外の教育，病院，地方自治制度などの権限が与えられた。プレトリアは行政上の首都，ケープタウンは立法府の首都，ブルームフォンテンは司法上の首都とされた。重要な言語問題では，議会は「オランダ語，英語の両方を連邦の公用語とし，両者を同等の地位で扱い，両者は同等の自由，権利，特権を有しそれを享受する」と宣言した。

　連邦法の主な保証は白人のためだった。イギリスはベチュアナランド，バストランド，スワジランドを保護領としていたが，連邦法はもっぱらヨーロッパ人共同体のために作成されていた。もし，イギリス政府が先住民のために実質的に重要な保証を確保しようとするか，あるいは，新政権の中で，先住民擁護者としての本国政府の立場を保とうとしたら，議会の努力は連邦結成という実をけっして結ばなかっただろう。連邦化当時の具眼の批評家は

---

* 1787年：この年，アメリカ合衆国憲法制定会議がフィラデルフィアで開かれ，中央集権的な新政府の樹立が目指された。
* 1867年：1864年，イギリスの4植民地が連邦を結成してカナダとなり，1867年イギリス連邦カナダ自治領となった。
* 1900年：この年，大英帝国議会で成立し王室の承認を得た「オーストラリア憲法」に基づいて，1901年1月1日に，オーストラリア連邦成立が宣言された。

「先住民問題以上に,帝国議会が用心深く吟味せざるを得ない事項はないし,これ以上介入不可能な事項はこの憲法にない」[2]と記した。換言すれば,連邦憲法は,先住民政策についてはすべて,開拓者側の勝利を表明し,先住民の将来は開拓者側の手に託されていた。社会の基盤は人種と人種的特権にある,というのが開拓者側の信条だった。

新しい連邦政府は異常に錯綜した責務に直面した。1世紀にわたる,失敗や挫折の連続,歪められてきた目的など,新政府に負わされる,多種多様な社会的,経済的諸問題を処理するには,なすべきことがあまりにも多すぎた。世界大戦は僅か4年後に迫っており,処理するための時間が少なすぎた。ボーア戦争はとりわけ不都合な時期に勃発した。1873年から1896年の間,世界は通商および産業の長期的不況に悩まされていた。19世紀末の数年間に大勢は一変し,世界はほぼ20年間にわたる物価上昇と繁栄の時期に入った。ニュージーランド,オーストラリア,カナダは不況の泥沼から脱した。そして,急速に酪農,牧羊業,小麦農業を近代的利益ベースに乗せた。南アフリカはこの好機に乗ずることを妨げられたのである。第一次大戦前の不安定な年月,大戦の混乱と損害,戦後復興のための労力,これらは経済史上最も大切な時期に,時間と好機を致命的に失することとなった。

南アフリカ連邦は多方面で他の大英帝国自治領に遅れをとっていた。国民の忠誠心を信頼することすらできなかった。カナダ人,オーストラリア人,ニュージーランド人は自然に生まれたのに対し,南アフリカでは意図的に南アフリカ人を形成せねばならなかった。南アフリカ人になるためには,オランダ人やイギリス人の親を持つ人々が,自らの排他的な伝統を乗り越え,ことさら血統にこだわることを止め,ボーア人であれば,ボーア戦争の強制収容所への憤りを捨て,イギリス人であれば,アフリカーンズ語を軽蔑しない,ということを学ばねばならなかった。それは至難の業であり,完璧に成し遂げるのは無理だった。

産業界には,他の大英帝国自治領において開拓事業を律していたような秩序や規制が欠如していた。農業は原始的であり,土地保有制度はうまく機能

---

[2] 原注:R. H. Brand, *The Union of South Africa*, Oxford, 1909, p.97.

していなかった。黒人と白人双方が土地を渇望しており，搾取的労働と農村の貧窮化が存在していた。鉄道と学校を建設しなければならなかった。憤懣はまだ冷めやらなかった。これらは重大問題であり，この問題に関して，歴史家は冷静であるよりも教条的になりがちである。他の自治領に比べ，ヨーロッパからかけ離れた雰囲気と環境条件の中で，近代ヨーロッパ文明を確立する努力の実態を知るには，歴史や社会の研究者の忍耐強く寛容な理解が求められる。新しい連邦政府は，解決できそうもない問題，継続的努力なしには改善できそうもない関係，民主主義体制ではとりわけ困難な多岐にわたる計画の遂行に直面していた。「先住民問題」という簡潔な名称は，すでに明らかなように，衝突する利害，敵対する感情，硬直化した状況といった，錯綜した問題を隠蔽していた。あまりにも困難で，二次的な解決すらおぼつかない問題もあった。オーストラリアのように単一民族の国であれば，あらゆる社会・経済問題は，南アフリカのような国に比べれば，比較的解決が容易だった。いかなる問題も，倫理的，経済的原則の段階に至る前に，強烈な人種的感情と社会的偏見という厳しい試練を潜り抜けねばならなかった。先進的な人々と後進的な人々との関係は常に最大の危険をはらんでいた。自由主義的心情の人々は，従属人種の不利な条件に過敏で，往往にして先住民政策批判が手厳しくなり，実際には当惑と逡巡しかない場合にも，悪意ある動機を見つけようとしがちだった。人種問題は元来，恐怖や猜疑心に翻弄されるものである。250年以上にわたる怠慢が，南アフリカの経済的，政治的生活をあまりにも複雑に錯綜させてしまったため，先住民政策は妥協と継ぎはぎ細工の一時的調停以外に方法はなかった。人はいかに賢明で豊かであっても，歴史が創り出した混乱と社会的・経済的不均衡の中から容易に抜け出せるものではないのである。

第 7 章

金　鉱　業

「黄金を求めて　商人は大海原を突き進み
　農夫は大農園を鋤き進む」

　　　　　　　　　　　　　　　　　　　　　ロバート・バーンズ*

　南アフリカの人口はオーストラリアやカナダより少ない，とよく言われる。実際は，カナダ以外のどの大英帝国自治領より，南アフリカの総人口は多い。他の自治領と比較するのに，白人人口の数字だけを用いる習慣は誤解を招きやすい。南アフリカが大英帝国および世界経済に占める地位が，全住民の活動に依拠しているという事実を隠蔽してしまうからである。田舎風の牛車がいまだに特徴的なシンボルと考えられるような国であっても，都市在住の白人と黒人双方の人数を勘定に入れて初めて，カナダやオーストラリアで非常に顕著な都市化現象を，南アフリカにおいても認めることができる。オーストラリアの主要都市への人口集中は，自治領の中で突出している。シドニー，メルボルン，ブリスベン，アデレード，パースの 5 大都市の 1937 年の人口は，オーストラリア連邦の総人口 6,866,590 人のうち 3,165,400 人だった。しかし，オーストラリアがたどった道を，他の自治領もすぐに追随することになった。1931 年に，カナダでは人口 100,000 人以上の都市の人口が全体の 22.44 パーセントを占めていた。1921 年から 31 年までの 10 年間に，カナダの都市は人口増加の 77 パーセント近くを吸収した。1901 年には，都市人口は僅か 37.5 パーセントだったが，1931 年には 53.7 パーセントになっていた。南アフリカでも，1936 年の人口調査報告がこれと非常によく似た成長を示していた。白人住民の 45 パーセントはヨハネスブルクと

---

* ロバート・バーンズ（1759-96）：スコットランドの国民詩人。主にスコットランド語で叙情と風刺の詩（"Auld Lang Syne", "Tam o'Shanter" など）を書いた。

ケープタウンを筆頭とする9大都市に居住していた。この9大都市の白人と先住民の人口は南アフリカ連邦の総人口の4分の1を占めた。1937年に，ヨハネスブルク，ケープタウン，ダーバンの人口を合計しても，シドニーの人口に少し足りなかったが，オーストラリアにおけるシドニーやメルボルン，あるいはカナダにおけるモントリオールやトロントと同じ地位を，南アフリカではこの3大都市が占めていた。

　南アフリカの都市の中では，ヨハネスブルクが抜きん出ている。1936年に，ヨハネスブルクは全アフリカ最大のヨーロッパ人居住都市であり，その519,268人の総人口を上回るのは，カイロとアレクサンドリアだけだった。この都市には僅か半世紀足らずの成長の歴史基盤しかないにもかかわらず，平屋の建物とトタン屋根，トタンの囲いのある巨大な鉱山基地がひしめく厳しい状況から，南アフリカ亜大陸の他の都市とは全く異なる様相を呈する大都市へと目覚しい変貌を遂げた。ヨハネスブルクは，人口増大に伴って，周辺の草原へと拡大せず，近代アメリカの都市のように，上空へ伸びていった。この町は単に出現しただけでなく，成長を続け，新しい装置や快適な設備を備え，再建され，ボーア戦争後約30年の間に，二度にわたる変貌を遂げた。ニュージーランド，オーストラリア，カナダへの旅行者は，ウェリントン，シドニー，モントリオールなどの人口稠密な中心地へ，船から直接一跨ぎで行ける。しかし，ヨハネスブルクに行くには，人口が希薄でやせこけた不毛な草原地帯を遠く隔てた道のりの果てにようやく到達するため，町の雑踏，投機的で活動的な気風，自動式の交通規制，市電や市バスなどが，ことさら唐突で際立った特色を与える。しかも，ヨハネスブルクは金鉱脈に沿って点々と並ぶ町の中心にすぎず，その人口全部を合わせても，1936年現在で，1,000,000人余りである。

　ヨハネスブルクには，近くに世界的な巨大産業が存在することなど感じさせない静かな渓谷に抱かれた洒落た郊外がある。しかし，商業中心地域の高層ビルの南側には，白い砕石の巨大な「ボタ山」が一望できる。砕石粉砕機の轟音が響くこの地域に，8月の突風がボタ山から微細な白い土ぼこりを運んでは吹き落とす。ボタ山は，ウィットウォーターズランドが著しく金に依存している度合いを示す具体的な象徴である。金は人々の目を金産出高の月

例報告に釘付けにし，その指で株取引の動向を探らせ，その耳を彼らの存在基盤である金商品の価格を左右する国際事件のニュースにそばだてさせるといった，常に生き馬の目を抜くような生活をさせたのである。

　ランドは，確かに，単なる金鉱地帯以上の存在になった。搗鉱機のすさまじい音や管状粉砕機の轟音，白黒の単調な鉱山の喧騒が止んでも，ヨハネスブルクは他の多くの有名な鉱山町のように，草原に埋没することはない。この町は周囲の広大な地域の生活と活動を引き寄せている。町はいわゆるトウモロコシ三角地帯の中に位置していて，ハイフェルトと呼ばれる草原地帯の農業，牧畜，鉱産物の集散地となっている。周囲50マイル以内に，莫大な埋蔵量の石炭と鉄鉱石資源が地下に眠っており，金鉱石が枯渇しても，ランドの町を，レベルは下がるかもしれないが，支えることが可能なのである。

　金鉱山は南アフリカ連邦の活力源である。鉱業，特に宝石と貴金属の採掘は，大英帝国全自治領の経済活動において重要な役割を演じてきた。価値の高い鉱産物は，今も昔も，富の凝縮された形態であり，新興社会が大いに当てにする資金や信用に，たやすく換えることができる。オーストラリアやニュージーランドでは早くから，羊毛や畜産品の重要性が金をしのいでいたのに対し，南アフリカの経済構造は金に依存し続けた。南アフリカの経済がウィットウォーターズランドにどの程度まで依存しているかを測定するのに，経済学者は様々な工夫に富んだ方法を試みている。経済分析の最も精巧なテクニックをもってしても，一国の経済活動の正確な解剖図を提示することはまだできないようである。すでに指摘されていることは，農業に直接従事する人数が鉱業に従事する人数よりはるかに多く，農業からの純所得は鉱業からの純所得より大きい，ということである。そのような見方からすると，農業は鉱業より多くの人口を支え，国富に対して大きな貢献をしていることになる。しかし，鉱山協会の金生産者委員会のために実施された入念な調査で，S.ハーバート・フランケル教授が出した結論によると，住民の2分の1は金鉱業から直接的・間接的に生計を得ており，政府財政の2分の1は金鉱業を直接・間接の財源としていた。数字や統計の配列をいかに操作しても，南アフリカの金の地位の重要性は，少なくともオーストラリアの羊毛の地位に匹敵し，ニュージーランドのマトン，カナダの小麦の地位の重要性

よりもはるかに勝っているという事実は動かし難い。

　ここには，イナゴの害，家畜の疫病，旱魃や夏の洪水を全く恐れない産業があった。その産品は世界の金融中心地で常に飛ぶように売れた。戦争も平和も，不況もインフレも，何らその需要に影響しそうもなかった。国際金本位制の下で，金は，確定的な価格で，常に一定で確実な需要があった。第一次大戦後，国際金本位制の地位が損なわれても，金の有利な地位に変わりはなかった。実際，トウモロコシ，タバコ，羊毛，マトン，小麦などと違って，金は物価の下落や通貨不安を，金自体に大きな利益となるよう利用できた。その結果，金は南アフリカのために様々な効用をもたらした。金は歳入を安定させ，国民所得を激しい変動から護った。金は，1910年以後の計算で，総輸出額の2分の1以上を占める突出した輸出品目だったため，対外貿易を非常に手堅いものとした。南アフリカは世界経済システムに密接な関わりをもちその一部を占めながら，第一次大戦からヒトラー・ドイツとの戦争に至るまでの期間に生じた変動と危機のもたらした最悪の影響から免れた。抽出した純金の重量，賃金や給与の支出，食糧や必需品の備蓄，税金や修繕費などはきわめて小幅な動きしか示さなかった。鉱業は，さもなければ世界経済の動向に異常なほど敏感に左右されたと考えられるこの国に，巨大な弾み車のように，安定性を与えた。農業は非常に過敏に，国外では世界情勢に，国内では旱魃や疫病による影響を受けやすかったため，ウィットウォーターズランドの保護の下に安全性と力強さを見出した。もし，南アフリカが金鉱山を突然失うようなことがあれば，その経済体制への影響は壊滅的なものになっただろう。

　ウィットウォーターズランドの比類のない強みは，すでに指摘したように，金鉱石の膨大な埋蔵量と均質性にある。このため，石炭の夾炭層が採算の取れるトン数や，1トンを採炭するのに必要な経費，投下資本が期待しうる利益などを，専門知識を用いて計算できるのと同様に，金鉱石についても計算が可能なのである。こうして，投資と収益の間に高い信頼関係を確立することができ，有利な収益率を保証できることが，ランドを世界の金融市場の投資資金を引き付ける場所たらしめた。平均産出高の際立った安定性は，信頼の表われであり，鉱業に大きな利益をもたらした。さもなければ，純金

1オンスを輸出できるまでに，堅鉱の掘削，鉱石の発掘，地表機械の組み立て，家屋やビルの建設などに膨大な費用を要し，開発作業に長年の歳月を要するような事業に，これほど容易に資本が用意されなかっただろう。1905年の全英祝日*にブラクパン鉱山で最初の鍬入れが行われて以来，機械が最初の金鉱石を砕石し始めるまでに，6年の歳月を要した。炭鉱の方式を金鉱に応用できたことで，高水準の効率が確保された。金鉱は資本主義的産業が利益追求活動を行なうことによって，いかに経営と操業の効率を増大できるかを示す顕著な証拠だった。

1890年まで，金鉱地の謎の多くはまだ地下に眠っており，その他の多くの難問も未解決だったため，将来の見通しを確言できる者はいなかった。世界のどこにも，判断の拠り所となるような類似の鉱床はなかった。金鉱脈が地下でいかに特殊な状況にあるかが徐々に判明するまでに時間がかかった。西から東へ走る露出鉱脈が，地下に潜ると南の方角へと沈下していったからである。そのため，露出鉱脈から一定距離を進むと，新たな採掘方式を採らねばならなかった。地表から数百フィート下の鉱脈を開発するために，高額の垂直堅鉱を開削しなければならなかった。それは最終的に1マイル以上の深さに達する堅鉱，延べ数千マイルの長さに達する地下での作業のほんの発端にすぎなかった。同様に，「汗と肉体労働」から「科学と機械作業」への移行があった。最初，金鉱石は黒人によって投げ上げられた。次に，ダイヤモンド鉱山で青土がバケツで引き上げられたように，金鉱石は牛によって引き上げられた。続いて木製の起重機と小型エンジンが登場したが，それは現代から見るとワットの蒸気機関時代の代物のように思われた。最初の金鉱石は，エジプト人が行ったような方法で，巨大な重しを持ち上げたり落としたりして粉砕されたのである。

1890年に金鉱業に深刻な危機が訪れた。多くの会社の乱脈な上部構造だけでも不況を招くのに十分だった。一時期，450以上の会社が存在し，その大半は一銭の配当も支払ったことがなかった。1889年に多額の配当金を支払っていた19社のうち，1890年には，11社が配当金を全く支払えなくなっ

---

* 全英祝日：Empire Day, 現在は Commonwealth Day と呼ばれ，イギリスの祝日でビクトリア女王の誕生日にちなむ5月24日。

た。しかし，金鉱業の危機の原因は「南海泡沫事件」*のような非現実的計画に留まらなかった。鉱脈は1フィート進むごとに，採掘が困難になり，採掘費用が増大し，労働者，機械，化学的処置の必要性が増大した。鉱脈には純断層と逆断層があり，鉱脈の傾斜は岩脈や異形によって作業に障害をもたらした。深い鉱脈は黄鉄鉱の含有率が高く，いっそう処理が難しかった。金の含有率も露出鉱石より低かった。最初はトン当たり何オンスという計算ができたが，今では，トン当たり何ペニウェイト*という細かい計算をしなければならなかった。水銀を用いるアマルガム製錬法*では，僅か60パーセントの金しか抽出できなかったし，この製錬法では，廃棄土砂の中に3分の1以上の金が無駄に捨てられるのを防げなかった。高い輸送費が膨張する採掘費用に加算された。1889年の牛やロバの荷車による輸送費用は1,500,000ポンドだった。しかし，金鉱業の窮状は一連の幸運な状況によって救われた。鉱脈の上に密接して膨大な量の石炭層が広がっており，簡単に採掘できたからである。ウィットウォーターズランドという名前は，「白い川の流域」という意味だが，水力はなく，草原の木は燃料にするにはあまりにもやわで量も乏しかった。安いい石炭の存在は，南アフリカが今まで大きく依存してきた「棚ボタ」式の恩恵の一つだった。トランスバールの保有する安価な石炭はシャベル，カナテコ，ツルハシから動力機械への転換を容易にしたばかりでなく，多くの鉄道がウィットウォーターズランドへの路線を求める重要な誘因にもなったからである。また，ちょうど，地下の深い場所での作業で，処理しにくい黄鉄鉱を含む鉱石が運び上げられ始めた時期に，シアン化物による製錬法が発見された。この製錬法は，1890年に初めて実際に応用されて，ウィットウォーターズランド鉱石に非常にうまく適合することが判明した。今まで廃棄土砂の中に捨てられていた大量の金が回収され，金含有量の60パーセントどころか，90パーセントが抽出された。

---

* 南海泡沫事件：1711年に，イギリスで，大蔵大臣の肝いりで南海会社が設立されたが，株の下落のため，1720年に倒産，ロンドンの庶民を含む多数の破産者を出した。
* ペニウェイト：20分の1オンス＝1.555g。
* アマルガム製錬法：水銀が，金，銀とアマルガムを作りやすいことを利用して，鉱石から金，銀を抽出する方法。有史以前から，この方法はエジプト，シナイ半島，ジンバブエで行われた形跡がある。

効率と倹約は，ボーア戦争後も依然として金鉱経営者にとって厳しい掟だった。鉱脈が2立方ヤード掘り進められる毎に，膨大な量の金鉱石はその時点の平均作業コスト水準ギリギリのところに位置しているという事実がさらに明確になった。純金は一旦抽出されれば，市場の気まぐれな価格変動に左右されなかったが，まだ鉱脈中にある金は，抽出費用にかかわるあらゆる影響に過敏に反応した。効率と倹約は，採算の取れる金鉱石のトン数を増大させるための二大要素だった。効率の悪さと費用支出の増大は，金鉱石の一部を実質的にただの石ころに変えた。ボーア戦争後，鉱業はきわめて厳正な計算と最新の工法を用いて労働コストを下げ，コストが上昇しないようにした。金鉱石そのものは最小限の努力で抽出されねばならず，鉱山開発作業は最大の収益をもたらす方法によって，最終的な利益をあげるようにしなければならなかった。開発作業が十分に行なわれなければ，豊かな金鉱石は未発見のまま放置されるし，過剰であれば，特に地下6,000フィートの深さで行われる場合，利益に食い込んで損害を引き起こしかねなかった。こうして効率と倹約を追及するため，軽量の搗鉱機は重い搗鉱機にとって代わられ，搗鉱機よりもっと手早く，細かに鉱石を粉砕する筒状粉砕機の使用がさらに完璧な金の抽出を可能にした。金鉱内の機械の改善と，地上の低コストの中央発電所が，割高な作業コストを下げる絶え間ない闘いに役立った。第一次大戦前，手動ドリルを機械ドリルに切り替えて，生産高を増大させ労働コストを削減した。1914年の初めの6カ月間における旧型の，往復運動の機械ドリルによる鉱石粉砕量は，先住民一人当たり約250トンだった。第一次大戦後，硬い石英岩をより鋭利に削岩できるようにするため，品質改良した優れた形の鋼鉄の改良型ドリルを装着した圧縮空気の軽量削岩機が導入された。1930年の初めの6カ月間の鉱石粉砕量は，先住民一人当たり800トン近くになっていた。

　鉱業のように，生命と健康の危険を伴う産業はすべて，重い賠償責任を負わねばならない。事故と鉱夫の肺病や珪肺症といった職業病は，利益に大きな損害を与えた。金鉱業では，特に初期の段階で，金の生産を急がせる誘惑が大きかった。ボーナスによって，より多くより早く鉱石を採掘するよう鉱夫を急き立てた。労働者は交替制で休む間もなく働かされた。時には24時

間毎に3交替で働かされ，そのため，地下の空気は発破をかけた岩石の土ぼこりや塵煙の絶え間がなかった。不注意や拙速によって起きる事故が頻発した。ウィットウォーターズランドの学童なら誰でも珪肺症の苦しみをよく知っていた。学童は，仕事帰りの鉱夫たちの衣服や顔についた灰白色のほこりでその原因を目の当たりにし，彼らの咳でその症状を耳にし，頻繁に行われる葬儀によってその結末を知った。1912年から1930年の間に，「鉱夫珪肺症条令」の下に15,000件の賠償裁定が行われた。しかし，1932年に750,000ポンドと見積もられた莫大な珪肺症の賠償負担は，通気と塵煙の改善で大幅に軽減された。一交替制によって，土埃の充満した空気が沈静化する余裕ができ，事故の件数も減少した。いくつかの鉱山では，最深部の作業現場の労働条件改善のため，近年換気装置が導入されている。

効率的，経済的経営の理念がいかに揺るぎなく遂行されていたかは，金鉱業の組織全体を見れば一目瞭然である。ダイヤモンド鉱業では，セシル・ローズが，個人採掘者と競争の熾烈な群小会社による混乱状態を，一つの会社によって置き換えた。ウィットウォーターズランドの金鉱床は沖積層や地表の鉱床ではないため，ツルハシやシャベル，選鉱鍋を使うような弱小鉱夫は論外だった。したがって，最初から企業による採掘が原則だった。また，初期の段階から，会社同士の合併が進められていた。しかし，デビアス鉱山会社が果たしたダイヤモンド鉱業のような完全独占は，金鉱業では実現されなかった。金の価格は競争に左右されなかったため，すべての会社を単一の管理下に置く理由がなかったからである。代わりに，金鉱業では，「グループ会社制」が発達した。グループ会社とは多数の所属会社で構成される大きな社団法人である。各グループ会社は管理する子会社の経営に責任を持つ。各グループ会社は顧問技術者，冶金学者，その他の専門家をスタッフとして抱え，各子会社はその助言を求めることができる。こうして，最高の技術を子会社は自由に使うことができ，同時に，経営方針や方法については，効率的で利益のあがる経営ができるよう，指導・監督を受けられる。諸経費の分担，共同購入，一様の共通経営方針などは生産コストの削減に役立ち，節約という魔法の杖によって，数百万トンもの低品位の岩石を採算の取れる金鉱石に変えるのに役立った。鉱坑は次第に深くなり，諸経費もかさむように

なったにもかかわらず，長期的に見た作業コストは次第に減少する傾向を示した。1897年における作業コストは，粉砕鉱石1トン当たり29シリング6ペンスだった。それが，40年後の1937年には，18シリング11ペンスだった。

　共同行動の原則は有名な「鉱山会議所」におけるグループ会社の連合によって，さらに強化された。「会議所」は金鉱業全体に共通する多くの権益を取り扱う団体である。「会議所」は，労働問題，鉱業規定，法律問題，健康状態，税制，統計やその他の権益を，鉱山会社の大きな利益につながるように調整，管理した。「先住民人材斡旋会社」は「鉱山会議所」が設立した会社組織の一つであり，先住民労働者の募集という困難かつ，きわめて重要な仕事を引き受けていた。雇用機関が一つであれば，先住民労働者の供給をめぐる会社間の競争は排除された。その他，「ランド製錬会社」，「鉱山会議所製鋼会社」，「鉱山会議所建築会社」といった会社は，金鉱業全体にわたる積極的な協力活動を保証した。「鉱山会議所」と緊密な依存関係にある機関として，あらゆる賠償請求に対する責務を引き受ける「ランド相互保証会社」，「トランスバール鉱夫珪肺症療養所」，「南アフリカ医療研究所」などがあって，採掘状況下で生ずる重要な健康問題の調査を行っている。この協同の取り組みを行う見事な組織のおかげで，例えば，事故死亡率が1904年の1,000人当り4.64パーセントから1936-7年には0.80パーセントに下がり，また，鉱夫珪肺症の新患発生率が1927-8年の1.9パーセントから1936-7年には0.80パーセントに下がった。1905年に，あるアメリカ人鉱山技術者が「鉄道料金と輸入税が引き下げられ，政府規制が緩和されれば，現行の作業コストの削減が可能である」と推測した。その後20年間で，物価はほぼ50パーセント上昇した。鉄道料金と関税の引き上げも行われた。政府規制も強化された。それにもかかわらず，作業コストは砕石1トン当たり22シリングから19シリング3ペンスに下がった。これは科学と経営に対する素晴らしい貢ぎ物である。

　オーストラリアの経済学者は，課税の直接的負担と関税の間接的負担が，羊毛生産という重要な第一次産業に及ぼす度合いを，しばしば指摘している。金鉱業のように豊かな第一次採取産業や，羊毛生産のように豊かな第一

次産業的な農業は，世界市場に依存しているため，直接的および間接的な税負担を消費者に肩代わりさせることはできない。そのためこれらの産業に，社会・経済政策のとりわけ重いコストを負担させる傾向がある。オーストラリアの牧羊業は，実際「羊毛の豊かな房に必死にしがみつく政治家，弁護士，地主，農場経営者，工具などをぶら下げた巨大な羊が，底なしの地獄にまたがっている姿」にたとえられる。全く同様に，南アフリカも，国庫収入や社会経済政策費用の重い負担を鉱業に引き受けてもらうよう当てこんでいた。鉱山会社の本分は株主のために可能な限り最大の利益をあげることだという純粋に商業的な意見と真っ向から対立して，ポール・クリューガーの時代から，鉱山は国家的資産であり，鉱山の富を国家社会全体の健康と福祉のために役立てるのは至極当然であるという信念が存在していた。このため，政府は鉱業への支配を次第に拡大していった。種々の「鉱夫珪肺症条令」だけでも，1911年から1925年の間に9例に及んだ。国営の鉄道は，鉱山が必要とする商品や備品に対して特別高い料金を設定することによって，鉱山への課税を行った。1932年に，金鉱山は，炭坑の坑口での石炭価格より高い石炭輸送費を支払わされた。採掘用機械の輸送費は農業用機械のほぼ2倍だった。鉱業はこうして，輸送機関と農業のための助成金の資金源となった。

　輸出市場向けの事業を行っている第一次産業は，関税や保護主義的課税の恩恵をほとんど受けないことはよく知られている。金鉱業が関税の負担を感じたのは，海外から輸入される機械，資材，備品に課せられた関税だけでなく，関税ゆえに高騰した地元の商品，労働力，その他のサービスのコストの増大によっても負担を感じていた。1935-6会計年度に，ダイヤモンドや卑金属を含む鉱業に課せられた直接税は，国庫税収入総額の26.95パーセントを占めていた。直接税のうち，54パーセントは鉱山によって支払われていた。国庫収入は，所得税，1933年以来徴収されていた超過利潤税，1935年以来徴収されていた金収益付加価値税等からの徴収に加えて，政府所有の鉱山資産からの利潤によっても利益を得ていた。利益の配当を条件に賃貸した地域で運営される会社が，1936年に21社あった。利益は直接パーセンテージで示される場合と，効率と倹約の結果生じた超過利益の一定の割合を会社

が受け取れるように，巧妙に工夫されたスライド式の割合で計算される場合とがあった。1936年までに，そうした利益の政府の取り分は総計43,556,232ポンドだった。

　金の抽出に必要な費用のうち，常時，単独で最大の勘定科目は賃金・給与だった。1930年にウィットウォーターズランドの鉱山で抽出された金は45,500,000ポンドだったが，賃金・給与で支払われた金額は15,726,173ポンドであり，配当金と税金の合計額を上回っていた。1936年に賃金・給与に支払われた金額は25,704,865ポンドだった。このように莫大な金額が労賃として費やされる産業では，結果的に，労働力を最大限倹約する努力がなされた。金鉱業が先住民の安い労働力を当てにできたことこそ，倹約の唯一最大の拠り所だったことは疑いない。石炭，卑金属の採掘を含む採取産業全体が安い先住民労働力をいかに利用していたかは，1915年，1925年，1935年と間隔が大きく開いた年毎のヨーロッパ人労働者の割合が，各々，10.3，10.7，10.76パーセントだったという事実に明白に表われている。1936年には，鉱業全体に従事する総労働人口441,413人のうち，非ヨーロッパ系労働者は394,323人を占めていた。先住民労働力の安さはヨーロッパ人と先住民の所得を比較した数字に最も明白に示された。1936年における，南アフリカ連邦の全鉱業に従事する47,090人のヨーロッパ人の賃金・給与の総額は，16,694,821ポンドで，一人平均345ポンド9シリングだったのに対し，394,323人の非ヨーロッパ人の場合，賃金・給与の総額は12,483,258ポンドで，一人平均31ポンド13シリング2ペンスだった。これは鉱業に従事するヨーロッパ人の平均賃金が，先住民の平均賃金のほぼ12倍だったことを意味した。平たく言えば，こうした数字は，鉱業が高賃金の一握りの白人労働者グループと低賃金の圧倒的多数の先住民グループで成り立っていたことを示している。南アフリカでは，鉱業労働者の組織は熟練度と報酬において二つに峻別された階級に基礎を置き，階級差別は人種と肌の色の違いによって表示され確認されていた。

　常に倹約を求める産業にとって，労働供給を低賃金と高賃金の二つのグループに分けるのは厄介なことだった。熟練白人労働者と不熟練黒人労働者の比率で一番有利なのは何対何か？高賃金労働の不利益を低賃金労働の利益

第 7 章 金 鉱 業　167

でいかに補塡できるか？高賃金労働は効率のよさで最も経済的な労働だったが，金鉱業は最大限の先住民雇用と最小限の白人雇用を基盤に組織されていた。大雑把に言えば，白人雇用が多ければ利益は下がり，先住民雇用が多ければ利益が上がることを意味した。鉱山にとって，利益の増大とは，採算のとれる金鉱石の増大と鉱山の規模拡大を意味するものと考えられていた。したがって，先住民雇用に対する鉱業の欲求はきわめて強かったが，その欲求は満たされないことが非常に多かった。

　南アフリカは膨大な先住民人口を抱えていながら，常に先住民労働の不足という矛盾に悩まされていた。17世紀においてさえ，奴隷や東インド諸島住民を導入していた。1843年以後，ナタールは先住民の過密を訴えていたが，（1860年に）砂糖の栽培を始めたとき，インドから労働者を導入した。ケープ植民地も，鉄道建設を始めたとき，インド人や中国人労働者の導入を決定しそうになった。ボーア戦争後，先住民労働者不足が非常に窮迫したため，金鉱業は，中国人労働者の導入許可を与えてくれるようミルナー卿を説得し，成功した。1904年に，イギリス，ニュージーランド，オーストラリアで起きた轟々たる非難の中で，中国人労働者が入国した。1907年に，その数はほぼ54,000人に達した。経済的には，鉱山活動の大幅かつ利益のあがる拡大によって，彼らの使用は正当化された。社会的には，南アフリカのような国における彼らの存在はきわめて具合が悪かった。1906年の中国人鉱山労働者の導入許可更新の阻止，1910年の中国人鉱山労働者全員の本国送還によって，イギリス政府は，すでに混乱を極めていた南アフリカ社会をさらに複雑にすることを回避した。先住民労働者を獲得するため，金鉱業はイギリス領の国境をも越えた。1901年に，ポルトガル領からの先住民労働者の導入を認可する一連の協定の第一号が，ポルトガル政府との間で調印された。1936年に，総計340,000人あまりのポルトガル領出身の先住民のうち89,000人が鉱山で雇われた。鉱山における先住民の大量雇用は最も重大な社会・経済問題となった。それは20世紀の新しい人種問題だった。

　先住民の大部分はめったに不熟練労働者の域を出ることはなかったが，一部は階級の壁を乗り越えて熟練労働者となった。鉱山の岩石を懸命に手作業で削岩する場合，それは先住民の仕事とされた。削岩機が導入されたとき，

先住民が機械の能率的使用法を学んで配置転換されることはなかった。先住民を不熟練作業から半熟練作業へ進級させれば，鉱山会社は安い労働力の利用範囲を拡大することができただろう。先住民労働力の利用を拡大すれば，税金の減免や関税の削減より効果的な倹約になっただろう。しかし，そうした先住民の職場への侵入は白人鉱夫に歓迎されなかった。白人は熟練と高賃金の独占を脅かされると感じたからである。海外から移住してきた最初の世代が死亡するか帰国すると，その地位は南アフリカ人にとって代られた。1912年に，白人鉱夫の35パーセントは南アフリカ生まれで，その割合は急速に増大し，1936年には南アフリカ連邦の全鉱夫のうち4分の3が南アフリカ出身者となっていた。彼らは，開拓者の思想と身分差別をさらに強力に，鉱業に持ち込んだ。黒人は黒人，白人は白人であり，両者が機械，削岩機，鉄道車両などで平等に相接することなど我慢できなかった。1911年に，鉱業と農業に共通する考え方が根本的に類似していることが，有名な「鉱山・工場法」の議決によって明示されたが，議会の構成は農村議員が圧倒的多数を占めていた。黒人差別（カラー・バー）*が合法化されたのである。白人労働者は，熟練度，能力，世論の圧力に加えて，今や，法律による保護も獲得した。健康，安全，規律の観点から，鉱山の多数の仕事において非ヨーロッパ人の雇用が禁止された。現実には，「鉱山・工場法」は，鉱山が安い労働力を利用できる範囲を制限し，白人種の経済的優位の保持を目的とする社会政策の重荷を鉱山に負担させたのである。

　南アフリカ連邦の社会経済史において，「鉱山・工場法」は最も重要な位置を占めている。それまで，植民地や周辺共和国の先住民を支配する法律の目的は，先住民労働の供給や扱いを容易にすることにあった。白人と黒人の紛争の種は土地と水にあって，労働ではなかった。今や，連邦が発足して1年足らずのうちに，一つの法令が，旧来の土地と入植をめぐる争いにとって代り，新しい社会・経済問題が最前線に躍り出たことを立証した。かつて，優良な土地と豊富な水から締め出された先住民は，今度は，熟練労働と高賃金には遠く手の届かない場所へと追いやられた。かつて，先住民は土地を追

---

* カラー・バー：黒人（有色人種）に対し，白人と同等の権利を容認しない差別的な社会制度。

われて労働者として働くことを余儀なくされたが，今や，先住民を労働から締め出して土地へ戻す算段を，人々は始めたのである．

　新しい産業の最前線で，プア・ホワイトとプア・ブラックが対峙していた．農業革命の当事者だったこの二つの集団は，産業革命でも再びかかわりあった．両者とも農業革命によって住み家を追われ，生活手段を工業都市に求めた．連邦が直面したのは，単なる熟練工と不熟練工の関係調整だけでなく，人種と言語は異なるものの，熟練度や工業的訓練の欠如については同程度の二つのグループの関係を調整するという課題だった．産業の雇用機会をプア・ホワイトとプア・ブラックとで共有できるのか？産業へ参入する南アフリカ白人労働者の増大は，南アフリカ黒人の侵入を防ぐのに必要な防壁となりうるのか？白人優位の社会・経済政策は低賃金労働という経済政策と両立し得るのか？これらの疑問に対する解答が南アフリカ連邦の歴史の大半を形成している．

　1913年に，熟練労働者の隊列が自己防衛に立ち向かった．同年7月に，砕石機の耳慣れた轟音が突然止んだ．その静寂は，すべての男女と子供たちが足下にある金鉱石の採取の成否に依存していることを明らかにした．ストライキはまた，工業社会の一触即発の特性をも明示した．暴動と何人かの人命の犠牲を払った末に，ようやく白人鉱夫たちは労働組合を組織する権利を獲得した．この闘争は，オーストラリアやニュージーランドでは，すでに久しい以前に勝利を収めていた．しかし，南アフリカ人の労働戦線は二つあった．一つは資本家を相手に前面で戦う西欧社会特有の労働者の闘争だった．他の労働運動との違いは，人種が異なり熟練度も低い階級を相手に，後方でも戦ったことであり，その相手は組織も政治的支援もなかったが，それでも，労働人口に属していた．労働人口に所属する人々の中で，労働組合はエリートであり，自意識と自尊心の強い集団だった．

　1913年のストライキは単一産業内部の局部的ストライキに止まらなかった．鉱山は南アフリカ連邦の生命線であり，国の活発な経済活動は鉱山と緊密に連携しているため，鉱山争議は国家的な危機となった．労働組合と鉱山会社との紛争は，あらゆる労働関係に影響を及ぼすことになる．鉱業で支払われる賃金は，賃金水準を決定し，それは直接関連する産業に止まらず，連

邦全体のあらゆる都市産業の水準となる。鉱山関係の法律は連邦全体の経済に影響を及ぼすのである。こうした事実は，1914年1月に「労働組合連盟」が指令した鉄道，鉱山を巻き込むゼネストで検証された。このストライキは実際には，1913年7月のストライキの継続であり，延長だった。白人労働者の利益を守ることこそ，全白人労働者共通の目的であることを証明するのがストライキの主眼だったからである。「政府防衛軍」の機関銃が鉱山会社側の対抗力を強化して，ストライキを打破したとはいえ，南アフリカ人労働者の利害がオーストラリアやニュージーランドの労働者の利害の範ちゅうを超えていたことは明白だった。争点は総体的かつ広範囲な問題，つまり，産業と労働の，熟練労働者と不熟練労働者の，あるいは白人と黒人の間の社会・経済関係についての問題であった。こうして，鉱山労働者を最も効率的に使用したいという鉱山側の願望は，国民生活のあらゆる面で差し障りを生ずる問題となった。政府の軍服をまとう者が武器を手にしたという事実は，人間がいかなる形で共同生活を営むべきかという問題が，単に資本家と労働組合だけの課題に止まらないことを如実に表わしていた。それは即答できる問題ではないし，議会における一度や二度の会議によって解決できるものでもなかった。

　1914年に着手された社会計画にはかなりの前進が期待された。1914年の連邦創立4周年記念日の少し後，南アフリカは大英帝国の姉妹自治領と並んで，三国同盟諸国のすさまじい力を相手に交戦する諸国の一員となったからである。

　それはフェレーニヒンク講和条約のちょうど12年後だった。ボーア戦争に従軍した将官や部下たちの世代はほとんど健在で，スピオンコップ*やメジャーズフォンテン*，焼け落ちた家屋敷などの記憶がまだ生々しく残っていた。いったい，カイゼル*は遅ればせながら，ボーア人社会に，もう一度

---

* スピオンコップ：ナタールの丘。1900年に，ボーア軍がイギリス軍を破った戦場。
* メジャーズフォンテン：オレンジ自由国の戦場。1889年に，ここでクロンイェ将軍がキンバリーへ進軍するイギリス軍の行く手を阻んだ。
* カイゼル：ドイツ帝国皇帝のウィルヘルム2世（1859-1941。在位1888-1918年）のこと。ビスマルクを退け，海外進出と軍事強化に努め，アフリカやバルカンで英仏露と衝突し，第一次大戦の一因を作った。

ボーア戦争を行ないボーア人の失った独立を奪還する機会を与えてくれるのだろうか？ベルギーへの侵入は，かつてポール・クリューガーが切望していたヨーロッパ列強の干渉ではないのか？その解答を求めて，二人のボーア戦争の将軍が過去を振り捨て，自分たちの土地と人種の境界を乗り超え勇猛果敢に前進した。この二人は，大英帝国と連合国が防衛のために戦った（と言われる）未来へと足を踏み入れたのである。二人のボーア戦争の将軍とは，ボータとスマッツだった。彼らの指揮の下に，南アフリカ軍はドイツ領南西アフリカ，ドイツ領東アフリカ，フランダースで戦った。ボータやスマッツと同じ見解を持たない者がいたことは事実だった。かつて，部族民を焼き討ちと略奪に駆り立てた旱魃が，現状への不満をあおり過去の不当行為への怒りを再燃させた。ベイヤーズ*，デ・ベット*，デ・ラ・レイ*といった名前は，世紀の変わり目に，全世界に知られていた。忠誠の名にそむかず，彼らはけっしてあきらめずにイギリス側に立つボータの政府軍に対して反乱[1]を起した。反乱は彼らの心情に対する務めだったが，敗北によって消滅した。ボータの率いる政府軍の勢いと兵力があまりにも強大だったからである。イタリアが参戦したのと同じ月に，南アフリカ軍はついに南西アフリカでドイツ軍を相手に軍事行動を開始した。

　戦争の時流に完全に巻き込まれたため，南アフリカはその損害と費用を負担した。しかも，大英帝国の他の自治領と同様，勝利の日が来るまで，その費用の実態を完全に把握できなかった。イギリスとアメリカの人々を惑わした戦後ブームを，南アフリカも体験した。1919年5月にアメリカが金本位制に復帰し，イギリスがそれに同調しなかった時，金は下落したポンドを見捨てて，プレミアム付きとなった。1919年6月に任命された委員会が，金鉱業の半数は赤字もしくは収支ギリギリの経営状態に近いと指摘したが，物価が再び上昇し，利益が増大したため，見過ごされた。かつて金が戦争そのものの影響を和らげたように，一時，金の思いがけない魔力が戦後の崩壊か

---

* ベイヤーズ（1869-1914）：ボーア人の政治家，軍人。ボータの人民党に属したが，その融和政策に反発，軍事的反抗を試みた。
* デ・ベット（1854-1922）：ボーア人の軍人，政治家。
* デ・ラ・レイ（1847-1914）：ボーア人の軍人。ボーア戦争で活躍した。
1 原注：デ・ラ・レイは反乱の前に事故死した。

ら南アフリカを守ってくれるかのように思われた。金価格が1920年2月の1オンス当たり130シリングから，12月の95シリングへと下落したため，プレミアムは減少した。そして，金の危機とともに，不況とそれに付随するあらゆる弊害が生じた。大英帝国の他の地域や連合軍諸国と同様，南アフリカも初めて戦争の膨大な重荷の実態を経験した。その無益な債務は1910年以来，実質的に倍増していた。南アフリカ連邦と州政府の支出は1914年以来，2倍になっていた。物価，賃金，鉄道料金，税金などすべてが高騰した。かつて南アフリカの参戦を困難にした旱魃が再発し，それが破壊的なイナゴの大群を伴ったため，戦禍からの脱却をいっそう困難にした。都市の経費削減は農場の凶作に呼応した。田舎から出てきたプア・ホワイトが都市の失業者数を増大させた。鉱業ほど不況を骨身にしみて感じたところはなかった。鉱山は消耗性の強い資産で，永久に掘り続けるのは不可能であると理解されていた。しかし，弱小鉱山は埋蔵量の枯渇によって徐々に消滅するのではなく，経済不況の打撃によって突然破滅するということが衝撃的な新事実だった。1920年の低品位鉱山委員会の報告の重要性が明確になった。委員会は，作業コスト削減の手段として，先住民雇用の増大と，法律上の人種差別を撤廃し，安い先住民労働者を，それまで締め出されていた特定作業に解放するよう強く勧告した。勧告は高賃金の白人労働者をもっと安価な先住民労働者で代替することを意図していた。それは産業開発の前線における黒人労働者と白人労働者の問題の再燃を意味していた。

　低品位鉱山委員会の勧告を実施に移そうとする鉱山会社の行動は，南アフリカ最大の難問の核心部分に刺激剤を注入した。「鉱山会議所」は白人を黒人のレベルに貶めているという非難の声が，白人労働者の全階級に広がった。その非難は，白人南アフリカという理想が外国資本と腐敗した政府との結託によって，犠牲にされている。1909年以来，8,000,000オンスの純金を毎年生産してきた産業が文明人に対する責任を放棄することなど許されない，というものであった。1922年1月2日に，トランスバールの炭鉱で発生したストライキは，またたく間に近隣の金鉱山に波及した。激昂した人々は抗議の声をあげた。その声が重視されたことは，コマンドの訓練が公然と実施されたことでわかる。「共和制」という言葉が語られ，「白人南アフリ

カ」を求める声が喧しく，実力行使は先住民に対して加えられるのか，あるいは政府そのもののあり方に対してなされるのか，誰もわからなかった。3月6日，暴徒の騒乱の最中，南アフリカ連邦の全産業でゼネラル・ストライキが指令された。ストライキは全員一致で行われたわけではないが，ウィットウォーターズランドの法と秩序は完全に崩壊した。3月10日，戦闘が全面化し，戒厳令が発動された。大砲がヨハネスブルクの市街で轟いた。ルイス式機関銃[*]が戦闘機から発射された。軍人や特別警察が，バリケードに立てこもるスト決行中の労働者に向かって突撃した。流血の戦闘は終わり，ストライキも収束した。鉱山会社側の要求が通ったのである。

　鉱業委員会は，産業で一番必要なのは倹約だと結論づけた。嵐の後の静けさで，南アフリカは経済の貴重な教訓を学んだ。鉱山から最大の利益を得るには，白人労働者は最大多数の白人を最高の賃金で雇用することを強要してはならなかった。最大多数の白人雇用の確保を可能にする道は倹約にあった。鉱業の永遠の課題は，膨大な量の低品位金鉱石を採算可能にすることだった。採掘される金鉱石の量が多ければ多いほど，鉱業の資金力も，人を雇う能力も大きくなった。金鉱石1トン当たり純金7ペニーウェイト以下という情けない平均値でも，倹約という手段によって金生産量を何百万オンスにまで増やすことができた。先住民労働力による倹約は，白人雇用のための最も重要な柱だった。1925年に，もう一つの委員会[2]が同じ問題に，同じ様に強い調子で次のように言及した。責任能力のある熟練労働者への需要は，採掘作業の規模の大きさにかかっている。安い先住民労働力雇用などによる倹約によって，大きな収益が創出される。この収益は賃金や税金の財源となり，ウィットウォーターズランドの市場に依存する農業その他の産業の産品に対する需要の源ともなる。鉱業の収益を減ずるものは何であれ，国家に経済的犠牲を強いるとともに，何百万トンにものぼる低品位金鉱石を手付かずに放置せざるを得なくすることによって，最大の犠牲を強いることになる，

---

[*] ルイス式機関銃：1911年ルイスが開発した機関銃。軽量で反動が少ないため戦闘機に取り付けられた。
2 原注：『経済・賃金委員会報告 Report of Economic and Wage Commission』(U.G. 14 of 1926)

と述べられていた。

　危機の後に導入された倹約は，金鉱業に明らかに刺激的効果をもたらした。先住民労働力の比率の拡大，白人の賃金の削減，労働力節減のための新方策などが，金鉱業を破壊的な危機から守った。1920年に17,463,281ポンドだった賃金・給与が，1925年には13,918,545ポンドに下がった。白人一人当たりの平均賃金は，1920年の485ポンドから，1925年には375ポンドに下がり，ウィットウォーターズランドの純金生産は，7,949,084オンスから9,341,049オンスへと増大した。

　1929年に，世界は二度目の，かつてない深刻な戦後危機を耐え忍んだ。南アフリカも他の諸国とともに痛手をこうむった。ダイヤモンド取引は崩壊した。世界の農産物価格は下落し，南アフリカの農産物価格もそれに引きずられた。輸出は減少し，それに伴って，輸入の支払い能力も減退した。季節は南アフリカの窮状を狡猾に見抜いたかのように旱魃となり，旱魃は一向に立ち去ろうとしなかったため，農業や酪農業の痛手にさらに過酷な追い討ちが加えられた。打撃を受けた農家に，資金を供給するため，政府は1931年10月，すべての輸出品に10パーセントの助成金を与えると宣言した。（すでに保護されていた）金，ダイヤモンド，砂糖はこの措置から除外された。輸出助成金支払いのため，実質的に，すべての輸入品に総合的な課税がなされた。3カ月後，輸出を増やし輸入を減らして貿易収支の改善をはかる取り組みをさらに強化するため，輸出助成金は倍増された。しかし，そのような17世紀的経済学に逆戻りしたのは，南アフリカだけではなかった。どの国も自国経済の救済で苦闘していたため，世界の金融と産業は1932年に暗黒のどん底に沈んだ。1931年9月，イギリスのポンドは圧力に屈して金本位制を離脱した。南アフリカの資本は恐慌をきたし，南アフリカ連邦からの資本の逃避が通貨の安定性を脅かした。再度，低品位金鉱石委員会は金鉱業の危機を宣言した。委員会が説いたのは，経費の上昇，収益の低下，採算限度以下に下落しつつある鉱山経営，倹約なしに荒廃から救済できない膨大な金鉱石資源などについてのお馴染みの話だった。目新しい事実と数字を用いて，連邦全体がこの単一産業に大きく依存しているという旧来の議論を蒸し返した。専門家の意見は次のような結論に達した。技術や管理の効率化で

は，鉱山の作業コストを切り下げることしかできない。しかし，労働経費の僅かな変化で，驚くべき結果が得られる。トン当たり2シリングの削減で，金生産地の将来的平均寿命を50パーセント延長できると推定される。トン当たり4シリングの削減は，生産地の寿命を少なくとも，100パーセント引き延ばすだろう。僅かな金を餌として与えなければ，アヒルは金の卵を産まなくなるという原則から，最も窮乏している鉱山に助成金を与えるべきだという提案が委員会に対して強硬になされたのも不思議ではなかった。連邦政府の年鑑は次のように発表した。急激な収益下落という長年恐れていた瞬間がついに到来したようである。ウィットウォーターズランド金鉱の金産出高は，1932年の43,600,000ポンドから，1942年の20,100,000ポンド，1948年には10,000,000ポンドに下落するだろう。ビクトリア，カリフォルニア，クロンダイク*ですでに起きている衰退が，ウィットウォーターズランドでも目前に迫っている。

　1929年に始まった不況は，金鉱業にとって棚ぼた的な幸運となるはずだった。物価の大幅な下落は鉱業が必要とする備品や必需品の価格の低下を意味したはずだった。ところが，増税，輸出助成金，特別輸入税などが，鉱山と物価下落の恩恵との間に立ちはだかった。イギリス本国に倣い金本位制を離脱することを，南アフリカ連邦政府が頑強に拒絶したため，南アフリカ・ポンドの過大評価をもたらし，国内価格が世界物価に順応するのをなおいっそう妨げた[3]。イギリスの金本位制離脱に伴って，激しい論争が起きた。人々はマルクやフランの例を思い起こし，一時は，ポンドの下落を阻止できないのではないかと恐れた。「ウェストミンスター憲章」*により，主権を持つ独立国家となった南アフリカが，イギリス・ポンドに対してあまりにも隷属的に依存することによって，国の政治的地位を危険に晒すのは適切なのかどうか？　もっと現実的で直接的な経済戦略の分野での議論が最も沸騰した。議論が議論を呼ぶ一方で，資本は国外へ速やかに流出していった。イン

---

*　クロンダイク：カナダの金鉱。1896年にクロンダイク川流域で発見され，1898-99年にゴールドラッシュが起きた。
3　原注：世界物価に比べて，南アフリカ・ポンドは労働コスト，食料品，修理作業，ダイナマイトなどに過剰に支払いすぎていた。
*　「ウェストミンスター憲章」：1931年に，大英帝国内の自治領の完全独立を認めた法律。

フレになれば，鉱山の作業コストが低下し，利益と砕石可能な金鉱石のトン数は増大するだろうという主張がなされた。逆に，インフレによる利益は一時的なものでしかなく，またたく間にインフレと同レベルにコストが上昇し，インフレが有する利点を帳消しにするだろう，と反論された。楽観論者は，下落したイギリス・ポンドと連動した平価を確立すれば，雇用は増大し，新規の資本投下に拍車をかけ，賃金，経費支出，利益の流れを国全体の経済に横溢させるだろうと主張した。悲観論者は，失業問題や労働不安の問題は，コストや購買力に及ぼす通貨価値の切り下げの悪影響によって，事態の悪化を招くだけだと反駁した。

　第一次大戦後の不況がスマッツ政権の崩壊を導いたように，新しい不況はヘルツォーク将軍の率いる政権への支持と人気を徐々に蝕んでいった。二つの公用語（英語とオランダ語）の関係をめぐる争いがあった。ナタールは最もイギリス寄りの州だったため，連邦からの離脱を唱えていたが，ついに，1932年の暗黒の年の末に，ポンドの売り逃げが殺到した。12月27日，南アフリカは金本位制を離脱し，その後の経過を見守る態勢に入った。

　その結果は目を見張るものだった。南アフリカに逆流する資金の流れは奔流となった。信用と信頼は経済組織全体に充満した。引き出された資金は預金となった。豊富な資金は短期利子率を引き下げた。鉱山は豊富な資本の供給で潤った。鉱山に依存する産業や職業も活気を取り戻した。最も強硬に金本位制離脱を唱えた人々でさえ，これほど強力でエネルギッシュな刺激が経済活動に与えられるとは予測していなかった。再び，南アフリカは棚ぼた式の幸運を享受した。今回がおそらく最大の幸運だった。輸入価格と国内物価はさほどインフレの動向につられる気配を見せなかった。既存の鉱山は操業を拡大した。新規の投資と増大した利益は，1年前には開発しても採算が取れなかったような鉱脈に，新しい堅鉱を打ち込み，新鉱脈を露出させるための資金を提供した。1932年のイギリス政府借款2,000,000,000ポンドの利回りの変更と，アメリカの連邦債と州債の利回り低下が原因となって，鉱業投資ブームを投資家にとって非常に魅力あるものとした。大地の地下深くに据える巨大な空気冷却装置のための資金があり，そうした装置は技術史の中でも特異なものだった。1932年12月のトン当たりの作業利益は8シリング6

ペンスだった。それが1933年1月には18シリング7ペンスになった。これは，実質的にもっと低品位の鉱石を採掘しても利益があがる可能性のあることを示していた。1932年には廃棄されていた膨大な量の金鉱石が，今では利益のあがる採掘となった。こうして，豊かな鉱山はますます豊かになり，破産しかけていた鉱山は刺激を受けて立ち直った。全く新規の鉱山が開発され，新会社が設立された。かつて実用にならないと考えられていた深さのところで採掘作業が行われた。深度8,000フィートの地底での作業でさらに何百万トンもの鉱石が採取可能となった。2年間で，鉱山からの国庫収入は210パーセントも上昇した[4]。重税にもかかわらず，利益配当は76パーセントも上昇した。給与，賃金，備品への経費支出の増大ははなはだしかった。多額の資本が新鉱床の生産性向上や開発に費やされたが，それでもなお，将来に備えた重要な準備金蓄積の余地は残されていた。1932年の砕石量を5,000,000トンも上回る金鉱石が，1934年に砕石された。金鉱業の寿命は2倍に延びたと見積もる評論家もいた。ヨハネスブルクやウィットウォーターズランドの諸都市は再建を始めた。建築家や土建業者は，そうした繁栄にふさわしい斬新なデザインで互いに張り合った。空から見ると，ヨハネスブルクの中心部はシカゴやセント・ルイスに似てきた。かつて，鉄道がこれほど活況を呈したことはなかったし，ヨハネスブルクの市街はアメリカの都市のように自動車であふれた。厳しい痛手を被った農業や酪農のような産業でさえ，産品の価格水準上昇による恩恵を受けた。

　事実，金本位制の放棄は一時的に失われていたかつての繁栄を回復しただけに止まらなかった。それは，南アフリカの経済を新たな水準へと引き上げたのである。元「政府鉱山技官」ロバート・コッチェ卿の言葉によると，南アフリカは，ウィットウォーターズランドの主要な金鉱を除く世界のどの金鉱より大規模で新しい，金鉱の出現を目撃していた。新たな条件と展望を持った，事実上，全く新しい産業が減税，助成金，賃金の引き下げといった

4　原注：1932年の『超過利潤税法』第33号は，金のプレミアムに70パーセントの税金を課した。つまり，従来1オンス当たり85シリングだった標準価格を上回る金額に課された税金である。1935年には，金収益付加価値税によって，金鉱山の利益に対し，1ポンド当たり2シリングが課税された。このような税は，金鉱山の個々の事情に応じて，税負担を等級づけるよう計算された巧妙な基準に従って課税された。

奨励策なしに誕生しつつあった。

　近代の諸政府の中で，南アフリカ政府だけが唯一，国家予算の一連の黒字を享受し，その黒字額は 1933 年から 1937 年の間に 19,000,000 ポンド近くに上った。このため，公債の健全な削減が可能となり，公債の総額は 1933 年の 272,133,000 ポンドから，1937 年には 254,937,000 ポンドになった。1934 年，当時，外交上国債の支払い拒絶が時代の流れだったにもかかわらず，南アフリカはイギリス政府に 8,000,000 ポンドの戦時公債を返済した。対外公債および民間債の相当な部分を支払うことによって，南アフリカの債務国としての地位に根本的に有利な変化が生じ始めた。国内債務が相対的に増大し，そして対外債務が相対的に減少したのだが，これは，国内資本が国のニーズを満たせるようになり，外国資本への依存が減少したことを意味した。高度な財政的自立を達成できたことが，政治的独立にも新たな意味をもたらしたのである。

　1932 年には，金鉱業は急激な衰退の危機に直面していた。当時，そうした問題は衰退をできるだけ緩やかにすることで，突然の打撃による広範囲の被害を忌避すべきだと考えられていた。金価格の上昇は金鉱業の寿命を無限に延ばしたため，機械類は金鉱石の粉砕作業を停止するのではないかとか「ボタ山」は厳しい 8 月の風で磨り減っていくのではないかという不安を一掃した。しかし，このにわか景気は国際的混乱の落とし子だった。この景気の基盤は，世界の主要通貨の平衡関係の変動や不安定な状況にあった。かつて，あらゆる重要な通貨制度の相互の関係を支配していた金本位制度は，為替制限や「管理」通貨に屈した。フランクリン・デラノ・ルーズベルト*のアメリカでは金がだぶついていた。アドルフ・ヒトラー*のドイツは必死に金融・商業政策の応急処置を採っていたが，それでも金は不足していた。1932 年以前には，ウィットウォーターズランドの金鉱石資源はどのくらい長く寿命が保てるのかが懸案だった。1939 年末に，南アフリカは大英帝国

---

* フランクリン・デラノ・ルーズベルト（1882-1945）：アメリカの政治家，第 32 代大統領（在位 1933-45 年）。大恐慌の危機を克服するためニュー・ディール政策や各種社会改革に着手した。

* アドルフ・ヒトラー（1889-1945）：ドイツの政治家，総統。国家社会主義ドイツ労働者党（ナチス）の総統として，独裁政治により軍備を拡大，侵略主義を推進，ドイツを全体主義国家とした。

と同様，再起を期すドイツに敵対する側についたため，問題は世界の金需要がいつまで長く続くか，に変わった。金の歴史について，充分興味をそそる新たな一章が，さらに書き加えられねばならなかったのである。

第8章
プア・ホワイトとプア・ブラック

「これらの問題は単なる農民的発想あるいは政治家的発想のみではけっして理解されない。双方の発想を取り入れ，しかも偏見を持たずに調査する必要がある。」

アーサー・ヤング *Travels in France*『フランス旅行記』

　大英帝国領内だけで，地球上の生存競争に伴う問題の大半を研究することが可能である。オーストラリア人は大陸の高温や乾燥と格闘せねばならない。カナダ人は厳寒や荒涼たる北国で苦闘しなければならない。ニューファンドランドでは危険な海域で漁獲作業を行なわねばならない。ニュージーランドでは科学と事業をうまく適合させて，世界市場からの孤立を避けねばならない。しかし，大英帝国領の中で明らかに，最も複雑で注目を集めるのは南アフリカである。オーストラリアの旱魃は南アフリカの旱魃に似ている。カナダのイギリス人とフランス人との関係に明らかに類似した問題が，南アフリカにも存在する。イギリスの大臣はかつて，ニュージーランドのマオリ族と南アフリカのバンツー族は一様に扱いにくいと述べた。政治的・軍事的紛争という共通の伝統は，目下，アイルランドにだけ存続している。南北戦争時の「アメリカ南部同盟」諸州には，南アフリカと同じ黒人労働への依存があるし，南米の共和国の中には，南アフリカと同じ人種混交問題に直面している国がある。しかし，詰まるところ，南アフリカは特異な存在なのである。南アフリカは二つの社会，すなわち，白人社会と黒人社会に属し，二つの文化水準に立脚している。教育は2種類の言語で行われている。一つは重要な世界的言語であり，一つはオランダ系住民の愛国心に育まれた力強い方言「アフリカーンス」である。世界中どこにも，たとえば，フランス領アルジェリアにさえ，南アフリカのように，強烈な自意識を持つ白人社会が巨大

産業と現代文明生活のあらゆる便宜を付与され，しかも，従属民族の労働と服従に複雑で抜き差しならぬ依存をしている事象は見られない。それほどの依存をしているにもかかわらず，白人と黒人の関係がこれほどこじれた社会は，おそらく他にない。北アメリカとニュージーランドでは，白人移住者が洪水のように殺到して，先住民を圧倒してしまったのに対し，南アフリカはさほど多くの白人を引きつけることができなかった。異種族混交策によって先住民問題を解決する南アメリカ方式は，18世紀のケープ植民地のように，白人，奴隷，コイコイ人がほぼ同じ割合だった時代なら，おそらく可能だっただろう。しかし，19世紀に，白人社会は圧倒的多数のバンツー人と対峙するような状態を招くことによって，この割合を大きく崩してしまったのである。

　偉大なバンツー人種は，あるオーストラリア総督が「先住民族絶滅への自然の経過」と称した道をたどることを拒否した。南アフリカ先住民は，血液中に飲酒や疾病の悪影響を撃退する何らかの素因を持ち，度重なる戦争，旱魃，最良の土地の喪失にもかかわらず，人口を増大させる特別の生殖能力を持っていたように思われる。こうした事実だけでも，本章の主要部分を先住民に割くことを正当化するに十分である。南アフリカ史の中で最も重要な事象は，その見かけにかかわらず，ボーア人とイギリス人の敵対関係ではけっしてない。また，度重なる悲惨な内戦にかかわらず，先住民と入植者との反目でもない。黒人と白人との対立，あるいは，ヨーロッパ文明と先住民文化との著しい相違も，黒人と白人との関係を理解する上で有効な手がかりではない。百数十年前までは，入植者と先住民はまだ，別々の社会に属していた。しかし，最近30年ほどの間に，先住民と白人を別々の集団として論じるのを控える経済学者や歴史家が増えつつある。白人と黒人の相互不可分の関係を認識するようになったからである。人種と肌の色の生む強烈な偏見が，黒人と白人との固く織り成す拠り糸を隠蔽していることは事実である。また，言語，食習慣，法的・政治的地位，教育，その他諸々の事柄が，白人と黒人の間の大きな隔たりを示していることも事実である。公的な討論や政治的論争で「先住民問題」とか「人種差別」という用語がやたらに使用され，あたかも，先住民問題にはただ先住民のみが関与し，「人種差別」は二

つの別個の社会を実際に分離しているかのように使用されている。こうした用語を使わざるを得ないとしても，白人と黒人の生活や活動が現実に隔離されているという意味，あるいは各々の言葉が，相手方への偏見なしにその言葉の範囲内で使用できると考えてはならない。

　事実，19世紀の対先住民戦争が，北アメリカのネイティブ・アメリカン相手の戦争と異なることは明白である。南アフリカの戦争は排他的な白人の入植地のために，土地から先住民を一掃していないのである。トランスバールの農民が先住民を「土地から一掃」すると言ったり，先住民担当行政官が漠然とバンツー人を白人居住地の境界外のどこか北方の土地へ再植民させようと考えたりしたのは確かである。しかし，現実には，先住民との戦争は最良の広大な土地の所有権を白人が獲得する手段のみに止まらなかった。戦争は先住民の労役をかなり自由に支配できる手段を白人側にもたらした。土地戦争は労働力戦争でもあった。換言すれば，先住民は土地へ出入りする自由を失ったが，労働者，牛飼い，小作人，借地人などとして，土地から生計を得ることを許された。南アフリカの辺境は，前進を続ける白人入植者の波に押し流され砂漠で消滅するか海になだれ込むような類のものではなかった。辺境は，双方の社会が互いに密接に依存しあう関係を保てるような形で，侵略によって開発され，戦争によって破壊された。歴史は，普通，黒人と白人との雑婚や異人種間の結婚を，本来別個の二つの社会が融合した最も明白な証拠だとみなしている。しかし，二つの社会が密接に絡まりあうには，血縁に頼る必要はない。19世紀の南アフリカでは，白人は血統の純潔を維持するのに成功したが，経済生活の中枢に先住民が入り込むのを妨げなかったのである。

　膨大な数の先住民がどのように最初は農村の無産階級に，次に都市の無産階級になったかについては，すでに論じた。土地の没収，部族社会制度の崩壊，土地の浸食，旱魃，家畜の疾病，税金，新たな生活必需品，古ぼけた衣類——これらすべてが重なって，独立していた部族を隷属的なグループに転ずるよう拍車をかけた。19世紀は農場と産業において黒人労働者という重要な階級を生み出したため，印象としては，白人社会自体が特別の地位を獲得し，先住民の生活を左右する種々の作用の及ばない高みへ白人を引き上げ

た，と思われがちである。この印象は聖書に由来する「選民」という教義によって強調され，19世紀に普及したダーウィンの進化論の通俗的解釈によってさらに補強された。宗教と科学が各々，特定の人種を他の人種よりも上位に置く特別な権威を与えていると考えられた。実際，二つの共和国は，ある意味で，土地保有社会であり，国家と教会において白人と黒人が「適正」な関係を維持するよう入念に組織されていた。クリューガーの差別的公民権法が成立するまでは，白い肌が特権階級の人々としての立場をもたらした。同様に，共和国における平等とは特権的な平等であり，民主主義は白人社会だけの特典だった。

　世紀の変わり目に，白人社会の内部で気懸かりな不平等が生じていることが表面化した。白人社会の底辺に一つの集団が澱のように吹き溜まり，彼らはあまりにも貧しく，生活手段を欠いていたため，先住民すれすれの水準まで落ちぶれていた。白人社会の人種的平等は，内部における経済的不平等の発生を妨ぐことができなかった。1892年に，ケープ植民地政府の農相ジョン・X・メリマンは，東部地域におけるかなり多数の住民の零落状態に注目した。翌年，オランダ新教教会は信者の間に生じた農村の窮乏という危機的状況に対処するための会議を招集した。新興周辺共和国でも旧ケープ植民地に劣らず，農村地帯は厳しい苦境に立たされていた。ボーア戦争がトランスバールに荒廃をもたらすはるか以前に，「国民議会」（フォルクスラート）は「貧窮ボーア自由民」の窮状に関する討議を行っていた。ボーア戦争後，貧困問題は年々深刻さを増していった。政府審議会やオランダ新教教会の協議継続が，この問題のもたらした懸念の大きさを示している。入手可能な最良の資料に基づくと，1923年に，プア・ホワイトの階級に相当する白人は160,000人存在し，白人人口の約1割を占めると言われていた。プア・ホワイトは特定の地域や風土に特有な存在というわけでなく，特殊な原因から生じた結果でもなかった。彼らは不毛なカラハリにも，雨量が多くマラリアのはびこる叢林地帯にも，樹木の生えないカルーにも，ケープ沿岸地帯のじめじめした森林にも等しく存在した。ある者は放浪し，ある者はまだ土地にしがみついていたとはいえ土地との結びつきはあまりにもか細くなっており，ごく僅かな食糧しか入手できなかった。換言すれば，19世紀は「プア・ホ

ワイト」と「プア・ブラック」という人種を生み出した。もし経済学者が植物学者や生物学者の分類法を応用できるとすれば，プア・ホワイトとプア・ブラックは経済学的にいうと同一の種に属していると言えよう。ボーア戦争以後，公的ならびに私的機関が，多数の白人住民の経済的・社会的零落の原因を調査したが，すべて一つの結論，すなわち，プア・ホワイトとプア・ブラックはほとんど同じ原因から生じているという結論に帰着した。プア・ホワイトはアメリカのかつての奴隷州で「クラッカー」*とか「プア・ホワイト」と呼ばれた人々に相当するアフリカ版である。アメリカでも，まさに同じ時期に，最低生活を営む貧窮した白人住民が生み出され，土地保有者と同じ人種でありながら，経済的条件では黒人住民と同類だった。南アフリカにおける無産階級発生の研究は，経済史的，社会史的に不可欠の重要な分野である。

　新興植民地社会における最も優秀で最も活動的な人々が新規開拓地を求める，という説は必ずしも当っていない。危険な開拓地生活をあえて求めた人々の中には，既存の植民地の責務を逃れようとした者もいた。変化を求める気質は必ずしも進取の気性とは結びつかない。南アフリカのさほど苛酷でない開拓地には，真の開拓者特有の資質を全く持たない，鈍重で進歩を求めない連中も生活できる余地が長い間残されていた。グレート・トレックは南アフリカ史上における一大叙事詩となり，移住者たちの作り上げた社会は世界の賞賛を求めている。しかし，ある意味で，グレート・トレックは，イギリス政府がケープ植民地に導入した強力な社会規律や厳格な法的規制の受け入れを忌避した結果として生じたものであった。経済的に見て，それは新社会を求めて前進したのではなく旧態を持続し恒久化させたのである。この結論は，「トレッカー」社会の内部に多数の進歩的な人々が存在していたことと矛盾しない。移住運動に続いて羊毛の輸出がかなり拡大したことは，多くのトレッカーたちの活動力を示す一例にすぎない。しかし，ダウニング街の支配を振り切ることで，彼らは教育の緩やかな流れからも遠ざかってしまった。市場からも疎遠になり，ボーア人は以前に増して旧弊な習慣を改める

---

　*　クラッカー：アメリカの方言で，ジョージア州・フロリダ州の山地に住むプア・ホワイトをさす。

きっかけを失った。広い土地を所有し，安くて従順な労働力を豊富に獲得できる新しい環境は，移住で払った努力，犠牲，勇気などを自分の農場に注ぐ気力を奮い立たせなかった。移住においては開拓者であっても，定住生活においては開拓者たり得なかった。カフィル人，急流，疫病に打ち勝って得たものは，さらなる孤立と近代的事業の精神からもう30年ほど遠ざかることだった。周辺共和国は土地入植の根本的失敗をさらに拡大し，イギリス政府は大英帝国領内の土地においてその失政を是正できなかった。土地はきわめて容易に入手できたため，土地を有効に開発するのに必要な資金，活力，能力を持たない人々の手に，あまりにも広大な土地が渡ってしまった。そうした農民は畑や羊にあまり見返りを望まなかった。土地が細やかな要求を満たし，羊の頭数が増えればそれで十分だった。そうした農民は，近代生活の実務的習慣を身につけられず，営利的な農業の基盤となるべき商業主義を学ぼうとしなかった。そのような立場の人々の生業では，帳簿をつけたり，市場の変動を研究したり，土壌の欠陥を改良したり，自然界の欠点と闘ったりする必要はほとんどなかった。ごく積極的な人々だけが，家畜の品種改良や疫病による被害の軽減のために精を出した。僅かな支出と僅かな収益が大半の人々の生活の経済的規範（ルール）であった。彼らはオーストラリアやアメリカの農民の経済合理主義など持ち合わせず，土地や畜牛を目的でなく営利手段にする金銭感覚も持ちあわせていなかった。

　生存ぎりぎりの水準の経済では，富裕な生活と停滞した生活との差はさほど明確ではない。近代的生活なら問題とされるような浪費や節約意識の欠如，科学的知識の不足などは，彼らの生活レベルでは問題にならなかった。もちろん，そのような農業は時代と環境の産物だった。ボーア人社会にとって，科学よりも時折訪れる好時節を信じ，労働節約的な機械の導入よりも浪費的で効率の悪い先住民労働で我慢する方が自然だった。環境に求めるものが少なければ，その環境がもたらす旱魃，雹，疫病などの天罰に晒される比率も小さくなった。ボーア式農業はボーア人だけの時代であれば，けっして非効率的な農業ではなかった。「フールトレッカー」の生活が求めたのは細やかな満足であり，それは広大な土地や住民の穏やかな生活から得られるものであり，活発で自由な社会を煽り立てる社会改革計画などの存在しない場

所で得られるものだった。地平線を横切る隣家の荷車から上がるゆったりした土ぼこりが，彼らの生活ペースに似ていた。利益や儲け志向の人々の生活に課される，様々な忌むべき税金や日々の規律を伴う利益よりも，彼らはささやかなものに安心の保証を求めた。しかし，彼らの生き方は特有な弱点も生み出した。規則正しく仕事をする生活習慣を弛緩させ，社会経済問題に関してはだらしない放縦な考え方に甘んじた。フールトレッカーの生活にはごく基本的な生活必需品しかなかった。壁を日干し粘土で作っただけの「壁作りの家」でさえも，大半の地域であまり見かけられなかった。意欲の乏しい家族は，細い柱の骨組みの上にイグサを編んで作った「むしろ作りの家」に住んでいた。ケープタウン付近の裕福な家には頑丈でしっかりした作りの立派な家具があった。しかし，フールトレッカーの住居にある家具は粗末で，住居自体の荒削りの生木と大差なかった。床はむき出しの土で，床上に敷いた堆肥がマホガニーのような豊かで滑らかな外見を与えていた。大半の住居には天井がなかった。通例，鍵や窓枠も無かったのは，小説や新聞などが見当たらないのと同様だった。

　内陸部や周辺共和国の住民の間には，貧富の差があった。すでに18世紀の変わり目に，辺境地では裕福な牧畜農業経営者と，樹木の伐採でかろうじて生計を営むしか才覚のない人々との間に，歴然たる差が生じていた。しかし，非資本主義的で非商業主義的な環境では，こうした差異は個人の政治的・社会的身分にあまり影響を及ぼさなかった。馬とライフルさえあれば，貧乏なボーア自由民でも比較的金持ちの隣人と大差なかった。共同体の指導者にも共和国の大統領にさえも，なろうと思えば道が開けていた。アンドリュー・ジャクソン*の支持者が自らの民主主義を証明しようとしてホワイトハウスの椅子に泥を撒いたような気迫には欠けていたが，フールトレッカーたちは社会的見栄や階級差別に対する嫌悪を，ジャクソンの支持者たちと同じくらい持っていた。

　地平線の彼方に，新しい牧草と新しい土地が見出される限り，ボーア人社会の人々はその生活形態を変えずに生きることができた。土地と家畜が富を

---

* アンドリュー・ジャクソン（1767 - 1845）：アメリカの軍人，政治家，第7代大統領。独立戦争中14歳で孤児となり，辺境地特有の典型的立身出世をとげた。

測る尺度だった。それは，この国が惜しみなく供給する富の形態だった。これがなければ社会的地位を失った。それは息子に与える財産相続分であり，娘に与える持参金だった。新しい土地がある限り，若いうちに息子たちは父親と同じくらい広大な土地と家畜を手に入れることができた。場所によっては土地を無料で手に入れることができたし，あるいは二束三文で買うこともできた。1梱のタバコもしくは数ブッシェルの穀物を売るだけで，6,000エーカーの農場全部の賃貸料を支払うには十分だった。トランスバールでは特に土地の譲渡を計画的に規制しようとする役人もいなければ，そういう発想もなかった。土地は住民の世襲財産だった。土地の管理の仕方次第で国庫に利益をもたらすことができるとか，後の世代のために土地を大事に保存すべきだという考えはほとんどなかった。直接税に対する農村住民の強硬な反発に対して，どの共同体もうまく対処できなかったことが土地を必要以上に放置する原因となった。国庫収入への農民の寄与が僅かだったため，土地改良の説得もあまり行われなかった。総じて，この国の土地はその所有者の生活をかろうじて支えるだけしかものを生み出さなかった。しかし，オレンジ自由国，ナタール，東部州の中には，利益をあげている牧羊農場もあった。中にはカフィル式農法で利益をあげる土地もあった。広範囲の土地投機が行われ，土地は囲い込まれて，人為的な土地不足をきたし，本来土地改良に向けられるべき資金が土地相場師の懐に入ってしまった。19世紀末に至るまで，南アフリカの農業には信用取引が欠如していた。信用貸しがあったとしても，土地の投機的売買に向けられてしまうのが常だった。ケープタウンとナタールの銀行は1870年以降，土地取引にかかわっていたという悪評が立っている。

　一部住民の間では土地の所有意識さえ明確でなかった。彼らの目には，土地は空気や水と変わらないものとして映っていた。土地はすべての人々が使用してもまだ余っていた。土地を所有していなくても，畜牛に草を食ませたり，食糧を得るために土地の一部を耕したりする権利がなくなるわけではなかった。ケープ植民地の遠隔地や周辺共和国には，昔から，他の人々とは違い，土地を利用するだけで所有しようとはしない連中が存在した。彼らは旱魃や寒さを逃れ，牧草と季節を追い求めて移動していた。土地を新たに入手

した隣人たちは，カフィル人を相手にする場合は所有権を防衛したが，同じ人種の人々には頓着しなかった。このため，土地を持つ農民と持たない農民の間にあまり差異が感じられない場合もあった。19世紀の最後に至るまで，英領植民地および周辺共和国には，18世紀的な習慣を一歩も出ない家族をいまだ数多く見ることができた。彼らは1エーカーの土地所有権も持たず，曽祖父と同じやり方で柵囲いや立ち入り禁止法などに縁のない国で土地を借用し，家畜の群れとともに四季を追って移動し，荷車で露営生活をしていた。

　ついに新たな土地が欠乏する時代となり，もはやカフィル人を追い払って白人居住用の土地を確保することは難しくなった。イギリスの政策による種々の法律が土地欠乏の危機に拍車をかけた。イギリス政府が白人と先住民部族の関係に介入しようとした取り組みはすべて，白人が欲する土地を勝手に入手することを制限するものだった。1843年のイギリスによるナタール併合は，ナタール先住民を完全な収奪から保護し，ズールーランドの広大な先住民地区を40年間，白人の侵略から守った。1869年のバストランドの併合と1885年のベチュアナランドの保護領化は，周辺共和国に明確な国境を認めさせ，新しい土地への移動を阻止した。しかし，ボーア戦争の時代になると，住民はもはや自由に放浪したり新たな土地へ押しかけたりできなくなった。農村社会は隠されていた不平等の実態を表わし始めていた。農村社会は土地を持つ者と持たぬ者との階層に分かれ始めた。土地不足と金産出の影響は，ボーア戦争前の土地価格上昇の原因となった。ボーア戦争後，土地の高騰が再燃し，高値は第一次大戦まで堅持された。土地の高騰は土地保有者と無断借地人との差別をいっそう鮮明にした。土地の高騰は土地所有者自身にとっても，本当に天恵かどうか疑わしかった。彼らは自らの勤勉努力によってではなく，市場の値上がりによって富を得ることに満足していた。しかし，土地のご祝儀相場が終わると物価の下落圧力は，投機家や真の農民の持つべき進取の気性や技能を疎かにしていた人々を土地から締め出した。

　草原地帯の辺鄙な地域に，近代産業や商業に関連する機械や人間がなだれ込んだことは様々な混乱を招いた。新しい町は生存ぎりぎりの水準の経済でなく貨幣経済を意味していた。新しい産業は18世紀的生活習慣ではなく，

19世紀・20世紀の習慣を意味していた。経済発展の潮流を目前にして，生存ぎりぎりの水準の経済のいいかげんな生活習慣はその日暮しで糊口を凌ぐものとなり，旧来のぐうたらな生活は破産や貧困化による罰を受ける怠惰と化した。

　一部の白人住民が土地から切り離されたことと，先住民地域が先住民人口を維持できなくなったこととの間には，きわめて明らかな類似性がある。先住民世界ではその経過は劇的で明瞭だったが，白人世界では経過は秘かに進行し，なかなか表面化しなかった。両者の進行がいかに類似していたかは，白人の窮乏化の原因を調査すれば分かる。1860年代と70年代に，先住民地域の治安判事は地域内の立ち木の消失，土壌の浸食，牧草の退化に気づきはじめた。これらの現象はすべて，人間と家畜の過密状態が土壌と植生の本来の均衡を破壊した度合いを示す証拠だった。自然界が1,000年かけて築き上げたものが，人間の寿命よりも短い期間に破壊されかねなかった。世界の大規模植民地の全地域で天然資源の容赦ない収奪の歴史が繰り広げられている。カナダのアルバータ州とマニトバ州では，耕作することで土壌を厳しい強風と旱魃にさらし，その肥沃な土壌はアメリカ中西部の壮絶な砂嵐によって，カンザス州やダコタ州の土壌と同様，惨憺たる形で消散してしまった。カナダの他の地域では，斧と火によって広大な面積の森林が材木，パルプ，そして灰と化してしまった。オーストラリアでは，何百万頭もの羊が過食と牧草地の踏み潰しによって植生を衰弱させ，土壌浸食の原因となった。樹皮が環状に食い剥がされることで，やせ細った枯木の共同墓地が形成された。水のほとばしるくりぬき井戸は，きわめて貴重な地下水の貯えを致命的に浸食した。しかし，大英帝国内でオーストラリアを除くと，南アフリカほど農業資源が無謀で非科学的収奪の被害を受けやすいところはない。南アフリカは危険なまでに土壌，牧草，樹木，水に代表される資源を食い物にしてきた。先住民と白人がこぞって膨大な資源を食いつぶしてきたのである。晩冬の地平線を赤く焦がす野焼きは，土壌を活性化するはずの有機物を煙とともに蒸散させてしまった。植物で覆われていた頃には，草原の処女地はどんなに激しい洪水が押し寄せても，保護されていてびくともしなかった。野焼きの火で焼き固められ，無数の蹄で踏み固められ，途方もない頭数の動物に草

を食まれて裸土と化した同じ草原は，雷雨の惨害に対して全く無力だった。かつて地面を穏やかに流れていた川は，一雨ごとに濁った激流となった。南アフリカの雨はイギリスの小糠雨のようにもの静かな降り方をめったにしない。雲はむくむくと重なる積乱雲となり，天はすさまじい音を立て，豪雨が地上を襲う。家畜が水を求めて行き来してできた通路や，旱魃で生じた地割れ，植生を失った谷などは急流の水力に無防備となり，水の枯れたガリー（雨裂）や，「スルート」という深いガリーと化して，貴重な土壌の栄養分を運び去った。植物が生えない裸土になればなるほど，それだけ太陽熱により土壌から水分が奪われた。土壌の浸食は先住民地域で最悪の状態だったが，至る所で，風と水が元々たいして豊かでない地味を運び去ってしまった。随所で樹木が伐採され，侘しい景色を彩る潅木さえほとんどない広大な地域が残された。1841年に，ピーターマリッツバーグ周辺15マイル以内の地域には，薪用の木すら1本も生えていなかった。ナタールの内陸部の大半で樹木が生えていなかったのである。ほとんどの農家や先住民の小屋の周辺では，燃料に使われる厩肥のお馴染みの悪臭が漂っていた。黒人も白人も，大半の人々は厩肥が畑に与える目に見えない効用に気づかなかった。アメリカの「黄塵地帯」*で目先の利益を求めて何千平方マイルもの土地を荒廃させた人々の貪欲さなど持たずに，土地に深い愛着を持っていた人々ですら，なお，こうして土地を疲弊させ土地に依拠する自らの生活の安全を脅かす結果を招いたのである。

　その日暮しの人々に旱魃というおまけがついた。早くも19世紀の半ばに，辺境地の農民は，かつて黄金時代には豊かな雨量と牧草があったものだ，と語っていた。カルー台地のような地域は，乾燥地帯特有の植生が発達するほどの長い間，何世紀にもわたって旱魃に晒されてきたのが実情である。ナタールやトランスバールのように比較的平均雨量の多い地域でも，長引く旱魃の被害を受けていた。1882年から1925年までの間に，南アフリカは平均して6年毎に厳しい旱魃に見舞われた。1878年から1919年の間に，グリカランドウェストの地域は11回にわたるひどい旱魃に襲われ，農民は子羊の

---

*「黄塵地帯」：旱魃と砂あらしに見舞われる乾燥地帯，特に1930年代に砂あらしに見舞われたアメリカ中西部地域。

喉を切って瀉血し羊の命を救おうとしたが，それでも，渇きによって多数の羊の血液濃度が上がり，熱で体温が上昇して死んでいった。確証はないが，白人入植者が到来して以来，旱魃が以前よりいっそう頻繁かつ苛酷になり，牧草の過食と浪費的な農法が植生を弱め，地下水を枯らしてしまったため，旱魃に耐える地力を大幅に弱めてしまったことは明白である。雨量そのものはおそらく減っていないだろうが，雨のもたらす効率が低下したことは間違いない。タンブルウィード（風転草）*，ヒラウチワサボテン，レノスタルボス*，節目サボテンなどが，食用になる牧草や栄養になる植物の領域に侵入した。家畜の過剰飼育と焼畑の結果，何千平方マイルにも及ぶ農村地帯が壊滅した。そのような土地に雨が降ってもあまり効果はなく，旱魃は以前よりも大きな被害をもたらした。土地は粗末に扱われたしっぺ返しとして，人間や家畜への衣食の供給を減少させた。豊作の年には多くの家畜を持ちこたえられた農家が，旱魃の年には，多すぎる家畜を持て余した。厳しい旱魃で畜牛や羊は何千頭も死に，穀物は畑で立ち枯れた。旱魃の年は農民を借金に追い込み，農民から畜牛や土地ばかりか土への愛着すら奪い去った。最初は受難が降りかかっても挫けない勇気と忍耐力のあった人々も，再三再四にわたる苛烈な打撃を受けると，ついにその頑健さと財産をもろともに費えさせてしまった。最終的に旱魃は人々からやる気さえも失わせた。人々の心と体には，天候を相手にどうあがいても勝ち目はないと信じ込む荒んだ虚無感が浸透した。まるで，ベドウィン族の運命論さながらに，豊年は神のご利益であり，神は勤勉さや，やる気などには一瞥も与えないと考えられた。人々はなすすべもなく，豊作年と凶作年の波の天辺に上ったりどん底に沈んだりした。ある年には野望が膨らみ，次の年には希望は萎えてしまい，ついに，多くの人々の心と意思の緊張の糸は断ち切られてしまった。

　明らかに，先住民と同様多くの白人家族も不十分でバランスの悪い食事に慢性的に悩まされていた。乾燥の著しい地域では野菜，果物，ミルク，バターなどの生鮮食品はけっして十分ではなかった。旱魃の長引く時期にはそ

---

* タンブルウィード（風転草）：枯れると根元から折れて風に転がされる砂漠地帯の雑草。
* レノスタルボス：アフリカ特有の植物。ライノ・ブッシュとも呼ばれ，犀の皮のように固く，食用に適さない。鱗状の葉と紫色の小さな花をつける。

れらを全く入手できなかった。炭水化物の過剰と蛋白質，ビタミン類の不足する食事は，結果的に不健康と虚弱体質から生ずるだるさ，栄養不良の最も一般的な症状である精神的疲労感と知能障害となって現われた。個々人の不幸にはいくつかの段階があって，人々が自ら招いた不幸なのか，あるいは彼らを育てた環境の犠牲なのか判然としない。しかし，控えめな医学的所見でも，数世代にわたる飢饉の頻発による必須栄養素の不足のため，一部の農村住民の活力は深刻な痛手をこうむっていたと考えられている。栄養失調と病気に対する免疫力低下との因果関係は定説となっている。暑い低地の草原ではマラリアが風土病である。マラリアと，赤水熱とも呼ばれるビルハルツ住血吸虫症*は，貧しい食生活と粗末な住環境との相乗効果によって，身体的，精神的衰弱を広範囲にもたらした。陽光の降り注ぐ広大な農場にも，過密で非衛生的な生活条件が存在していた。白人農業人口は高い出生率のため，しばしば狭苦しく非衛生的な住居で我慢しなければならなかった。19世紀中葉にあちこちを遍歴したトレッカーたちは，荷車に住み，新鮮な肉を持つ動物を自ら射止めたりしていたため，60年後の，プア・ホワイトの掘立小屋やあばら家に住む子孫たちよりも，はるかに健康的に暮らしていたことは間違いない。

　昔，広い土地があった時代には，子供たちは父親の遺産を待つ必要はなかった。しかし，無料で入手できる土地が乏しくなり，安い土地が高騰すると，父親の農場一つで家族全員を養わねばならなくなった。ローマ・オランダ式相続法が，ナタールでは1863年まで，ケープ植民地では1874年まで，オレンジ自由国では1901年まで，トランスバールでは1902年まで施行されていた。これは父親の財産を子供たちの間で強制的に分割する方式だった。法律が公式に廃止された地域でも，農村住民の多くはこの法律を尊重し続けた。もし，この土地再分割の過程で技術的，集約的農業がもっと実施されていたら，小土地所有者のつつましい小自作農という恩恵がこの国にもたらされていたかもしれない。しかし，不合理な土地の再分割と，相変わらず原始的で，無駄が多く，でたらめな農業は土地と土地所有者の双方に悪影響をも

---

* ビルハルツ住血吸虫症：骨盤部に寄生する熱帯の扁形の虫が原因で，膀胱系に障害を起す。

たらした。中世の荘園でさえ，南アフリカの農場ほどでたらめに再分割されたことはない。アーサー・ヤングがフランスで発見した，僅か1本のリンゴの木の陰ができる範囲の土地の所有権くらいが，一人当たり2,527モルゲン*の畑の148,141分の1という所有権に匹敵するだろう。多くの家にとって，このような遺産相続は確実な貧窮化への道だった。効率的に耕作するにはあちこち分散しすぎていて，柵囲いをするには狭すぎる畑，家畜が踏み荒らすのを防げない区画，もっとも弱小の所有者に皆の事業経営がレベルを合わせなければならない複雑な土地所有形態といった中世的な現象は，17エーカーの土地を13人もの人間で所有する場合避けられなかった。再分割に代わる共同所有という方式もしばしば，同様の悲惨な結果を招いた。中世の村落の商業習慣や慣例遵守などの文化を持ち合わせていなかったため，農場の所有者グループは通例，協力や共同事業ができず，そのため，農業では利益があがらず，内部争いが多発した。農場が再分割されようとされまいと，居住者はそこを動けなかった。農民はやる気もなく，責任も持たず，余裕のない乏しい農業を繰り返す以外何の経験もない生活を送り，死んでいった。その結果，子供たちは成長して親たちよりさらに貧しくなり，やせこけた土地で先細る生活をする以外何の適応力も持たなかった。第一次大戦後にも，このような家族のグループが，全員を支えきれない土地にひしめき合い，ごく貧しい食生活を運命づけられ，あまりに貧乏なため，皿の上の肉はおろか現金もほとんど持たないという状態を，旅行者が目撃することがあった。貧窮が精神的退廃を導いたのか，精神的退廃が貧窮を導いたのかを議論するのは無駄である。どちらも当たっているからである。農村の貧困化の原因と結果は両方とも，精神的堅固さを衰えさせ，環境の力に対抗するのに必要な人々の気質と活力を弱体化させた。ボーア戦争の直前直後の数年間，南アフリカの人々の間にけだるい無気力と，文明化された人間の願望などには見向きもしない無関心さえもが蔓延していた。

　ギボン・ウェークフィールドは現役時代に，植民地政府は土地譲渡に慎重を期すべきで，土地を容易に取得できない一部住民を健全な農村社会の労働

---

* モルゲン：約2エーカー（8,563㎡），農民が午前中（モルゲン）に耕せる広さに由来する。

者たらしめるような価格で土地を譲渡すべきだと説いた。大英帝国とアメリカの多くの農業地帯では，土地不足と地価の高騰により，第一次大戦後，賃金労働者と賃貸借地人の階級が生み出された。南アフリカでは，逆に，農村社会における土地所有者と土地を持たぬ者の二階級への分離は，白人労働者や借地人のまとまった階層を生み出さなかった。その代わり，落ちぶれたグループは賃金労働者でもなければ借地人でもない中途半端な立場で，土地所有者の進取の気性も持てず，そうかといって継続的に給与を得る賃金労働者としての自尊心にも執着していなかった。これら無断借地人のグループは「バイボナー」*と呼ばれ，大英帝国の他の地域ではこれに相当する階級は見当たらない。この階級は，一方で労働者とほとんど変わらずに生計を立て，時たま羊や子牛を有し，第一次大戦後にはしばしば現金も稼ぐ人々がいた。もう一方で，農場全体の放牧権や耕作権を自分の分担所有分や労働報酬分として持つ人々もいた。こうした人々の中間に，膨大な数の土地を持たないバイボナーがいて，地主の好意にすがって細々と生活を営んでいた。彼らすべてに共通していたのは，穀物もしくは畜牛などの分け前分配方式に基づいて労働していたことである。耕作や放牧に十分な土地がある場合には，相当な分け前に与ることができた。狭小すぎる畑地や少なすぎる牧草地の場合には，絶え間ない生存競争を余儀なくされた。

　農村社会におけるバイボナーの立場は，膨大な数の先住民労働者の存在によっていっそう厳しさを増した。バイボナーやプア・ホワイトが労働者や賃金労働者としての確立した社会的階級を形成するのを，先住民労働者が妨げていた。先住民労働者の賃金が安く従順だったことは，白人労働者との競争上有利となった。しかし，白人との競争はあまり厳しくなかった。総じて，極貧の白人でさえも「カフィル人の仕事」を嫌う風潮があったからである。他の大規模植民地では，筋肉労働や不熟練労働全体に対するこのような偏見はなかった。カナダの製造業やニュージーランドの農場では，熟練の基礎は筋肉労働や半熟練労働によって支えられている。南アフリカでは，あまりに多くの筋肉労働や不熟練労働が「白人の仕事」でなくなっていたため，農業

---

* バイボナー：南アフリカの土地を持たない，貧しい白人小作人のこと。

に成功をもたらす基盤そのものを先住民労働者の手に委ねてしまうことになった。あらゆる熟練仕事の中で，農業ほど手に肉刺を作り額に汗する長期の実習期間を要するものはない。南アフリカ農村部のプア・ホワイトたちは，アメリカの元奴隷州の住民に見られる階層と非常に似ている。この地域でも，安価で従順な労働力によって運営されるプランテーションや大規模農場制度がプア・ホワイトという底辺層の住民を生み出した。彼らは，黒人を軽蔑することで，経済的に一番近い同類から自分たちを区別した。それは人種と政治的優位の力によって，自らを黒人より上位におこうとする努力だった。南アフリカでも，これと全く同じ方法で，プア・ホワイトたちは地主階級と奴隷的先住民との中間に立つ地位を確保していた。貧困が一方の階級から彼らを引き離し，自尊心がもう一方の階級から彼らを切り離していた。

　バイボナーは明らかに生存水準ぎりぎりの自給自足農業（サブシステンス・ファーミング）という非商業的時代の産物だったため，近代的農業の発展によって彼らの立場はさらに悪化した。実際，牧羊業者や牧牛業者がオーストラリアやニュージーランドの教訓を学ぼうとしたり，あるいは農業専門家がアイオワの穀物農場経営者の技術や経営業務を応用したりする場合，因習的なバイボナー制度が常に妨げとなった。労働のより効率的な利用，柵囲いの使用，より集約的な農業，育種法の改良，より経済的な放牧などは，無断借地人や居候のいる場当たり的な体制と両立しなかった。南アフリカでも柵囲いは，オーストラリアや16世紀のイギリスと同様，労働需要を減少させた。柵囲いは，より合理的な農業，資本のいっそうの利用および近代的技術を意味するものだった。それは，いろいろな意味で，新時代に順応しようとしないグループを囲う柵となった。

　第一次大戦勃発前の10年間は，まだ無人の地域が残っていた。そうした地域は乾燥がひどすぎて使い物にならないため，先に来た入植者が通り過ぎた所である。今では，ベチュアナランド，オレンジ自由国西部，ケープ北西部の不毛な地域にも入植者が入り込んでいた。しかし，そうした地域は，過剰な農村人口を収容する力もなければ，貧窮状態の緩和もできなかった。農村で食い詰めた膨大な数の先住民が生活の立て直しに行った先は，ダイヤモンド鉱山と金鉱山だった。また，白人の農村住民も都市に流入し始めた。

1904 年の白人の都市人口は 590,926 人で，全白人人口の 53 パーセントだった。1931 年には，1,119,848 人で，全白人人口の 61 パーセントとなった。同じ時期に農村人口の方は 47 パーセントから 39 パーセントに低下した。1904 年の人口調査でも，ケープの中部地域全体で農村人口の減少が認められた。1911 年の人口調査では影響を受けた地域は拡大して，オレンジ自由国にまで及んだ。さらに，1918 年，1921 年，1931 年の人口調査は人口流出が広範囲にわたる継続的な現象であることを示した。1890 年から第一次大戦までの間に，南アフリカに一つの変化が生じた。アメリカ合衆国も追いつかないようなスピードで，かつては貧窮にあえぐ村落や草地にすぎなかった場所に，繁華な都市が忽然と出現したのである。1891 年から 1911 年の間に都市人口は 200 パーセント以上も増大した。ニュージーランド，オーストラリア，カナダでは，鉱業，商業，人口の移動などは物価の上昇や商品需要の増大による刺激を受けていた。しかし，南アフリカではこうした世界共通の条件に加えて，ダイヤモンド，金，鉄道建設，戦費の支出，復興事業などが拍車をかけていた。特にヨハネスブルクは大英帝国内で類い稀な成長を遂げた。新興都市に向かって農村の貧困者の流入が間断なく続いた。

　社会史の研究者は周知のように，都市の成長と農村人口の減少は，その国が経済構造上より繁栄しより発展しつつある証拠であると考えられる。第一次大戦以降，ニュージーランド，オーストラリア，カナダ，アメリカ合衆国はすべて，一部のより伝統的な西ヨーロッパ諸国と同様，農村から都市への人口流出を経験している。機械化と科学的農法が農場における人間労働の必要性を減じたからである。都市の工場が，今まで農場で行われていた作業の多くを引き受けた。人口の移動は豊かな農業地域でも起きた。豊かな地域で起きたということは，なおさら貧しい地域で起こるべくして起こる理由となった。貧しい地域は効率の悪さや生産性の低さがそのまま，特に農業が直面している競争で，勝ち目のないことを意味したからである。現代の農村住民の移動は結果的に必ずしも悲劇ではないし，農村が経済的疲弊に陥っている証拠でもない。農村人口の減少の原因は，都市と地方の間で産品の流通が効率化した結果である。南アフリカの農村人口の流出でさえ，特異であるとはいえ，経済的条件の変化に対応した自然な反応だった。1870 年には完全

に農業国だった国が，さらに発展した段階に達したとき，いや応なく農村人口の一部を他の業種に移譲しなければならない。人々の間の流動性は必ずしも条件の悪化を示すとは限らない。場合によっては，新たな野望が呼び覚まされたことを示し，そのため，人々は家や生活方式を変えるのであって，旧来の生活が耐え難いわけではなく，新しい生活がより魅力的だという場合もある。巨大鉱山会社の支払う配当金の一部や，穀物・羊毛倉庫からあがる利益の一部が，農村社会の懐やごく貧しい人々の懐にさえも行き渡った。都市よりはるかに遅れた地域でも，南アフリカの富が購うことのできた豊富な商品の分け前を手にした。しかし，人々の需要は，めったにそれを満たす受容能力を上回ることはなかった。貧しい土地が供給できないものを都市に求める人々は多かった。しかし，水も機械で圧し上げれば坂を上るのと同じ理由で，大半の人々が町へ流れて行ったことは明記しなければならない。旱魃と柵囲い，ボーア戦争による荒廃，第一次大戦勃発によるダチョウの羽毛産業の挫折，非効率性と破産——こうした原因やそれに類似した種々の原因が，農村人口減少の説明に当てはまる。イギリス軍司令部が焼き討ちによって，ボーア人の抵抗を打破する決定を下したとき，けっして復元することのできない大きなものを破壊してしまった。フェレーニヒンクの講和で，10,000人以上の人々が，生活の基盤であり自尊心の支柱でもあった土地から無理やり引き離されてしまった。このため，近代産業が求める活力ある人材の需要に地方が応じる形の人口の都市流入はほんの一部にすぎなかったのである。農村地域が都市に提供した人材は，自分の意思で前進する屈強な自作農階級ではなかった。大部分は挫折した人々で，土地を持ちこたえられず，金も気力も失い，気の進まない仕事と低賃金の不慣れな環境に引き込まれた連中だった。彼らは，都市でも地方にいたときと同様，上の階級と下の階級の重圧のはざまに置かれて身動きできなかった。地方では，土地を所有する富裕な階級から締め出されていたが，都市では，熟練した高賃金の労働者階級の中に入れなかった。彼らは技能を身につけていなかったからである。地方では，安くて従順な先住民労働体制が，彼らに農業労働者という有用な人材になれる機会を与えてくれなかった。都市では，同じ先住民がプア・ホワイトたちを不熟練労働者階級の中に吸収するのを阻んだ。18世紀のイギリスの農村

貧困層にとって，産業革命がもたらした工場やスラム街は囲い込みの圧力から彼らを救済する役割を果たした。南アフリカの鉱山や産業も，財産を失った人々や貧困層に同じような救済を施した。実際上の違いは黒人貧困層の方が白人貧困層より好まれたことだった。

　土地も工業技術も持たない点で，プア・ホワイトとプア・ブラックは明らかに類似していた。ボーア戦争以後，ヨーロッパ人社会階層に不況をもたらした影響は先住民にも作用し続けた。1930年に，南ア連邦の異種部門間労働資源委員会は，指定居住地の男性健常者の圧倒的多数は毎年一定期間，ヨーロッパ人に雇用されていると結論した。換言すれば，20世紀には，指定居住地内で住民の生活要求に応えられない状態がより深刻化し，より慢性化していたのである。優良な土地，豊かな雨量に恵まれた地域でさえ，次第に住民の食料需要を賄いきれなくなった。税金，鍬，ろうそく，その他の負担や必需品については言うまでもなかった。官製の連邦年鑑によると，1932年の先住民のトウモロコシ生産は非常に不作で，消費量に対して年当たり8,000,000袋の不足をきたしていると見積もられた。1925年に，先住民地域の中で，最も豊かで恵まれた自然環境の地域とされていたトランスカイでも，地元の資源だけでは住民を支えきれず，常時，健常者の半数近くがヨーロッパ人に雇われて不在だと報告されている。シスカイやバストランドのように絶望的ともいえるほど人口過密な地域からは，健常者のほぼ全員が流出していた。

　ボーア戦争後も，戦前と同様，先住民の生活は無知と怠慢ゆえにこらしめを受け続けた。人口の過密状態と家畜の過剰飼育は，白人地域よりも急速に土壌の浸食による報復，食用植物の荒廃，肥沃な土壌の喪失をもたらした。飽くことのない家畜の過食のため，牧草は種を落とすことができず，雑草や有害植物の繁茂に土地を明け渡すことが多かった。バストランドにおける土壌の浸食は地質学的な性格のものである。その渓谷は，何年もかけた土壌の浸食という自然現象によって深く刻まれていた。人間による圧力は自然のゆっくりとした作用を急激に進め，その爪あとは削剥された山腹やパックリと裂けた溝に歴然と見ることができ，膿んだ傷口のように健全で肥沃な土壌

を運び去った。それでも，バストランドでは，ナタールや他の先住民居住地と同様，人々は土地が生み出せるよりも多くのものを求めざるを得なかった。進歩が遅れているどころか退歩しているような地域で，人間と家畜の数ばかりが増大し続けた。1918年から1930年の間に，先住民地域の畜牛の数は1,680,000頭から3,900,000頭に，232パーセントも増大したと見積もられている。家畜を消毒液に強制的に浸すとか，その他，家畜の疾病を管理するための政府の取り組みは，百万頭以上の家畜による重圧を土地に負わせた。こうした負担増は農業技術や科学の発達で埋め合わせできなかった。家畜が増加しても経済的に豊かになるわけではなかった。劣悪な品種，粗略な飼育，飼料不足のため，先住民の食卓にミルクや肉をほとんど増やすことはなかった。また，貧しく寄り合う中国人が土壌を丁寧に管理する姿から，バンツー人はけっして学ばなかった。彼らは家畜の厩肥で土地を肥やすことを拒否した。土壌はそうした怠慢にいっそう貧弱な牧草をもって報い，ついには，雄牛が弱ってしまい，土を深耕できなくなることも多かった。一部の指定居住地は乾燥がひどくて，二日に一度しか畜牛を水場へ連れて行けなかった。

　先住民にとって畜牛は財産以上のものだった。牛を売るとか，食べてしまうことは父祖の流儀から逸脱することであり，それを避けるために部族精神は苦闘を続けていた。牛は宗教的崇拝の的だった。英領インドのヒンドゥー教徒の「牛崇拝」がもたらす深刻な経済問題が，バンツー人の間でも認められた。食用に牛を屠殺することに対する禁制は，アフリカではインドほど厳しくなかったが，牛への崇拝は，何千頭に上る貧弱で無用な動物に僅かな土地資源を食いつぶさせるという同じ結果を招いた。畜牛はお金と同じように貯えられた。それは収入や利益の源泉というより，持ち主の尊厳を示す目安となった。畜牛や放牧権を農場における先住民労働への報酬とする方式は，先住民を豊かにしなかった。こうして，彼らの2大重要資産である畜牛と土地は互いに非生産的で損害を与え合う関係を続けた。

　先住民の貧困に直接税と間接税の重圧が加わった。南ア連邦政府は，旧来の自治政府と同様，ヨーロッパ人の土地へ課税することをしぶり，先住民へ直接税を課す方式を継続させた。このため，ケープ州では，ヨーロッパ人は

数千エーカーの土地を保有しながら所得税を支払わず，先住民の方は指定居住地に掘立小屋を持てば，20～30 シリングを支払うという事態もあり得た。関税は先住民向けの商品に厳しい影響を与えた。たとえば，1930 年に，先住民向けの 443,952 ポンド分のビーズや木綿製品に対し，輸入税として 256,037 ポンドが徴収された。1932 年に，先住民経済委員会は，「先住民に対する現行の税負担は，直接税，間接税とも非常に重い。増税すれば，先住民福祉に深刻な結果を招くことは必定である」と報告している。

　1894 年の，有名なグレン・グレー法*は，未開でむさくるしい部族生活から，活動的で進歩的な個人主義へのゆっくりであっても確実な転換の期待を抱かせた。この法律の施行によって，先住民は私的所有と利益という新しい個人的な絆で土地に結びつけられることになった。1895 年に生まれた「ブンガ」（＝トランスカイ総議会）は，女王陛下の黒人臣民にもビクトリア朝自由主義の恩恵を授けられるようにという，先住民の重要な自治政府となるはずの先駆けだった。トランスカイ地方の先住民区域内では，実験は明らかに成功する要素が見られた。先住民政策に関する論争でトランスカイを好意的に論評しない例は少ない。1894 年から 1911 年の間に，土地の個人保有制度は他の 7 地域にも拡大され，そこで最終的に 50,000 件の個人所有権が登録された。しかし，この法律はセシル・ローズが先住民のマグナ・カルタだと豪語したほどのものにはならなかった。土台である土地の個人所有そのものが不完全だった。そうした制度に見合う土地が不十分だったからである。一人当たりの割り当て区画は 4 エーカーに満たぬ広さであるとはいえ，一部の部族から土地を奪うことになり，ついに 1929 年には作物を植える土地を持たない家族が 11,000 世帯に達した。私有地や共有地ですし詰め状態に置かれることは，個人の意欲にブレーキをかけた。実際，初めからこの法律はトランスカイを自給自足の地域にすることなど意図していなかった。10 シリングの労働税の条項が加えられていたからである。この税は廃止同然となり，1905 年に廃止された。先住民はヨーロッパ人地域へ恒常的に大量の労働を輸出しなければ生活できなかったからである。

＊ グレン・グレー法：グレン・グレーはトランスカイ地方の雨量に恵まれ豊かな先住民密集地帯。セシル・ローズ政権のケープ議会が，部族単位の土地保有を個人単位に変更すべく議決した法律。

グレン・グレー計画は，出足はよくても後が続かないという，よくありがちな誤りを犯した。それは単独の計画で終わった。実際に，個人所有権が提示されたのは，先住民の土地喪失規模が大きすぎて，「一人1区画」という規定そのものが実行不可能な夢物語と化した時期だった。十分な土地がなかったのである。1915年のボーモント土地委員会の計算によると，先住民地域は先住民の総人口の僅か半分以下しか収容能力がなかった。人口の半分は指定居住地や隔離地域以外の，都市またはヨーロッパ人所有地に定住していた。しかも，指定居住地が全部トランスカイのように耕作に適し，確かな雨量に恵まれた土地だったわけではない。先住民の食生活はトウモロコシに大きく依存していたため，トウモロコシ産地の大半がヨーロッパ人所有地だったことは，指定居住地の先住民にとって重大な意味を持っていた。トウモロコシの8割がヨーロッパ人の土地で生産されていた。連邦化の後，多くの指定居住地では必要な食糧の半分しか生産できなかった。オレンジ自由国のヴィッツィーショーク地域のように，かつて優良な耕作地だった先住民地区で，余るほどの作物を生産できた所でも肥沃さを失い，毎年不足分を補うために穀物を輸入せざるを得なくなっていた。指定居住地の人口過密，後進的な農法，生活手段の喪失は多くの事態を招いた。それは照りつける太陽の下での慢性的栄養不良，野外作業における持久力の低下，進取の気性の喪失，部族主義の硬直化などである。それは税金，お茶，鍬，綿毛布といった要因とともに，多くの健常者を労働者として毎年出稼ぎに出立させる原因ともなった。そして，男たちの離脱は悪循環となって先住民地域から男性労働力を奪い，生産の重圧を婦人や子供たちの肩に負わせた。貧しすぎて家にいられず出稼ぎに出ることは，土地をさらなる非効率と無知の下に放置することになった。先住民経済の冷酷な現実は，指定居住地で十分な生産をあげられないため住民への食糧供給ができず，税金や負債の支払いも，いまや必需品となった安い工業製品の入手もままならないことを明示した。先住民はきわめて狭小な土地の犠牲者となった。ツェツェ蠅が媒介する慢性マラリアや家畜の疾病の犠牲者もいた。旱魃の来襲も後を絶たなかった。1917年から1930年までの14年間に，ウィロモア地域はエジプト王が夢で予言を得た故事*と同様，7年の凶作に見舞われた。さらに人々は自らの無知蒙昧の犠牲

者でもあった。農業教育を十分受けなければ，土地の広さが倍あってもまだ自給生活に足りなかっただろう。彼らは，先住民地域を迂回した鉄道の犠牲者であり，資金の枯渇を招いた信用制度[1]の犠牲者でもあった。

　ボーア戦争後，戦前にも増して先住民地域は都市とヨーロッパ人農場のための労働力供給庫となった。1900年以後，先住民が圧倒的に多く居住する地域から，主に白人が居住する地域，つまり都市や農場への先住民の流入が続いた。1890年から1921年の間に，オレンジ自由国の白人の増加は143パーセントだったのに対し，先住民の人口は239パーセントも増加した。1921年から1936年のオレンジ自由国の先住民人口増加率は，ヨーロッパ人人口の増加率のほぼ5倍に達した。彼らの移動は本質的に入植だった。実際，内陸部への白人入植の前進が先住民の移動を停止させなかったことは，南アフリカ史上注目すべき事象の一つである。部族が離散し土地の保有も破棄されたにもかかわらず，今までバンツー人の姿を見かけたことのない地域に彼らは流入し続けた。彼らを封じ込めようとしたり，移住を妨げようとするあらゆる企てを跳ね除けて，彼らは，かつて独立した牧羊部族として始めた分散生活の歩みを，使用人や労働者として進み続けた。1916年に，ボーモント土地委員会は，農村の総人口の3分の1に当たる1,264,593人の先住民がヨーロッパ人所有地に居住していると見積もった。1927年には，その数は1,618,000人に達した。それは，先住民の無断借地人，労働小作人，労働者たちだった。経済学的に言えば，プア・ホワイトに相当する先住民たちである。

　ヨーロッパ人の土地にこうした膨大な数の先住民が存在したことは，先住民地域の人口過密の安全弁となった。何の権利も持たず，低賃金，搾取，高い小作料にもかかわらず，ヨーロッパ人の土地での生活は，慣れ親しんだ農村における部族生活の枠組みを温存し，先住民の幸福に欠かせない社会的風習や慣習の多くをそっくりそのまま温存した。ヨーロッパ人の地主は厳しく

---

* エジプト王の故事：『創世記』第41章，エジプト王パロが見た夢をヨセフが，7年の豊作と7年の飢饉がある，と解いた。

1 原注：先住民への投資は不確実で危険だった。彼らが資金を生産的に用いる保証はなかったからである。不慣れと無知が先住民と信用制度利用の間に立ちはだかっていた。

仕事を課さないし，けっして冷酷な主人でもなかった。大規模農場自体，あまり生産性が高くなく，先住民労働も非効率的に使用されるのがおちだった。

　土地が十分にあった初期の時代には，農場主は労働の報酬として，労働者に作物の栽培や放牧をする土地利用権を与えることができた。提供される労役と，それに対するこうした支払いは，土地が浪費的に使用され，労働が非効率的に使用される自給経済にふさわしいものだった。この制度には相互に補完しあう二つの重要な利点があった。ヨーロッパ人農場主にはほとんど現金支出なしで労働を提供され，先住民にはその土地での生活と家畜飼育用の場所が提供された。このような環境で，ヨーロッパ人地域に住む先住民は現金収入を手に入れる労働者階級にはならなかった。大多数の人々は労働者と小作人との中間的な地位を占めていた。労働小作人制度は南アフリカ特有の労働形態だった。労働小作人はカナダの小作人や雇い人とは違うし，他の大英帝国自治領の農場労働者とも違っていた。居住し，耕作し，若干放牧する見返りとして，地主は彼らの労働奉仕，すなわち畑では小作人としての農業労働，家では女たちの家事労働を得るのが普通だった。この労働小作人と中世の農奴との間には著しい類似性がある。労働奉仕と引き換えに，土地の耕作権や共有地での放牧権，燃料や家屋用の木材を伐採する権利を得るという点で共通し，小作人の「契約」に全家族が拘束される傾向がある点でも共通している。メイトランド教授は，中世の荘園の定義を求めるのは「不可能なことを求めるに等しい」と断言しているが，これは，南アフリカの農村の先住民の生活体制に関しても等しく当てはまる。労働小作人の特権と義務はきわめて多様であり，地域によって無数の格差があり，同じ地域内ですら千差万別だった。放牧権や耕作用区画の賃貸料を農場主や地主に納付する場合，現金による支払い，特定期間の労働奉仕契約，あるいは，作物の一定割合の支払いなどによって行われた。大部分の地域では，労働は1年当り90日間提供された。ナタールでは180日間の労働を要求されるのが普通だった。昔は，農場主はいつでも小作人を呼び出すことができた。第一次大戦後は，一定期間連続する労働奉仕が一般化したが，例外もしばしば残っていた。

　労働小作人制の主な利点は，先住民が土地での居住を許されたことだっ

た。きわめて厳しい条件を負わされることが多かったものの，先住民の土地と畜牛への渇望は非常に強かったのである。しかし，他の利点はほとんどなく，当てにできなかった。いくらせっせと働き続け，いくら頑張って倹約に励んでも，労働小作人が土地を入手することは不可能だった。口頭契約である上，借地や労働条件が一律でなかったため，先住民には社会的地位も保証も与えられなかった。この制度は先住民にとって割の合わないものだった。それは先住民の労働力を短期間に集中的に利用し，残りの期間は，だらだらと土地に拘束するか，あるいは他の場所で低賃金労働をせざるを得なくさせた。この制度は先住民が平穏な部族的生活をするのを妨げ，あるいは，都市生活における彼らの自由や雇用機会を妨げていた。先住民に食糧と住む家を与えるのがせいぜいであり，貧困すれすれの最低生活水準を送らざるを得ないのが大方の宿命だった。指定居住地で見られた栄養不良は農場でも共通していた。彼らの食生活や生活環境を詳述するのに何ページを費やしても，北アリワルの地方軍医が先住民経済委員会で行なった次の証言ほど多くを語ることはできないだろう[2]。

彼は次のように報告した。「私の経験では，農業労働者はひどい栄養状態です。農場の先住民を対象に行った多数の検死解剖の記憶によると，彼らは皮下脂肪がほとんどなく，内臓は非常に貧弱でした・・・先住民は本来よりずっと早いペースで年をとります。50代の先住民はほとんど老化しています・・・私見ですが，これはもっぱら栄養の問題です。誰でも脂肪分を全く含まないトウモロコシ粥[3]を常食にすれば，栄養のバランスはとれず，それが原因となります・・・刑務所で気がついたことが一点あります。つまり——私は牛泥棒を見分けられるのです。彼らの栄養は足りているからです・・・肉食を増やせば先住民の健康改善に役立つことは確実です。」

この制度は先住民にとって割が合わなかったのと同様，地主にとっても不

---

[2] 原注：U. G. 22 of 1932.
[3] トウモロコシ粥：ミーリー（トウモロコシ）を砕いた粉で作った粥。アメリカのコーン・マッシュ（濃い粥）に相当する。

経済だった。指定居住地と同様，ヨーロッパ人所有地でも不経済な農業と家畜の過食が見られた。人口の増加と土地価格の上昇にともない，もっと有益な土地利用の必要性が生じてきた。白人バイボナーに明らかな影響を与えた集約農業と柵囲いは，同じく黒人バイボナーや労働小作人にも影響を与えた。生存水準ぎりぎりの自給自足的農業の放棄が進むにつれて，バイボナーや労働小作人などの半封建的関係は，現金経済にもっと適した関係へと少しずつ転換し始めた。特権に代わる現金による支払い，季節労働に代わる常雇いが，より実利的で利益追求型の農業へ向かう歩みとなった。旧ケープ植民地の東部辺境地には，第一次大戦後，労働小作人制度が現金労働制度に急激に取って代わられた地域がある。他の地域ではその変化はきわめて緩慢だった。しかし，遅かれ早かれ近代的状況への適応という重大な局面はヨーロッパ人所有地に住む先住民にも及んでいった。農場から都市への先住民の流入は，プア・ホワイトとプア・ブラックの経済的条件の一致を示すもう一つの証拠だった。1910年の連邦成立以前には，オレンジ自由国を除くすべての地域で，先住民が土地を購入することは法律上可能だった。しかし，オレンジ自由国では，先住民による土地の購入や貸借は法律によって明確に禁止されていた。ケープ州やナタールでは，先住民は何の差別もなく自由保有権であれ賃貸契約であれ，土地の入手が可能だった。トランスバールでは，政府が受託者になれば先住民は土地を入手することができた。しかし，これは事実上，先住民は土地保有者になれないということを意味した。実際，貧困と，時として社会的圧力が，先住民を例外なく苦しめる極端な土地不足からの解放を阻んでいた。1913年の悪名高い先住民土地法は，地域によって異なる先住民の土地保有条件のばらつきを一掃し，全国の白人居住地と黒人居住地の関係をより明確に限定するものだった。その目的は，広範囲で行われていた「カフィル式農業」とその結果生ずる白人と黒人の混在する居住形態を止めさせることだった。ヨーロッパ人所有地に住む先住民を労働者とし，先住民による農業や牧畜を先住民地域内に限定するものだった。こうして，突然，白人と黒人の居住地には厳しい境界線が引かれることになった。百年もの間，論じられてきた人種別隔離がついに実行に移されることになったのである。

新興の社会ではこうした立法行為は珍しくない。連邦成立後3年を経ずして，連邦議会は百年にわたる歴史を持つ関係に着手した。この法令の成果には，当然，ばらつきがあった。農場主と先住民間の現行の契約は，オレンジ自由国では満期まで運用され，ナタールとトランスバールでは地主の自由裁量で更新されるというような規定は，法目的の大幅な骨抜きを許した。この法律は，1917年の最高裁判所控訴審の判決によってさらに骨抜きにされた。判決は，土地財産を取得すれば市民権の資格を与えられるという連邦憲法に定められたケープ先住民の権利と，土地購入制限は相矛盾する，というものだった。しかし，ヨーロッパ人所有の土地から先住民の無断借地人や小作人を一掃するのを最も困難にしたのは，先住民を移住させるための土地が皆無だったことである。1916年に，先住民土地委員会は，約17,600,000エーカーの土地を先住民専用居住地として分割することを提案した。この土地の最も優良で肥沃な部分はヨーロッパ人所有地として残されていた。それでも，世論はそれほど多くの土地を先住民に返還することに難色を示した。その結果，先住民は法の意図した恩典をほとんど受けることなく，深刻な不利益を被った。確かに，政府は自由裁量権を行使して，特定地域で先住民に土地の購入や借地の許可を継続した。一方，農場主は土地から先住民を立ち退かせることが可能になった。1913年以後，ヨーロッパ人地区から，二筋の人口流出が見られた。一つは指定居住地へ流れ込んで，さらに人口過密を著しくする流れ，もう一つはヨーロッパ人の居住する都市への流入だった。先住民人口の複雑な流れ，すなわち，農場から都市へ，農場から指定居住地へ，指定居住地から都市へ，そして都市から農場や指定居住地への逆流といった移動は，経済や政治がすべての住民のあらゆる階層に影響を与える形態を示していた。1923年から1936年の間に，先住民がヨーロッパ人農場で保有していた畜牛は若干の増大を示したものの，同時期の山羊と羊の頭数は全種類を合わせても24パーセント減少したという事実は，大半の先住民の生活条件が少しも改善されなかったことを示している。国勢調査記録はあまり魅力的な文献ではないが，社会問題に関する証拠として雄弁に物語ることが多い。1904年から1936年までに，ヨーロッパ人の都市人口は2倍以上になったのに対し，先住民の都市人口は3倍以上に達した。1904年に先住民

の総人口の 13.4 パーセントが都市住民だったが，1936 年には 22.2 パーセントにはね上がった。1904 年に都市人口の 29.4 パーセントが先住民だったのに対し，1936 年には 38 パーセントになった。1921 年に南ア連邦の都市に住む先住民は 587,000 人だった。1936 年にはそれが 1,149,228 人になった。こうした急激な都市人口の増大と，指定居住地やヨーロッパ人所有地における先住民の生活条件との関連は明白である。南アフリカの農業政策が，膨大な先住民の都市人口を生み出す手段となったことは，よりいっそう明白である[4]。

---

4 原注：上記の数字の大半はシャノン教授の，the *South African Journal of Economics*, vol. V, 1937 の記事に負うものである。

第 9 章

文化的労働

「・・・そして国民の幸福と偉大さは，ありふれた数式の適用によって，一種の証明がなされた。」
　　　　　　ペティー著 *Political Arithmetick*,『政治算術』(1691 年) への
　　　　　　シェルボーンによる序文より

　南アフリカの大都市は数が少なく相互に非常に遠く離れている。ケープタウンはキンバリーから 650 マイル（1,045km），ヨハネスブルクから 956 マイル（1,538km）離れている。ダーバンはブルームフォンテンから 516 マイル（830km），ヨハネスブルクから 494 マイル（795km）の所にある。ブルームフォンテンはヨハネスブルクから 283 マイル（455km），ケープタウンからは 755 マイル（1,215km）離れている。各都市の間には，オーストラリアやカナダ西部と同様，人跡のまばらな大荒野が横たわっている。ヨハネスブルクとケープタウンの間を走る連邦急行列車のかすかに聞こえる轟音は，何マイルにもわたって孤独な草原地帯に消え失せ，まばらに孤立した農家はあたかも隣家との間に地平線を引くことを望んでいるように見える。ケープタウンの白壁の家並みや，街頭の草花市場，魚の行商，ダーバンの人力車夫のほこりで真白くなった足につけた鈴の音，ヨハネスブルクの美しいオルガンや大学，首都の喧騒といったものは，都市と田舎の著しい差異を際立たせている。第一次大戦後，近代的農業科学の方法や知識を利用する農場の数は増えたとはいえ，この国の農業の大部分は，不利な自然条件，非効率的な労働，非能率的農法などへの対応に遅れをとっていた。農業は相変わらずほんの少数の者に安楽を与え，農作業をする者へは僅かな報酬しか与えない職業に止まっていた。地方と都市との間には，所得，賃金，生活水準で非常に大幅な格差が存在した。一方，南アフリカの大都市は高賃金と高い生活

水準の本拠だった。鉱山だけでなく他の産業も資本，近代的技術，経営能力を保持し，総合的に大都市の経済水準を地方よりも著しく引き上げていた。こうした産業で職工や熟練技術者は中流階級並みの生活水準を享受できる賃金を取得していた。高賃金は悪評高い家賃や生活費の高騰の原因となったが，ヨハネスブルクの大工は息子を中学校に通わせ，植字工は自家用車を持ち，塗装工は毎年海辺で休暇を楽しみ，鉱夫は持ち家を取得することができた。アメリカの熟練工が自家用車を贅沢品と考えなかったように，南アフリカの熟練労働者は家事雑用を手伝う先住民を，家計の必要経費と考える傾向があった。大英帝国の熟練労働者の間で特異だったのは，南アフリカの職工がしばしば自分で労働者を雇うことによって，特別の身分であることを示していたことだ。南アフリカの労働者の生活水準や賃金を，大英帝国の他の地域と比較する試みは数多くなされてきた。1914年のトランスバールの白人石炭鉱夫の平均週給はニュージーランドの石炭鉱夫の2倍だった。1926年に「イギリスの熟練技術工の週給は，石炭の鉱口価格3トン分に相当するのに対し，南アフリカでは20〜25トン分に匹敵する」[1]と述べられている。そのような比較が困難で不正確なことを経済学者は周知しているが，南アフリカの平均的熟練労働者の賃金の購買力は大英帝国内で最高の生活水準をもたらしたという点で，ほとんどの研究の意見が一致している。

　ウィットウォーターズランドで，1937年の植字工の最低賃金は週給7ポンド12シリング9ペンス，竪坑材の製材工は日給1ポンド3シリング7ペンス，塗装工は時給3シリング4ペンスだったという記述の意味するところは，南アフリカの他の階級の報酬と比較することによって完全に理解できる。金やダイヤモンドの存在にもかかわらず，南アフリカは大英帝国の中で，あるいは文明世界の中でも明らかに貧しい部類に位置づけられねばならない。1935年に開かれた産業立法委員会は，大幅に領土を割譲させられたオーストリアや没落したスペインの方が，南アフリカよりも一人当たりの所得が高いことを明らかにした。1913年のドル金貨を基準に計算すると，南アフリカの一人当たりの所得は概算で，オーストラリアの3分の1，カナダ

1　原注：経済・賃金委員会，U.G.14, 1926年。

の4分の1，アメリカの5分の1だった[2]。ヨハネスブルク，ダーバン，ケープタウンの生活水準が，ミラノやセビリアの水準ではなく，モントリオール，シドニー，フィラデルフィアの水準に匹敵していたのは，南アフリカのこれらの都市が国民所得のとてつもない取り分を消費していたことを端的に意味していた。換言すれば，南アフリカの所得分配は，国民のほんの一握りの人たちだけが利益を得るような分野とか施設へ，国家の資財を投資するようになっていた。さらに換言すれば，南アフリカの熟練労働者たちは，異常なほど不均衡な所得配分に依存していた点で特異な存在だった。南アフリカの社会は，豊かな階層から貧しい階層へなだらかに降下し，階層間が相互に融合するような構造ではなかった。オーストラリアやニュージーランドのように，もっと均質的な共同体では，社会集団の間に急激な断絶は存在せず，富裕階級と極貧階級との間に大きな差異はなく，いかなる集団も共同体が提供するサービスや社会施設への門戸を閉ざされていなかった。南アフリカでは，近代的生活のサービスや施設はほんの一部の住民にのみ提供された。二つの消費集団が存在し，その生活水準と購買力は極端にかけ離れていた。人口の大部分は，質の良い食品，健全な住居，工業製品，娯楽品など高価格のものを支払える経済力を持てず，しかもその価格は，それを享受できる集団の小ささ故に，さらに高騰した。

　高い所得水準は贅沢な暮らしを保証するだけに止まらなかった。それは人種的，文化的優位をも示していた。熟練職や高い生活水準への門戸を先住民に閉ざしたことは，熟練職を侵犯されたくないという経済的願望と，ヨーロッパ人の優秀性の表明という両面があった。世界中の人種差別の根源は決して純粋に経済的なものではない。それは心理的，社会的，文化的なものでもある。実際，19世紀の大半にわたって，辺境住民である白人と黒人との間には，しばしば経済的差異よりも類似性のほうが大きかった。このため，辺境住民の差別意識は経済的対抗意識以上のものとなり，その多くは20世紀に引き継がれた。白人開拓者は先住民の隣人との間に宗教的，倫理的，文化的な障壁があることを主張した。差異をなくすためではなく，さらに拡大

---

2 原注：産業立法委員会，U.G. 37, 1935, par. 99. この割合は，カナダ，オーストラリア，アメリカの1928年の国民所得と，南アフリカの1923年の国民所得を基にしているため，正確ではない。

するために，相違点を捜し求めた。ヨーロッパ人の自尊心にとって，先住民は卑しく，劣等で，野蛮だという考え方は好都合な思考法であり，有益な行動原理となった。1835年に，アマ・コーサ人がケープ植民地に突進してきて，略奪，焼き討ちをした際，時の総督ベンジャミン・ダーバン卿は，「手に負えない野蛮人め！」と叫んだ。彼の言葉は，16年も続いた和平を乱す先住民への憤激に止まらなかった。それは匪賊アマ・コーサ人に加える暴力と徴発を正当化するものだった。19世紀と20世紀の歴史は，白人種による無意識の反黒人宣伝活動に溢れている。ライフルと焼き討ちという手段によって，部族民の軍事的服従は確保されていたが，そうした作業は先住民に屈辱的待遇を押し付け，服従を強要しようという考え方，態度，制裁，感情によって遂行されたため，最終的に先住民は無抵抗な商品，この国の原材料の一部とさえみなされるようになり，彼らは社会の底辺に完全に閉じ込められ，彼らを支配するグループの高い経済的・社会的優位性を強調するようになった。

　鉱業と製造業の創業期には，熟練労働者の高賃金はその希少性と，イギリスもしくはヨーロッパの出身という一種の排他性によって保護されていた。金鉱業はダイヤモンド鉱業と同様，当初は訓練を受けた労働者や専門技術者を南アフリカでまかなうことができなかった。南アフリカの産業を始動させたのは移民だった。金鉱の鉱夫の第一世代は主にコーンウォールや北部イングランド出身者だった。鉱夫たちに顕著なイギリス人気質と熟練労働者の希少性は，鉱業に大きな特殊性をもたらした。イギリスの工場の習慣とイギリス労働組合の伝統がウィットウォーターズランドで定着した。鉱夫の伝統とその仕事への大きな需要が，彼らを一種の産業エリートとして際立たせた。彼らの特権的な地位は先住民労働者との関係によって，さらに高められた。彼らはオーストラリアやカナダにおける意味での「鉱夫」になったのではなく，低賃金・不熟練の黒人労働者の大集団を管理する，高賃金の監督集団となった。こうして，鉱山の労働者組織では，熟練者と不熟練者との間にきわめて明確な差別が生じた。しかも，こうした差別は，人種に対するこの国の従来の考え方とぴったり一致したため，人種と肌の色は以前にも増して経済的地位を示す目印となった。人種的劣等性は経済的無能力を示す十分な証拠

とみなされた。また,「不熟練労働」と「カフィル人の労働」はいっそう明白な同義語となった。先住民が行う労働はすべて,低賃金で当然とされた。こうした考え方は白人の産業社会思想に深く根ざしていた。そのような考え方は自明の経済的真理として正しいと決めつけられていた。農業主体の共和国の教会で先住民に与えられなかった平等は,労働の殿堂においても与えられなかった。この国には低品位の金鉱石,低品位の土地,さらに低品位の人間が存在した。そして,そうした人間と白人との間の抜き難い差異は,熟練労働と不熟練労働との間の,異常な高賃金と異常な低賃金との間の著しい経済的不平等を正当化した。

　ボーア戦争後,地元出身の白人の労働供給が増大したとき,熟練労働者は当然これまで享受してきた優位を持続させようと躍起になった。彼らは,この地位の者にだけ厳しく限定されていた労働組合組織を大いに活用した。組合は少数の大都市に集中していたため,排他的で独占的な特性が強化されていた。例えば,1902年にトランスバール鉱夫組合が結成され,1907年のストライキに成功した後,強力な組織となった。労働組合が所属産業を組合員だけの領分として考える傾向は,労働者を二つの集団に峻別し続けただけでなく,その差別をさらに先鋭化させた。一方は結束した自意識の強い集団であり,もう一方はばらばらで自由を奪われた集団だった。被雇用者の上層階級は「無競争集団」となり,近世のギルドに若干似ていた。彼らは熟練度の高さや能力によって保護されていただけでなく,組織労働者の自意識の強い伝統とは無縁の不熟練で部外の労働者を安易に雇用させない障壁によっても保護されていた。労働者の階級間自由移動を阻止する人為的な障壁を作り,労働者の階級ギャップを維持したことは労働組合の地位と政界の労働党に影響を及ぼした。第一次大戦の前も後も,労働組合は真の社会主義運動を代表してはいなかった。その守備範囲が労働人口全体に及ばなかったからである。組織労働者のエネルギーは主に独占権の維持に向けられた。労働党の党員資格は熟練労働者に,そしてその地盤は少数の大工業都市に異常に厳しく限定されていた。不熟練労働者の利益には冷淡で,黒人労働者に対してはあからさまな敵意を持っていた。南アフリカ労働組合と南アフリカ労働党は生計のために働くすべての人々の利益を支援したのではなく,限定された組合

員と特定の選挙区の利益を支援していたのである。

　高額の賃金はほんの一部の住民にしか与えられないため，残りの人々への報酬は必然的に異常に低くなった。都市における高い生活水準と，一部ヨーロッパ人住民の高賃金水準は，低い生活水準と低賃金水準によって直接支えられていたのである。第一次世界大戦前後の，南アフリカにおける最高賃金と最低賃金の著しい格差は他に類をみなかった。イギリス本国や他の大英帝国自治領では，不熟練労働者の賃金は熟練労働者の賃金の半分以上でなければならないという大雑把な基準があるが，南アフリカではこれが守られていなかった。

　1935年に，建設業の熟練労働者は平均して不熟練労働者の3.5倍の賃金を受け取っていたことが判明している[3]。格差が最大だったウィットウォーターズランドでは，レンガ工や大工は不熟練先住民の賃金の10倍を受け取っていた。先住民はレンガ工のためにモルタルを練るとか，大工がのこぎりで厚板を挽く場合，板を支えたりした。カナダ，オーストラリア，イギリスなどで，不熟練労働者の賃金は熟練労働者の賃金の50〜75パーセントだったのに対し，南アフリカでは不熟練労働者の賃金は，熟練労働者の10〜30パーセントとまちまちだった。オーストラリアでは，熟練工と不熟練労働者の賃金比率は第一次大戦後，きわめて近いものになった。社会的，人種的差別の境界線がもっとも厳しく引かれている国のみで，熟練労働者が不熟練労働者の3倍，5倍，さらには10倍も稼ぐことが可能だった。分かりやすい経済用語で説明すれば，「白人熟練工の比較的高額な賃金は，膨大な数の不熟練先住民労働者の雇用のおかげであり，それに依存している。このため，熟練工は，大半の西ヨーロッパ諸国よりも貧しい国に住みながら，ヨーロッパよりアメリカに近い生活水準を維持する白人社会の典型的存在である。そのようなことが可能なのは多数の従順で低賃金の先住民労働者を自由に使用できるからである。」[4]

　賃金取得の権利を低く抑えられていたのは先住民だけではなかった。この国は白人住民全員を高い生活水準に維持する力はなかった。その結果，先住

3　原注：産業立法委員会，Industrial Legislation Commission, U. G. 37, 1935, par. 11.
4　原注：経済賃金委員会，Economic and Wage Commission, U. G. 14, 1926, par. 276.

民に加えて白人住民の非常に大きな部分が，所得と生計を低水準に押し下げられた。

　今にも倒れそうなガタピシの農家とは対照的な小ぎれいな都市住宅，収穫がおぼつかない農作物や畜牛とは対照的な信頼性の確かな鉱業，農地から得られる低い所得とは対照的な鉱工業から得られる比較的高い所得，こうした明らかな格差こそ，黒人・白人を含む農村住民の大半にとって，都市をとてつもなく魅力的なものに見せた。農業所得と鉱業所得の格差，都市の賃金と農村の賃金の格差こそが，農業地域が全人口を保持できなかった理由であり，また，20世紀世界の他の多くの地域と同様，南アフリカが不熟練農業労働者の都市への大移動を経験した理由だった。彼らの存在は経済・社会生活の構造をあからさまに露呈した。農場のバイボナーたちが都市の不熟練労働者となることによって，熟練組織労働者は，全労働者を代表するのではなく，独占的な性格を持っていることを暴露したのである。

　すでに明らかなように，農村社会は後進性と貧弱な組織に苦しんでおり，その欠陥は，都市の優越性によっていっそう強く浮き彫りにされた。カナダやニュージーランドでは，第一次大戦後，鉄道，道路，自動車，電話，ラジオなどが農村生活の孤立状態を解消する上で大いに役立った。南アフリカでも，これらの物がもたらした変化は明らかだが，自動車，電話，ラジオの使用は，それを買う資金の乏しい所では限界があった。貧しさだけでなく，生活の単調さが，バイボナーの子弟の目をヨハネスブルクに向けさせた。旅行経験のない「僻地」農民にとってヨハネスブルクは，8世紀のドイツ農民の心にコンスタンチノープルが占めていた位置や，18世紀フランス農民の目に映っていたパリの位置と同じだった。多くの農民の子息は非常な苦難から都市に追いやられたが，別の多くの子息は，大都市の魅力を求め，その生活を見てみたいという熱に浮かされて出て行った。

　1902年以降，都市周辺に新たに増大し始めた住民の貧困層は，都市のイギリス人と農村のオランダ人という，この国当初の単純な白人分類法を徐々に変えていった。第一次大戦後，プア・ホワイトは都市にも地方にも等しく存在した。ケベックのフランス系カナダ人と同様，オランダ語を使用する共同体は，総じてその著しい農村的性格を失い始め，新しい社会的・経済的関

心を持ち始めた。ボーア戦争の怨念はまだ燻っていて，突然，論争したり激しい口論を招く力を失っていなかったとはいえ，新たな問題が切実となり，新しい政治形態が重要性を増してきた。大英帝国への協調に反駁する共和国独立論や，英語に反対するアフリカーンス語の主張は，相変わらず激しかった。しかし，ボーア自由民は典型的南アフリカ人だという独自の地位を失っていた。ボーア人と並んで，鉱山労働者が南アフリカ経済を代表する地位を獲得していた。実際，ボーア人が鉱山労働者になる場合が一番多かった。南ア連邦は新しい国となったものの，今までの習慣から，個人も社会も旧い怨念に執着していたため，多くの旧弊な意見に耳を傾けがちだった。しかし，南ア連邦はあまりにも変容してしまったため，旧共和国や旧植民地への忠誠に回帰することは不可能だった。

　フールトレッカーの偉大な資質は草原や未開地向けのものだった。荒々しい勇気，乗馬技術，射撃技術，野生動物についての知識などは，開拓地での生活を可能にする特質だった。しかし都市では，商工業的環境に適した別の技能が要求された。大工仕事，レンガ工の技術，なめし皮技法，荷車製造，石鹸作り，ろうそく製造などといった彼らの技術は，さほど厳密さを必要としない農場の生活環境なら十分だったが，都市の工業レベルに達していなかった。無経験というハンディに加えて，彼らの大部分は言葉のハンディも負っていた。商工業界の用語は英語だったからである。彼らは貧困と無知の犠牲者に止まらなかった。地方にいたときと同様，都市でも，多くの者が軽率で，無責任で，怠惰で騙されやすかった。熟練労働者にはなれずに不熟練労働者となる道は，不承不承で不満を抱く場合が多かった。人種としては先住民より上だったため，筋肉労働は人種的な尊厳と相容れなかった。人に雇われることは最悪だった。先住民のする仕事をせざるを得ないのは屈辱だった。そうした嫌悪感は，最もやる気を失った人々を，権利として慈善を求めるまでに落ちぶれさせた。「政府に我々を救済させろ！」というのが彼らの要求だった。「我々，フールトレッカーの血潮が脈打つ者を，カフィル人と同レベルまで零落させていいのか？」と感傷的な同胞が問いかけた。もっと実際的で批判的な人々は，都市のプア・ホワイトたちの「乞食根性」を非難し，国家の援助に依存することに抗議をし，彼らは「救済すれば堕落する」

と断言した。こうした抗議を実証するに困らないほど多くの実例があった。しかし，そうした抗議はプア・ホワイトをあまり公平に扱っていなかった。ユグノー教徒，ドイツ人，オランダ人の血が，新しい好結果を招く努力へ駆り立てる場合もあったからである。都会育ちの子女が必ずしも田舎育ちの親の無気力を受け継いでいるわけではなかった。第一次大戦後，「カフィル人の労働」に対する考え方に大きな変化が生じた。体力以外に資質を持たず，訓練を受けていない人間は，卑しい労働という酸っぱいリンゴに噛り付かねばならないという厳しい現実を，慈善や肌の色によって変えることはできなかった。しかし，産業社会でプア・ホワイトたちが経験した厳しい困難は，基本的に彼ら自身の怠慢や不手際だけから生じたものではなかった。先住民との競争は農地における白人労働者階級の成長を阻んでいたが，それは都市においても彼らの前に立ちはだかり，産業社会における白人労働者階級の成長の障害となっていたのである。

　1世紀以上にわたり，各部族を支配してきた様々な力は，産業都市に膨大な先住民労働者人口が存在する理由でもある。先住民の一部は，先住民地域やヨーロッパ人農場における生活条件が理由で都市の生活を求めた。その原型ともいえる中世の荘園と同様，人々は農村社会の伝統的束縛を嫌い，農場生活では与えられない移動の自由や賃金を求めて都市へ移住した。その他の人々が都市へやって来た理由は，19世紀半ばから絶え間なく続く，先住民労働に対する需要の圧力と勧誘の結果だった。都市が出現する以前から，南アフリカは貪欲に先住民労働を求めていた。そこへ都市の需要がさらに加わった。鉱山は低賃金の労働者階級を早急に増加させようと躍起になって，すでに示したように，1904年から1907年の間に中国人を輸入し，毎年，南ア連邦領地以外からも大量の先住民を輸入した。しかし，先住民の都市への移住は必ずしも暴力的に不本意な形で実施されたわけではない。同じ土地に二つの社会が並存すれば，どんな法律や勅令の力をもってしても，一つの集団から他の集団への人々や習慣の変換を阻止することはできない。二つの社会の片方が，物質的豊かさ，文化的複雑さで優り，他を威圧する力で勝っている場合，貧しく弱い方は優れた方へ自然に動くことになる，それが劣等性の特性だからである。先住民を村や町へ駆り立てるすばらしい物とか驚異的

なものへのごく自然な衝動に加えて，土地の喪失，税金，労働法令などが否応なしに拍車をかけた。膨大な人々の流れが都市を行き来するうちに，旧い生活習慣のあり方を転換させ，先住民の生活を新しい矛盾に満ちた風潮で大混乱に陥れた。若者は小金を懐にして，部落に残った人々の世間知らずを蔑視し，首長や長老が部族的制裁を若者たちに加えようとするのに腹を立てた。彼らは，治安判事や宣教師，商人たちより，はるかに多くの新奇な習慣を部族社会の生活習慣の内部に持ち込んだ。先住民の若者の胸中でも，白人の若者の想像力と同様，都市がすばらしいものに思われた。都市に行くことは一人前になることだった。若者たちはもはや，乳白色のぴんと張った牛革製の盾や男の通過儀礼などに従来の誇りを感じなくなった。アセガイ（細身の槍）よりも安物の折りたたみナイフを自慢し，鉱山で6カ月働く方が部族の儀式よりも大事な通過儀礼となった。

　部族全員が同じ生活を営む社会から，習慣も職業も全く異なる社会へ若者たちは入っていった。悠久の昔から同じ羊番をし，同じ畑を耕し，同じ穀物を刈りいれていた人々が，外へ出て，郊外でミルクを配達したり，台所で鍋を磨いたり，鉱山の土ぼこりのたまった地底で労働したり，警官になって自分の仲間を逮捕する権限を持ったりした。イギリス人のために働く者もいれば，オランダ人のために働く者もいた。金を貯める者もいれば，浪費する者もいたが，貯めるとしても微々たるもので，浪費する金などほとんどなかった。法律を犯してすし詰めの刑務所に入る者もいた。しかし，誰一人として変化の刻印を身につけずに村落や親戚のもとへ戻る者はおらず，そのような変化は，白人世界へ何度も戻るうちに，拭い去ることができなくなり，ついには精神まで変質してしまった。勿論，部族の懐郷的な魅力は容易に否定されなかった。部族は均質的な集団だった。部族の掟は全員が承知していた。規律と結束力は部族内部で培われた。部族員同士の関係と個人が部族に対して持つ義務は共同体の慣習によって決定された。掟と道徳は人々を同じ絆で結びつけた。しかし，都市は部族を根底から破壊した。多くの先住民にとって，村落の旧い生活と都市の新しい生活とのつなぎ目は蝕まれ，途切れてしまった。先住民が独自に育んだ結束力は消滅し，悠久の精神的・身体的習慣はヨーロッパ人の個人主義社会で生み出された思考方式にとって代わられ

た。土地から完全に切り離された先住民の世代が成長し、彼らは指定居住地の同胞より、むしろ、シカゴやセントルイスの黒人に社会的に類似していた。

先住民の社会的分布や経済的構成を単純に定義することはもはや不可能である。部族的住民と非部族的住民、あるいは都市型先住民と農村型先住民とを区別するのは有益ではあるが、あまり正確とはいえない。部族解体は農村地域で広範囲に起こったが、一方、部族への忠誠心を捨てない先住民が、都市で長年居住していた。毎年、例外なしに、人々の大集団が草原地帯の小屋と町の掘立小屋との間を、潮の干満のように往復して、この都市と村落の間の惨めな往来は、家庭と永続性を求める人間の素朴な願いを挫いた。肩に毛布をまといズボンをはいたとめどもない群集は、ときには都市の法律に従い、ときには部族の掟に従いながら、先住民生活を席捲する逃れがたく抗し難い大変革を、自分たちの窮状で表わしていた。ボーア戦争後、先住民の都市化は絶え間なく続いた。

1,250,000人にのぼる先住民は、1936年の都市産業の全業種にとって、不可欠の基盤だった。彼らは熟練工業労働者のはるかに小さなグループと対峙する存在だった。産業は白人の熟練労働者に収入の非常に大きな部分を支払ったため、当然、賃金として使える収入の残りが、安い労働力の大集団の雇用に当てられた。こうして、白人の高賃金の埋め合わせは先住民の低賃金に求められた。このバランスの取り方は、一方のもともと高い生活水準と他方のもともと低い生活水準と符合し、各々が既存の伝統的な生活の必要に応じて収入を得ているかに思われた。先住民の低賃金あるいは白人の高賃金は各々のグループの本来の資質に応じていて、あたかも先住民労働者には低賃金が、白人労働者には高賃金が当然であるかのように思われた。この論法からは、荒地が不毛なのと同様、先住民生活が貧しいのは正常なことだとされた。それは白人が苦しむ貧困とは条件が異なるものだった。したがって、白人の貧困の緩和は、先住民の貧困の緩和より優先された。連邦仲裁裁判所のヒギンス判事は、オーストラリア人労働者の生活水準にかかわる有名な裁定で次のように宣告した。

「基本賃金もしくは生活賃金は、普通人が家族を持ち、支えるのに十分な

生計を得なければならないという原則の上で計算され，支給される。基本賃金は主な生活必需品に要する金額に限定されるものではない・・・それは『副次的』なもののための余裕も認められる。賃金は文化的生活に基づくものである。平均的従業員が標準的に必要とするのは，文化的な社会で生活することだと考えられる。」

　南アフリカでは，これは先住民を除外した定義だった，彼らは文化的な社会の一員ではなかったからである。その代わりに，彼らなりの独自の文化水準に適した快適な標準があり，彼らに応分の賃金は，白人の賃金よりはるかに低くても妥当だとされた。一握りの労働者のための高賃金と，著しい低賃金との関係は，南アフリカの経済を明確に理解する上で不可欠である。

　ヨーロッパ人の労働があらゆる分野で不足していた時代に，先住民は鉱工業の中に定着した。19世紀後半の少なくとも50年間に，先住民は南アフリカのあらゆる地域で不熟練労働の実質的独占を果たした。ただ，ケープタウン周辺地域は例外であり，そこではケープ・カラード*が先住民にとって代わっていた。不熟練のプア・ホワイトの都市への流入が深刻な問題となるずっと以前から，労働力を，頭脳労働と肉体的強靱さ，管理能力と従順さ，少数派と多数派などに自然に分類するのは，経済界に深く根ざした伝統だった。しかし，非常に便利で好都合に思われた分類が，プア・ホワイトの登場で混乱をきたした。ボーア戦争後，かつて大幅に不足していた白人労働が過剰になってきた。鉱工業はどのような形で，この新たな参入者を受け入れる門戸を開くのか？上層階級は技術，連帯意識，高賃金などによって，堅固に身を守っていた。下層階級は組織を欠き低賃金であることによって，逆に，安泰だった。人種的にはプア・ホワイトは上層階級に属していた。彼らの生活水準と産業上の無能力さはそれと矛盾していた。生活水準から見て当然とされる賃金は，技術の欠如に相応する賃金を上まわっていた。このため，彼らは契約交渉において不利だった。彼らの出現は，自らの不利になる形で，不熟練労働者の市場に混乱と供給過剰をもたらした。雇用主は，黒人を，またケープ植民地西部では，カラードの労働者の方を選んだため，多少の技術

---

* ケープ・カラード：特にケープ地方に居住する，白人と有色人種との混血の人々のこと。

や経験を持つ白人でさえ閉め出された。先住民の中には，平均的なプア・ホワイトと比べて，経験や能力において同等もしくは優れている集団が出現していた。先住民は労働者として低賃金で従順だったため，競争相手の白人よりも仕事を見つけ易いのが普通だった。

　第一次大戦前にすでに，世論はプア・ホワイトの存在を不安に感じていた。土地を愛しんだ人々が困窮して都市へ流入し，人種的に劣る人々との競争に引きずり込まれる姿は屈辱的に思われた。地方におけるこうした窮状を阻止するために何とかしなければならなかった。白人に黒人のような暮らしをさせないようにするため何らかの手を打たねばならなかった。白人と黒人の経済的平等は社会的平等をもたらすものだった。ヨハネスブルクのスラム街でプア・ホワイトとプア・ブラックの同じ様に悲惨な住居を見れば，その恐れは十分に明らかだった。社会的平等は血統と人種の障壁を崩壊させかねなかった。プア・ホワイトはヨーロッパ人と先住民との境界線上にいたのである。彼らの弱さを通じて，人種の劣化をもたらす野蛮な血が入り込む恐れがあった。人種の混淆は，貧困と無知というありふれた環境できわめて自然に起ることを否定できなかった。このため，プア・ホワイトの零落は白人住民全体の非常に重要な問題となった。白人国家・南アフリカの維持ほど，この国が断固たる重要性を置いている理念はなかった。この決意に反するものは，たとえそれが経済法則であっても優先させてはならなかった。経済的論点からの反対がいかに強力であっても，プア・ホワイトを黒人との混淆の及ばないレベルまで引き上げる努力が必要とされた。ある教育界の指導的権威は「白人種は肌の色故に，先住民より高い生活水準を維持すべきだと考えられているが，白人住民のかなりの部分はそうした経済的水準以下に急落しつつある」[5]と記している。社会政策が経済的考慮を完全に凌駕した。白人社会の連帯と血統の保全が至上の価値を持ったのである。

　第一次大戦以前には，社会政策は慈善と暫定的救済計画を用いて，恵まれない白人の貧窮を軽減していた。それは感傷と無知に基づいていたため，プア・ホワイトの雇用機会をほとんど拡大しなかった。南アフリカが第一次大

---

5 原注：E. G. Malherbe, *Education and the Poor White*, iii, p.22.

戦の困難から抜け出したとき，問題は明らかに深刻化していた。1921年はとりわけ南アフリカにとって衝撃的な年だった。戦後不況によって生じた貿易収支と歳入の落ち込みのどん底で，1921年の国勢調査報告は悲観的ニュースをさらに暗澹とさせる予測を提示した。統計はケープ植民地とオレンジ自由国の貧しい農村地域からの人口流入を如実に示していた。さらにショックだったのは，先住民人口の膨張傾向を示す兆候だった。それは人々をうろたえさせる兆候だった。国勢調査がこれほど強烈な印象を世論の意向に与えた例は他になかった。実際，先住民が急速に増大しているという証拠はあまり信頼できないと，評論家たちはいち早く指摘した。後年の証拠がそうした論評を完全に裏付けた。しかし，衝撃は与えられたのである。白人社会は数的劣勢をますます痛切に意識した。自然増加もヨーロッパからの移住もその劣勢を克服する可能性を示すことはできなかった。

　おざなりの慈善や間に合わせの処置が失敗に帰した後，プア・ホワイトを元の土地へ戻す取り組みが行われたのは当然だった。国は直接的な財成援助政策を採り，貧しい家族が家を建て柵を囲うのを援助した。政府ローンの返済についての考え方は寛容で柔軟だった。人々は農夫として農業訓練農場，例えば，トランスバールのクロコダイル川渓谷にあるロスプーフォンテン農場などで復帰訓練を受け，その後，政府農場の借地人として定着した。ケープ州北西部のカカマスでは雨量が少なく灼熱の太陽が農耕の障害となったが，それでも，オランダ新教教会はプア・ホワイトを更正させる開拓地の設立に成功した。人々は2本の用水路沿いの土地に入植したが，その用水路はオレンジ川の両岸に1本ずつ作られていた。厳密で賢明な経営をすればかなりの成功が保証された。しかし，人を土地に復帰させる取り組みには金がかかった。無知と怠慢のため成功にばらつきが生じた。イナゴ，霰，旱魃に打ち勝つための教育や更正訓練が常に十分に行われたわけではなかった。幻滅したある評論家は「このような条件下では利益追求型の農業など茶番劇であり，その茶番を南アフリカは何世代にもわたって演じ，人々に不幸な結果をもたらしてきた」[6]と記している。その上，南アフリカおよび世界の趨勢は

---

6 原注：C. E. Leipoldt, *Bushveld Doctor*, p. 75.

都市化，鉱工業化へ傾いていた。プア・ホワイトの農村復帰訓練は一時的緩和にすぎず，解決策にはならなかったのである。

　1922年3月のウィットウォーターズランドの大規模な労働争議は，利害の焦点が都市部にあることを示す殺伐とした兆候だった。プア・ホワイトとプア・ブラックを中心とする社会・経済問題は，今では，南アフリカと大英帝国および英王室との関係をめぐる緊急課題よりはるかに重要なものとなった。第一次大戦の停戦以来，各政党が対英関係について激しく論争していた。1924年6月に，スマッツ将軍の長期にわたった首相の任期と，さらに長期にわたった南アフリカ党政権が終焉した。スマッツ将軍と支持政党が敗退した要因は政治問題ではなく，社会・経済問題が決定的だった。ヘルツォーク将軍の率いる新しい「協定」政権は，国民党と労働党の双方を擁していた。それは，いわば先住民に対抗する白人の人民戦線だった。数年経ってようやく判明したのは，1924年の政権交代が，白人社会の利益のためにいかに徹底的に，南アフリカをかつてない強硬政策に委ねてしまったかということだった。この後の南アフリカを計画化された社会と呼ぶのは時期尚早だろう。しかし，社会の動静を，偶然性とか経済・社会法則の予測できない作用にゆだねることを，行政府や立法府がますます忌避するようになったのは明らかである。安定した現代的な白人社会を発展させるため，より良い保証が求められた。白人社会全体の政治的安全と，白人の最も脆弱な階層の経済的安全を確保する方策がさらに精力的に追求された。

　プア・ホワイトに仕事を供給するための新政権の政策は，一時的救済策の枠を意識的に超えていた。1924年に労働省が設立され，その主要な責務はプア・ホワイトを先住民との競争から守るための雇用領域を確立することにあった。地方自治体その他の公共団体はより多くのヨーロッパ人を「文化的」な労働賃金で雇うよう促された。不熟練ヨーロッパ人労働者の雇用はすでに1907年に，国有鉄道において開始されていた。1921年に鉄道従業員の白人労働者は4,705人いた。1928年までに不熟練白人労働者の数は15,878人に急上昇し，彼らは日当3～5シリングの「文化的」労働賃金と無料の住居もしくはそれに相当する手当てで雇われた。プア・ホワイトのための高賃金と保護労働政策の成功は小さいとはいえなかった。厳しい筋肉労働は白い

肌にふさわしくないという考え方は徐々に弱まった。かつて「手の施しようのなかった」多数の人々が、強い自尊心を持てる水準にまで引き上げられた。多くの人々が率先して新しい方法を見出し、さらに上級の半熟練もしくは熟練工にさえ昇進した。経済学者たちが高賃金は一種の助成金であり保護された労働は非経済的だと断言したのに対し、不運な白人貧困層が現代生活において最終的に確固とした基盤を見出せるのであれば、そうした犠牲は大いに役立ったという弁明が行われた。自由放任（レッセ・フェール）には、意気消沈したヨーロッパ人に活力を最大限活用させたり、技術を向上させたりする刺激は含まれていない。特別な保護がなければ、そうした人間は生活水準を致命的に引き下げて、先住民相手の競争に対応する外なく、劣等な文明が高等文明を駆逐することになるのが関の山だった。人種差別は危機のもたらした結果だった。南アフリカは全面的に変換しつつあった。単一の農業体制から複合的な商工業組織へと移行しつつあり、さらに、そうした変換が劣等で従属的住民の只中で進行している社会において、自分たちの仲間のグループを脱落させるわけにいかなかったのだ。

　人種差別と、国の法律によって住民を人種別に隔離しようとする傾向が、新しい政策にともなって必然的に強化された。20世紀の白人の鉱工業社会に、19世紀的な白人開拓者社会の旧い感情が十分残されていた。先住民との関係を闘争と解釈する傾向が強かった。そのため、闘争の側面を強調するあまり、先住民の労働力に全面的に依存する社会であり、先住民は単なる競争相手ではなく、きわめて重要な協力者であるという事実を認識する能力が削がれてしまっていた。世界のあらゆる地域の植民地化の歴史において、白人と有色人種との競争や闘争に対して、常に最大の重点が置かれてきた。よく知られているテーマとして、北アメリカの例では、白人が入植地を作るため劣等人種の一掃に成功したこと、あるいは、オランダ西インド諸島の例では、膨大な数の先住民を支配する強固な管理体制の確立に成功したことがあげられる。南アメリカにおける入植白人と先住人種との親密な関係の進展は、近代史の偉大な出来事なのだが、南アメリカに関する一般的知識はコルテスやピサロの偉業で途切れている。その後、南アメリカの新社会の建設に多くの人々が参加したという情報は、南アフリカにとって計り知れない価値

があるにもかかわらず，全く知られていない。しかし，他の大陸のことを知らないのは，アフリカとアフリカ人のことを知らないのに比べれば驚くに当たらない。先住民生活の研究家たちの努力にもかかわらず，白人社会のほとんどの階級において，先住民生活に関する正確で明瞭な知識の欠如は続いた。最大多数を占める住民に関する情報を，立法府議員が知らなくても恥とはされなかった。十分で確実な知識が欠如した分，偏見と誤った情報が増幅した。第一次大戦後の一般的なヨーロッパの選挙民にとって，先住民が先天的に劣等だということは真面目な論議を必要としない真実だった。不平等と劣等性は啓蒙不可能な先住民の生来的欠陥とされた。地方では，この真理に聖書という完璧な権威の裏づけがあった。都市では，通俗的な科学的信念によって支持されていた。生得の犯すことのできない白人優位という信念は，南アフリカにおいて白人支配を続けるという決定を正当化した。社会の型は，事実，天の配剤によって各々の役割が決定されているとされた。そうした信念を通して，ヨーロッパ人は西欧文化の高い価値を保持すべきであるという使命感を抱くようになった。白人の政治的支配と人種的純血は利己的な目的でなく，義務であり，それを守らないものは堕落の罪で罰せられるとされた。白人支配の政治的手段や権力を弱めることは，実際には，南アフリカから白人の文化的遺産，すなわち，最初の入植者が導入し，その子孫が無傷のまま受け継ぎ拡大させるべき遺産を剥奪することを意味した。こうした思考回路によって人種的優位は信念となり，人種的・社会的差別は信条となった。

　物議をかもす問題については，大衆の考え方に著しい矛盾があっても，社会科学者はあまり頓着しない。そうした問題には，理性以上に心情的な発言の影響が大きいので，意見の一致を期待してはならないのである。先住民は，沼地や砂漠と同じで，進歩にとって厄介な障害であるとみなす見解と並んで，先住民は鉱山や優良な山林と同じで，利用可能な天然資源であるという意見もあった。とりわけ，先住民の愚劣さを強調する一方で，白人の持つ技術や熟練を取得できる先住民の能力への恐怖心も並存していた。こうした考え方を進めると，機会をいっそう均等化し白人と黒人の生活範囲に横たわる障壁を除去すれば，先住民に利益がもたらされることになった。そのた

め，先住民の教育や啓蒙は破壊的で危険だという性格を帯びるようになった。先住民が積極性を持てばその従順さを根底から損ねるし，野望を持てばその素直さが失われ，支配者側の白人の抑止力や支配力を弱めることになる。実際，二つの考え方つまり，先住民は愚劣であるという判断に基づく考え方と，先住民の能力を評価する判断に基づく考え方は，両方とも同じ目的に適うものだった。黒人は白人を不当に貶める恐れがあるのか，あるいは，白人は黒人を不当に向上させる恐れがあるのか，いずれにしても結論は同じだった。どちらの考え方も，黒人と白人に同一の道をたどらせてはならないという信念を擁護していた。

　すべての市民に科学者の冷静さを持たせることはできない。人々が自分の生活や子供たちの将来の急激な変化を避けたいと願う不安や懸念に対して，学者は超然としていて，あまり関心を示さない。いかなる集団でも安定を願い特権を保持しようとする当然の傾向は，政治の世界において現実に避けがたい事実である。純粋に平等主義的な社会は，18世紀の哲学者が唱えた「聖なる都」*のようなものである。それはいまだユートピアもしくは哲学者の夢でしかない。人種的平等や自由競争を求める計画に見られる理論的・倫理的アピールの特徴は，既得権への固執や幾世代にもわたって形成された習慣の抵抗力を，無視あるいは過小評価している点にある。人種的な機会均等への取り組みは何であれ，既得の利益や特権に対する抗議となる。先住民の雇用機会の拡大や，経済的報酬の引き上げは，白人の所得や生活水準を犠牲にすることになる。忘れてならないのは，南アフリカの本質的な貧しさこそが，先住民への寛大な処置をこのように困難にしているということである。もし，アメリカ中西部のように肥沃なレス（黄土）土壌が南アフリカにも広く分布していたら，あるいは，大西洋やインド洋の湿気を帯びた風が乾燥したカルーやカラハリに常時吹き渡っていたならば，経済学者や改革家の唱える平等化はもっと容易に達成されたかもしれない。アメリカ南部諸州の白人と黒人との関係と同じく，南アフリカの貧困も，競争を抑止し，特権を保護する政治的取り組みを説明する方便となった。南アフリカの経済的・政治的

---

* 「聖なる都」：「聖都エルサレム」，ヨハネ黙示録第21章2節，10節，を参照のこと。天国の意味。

統治のあり方を見れば，一つの社会が，いかに民主的であり同時に独裁的でもあり得るかということを如実に示している。

　1924年の国民党と労働党による「協定」政府の成立は，先住民の挑戦から白人社会を護るためのさらに断固たる取り組みへとつながった。政府の文化的労働政策は，特定の職種，および先住民に依存していた開発事業の種々の雇用機会から先住民を排除することになった。先住民の雇用機会からの排除は「カラー・バー（人種差別）」という通俗的名称で呼ばれ，カラー・バーという言葉はあらゆる総合的な障壁を意味した。法律的，行政的障壁もあれば，因習的，自然発生的なものもあり，いずれも白人社会の鉱工業および経済生活において先住民の台頭を阻止するものだった。その強制力は法令の力と世論の圧力の双方からもたらされた。カラー・バーは周辺共和国の先住民政策によって確立したものだが，主たる法的基盤は1911年の鉱山・工場法にあった。この法律は，トランスバールとオレンジ自由国の鉱山において，責任ある特定の地位は有能な白人が占めるべきだと規定していた。1923年から1926年までの間，最高裁判所トランスバール地方分所の裁定に従えば，この法律は法的に無効のはずだった。しかし，世論の力が強大だったため，金鉱業は，あたかも鉱山・工場法がけっして「権限外」宣言されてないかのような態度をとり続けた。新しい法律が，1925年の鉱山規制委員会[7]の報告をもとに緊急に作成された。この報告は，第一次大戦後，先住民の経験者でも操作のできる機械の導入によって，あらゆる分野の機械作業においてヨーロッパ人労働者の地位が脅かされていると指摘した。1926年の（改正）鉱山・工場法は不正確ながら，通称，カラー・バー法と呼ばれており，鉱業における人種差別（カラー・バー）についての重要な法による支援を再確立した。

　1926年の法律は，人種差別原則を容認する無数の法律の中の最重要なものにすぎなかった。法的人種差別は他の法令の援護を受けていた。例えば，1922年の徒弟法は，鉱工業に従事する徒弟の賃金と教育訓練の資格を設定したものであり，結果的に，先住民が徒弟もしくは見習いとして鉱工業に入

---

7 原注：Mining Regulations Commission, U. G. 36, 1925.

り込むことを阻んだ。1923年の先住民都市地域法[8]によって，先住民の生活は深刻な影響を受けた。この法律は政府の権限を大幅に拡大し，都市や鉱工業地域における先住民の存在を規制できるようにした。30年以上にわたって，都市で増大していた先住民は，手ごろな労働貯蔵庫としかみなされなかった。新世紀に入ってから，すべての大都市で，トタン板とガラクタの醜いスラム街が乱立し，市の長老たちはそれを一時的な間に合わせの野営地とみなすだけだった。こうした野営地のむさくるしい環境の中で先住民都市生活者という新しい人種が育っていることを，長老たちは明らかに見逃していた。先住民たちは部族の自発的規律や昔ながらの道徳を捨て，警察の専横な抑圧や惨めな生活条件の下で混乱した道徳を受け入れつつあった。物質的快適さはほとんどなく，社会的安定性に欠け，貧困や雇用機会の欠如がもたらす厳しい重圧は，物質的・知的な向上の希望を打ちのめした。不安定が動揺をもたらし，なげやりが怠慢をもたらした。この上なく厳しい障壁によって，都市の先住民はきちんとした自尊心の持てる生活を手に入れるのを妨げられた。都市は拡大して立派になり，現代生活の文化的設備が導入されても，先住民の給与水準は30年以上もの間，ほんの僅かしか上がらなかった[9]。その僅かな昇給は，都会生活にかかる必要経費に比べて全く釣り合いがとれていなかった。結局，彼らは自分たちが育った自然経済，つまり，自ら食糧を栽培し賃貸料など払う必要のない経済から，貨幣経済，つまり，衣類や食糧を購入し，賃貸料，税金，罰金等を支払わねばならない経済へと移行していたのである。先住民労働の安さは，その劣等性や能力の低さの度合いを不当に下回っていた。先住民の賃金水準には種々の法的圧力が働いていたからであり，それは先住民の移動の自由を禁止し，ヨーロッパ人労働者には適用されない規制によって，先住民を拘束していた。一連の法律は先住民の労働条件を民法の適用範囲から無理やり刑法の適用範囲へと押し込んだため，契約違反や労働争議は犯罪として罰せられた。

　先住民の賃金引上げは，農村部出身の先住民との破壊的な競争によって阻

8　原注：この法律は1930年の第25号法によって改正された。
9　原注：1914年の地底労働先住民の平均給与は2シリング4分の1ペンスだった。1930年には生活コストの上昇にもかかわらず，2シリング2ペンス4分の1だった。

まれた。彼らはまだ土地と結びついていて，農村経済のうまみを享受していた。食糧の購入は少なくてすみ，賃貸料の支払いも少なかったため，周期的に都会へ出てきて，きわめて低い賃金を受け取ったが，それは都市在住の先住民仲間にとっては深刻な不利益になった。農場や先住民地域からの出稼ぎ労働者と，特に南ア連邦領以外からの移入労働者が，都市在住の先住民労働者を混沌状態に置いた。常雇いの先住民労働者が，信頼度，永続性，技術の向上などによって条件を改善できるチャンスはなかった。農村の先住民の貧窮は，部族集団全体が個人を支えるという道義性によって和らげられていた。父親が息子を，兄が弟を援助し，タバコは分け合い，無鉄砲な借金の支払いも面倒を見るといったことは，部族戦争時であれ，収穫期であれ，部族民が仲間に自発的に申し出る援助の実例である。しかし，都市では個人は集団から引き離されているため，貧窮していても助けを受けられず，孤独のままに放置されることが多かった。1932年の先住民経済委員会の意見では，農村出身の先住民の賃金は，先住民労働者とその家族が「しかるべき健康の維持」に適した食事を得るための必要最低限をはるかに下回っていた。その貧しさは，南アフリカの都市のあふれるような太陽と新鮮な空気をもってしても，健康を維持できないような極貧の生活条件を彼らに強いていた。彼らの無知が貧困による苦渋をさらに厳しくした。草原では，風や雨，太陽が人々の非衛生的習慣による最悪の事態を緩和してくれた。しかし，都市の風通しの悪い過密で乱雑な地域では，病気と貧困は悪循環となって互いに増殖した。

　1918年に，インフルエンザの流行が露呈したのは，窓のない掘立小屋や，密集した不潔な路地裏で繁殖し潜伏していたおぞましい病気と苦難だった。都市住民の全体的利益のため，先住民都市地域法は，建物の改善と規制強化によって，災害を生じかねないスラム状態の除去を目的としていた。スラム撲滅のための法律も，社会的零落と貧窮の根本的原因をないがしろにすれば，改革は遅れ不完全になるのが関の山である。それでも，1923年以後，家屋の改善，若干の病院と薬局その他の社会施設などが，少なくとも惨状の幾分かを抑えた。その惨状について，1914年の結核委員会などが厳しい実状を提示していた。この法律には，不完全ながら，先住民の都市居住地を社

会的，物質的に，幾分健康的な生活の場としてとらえる展望が含まれており，そこには，解放や啓蒙をとなえる勢力へと向かう可能性も含まれていた。先住民の都市居住地が若干改善された。それは，もはや，先住民が仕事をして平静を保っている限り，町の住民は誰も関心を払わない単なる低賃金労働力の雑然たる倉庫ではなかった。各都市の居住地の「諮問委員会」の規定は，都市に住む先住民グループの統制を単なる治安維持や労働契約の強要だけでなく，それ以上のものに引き上げていた。しかし，この法律はもう一つの重要な原則を打ち立てていた。都市地域はヨーロッパ人の地域であり，ヨーロッパ人のために働く場合にのみ先住民の居住が許されたのである。そうした先住民は，可能な限り，特定の区域に隔離された。先住民が都市に行く権利は制限され，都市における身分も厳しく押し下げられた。隔離政策は統制と規制を容易にした。1カ月期限のパス制度は，各先住民に求職許可証や職業契約登録証を携帯するよう命じ，この制度を全都市に拡大することによって，各都市地域の先住民の人数を推定し，その数を制限する手段となった。この法律の主要目的は先住民労働者の都市への流入を阻止し，労働市場における彼らの競争力を弱めることにあったからである。

　先住民の進出を阻む障害より，先住民の無知とその無知を克服する適切な教育施設の欠如の方がはるかに深刻だった。先住民の教育対策を論じるには，まず，南アフリカが20世紀初頭に直面していた異常な教育問題を理解しなければならない。連邦政府と諸州には，大多数の白人住民の著しい後進性を回復するという重大な責任が負わされていた。グレート・トレックは大多数の人々を正規の教育の及ばない地域へ立ち去らせていた。その上，その責任には，それまで教育がほとんど施されていなかった所に正規の教育を実施するだけでなく，包括的かつ急激な変換を遂げつつある社会の特殊な要求に教育を役立たせる責任も含まれていた。旧共和国の均質的な農業体制から，近代的な大英帝国領の複雑な商工業機構へと転換した社会において，しかも，劣等従属民族の只中でそうした変換を遂げた社会においては，白人教育の緊急性が非常に増大していた。そのため，南アフリカのきわめて強力な教育振興熱の背後には，他の大英帝国領で教育を支援してきた民主主義的感情をさらに上回るものが存在していた。教育を軽視することは，先住民に対

する白人社会の防衛力の弱体化につながるという信念もあった。

　白人教育への強力な支援から生ずる当然の代償は，先住民の正規教育の放棄だった。しかし，教育はけっして単なる学校や学級での教育に止まらないため，先住民が全く教育手段を持たないわけではなかった。新しい習慣と最終的に新しい文化への道を閉ざしたまま，部族的な生活を解体することは不可能だった。白人社会の要領を教えずに，鉱山や工場に部族民を送り込むことは不可能だった。同じ空気を吸い，同じ土地から食物を得る人々の心に明確な境界線を引こうとする努力は，けっして完全に成功し得なかった。人はいかに世間的身分が低くても，学んだり，学んだことによって生活習慣や思考様式を変える能力を持っており，その力によって互いに近接するグループ間の厳しい差異は常に緩和されざるを得ない。鉄床にハンマーを打ちつける度に，配達用自転車のペダルを踏む度に，鍋を一つ磨く度に，先住民は先祖伝来の習慣から遠ざかり，新しい社会の習慣に近づいていった。教育を熱望して多くの先住民は意識的に農場や指定居住地を去ったが，それは読み書きを習得し，野蛮と文明との間隔を狭め，無知の状態から知識取得への移行を早める目的のためだった。野蛮状態にあることの弱みは自覚されていたのである。

　しかし，先住民の心情と環境の不一致は当然のことながらきわめて大きかった。非常に多くの迷信のことごとくが，作物や家畜の群の改良，健康の増進，時間やエネルギーの効率的使用などへの障害となって立ちはだかり，それは改革や矯正を阻む難題だった。教育を必要としたのは子供たちだけでなく，先住民すべてが彼らの歴史や社会的遺産によって負わされたハンディキャップからの解放を必要としていた。組み込まれてしまった近代社会にうまく適応するには，彼らの心をとらえる原始的な考え方や，身体を支配する不都合な社会的慣習から解放される必要があった。19世紀の大半は，宣教師の教団が先住民教育の重責と費用を負担していた。彼らは当初，聖書，シェークスピア，やさしいギリシャ語などが野蛮状態から文明へつながる道と考えていたが，その試行錯誤から実生活に役立つ技術的訓練という現代のミッション系の学校で行なわれている方法へと進化していた。しかし，イギリスやフランスの教会の信者すべての惜しみない協力や，宣教師たちの献身

的努力をもってしても，先住民のほんの僅かな部分にしか影響を与えることができなかった。1921 年に，先住民の子弟のほぼ 9 割が読み書きできなかったことは，ごく初等の教育さえ不足し，先住民教育への一般的理解が不足し，財政的援助が不足していることを物語る尺度だった[10]。1925 年に，先住民課税・啓発法のもとに，先住民啓発予算が設置された。その主な目的は，先住民の子供たちに初等教育を施し，仲間内で教育活動ができるよう，農場や保留地の現場教育者を訓練することだった。この予算は，先住民総合税の 5 分の 1 [11]に連邦政府からの固定出費年間 340,000 ポンドを加えたものだった。この政策のプラス効果は学校の数と入学者数の増大[12]に表れた。それでも，まだ 1932 年に先住民の子供の 5 人のうち 4 人までが教育を全く受けておらず，先住民教育に利用可能な資金は少なすぎて，2,250,000 ポンドも不足していると，先住民経済委員会は報告していた。先住民課税・啓発法の目論みは，社会の最も後進的部分に自前で啓発する責任を負わせ，啓発費用も先住民から徴収した収入のほんの一部に限定することにあった。もっと端的な経済用語で言えば，連邦は先住民の生み出した所得の大部分を，先住民教育，先住民の生活水準の向上に必要な道具，肥料，開墾事業などに使用しなかったのである。余剰資金は事実上，ヨーロッパ人社会の収入に加えられた[13]。

　第一次大戦後 30 年ほどの間に，人種隔離——産業における隔離，都市の居住地の隔離，居住地域の隔離——がこれまでになくますますあからさまに，政府の先住民政策の主要原則となった。白人と黒人との境界線をさらにはっきり引くために，法律が改訂され，旧い法令は新しいものと差し替えられた。圧制や差別に敏感な人々が，そうした政策に同意せず懸念をもって眺めたくなるのは避けがたい。人種差別と，白人を黒人から守ることが，人種隔離政策の公然たる目的だった。しかし，この政策が，隔離はどの人種にも

10　原注：1921 年の国勢調査は，ヨーロッパ経済体制内の先住民の中で教育や技術を身に付けている者は 3.5 パーセントであると記載している。
11　原注：1937 年に 5 分の 2 に増額された。
12　原注：1926 年，297,621 人，1935 年，345,540 人で 60 パーセントの増大。
13　原注：1937 年の南アフリカ年報は，817,211 ポンドが白人教育に，677,518 ポンドが先住民教育に，658,326 ポンドが他の「カラード」の教育に使用されたと報じている。

利益になり得ると本気で考える意見と矛盾しなかったことも述べておかねばならない。各人種に適した生来の生活体制が確保されるので，カラー・バーの影響は必ずしも苛酷なわけではない，という主張もあった。白人はまさしく「高度に組織化された文明」に属していた。先住民も同様に，複雑な文明の重荷や必要性から幸いにも免れた「特権階級」に属していた。1836年に，ベンジャミン・ダーバン卿は好都合にも「手に負えない野蛮人」を発見したのだが，1936年に南アフリカは全く同じように都合よく18世紀の「素敵な野蛮人」を再発見したのである。

　こうして，第一次大戦後の先住民に関する立法は，先住民の生活と行政の質的改善をはかる誠実な試みだと考えて差しつかえないとされた。いくつかの法律が制定され，生活を筋の通ったものにし，行政を首尾一貫させた。1920年の先住民問題法によって先住民問題委員会が発足し，この委員会は政治，立法，行政問題に関して，「先住民問題担当大臣」へ勧告を行う役割を担った。この法律はまた，ケープ植民地，トランスバール，ナタールの先住民地域に多数の地方自治体の設立をもたらし，それらは先住民が地方政治に参加する数限られた実験基盤となった。1925年の先住民課税・啓発法は，連邦全体の先住民への課税の統一的体制を確立し，先住民啓発予算を創設し，短期間に教育や農業訓練，そして，ダムの建設や試掘井戸の掘削，改良種の飼育といった実用的な改善に有益な貢献をした。1927年の先住民行政法は，連邦が個々の植民地から受け継いだバラバラの立法・行政手続きの齟齬や混乱に終止符を打った。部族の各個人が互いに結びつけられていた相互依存関係や互酬的な義務を蝕む結果を招いたものとして，19世紀の法律と司法権の対立ほど強力なものはなかった。そのため，先住民関連の法律が生来的な正義や公的な政策と一致しない場合を除いて，先住民間のすべての訴訟は先住民弁務官の法廷で行なわれる，という先住民管理法の布告は，とりわけ重要な意味を持っていた。先住民の生活習慣から生じた訴訟の裁定に，治安判事がローマ・オランダ法を用い，先住民もローマ・オランダ法に訴えることを許すような，不合理で恣意的な体制は終焉した。部族民相互の係争を裁くための限定的な司法権が部族長や首長に与えられ，先住民控訴裁判所が2カ所設立されて，先住民弁務官からの控訴が審理された。

法律と政治は常に緊密に絡み合っている。南アフリカの先住民関係の法令は，有益な改革手段として合法的に提出されたかもしれないが，大英帝国領内の先住民の立場を規制する政治的手段であるという解釈も成り立つ。法律の基準とは常に司法上のものであると同時に政治的なものでもある。南アフリカにおいて，先住民関係の法令の立脚する基盤，あるいはこの法律が守ろうとする社会的・経済的利害を見分けることはさほど難しくない。1920年の先住民問題法を皮切りにした一連の先住民関連の法律はすべて，白人と黒人の生活領域をより明確に切り離すためのさらなる一歩を示していた。先住民の地方自治体に関する規定を設けた先住民問題法は，先住民だけを切り離した政治的仕切りを示唆したものだった。先住民管理法は先住民を法律の支配圏外へ連れ出し，政府が大幅な自由裁量権を持つ領域に先住民を押し込めた。先住民の法律は「公的な政策や生来的な正義」と矛盾しない場合に限って有効だという宣言は，先住民の生活を今まで以上に行政的手続きの下に引き入れた。都市生活と産業界において，先住民がヨーロッパ人と同じ立場に立つことを認めないという決定は，先住民の未来は基本的に農地にあることを明示していた。農地こそ先住民が生活し成長するのに最適だとされたのである。こうした理由から，先住民の首長たちは19世紀にきわめて暴力的に剥奪された権威を幾分取り戻した。こうした理由から，1927年の先住民管理法によって，先住民の法律が完全に復元された。かつて宣教師が，「ロボラ」もしくは婚資*という制度を女性の人身売買であり異教の証拠であると激しく非難したが，こうした理由から，この制度も以前の完全な形で復活した。かつて，ナタール入植者やケープ開拓者たちが部族主義の脅威に対して声高に反対していた場所で，今では部族こそが部族生活の砦と考えられ，先住民の生活を包み込み，先住民が個人主義に流れたり，他の社会の風習に同化したりするのを阻止する防波堤とされた。先住民の発展の可能性が一番高いのは，先住民の競争が怨恨と紛争を生じる都市の疎外された環境なのか，それとも，住み慣れた彼らの土地と彼らの制度なのか，と問うのはもっともなことと思われた。

---

* 「ロボラ」もしくは婚資：一種の結納，花婿が結婚に際して，花嫁の親族に，（通常，家畜の群れなどの）支払いを行う制度。

先住民がもっと土地や自分たちの制度に執着することにこそ，人種間のとげとげしい関係を緩和し，白人と黒人の心底からの協力をもたらす可能性があった。かつて優れた経済学者は，先住民に高い賃金を与えることを拒否したり成長のための雇用機会の提供を拒否したりすれば，大英帝国全体の福祉に悪影響を与え，大英帝国全体が何百万人にものぼる先住民の低い生産性と低い購買力によって被害を受けると指摘していた。カラー・バーによって他所では拒否される技術を，指定居住地でなら教えてもらえた。先住民の土地でなら，ヨーロッパ人社会の邪魔にならずに，土地のより科学的な耕作や家畜のより専門的な飼育を学ぶことができ，それによって富を増大させることで，先住民は南アフリカ全体の福祉にもっと十分貢献できる可能性があった。

　とりわけ事態について判断力のある委員会は次のように言明した。「*解決策，つまり，わが国の富を産出するための諸要素を適切に経済統合する方策は，指定居住地の開発という賢明で，果敢，かつ積極的な政策のうちにある*・・・こうした特別地域で富を産出する能力を開発し，流通量の拡大を確保する方が，現状のように，すでに開発された地域で産出される富の分け前を少しでも多くしようとして，黒人と白人の競争を続けるよりも賢明だろう。これらの地域を適度な生産水準まで開発すれば，人種間の友好的協調が十分可能になるだろう。」

　1936年に成立した二つの法律[14]，すなわち先住民土地・信託法と先住民代表法は，人種隔離政策の総仕上げであった。最初の法律[15]は，1913年制定の先住民土地法が先住民の農村生活を否定する道具と化していた欠陥を修復しようとするものだった。先住民を都市へ殺到させる力としては，指定居住地の過密や土地不足が最も強いものであるという認識から，この法律は南アフリカ先住民信託基金[16]を創設し，その資金を追加の土地の購入，先住民地域

---

[14] 原注：1938年に改正された。
[15] 原注：3番目の法律，1937年制定の先住民土地改正法は，先住民の都市在住，先住民の労働，先住民の土地取得などを規制した。

内の農業，牧畜産業の向上等に用いることとした。この法律は信託基金に，特定「放出」地域内で，随時，土地を取得する権限を与え，最終的に取得された土地は 7,250,000 モルゲン，15,300,000 エーカーに達した。こうして，19 世紀の統治では先住民の土地収奪がほぼ恒常化されていたのに，20 世紀にはそれが逆転した。国許を離れていた人々は父祖の土地へ戻るか，少なくとも何処かの土地へ戻されることになった。1 世紀にわたる歴史を立法府の意思によって変えられるか否かは，未来の歴史のみが明らかにすることができる。

　当然ながら，物理的に隔離された人々は政治的にも隔離されることになる。かつては，人々は黒人が一致団結して全白人に対抗，蜂起するのではないかと恐怖を覚えていたが，今では，いつの日か黒人有権者の増大によって投票数で白人を圧倒するのではないかと予測するようになっていた。周辺共和国においては，先住民は教会でも国でもあらゆる平等を拒絶されていた。ケープ植民地では，先住民の選挙権取得に関する法律上の差別はなかった。ヨーロッパ人と非ヨーロッパ人の有権者双方に，同じ財産資格と，1892 年以後は同じ教育資格が要求された。ナタールでは理屈の上では，参政権は先住民を除外していなかった。しかし，資格を得る道はきわめて面倒な条件で塞がれていたため，参政権を入手できる機会は，言葉のあやでなく文字通り数百万分の一しかなかった。1936 年に，ナタールの先住民有権者はたった一人だった。1908 年に，連邦の条件を決定する会議で，トランスバールとオレンジ自由国は先住民に参政権を与えないことを連邦加入の絶対的条件とした。ケープ植民地の代表は，偏見のない先住民参政権を強硬に擁護したので，連邦法は妥協を含むものとなった。ケープは非ヨーロッパ人の参政権を保持したが，両院議員合同会議の 3 分の 2 以上の多数をもって変更できるという条件が付加された。また，憲法では，ケープ先住民の参政権については 10 年間，異議申し立てができないと宣言されていた。異議申し立ては 16 年後の 1926 年に行われた。1936 年に先住民代表法が法令全書に記載されるまで，さらに 10 年の歳月を要したことは，この法律への反対がいかに大き

---

16 原注：これは先住民啓発予算の代替となったものである。

かったかを物語っていた。1926年の「カラー・バー」法に対する反対派は非常に強硬で，この法案が両院合同会議にかけられねばならないほどだったが，反対派は先住民参政権の制限についても異議を表明した。反対派の勢力は，1930年のヨーロッパ人の婦人への参政権付与によって弱体化した。先住民の婦人はこれに含まれなかったため，ヨーロッパ人の有権者数は実質的に倍増した。1931年に，ケープとナタールにおいて，ヨーロッパ人の男性有権者の財産・教育資格は免除されたが，先住民についてはその資格は免除されなかった。こうして，ヨーロッパ人の有権者は最大限まで拡大された。この時期の歴史的論争を記述するには1章全部を費やしても足りないだろう。ケープ先住民の参政権を破棄することは，二つの人種の世界をつなぐ大事な架け橋を破棄することだった。両者の関係をこれほど明瞭に示すものは他にない。1936年に先住民代表法がこの国の法律となった。この法律はケープの先住民がヨーロッパ人と同じ選挙人名簿に登録される権利を剥奪した。代わりに，従来参政権を享受していた先住民は三つの先住民選挙区分に分けられ，各選挙区分は1名の白人下院議員を選ぶ資格を与えられた。これは，ケープ先住民の参政権が破棄され，他の先住民への参政権拡大の望みがすべて消失した事実を，ただ中途半端に隠蔽するための譲歩だった。この法律はさらに，ナタール州，トランスバール，オレンジ自由州，トランスカイ地域で，4選挙区を設立し，各地区全体で4人の白人議員を選出する選挙委員会を設けた。選挙委員会は部族長，首長，地方議会，先住民指定居住地管理委員会，その他の組織で構成されていた。これらの組織は先住民の間接的な代表にすぎず，しかも政府による任命が多かったが，各組織は所轄内の先住民納税者数に比例して投票を実施することとなった。こうして選出された4人の議員は，連邦法で定められた選出法，すなわち，指名法で選ばれた他の先住民代表議員に加えられた。この法律はさらに先住民代表会議を設立し，6名の役員，4名の指名議員，選挙委員会によって選出される12名の議員で構成されていた。この会議は純粋の諮問機関だった。会議は先住民に利害のあるすべての法律に関して議会報告を行う法定権限を持ち，議会は先住民信託基金に支出する政府資金に関して勧告することができた。これは，明らかに法的，財政的権限を持たない組織だった。

先住民代表法は，反対者が恐れていたような，議会の代表権から先住民を完全に締め出すことはなく，先住民は連邦全体を代表して上院に議員を送り出していた。しかし，上院は大英帝国のほとんどの第二院と同様に，下院によって独立性を奪われていた。先住民代表者会議において，先住民側が自らの問題についてより完全な責任を有する方向への第一歩とみなされるような組織が生み出された。先住民代表者会議が，大英帝国の憲政史初期の代表者会議と同じ経歴をたどるかどうかは，学問的な問題に過ぎなかった。先住民が政治的に成熟することではなく，先住民を政治的に隔離することが，法律作成者の最重要の関心事だった。

　文化的労働，カラー・バー，人種隔離等の密接に関連した政策は，特権の巨塔を非常に高く築き上げ，外部の先住民がけっしてよじ登れなくする取り組みであると，南アフリカ内部や大英帝国の諸地域で非難攻撃されるのは不可避だった。先住民を劣悪な経済水準に置き，低い法的身分に引き下げることは，科学的にも倫理的にも正当化できないとの抗議を受けた。そうした圧制的な政策の真の原因は「恐怖から生じ，無知によって培われた偏見」[17]であった。しかし，そうした非難に対する回答は次のようなものだった。先住民の血統，選挙権，競争等がヨーロッパ人社会の保全を脅かす限り，人種間の協調は不可能である。人種間の協調を実際に阻むのはこうした軋轢なのである。弱者意識が狭量さを生み，恐怖が自制と分別を失わせている。白人の血統が先住民の血から守られ，白人の仕事が先住民の競争に脅かされることなく，白人の政治が先住民の選挙民から守られさえすれば，ヨーロッパ人社会は先住民の福祉を確保するため適切な任務に着手できるはずである。人種隔離は信託統治に必須の条件である。人種隔離は，奴隷的で発言力を持たない身分を先住民に強要する圧制と，バンツー人，ボーア人，イギリス人に人種と文化の堕落をもたらす同化政策との間の，いわば中道をなすものなのである。人種隔離は先住民自身の生き方を土台にし，先住民生活の美点と長所にヨーロッパ人の生活の美点と長所を加えることによって，計画性豊かな生活を築くことを可能にする。先住民に追加の土地を与え，先住民の領域から

---

17 原注：Native Economic Commission, par. 104-5.

ヨーロッパ人の領域への移動を停止させれば，彼らの経済的均衡を回復できるだろう。彼らは白人種との競争から免れるばかりでなく，指定居住地のゆったりとした，あまり急かされることのない雰囲気の中で，彼らの貧困や後進性の原因をもっと建設的に除去できるだろう。惨めな農夫や牧夫にとって，参政権を入手するより，いかに種を蒔き，いかに畜牛を飼育するかを学ぶ方がはるかに重要である。白人社会と平行して，先住民社会は部族的要素とヨーロッパ的要素によって別個の文化を築きながら発展するだろう。二つの明らかに異なる文化の流れは未来に向かって平行した水路をたどるだろう。以上が，上述の非難に対する回答である。

人種隔離は，南アフリカ社会でもっとも馴染み深い言葉の一つである。それは白人入植の歴史と同じ長い歴史を持つ言葉であり，最初から，オランダ東インド会社の役人は，小さな居留地を周囲の先住民から隔離しようと躍起になっていた。南アフリカの歴史においては，そうした初期の時代から人種的接触の困難さを解決するための抜本的な方策の提案が数多くなされてきた。簡単で持続しそうな取り決めを模索する試みは次から次へと失敗に帰した。しかし，議会，労働組合の集会，片田舎の店での議論などで，最終的解決という共通の信念が語られていた。第一次大戦後の選挙で人種隔離政策のアピールは強力だった。黒と白という対決は，大衆的で批判精神の乏しい人々の理解力には，人種を隔離するための最も明快な根拠となった。人種隔離は，二つの社会を，水と油のように各領分に適切に分離し得るという非現実的な可能性を約束したのである。

人種隔離は神話であり幻想であって，けっして事実ではない。言葉としてそれが表すのは願望や政策であり，実態ではない。都市やヨーロッパ人農場に永住する無数の先住民の姿がそれを否定する。1936年の国勢調査員は，先住民地域内よりも，域外での先住民の数の方が559,675人も上回ることを明らかにした。人種隔離は，鉱山に先住民労働者を手配する人々，広大で肥沃な土地を持つ農場主，先住民に出稼ぎ労働をさせ，現金を入手せざるを得なくさせる課税等によって否定される。とりわけ，園芸家の言葉を借りれば，鉱工業は先住民労働という台木に芽接ぎや接木をされたものだという事実によって，人種隔離は否定される。先住民はもはや均質でないという事実

が，それを否定する。先住民の階層に最大の格差が生じていた。例えば，都市に住み，先住民地域に基盤を持たない人々は，実際，多くの点で部族の同胞よりむしろヨーロッパ人貧困層に近い経済的，社会的生活習慣を培っていた。指定居住地で粗末な毛布をまとう先住民は，都市の鋳物工場や郊外住宅の台所でズボンをはいて働く助手や手伝い人とは，かけ離れた存在だった。たとえ 15,300,000 エーカーの土地を「解放」しても，先住民を自立した小作人にするには十分ではなかっただろう。土地が「解放」されるはるか以前から，その土地にはすでに先住民が居住していた。それほど広大な追加地域をもってしても，先住民の土地不足を緩和するには程遠かった。都市移住の最大の原因である土地欠乏状態は解消されなかったのである[18]。歴史によって歪められたものを法律によって解きほぐすのは容易ではない。先住民とヨーロッパ人の生活が縒り合わされた縄を解くためには，歴史の足跡を逆戻りさせるしかない。人種隔離は，あたかも，これまで戦争など全く起きたことがなく，旱魃が大地の草木を枯らしたことはなく，疫病が先住民の家畜に打撃を与えたことはないと言い繕うようなものだった。

　西欧文明の工業諸国の大半では長年，産業・社会立法は，あらゆる階層の雇用機会を増大し，全人口中のほんの一部の特権を温存するような障壁を除去する場合にのみ意味がある，という主要原則が存在している。社会の一部分に恩恵を与えるために，その他の部分に制限を加えるような方策は，経済的に不得策であり，社会的に不当であると考えられている。実際，南アフリカの優れた経済学者グループは，先住民政策の経済学的弱点と矛盾を暴露している。専門家の委員会はことごとく，苛酷なカラー・バーが果たして得策なのかと異議を唱えてきた。国民経済の問題に関して，17 世紀に，ウィリアム・ペティー卿*が「政治算術」と名づけた原則が明らかにしたのは，国民のいかなる階層であれ，その経済的有用性や能力に対して制限を加えてはならないということだった。厳密に経済的に考えれば，先住民の発展は社会

---

18 原注：科学的な家畜の飼育や改良農業によって，もちろん，先住民地域の収容量を高めることが可能だったかもしれない。
* ウィリアム・ペティー卿：1623－87 年。イギリスの経済学者，統計学者。富の形成における労働の能動的役割を指摘し，労働価値説を初めて展開し，「政治算術」という統計的比較・分析による実証的方法を用いた。

全体の発展の一部だった。先住民の稼得力や生産性を増大させる力を抑制するものは何であれ，購買力をも抑制することになった。経済思想の最も自明な原理によれば，社会の重要な部分をなすグループが極度の貧困，非能率，情報不足，労働力の浪費的編成，あるいは労働能力や生産能力に加えられる制限などで痛手を被れば，社会全体が損害を被ることになる。先住民の賃金を低く抑えるべしという意見は，単に大きな潜在的購買力を凍結させるだけでなく，産業側に労働力の浪費的使用を促し，効率化のための開発努力をなおざりにさせたのである。文化的労働政策は，白人貧困層への隠された助成金にすぎず，それに見合う効率化の増進を伴わなかった。政府や地方自治体なら不自然で非経済的な条件でも雇用することができたが，民間企業にとって雇用する人間に対して特恵的待遇を与えることは経済的に不可能だった。また，黒人の雇用を増やせば白人の就ける仕事枠が減るという想定は，旧弊な誤りだった。明白な歴史的事実は，1902年以来，産業のあらゆる部門で，白人と先住民双方の数は，増大しているのである。南アフリカで白人文化を維持するために，白人労働者は文化人に見合った賃金を受け取るべしという想定による，白人不熟練労働者の特恵的待遇は，ほぼ乞食同然の底辺グループの存在を恒久化させる危険を冒すことになった。白人不熟練労働者は喜んで自らの貧困を悪用し，生活の重荷を私的慈善事業や公的助成金に負わせ，倹約と勤勉の責任を免れた。倫理や人道的正義といった問題すべてを度外視しても，賃金を能力の差でなく肌の色の違いに応じて支払うことは，非効率的で不経済だった。経済を度外視し，白人労働者に高賃金を支払おうとする企てそのものが，本来の目的を打ち砕くことになった。白人労働者と黒人労働者の技能の差があまり大きくない場合，産業側は必然的に黒人労働者の方を選んだからである。ヨーロッパ人住民の特権を確保する問題よりもっと重要なのは，労働力全体の効率と，産業全体の生産力の拡大を図るという問題であり，すべての人々が南アフリカの増大した資源の分配をさらに潤沢に受けられるようにすることなのである。

　経済学者の申し立てた異議は夥しかった。経済学者たちの目的は，自然資源の効率的な増大とあらゆる住民層に最良の分配をすることであり，その目的からすれば，その異議の大半は反駁できなかった。しかし，第一次大戦終

結以来，従来の経済学者の発言が顧みられなくなったのは，南アフリカばかりではなかった。ベルサイユ（講和会議）以来，経済学の鉄則の多くが，その古典的形態を，良かれ悪しかれ，叩き潰されてきた。イギリスは自由貿易を放棄し，アメリカは金本位制を離脱し，ドイツの「第三帝国」は独裁政治を執り始め，大英帝国自治領はより厳格な保護主義体制を採り入れるという時代にあって，南アフリカが，白人種の支配的地位を確保するために経済体制を編成しなければならないと主張することは，さほど場違いとは言えないのである。

242　南アフリカ社会経済史

A

先住民の平均月収（住居費，食費込み）　£4・10・0	
ヨーロッパ人の平均月収　£32・10・0	
南アフリカの鉱山の雇用者数　各記号＝1万人	
非ヨーロッパ系雇用者数　394,000人	
ヨーロッパ人雇用者数　47,000人	
大英帝国自治領の人口比較　各記号＝50万人	
南アフリカ連邦（1936年）　9,589,898人	
カナダ（1936年）　11,028,000人	
オーストラリア（1936年）　6,806,752人	
ニュージーランド　1,568,220人	
黒い記号＝非ヨーロッパ人	

B

1936年の大英帝国自治領の最大都市の人口　各記号＝10万人	
ヨハネスブルク	519,384人
ケープタウン	344,223人
モントリオール	818,577人
トロント	631,207人
シドニー	1,267,350人
メルボルン	1,018,200人
オークランド	211,380人
ウェリントン	149,812人
南アフリカの都市人口と農村人口　各記号＝100万人	
農村人口	
都市人口	
黒い記号＝非ヨーロッパ人	

第10章
産業の規制

「多種多様な市民で成り立つ社会はすべて，必ずある階層が最上位となる。」
エドモンド・バーク*『フランス革命に関する考察』より

　南アフリカの経済・社会問題の調査研究を委託された人々の中には政治家も経済学者もいた。経済学者の意見が常に政治家と一致したわけではないし，政治家が常に経済学者に同意したわけでもなかった。しかし，一つの結論において両者の意見は一致していた。その結論とは，この国の経済・人種問題が貧困によってさらに解決困難になっているということである。例えば，文化的労働政策の主な障害は，土壌，牧草，森林から乏しい財しか得られないことだった。他の大英帝国自治領に匹敵する生活水準を白人住民に保証することは，大英帝国自治領の公然の政策だった。しかし，南アフリカの国民一人当たりの総生産量は他の大英帝国自治領よりはるかに低かった。この国の社会構造は生産の拡大と新資源の開発に依存していた。南アフリカは，鉱物資源によって大英帝国の他の地域より高い地位を獲得していた。しかし，世界の金市場の不況には，金需要が低下する恐れがあった。処理しにくい金鉱石から何とか利益を搾り出そうとする金鉱の絶え間ない苦闘は，いかに金鉱が絶えざる危機の瀬戸際に瀕していたかを物語っていた。結局，金は枯渇する資産なのだった。遅かれ早かれ，南アフリカが金鉱の豊かな資源で安閑としていられない日が必ず来るはずだった。金鉱の生産が危機的に減少する日に備えて，新しい資源を開発することは賢明だった。こうした意見は数年にわたって徐々に勢力を得て，ついに国政の重要な指針となった。こ

---

* E. バーク (1729 - 97)：イギリスの政治家，政治哲学者。代表作『フランス革命に関する考察』において，伝統と経験に基礎を置くイギリスの国政を擁護し，抽象的な民主主義や単なる多数決の危険を説き，同書は啓蒙的合理主義を否定する近代保守主義の古典となっている。

のため，第一次大戦後，南アフリカは以前にも増して断固たる決意で，痩せた土地を肥沃にし，人口増大を上回る富の増大を促進し，自給体制を強化しようと取り組んだ。南アフリカは社会組織の計画化を決定した。社会組織の計画化は経済の計画化に直接結びついた。

19世紀においては，世界の通商は古くからの工業諸国と新興農業諸国に分割されていた。旧工業諸国から資金と工業製品が新興農業諸国に流入し，見返りの食糧や原材料の流れを促進させた。第一次大戦後，この区別は次第にあいまいになった。工業諸国は農業を強化し，農業諸国は工業化を進めたからである。至る所で国の自給自足化傾向が強まった。国際間の均衡が不安定になればなるほど，経済問題を国内規模で解決しようとする動きが強まった。移民の緩慢化と世界的な信用・商品取引の抑制は，各国が国内産業の強化と海外依存度の縮小のために採った関税，輸出入割り当て制，通商停止といった措置の結果だった。それはイギリス流の自由貿易世界の終焉であり，リチャード・コブデンが心に描いた相互依存的世界，つまり，各国が気候，天然資源，地理的条件，工業技術に応じて最も適した産品や業務によって世界の人々に貢献するという世界の終焉だった。

南アフリカが国の将来的繁栄という重責を引き受けるには，土地に頼らねばならないと考えることは理に適っていると思われた。都市への大量流入にもかかわらず，黒人と白人住民の大部分は土地を基盤にした生活を続けていたため，この国では農業の繁栄を増進することこそが明らかに一番必要だと思われた。鉱山が存在しなかったら，南アフリカは30年以上前に，農業，牧畜産業の著しい非効率という重要問題に直面せざるを得なかったことは確かである。ダイヤモンド鉱業と金鉱業の大発展が，不可避的な土地の危機を先延ばしにしていた。第一次大戦後，政府は農業の欠陥と不利な条件に戦いを挑んだのである。

ボーア人の生活は，自分たちが入手した土地の気候や土壌と何とか折り合いをつける歴史だった。18世紀の彼らの生活の緩慢な動きや，19世紀の共和諸国の経緯を見ることによって，20世紀の政府が地方の富を増大させる取組みにおいて直面しなければならない障害を，はっきりと認識できる。18世紀のトレッカーはひたすら水を求めた。20世紀の科学技術は，旱魃と乾

燥を克服するために何ができるのか。旱魃と乾燥は国の至る所で羊や牛を常に渇きで苦しめ，多目的風車を，牛車と同様，農場のありふれたシンボルにしてきたのである。農業の繁栄を図るには，灌漑と河川管理計画こそ最も必要だった。この計画によって，すでに居住している土地の効果的使用が可能となり，土地を渇望するボーア人でさえ見限っていた地域もおそらく生産可能にできると考えられた[1]。

　牛車や貧弱な道路では農業の繁栄は実現不可能だった。ボーア戦争後でさえ，この国の広大な地域の交通組織網は，グレート・トレックの時代とほとんど変わらなかった。第一次大戦前には，まだ主婦たちはヨハネスブルクの街頭の牛車からジャムや保存用の果物を頻繁に買っていた。荷車を引く一連の雄牛はもはやヨハネスブルクの雑踏の中で場違いになっていたとはいえ，それは19世紀的な辺境地がまだ身近な存在である証拠だった。鉄道と自動車輸送が牛車にとって代るまで，南アフリカには，例えば，大規模な酪農は存在し得なかった。のろのろした牛車と土ぼこりは，効率的な酪農に不可欠なスピードと清潔さの敵だったからである。言い換えれば，強靭な南アフリカ産の雄牛の一団が価値ある財産として考えられている限り，上質の酪農牛の入り込む余地は少なかったのである。

　農業従事者が，新しい装置や近代的知識をより効率的に使用するには，自らの教育の欠如という壁が立ちはだかっていた。ボーア戦争後の世代の大半の農民は，実用的な経済学や科学のごく初歩的な知識さえほとんど持っていなかった。農民自身が科学的知識を習得しなければ，農業科学の恩恵を彼らの牛，種，農場，あるいは商取引方法などに利用できなかった。1世紀にわたって家畜の疫病に悩まされてきたにもかかわらず，ケープ植民地では1891年まで，ナタールでは1897年まで，家畜の疾病治療の研究は何一つ準備されていなかった。ボーア戦争後，ミルナー卿が精力的に取り組んだ教育制度の振興は，イギリス的特性が強く，最も目覚しい成果は都市で達成された。主要都市において，非常に顕著なイギリス的特性と海外の教師への依存は，大多数の農村住民の日常的必要性に全く無頓着な教育制度を生み出し

---

[1] 原注：第一次大戦の終結時には，入植可能な新しい土地は実質的に存在しなかった。無人の土地は黒人にとっても白人にとっても居住に適さなかった。

た。イギリスの伝統ある大学出身の熱心で優秀な教師たちは，都市部の学童にラテン語，歴史，数学，クリケット，サッカー，幅跳び等を教える一方，農村部の住民の言葉や関心事には，その重要性や数に見合うだけの場を与えられなかった。

当時，世界の農業の偉大な成果は，科学と近代技術との連携によって獲得されていた。ニュージーランドが酪農製品と食肉の市場で地位を獲得できたのは，科学と管理組織のおかげだった。ニュージーランドの酪農と食肉産業は，カナダの小麦産業と同様，非能率的労働と後進的方法が低い産出高と劣悪な品質という結果につながることを発見していた。綿密な最新式酪農場の建設，トラクターやコンバインへのモーターの応用は，ニュージーランドとカナダの農民に，南アフリカ農業の未熟な労働と貧弱な組織をはるかに上回る大きな力を与えた。大英帝国自治領の中で，南アフリカほど克服困難な風土，立ち向かわざるを得ない旧弊な方式を抱えている国はなかった。農民は脂の滴る獣脂ロウソクや粗い手織物に慣れ親しんでいたように，発育の悪い牛で十分満足していた。外国人の味覚からは見向きもされない粗末なワイン，カフィル人との取引にしか通用しない劣悪なブランデー，「ボーア・タバコ」と呼ばれる愛煙家を恐怖で青ざめさせる悪名高い「ポンド」葉タバコ，皮革しか売り物にならない発育の悪い赤牛――これらは並大抵の方法では到底克服できない障害だった。

南ア連邦が南アフリカの資源を共同利用する体制に至るまでは，近代化事業を断固たる姿勢で開始することはできなかった。1910年に連邦化された当時，従来の条件や方法では南アフリカの羊の保有量は限界に達していた。その結果，1914年と1918年の旱魃が，過密状態の羊の群れに大損害をもたらした。1923年に，旱魃委員会が言明したところによると，「クラール」と呼ばれる狭い囲いに夜間羊を閉じ込め，朝，牧草地に放し，夜また囲いに戻すというやり方は羊を消耗させ，環境的にも有害だった。柵囲いをした小牧場を導入すれば，もっと自然な形で飼育ができ，羊毛の品質を向上させ，南ア連邦の羊の保有量を50パーセント以上増大させることができるはずだった。このように，効率化と近代的方法は国内生産のいっそうの拡大と，海外販売のいっそうの活性化への道だった。

1858年にすでに，ジョージ・グレー卿は，組織のしっかりした中央集権政府のみが，孤立と沈滞，疾病と旱魃，無知と非効率を克服できることを察知していた。近代化の責務や人的・自然的欠陥の克服という課題は民間企業ではなく，政府の特別な責任となった。1910年の南アフリカは，かつてのオーストラリアの牧羊業者やニュージーランドの酪農家のような，精力的で適応力に富み，近代的ニーズや近代的方法に敏感な若々しい植民地社会ではなかった。農村住民の状況は，科学や企業への門戸を閉ざす19世紀のヨーロッパの旧弊な社会の状況に似ていた。そのような社会では，政府が率先垂範する責任はきわめて重大である。しかし，オーストラリアやニュージーランドのように，グレート・トレックや周辺共和国の孤立という経験のない国でも，政府への依存は強かった。植民地社会では旧弊な社会と同様，多くの事業は民間企業に任せることはできなかった。政府だけが，後進地域の近代化に必要な企画を引き受けられる信用と力を持っていたからである。19世紀末に，ニュージーランドとオーストラリアは，政府が国内の経済規制を率先垂範したことで，世界的に知られている。

　南アフリカは，その結果，二つの首都，ケープタウンとプレトリアによってますます農業が管理されるようになった。1910年から1935年の間に，連邦議会で87件の法案が議決され，農場主への恒久的援助が与えられた。最初の六つの法案は，その名称からも明らかなように，南アフリカの農業の最も困難な問題を提示していた。そうした法案とは，農業害虫法，家畜疾病法，浸液タンク（促進）法，灌漑・水利保護法，土地入植法，土地銀行法などであり，連邦政府が非常に多岐にわたる分野への介入に乗り出していたことを示している[2]。これらの法律と，引き続き成立した同様の多数の法律は，農業を国の最重要の優先政策とした。人員を土地に配置し，水利保護や柵囲いを作る計画に信用の利用を可能にする法律があった。また，羊毛，タバコ，干しブドウ，バターその他の農産物の品質基準を設定する法律があった。農民同士の協同を促し，農産物の国内・国際市場での売買の増大や改善を図る法律もあった。

2　原注：1911年の第11号，14号，20号，および，1912年の第8号，12号，18号法。

ウィットウォーターズランドの金鉱から，農業計画に必要な資金の大半がもたらされた。例えば，鉱山からの収益は，家畜や穀物の疾病を撲滅するための熾烈な戦いに資金を供給した。その疾病とは，東海岸熱病，胆汁欠乏症，血尿症，疥癬，牛疫，馬ジステンパーなどだった。土地は恒久的な資産だからという理由づけがなされた。鉱山の富の一部を農地につぎ込むことは，よく実がなる種やまるまると太った羊，たわわに実った木や青々とした小麦などの永続的な富を，低品位の金鉱石や轟く搗鉱機，シアン化物の桶や結核患者用の病院などのような一過性の富と代替できるものだという期待が持たれた。例えば，1936年に産出された純金11,335,092オンスと，この金が政府にもたらした14,299,932ポンドの歳入が，農業関連立法の財政的裏づけだった。鉱業の間接的支援も重要だった。鉱山は貨物運賃を通じて国有鉄道の収入に対して多大な貢献をしたため，農業機械や農産物の鉄道運賃水準が引き下げられたからである。種々の等級別に鉄道料金を設定する方針は，農業機械や農産物の輸送について割引をしたり，旱魃地帯から他の牧草地帯へ畜牛を移送する輸送料金を例外的に安くすることを可能にした[3]。

1912年に土地銀行が設立され，農民を対象に抵当付きローンを初めて設定し，柵囲い，浸液タンク，試掘井戸，ダムなどを建設する資金を貸し出し，旱魃で被った損害を救援し，農民同士の協同を促進することを可能にした。例えば，1932-3年から1935-6年の間に，土地銀行は10,322人の個人向けに8,855,510ポンドを，協同組合団体向けに12,067,032ポンドを貸し出した。土地銀行の活動と連邦政府の農民向け直接支出は，1932年から1936年の間に，「土地と農業」および農民援助に対して20,428,092ポンドに上り，長年，農業にとって大きな障害となっていた慢性的で沈滞を招く資本不足の緩和に大いに役立った。

1912年に灌漑・水利保護法が成立するまで，灌漑は南アフリカ全土で全く行われていなかった。1936年までに，灌漑を扱う法律が全部で32件可決され，灌漑委員会のもとに126の灌漑地区が設定された。1936年に，灌漑委員会は約19万4000モルゲン，約410,000エーカーの土地の灌漑計画を監

---

[3] 原注：南アフリカ鉄道の黒字は，1933-4年は，£1,813,506，1934-5年は，£3,888,725，1935-6年は，£5,623,158だった。

督指導した。これに加えて，さらに意欲的な灌漑計画がいくつか着手され，中でも，バール・ハルツ灌漑計画を除く，12件の最も重要な計画が1934年に開始され，約266,000エーカーの土地を灌漑できた。自然条件は灌漑開発にとって最も厳しい制約となった。アメリカのボネビル・ダムやボールダー・ダム*の驚嘆すべき規模に比べると，南アフリカの灌漑計画は実に小規模だった。僅かな雨量と数少ない河川のおぼつかない水流は，進行中の灌漑計画の規模と成功を制約し，それ以外の計画の実施を経済的に不可能にした。ごく楽観的に見積もっても，連邦の灌漑可能地域は全体の1パーセントに達しなかった。これは生産にとっても，集中的入植にとっても厳しい制約だった。

1912年の土地入植法以来，土地の入植に関する法律は着実に増え続けた。国土大臣は王室直属領の分配，入植のための私有地の購入，入植者が家畜や備品を購入するためのローンの設定などを実施する権限を与えられた。しかし，国土大臣の努力を阻んでいたのは，土地入植の長い歴史と，いかなる助成金や科学をもってしても不毛状態を脱け出せない何百万エーカーもの土地だった。連邦化後の26年間，土地に入植した人数は年平均700人に満たなかった。毎年土地を去る人々に比べて，入植者の数は情けないほど少なかった。

南アフリカの最初の鉄道は，農場用に建設されたものではなかった。海岸の商業用の港から内陸のダイヤモンド鉱や金鉱の中心地まで，最短距離が選択された。しかし，次第に鉄道地図は標準的な様相を呈し始めた。本線から支線が草原地帯へ伸びていった。1937年までに，鉄道は13,000マイル以上に達し，ヨーロッパ人の人口1,000人当りにすると南アフリカは他の大英帝国領より長大な鉄道を持っていた。先住民を含めると，人口1,000人当りの数字は6.80マイルから1.25マイルへと下落した。鉄道が牛車やロバによる輸送に与えた打撃は，広域の自動車陸送用の道路網によってさらに強められた。その全長は1936年に，実際，鉄道網より長大になっていた。農村部の自動車道路は特に革命的な作用を及ぼした。それは数百万人に上る旅客数や

---

* ボールダー・ダム：フーバー・ダムのこと。コロラド川上流のアーチ型重力式ダム。1936年に完成。47年，フーバー大統領を記念して改称された。公共事業による需要喚起政策としても有名。

輸送されるクリームの量で測定できる革命だった。さらに身近なものとして，手紙や新聞が迅速に届き，隣人同士が活発に交際でき，孤立した主婦の生活を豊かにする商品・サービスなどによって，推し量れる革命だった。

　相互の距離が縮小し，人々が容易に接触を深められるようになって，協力関係の基盤が整った。農村生活のバラバラな個人主義的性質は，これまで協力関係を困難にしてきた。共和国時代に，危機的情況において人々は協同して対処するために結束した。しかし，協力するための結束力は長続きしなかった。せいぜい，時折，軍事的コマンドに加わるだけだった。経済面での協力関係はほとんど成立しなかった。先住民やイギリス政府に対抗する共同の戦線においてすら，経済的，社会的な問題では自発的な協力関係は発展しなかった。カナダでは，1872年に始まったグレンジ運動＊が，農民に社会的，経済的協力に関する教育を行って，次世代の高度に組織化され整然とした協同組合運動への道を用意した。ニュージーランドの経済史は，その大部分が協同と連合によって勝ち取った利益の歴史である。対外競争と地理的孤立状態克服の戦いの中で，ニュージーランドは，個人的努力や精神力だけでは不十分であると気づいていた。世界経済の中でしかるべき地位を獲得するためには，ニュージーランドは，単に，優良な羊を飼育し，上等のバターを作るだけでなく，協同事業に必要な誠実さ，精神，心構えを創り出さねばならなかった。

　農業協同組合は，ボーア戦争後まで南アフリカに導入されなかった。1904年に，ナタールは農業開発法を可決し，協同組合組織への財政的支援を約束した。同様の法律がケープ植民地，トランスバール，オレンジ自由国において協同組合運動を促進した。まばらな住民，会合に出るのに要する長距離移動の旅費，農民の間に欠如した協同精神などが，運動の進展を気乗り薄で不承不承なものとした。第一次大戦後，緊急に協同組合を増進する必要性に迫られた。協同組合法が1922年に連邦議会で可決され，協同組合運動の背後で政府の支配力がさらに強化された。南アフリカにおいて，協同組合活動が

＊　グレンジ運動：アメリカ中西部を中心に起こった農民運動。農産物の過剰生産の結果，価格下落による農民生活破綻の危機から，消費者と直接取引を目的とする農民協同組合が作られ，「農業保護」組織の通称がグレンジだった。

自然発生しないことは明白だった。活動の効果的導入のためには，政府が面倒をみて育成しなければならなかった。もし，農民が優良な種を蒔き，良質の畜牛を飼育し，新しい農法にもっと広範な関心を向け，農産物がきちんと等級付けされ，売買利益をあげていたとしたら，農民は共通の利益に対する意識をもっと明確に持ったに違いない。無定形な農村生活が農政における政府の積極的，包括的介入を余儀なくさせたと言われている。しかし，南アフリカの歴史の進展がいかに一筋縄でいかないかを，またしても思い知らされた。1934年，協同組合運動が始まってから30年後，ある委員会は，農業協同組合がほんの僅かな成功しか収めていないと報告した。ちなみに，この年に登録されていた協同組合や団体の数は388，会員数は86,715人だった。

　1924年の協定政府の成立後，農業政策はさらなる強い切迫感によって拍車をかけられた。農業近代化が実施された時期には，鉱山がその資金を提供していた。このため，農業に新しい血を注入するために要する時間は短縮された。一連の法律が粗放農業に対して，さらに手厳しい攻撃を加えた。農業自体が遅れをとっていたため，政府の主導はいっそう断固たるものになった。1926年の食料品輸出規制法，1930年の酪農産業規制法，1931年の小麦粉・粗挽き粉輸入規制法，1931年のトウモロコシ規制法，1932年の食肉取引規制法，1932年のタバコ規制法，1934年の家畜・食肉産業法，1935年の小麦産業規制法，そして重要な1937年の市場法[4]などはすべて，名称そのものが示すように，政府が農業に課した規制の意欲的構成を明示している。酪農産業管理局，タバコ産業管理局，食料品輸出管理局，全国市場評議会といった，数多くの部局の設立によって，農業が自発的努力では達成できなかった協同関係を付与された。各部局に共通する目的は，各産業別の組織化改善のための措置を講じることだった。羊毛評議会は1930年に，輸出羊毛1梱あたり1シリングを徴収する権限を与えられ，その資金を調査研究，羊毛生産者の組織，内外羊毛市場の改善等への助成金とした。家畜・食肉産業管理局は屠殺場で処理される家畜に課税する権限を与えられ，その目的は，畜牛の品質改良や冷蔵倉庫の建設・管理のための助成金を支給することに

4　原注：この意欲的な法律は全国市場評議会を設立し，市場計画について大臣への助言を行った。

よって，食肉輸出を促進することだった。酪農産業管理局も同様に，連邦内で生産されるバターやチーズ，連邦に輸入される酪農製品に課税する権限を与えられ，その資金を連邦からのバターやチーズの輸出に対する奨励金として支払った。同局は酪農産業が輸出するバターやチーズの総量を決定し，バター製造所やチーズ工場がクリームやミルクを仕入れる最低価格を設定する権限を与えられた。こうして，増大する官僚組織は，輸出割り当て量を定め，課税を実施し，価格を決定するなどの権限によって武装し，南アフリカ農業の地位の強化を図った。

　第一次大戦後，南アフリカはまだ自国の小麦需要を自給できていなかった。小麦の輸入規制と国内の小麦生産を奨励した結果，1930年以後，小麦の作付け地域が大幅に拡大し，小麦の輸入は実質的に行われなくなった。1928-9年に，南アフリカはまだ大量のバターを輸入しなければならなかった。6年後の1934-5年には，9,000,000ポンド近くのバターが輸出された。1910年の連邦の生鮮果物輸出額は46,595ポンドだった。27年後の1937年には，生鮮果物輸出額は3,321,251ポンドに上昇した。同時期のワインの輸出は20倍に増大した。しかし，このような数字は大規模な農業革命を示すものではなかった。農業輸出は総輸出の中で，ほんの僅かな部分に止まっていたからである。1931年の輸出助成金法が実施されていた6年間に，約11,000,000ポンドの金額が輸出助成金のために費やされた[5]。

　南アフリカの農業は貧しく不安定である。その大部分には，近代科学や技術革新の手が及んでいない。そのハンディを克服するために必要な費用や努力が，あまりにも大きすぎて採算がとれないからである。実際，南アフリカは農業国ではない。科学や組織の助力によって，世界市場でその農業産品が真に有利な立場を獲得できるような自然的条件に恵まれていないのである。牧羊産業の中で，羊毛のみが公開市場の競争に太刀打ちできた[6]。助成金なしで自由競争が行われていたら，農地の大部分は経済的に耕作不可能だっただろうし，農産物や牧羊産品の多くは，ニュージーランド，カナダ，アルゼンチン，アメリカなどの産品に阻まれて動きが取れなかっただろう。南アフ

---

5 原注：輸出助成金の支払いは1937年に中止された。
6 原注：羊毛でさえも1931-37年の間，5,345,934ポンドの助成金を受けていた。

リカが自国の産品をさばくため大きな市場を求めた時期に，世界市場の農産物を受け入れる収容量は収縮し始めた。先行きの読めない時代だった。アメリカやカナダの農場経営者でさえ，戦時中の利益で効率的な省力機械を導入していたものの，関税引き上げによる市場の封鎖が次第に拡大しつつあることに気づいていた。積極的な政府助成金体制にもかかわらず，南アフリカの農業，牧羊関係の輸出高は，1932年から1937年まで平均20,000,000ポンドだった。1929年に始まった大不況は，生産の拡大と需要の減少という不幸な結びつきが主要原因だった。

　経済学者たちは，積極的な政府助成金と保護貿易の政策が不経済な農業をあまりにも厚遇しすぎた，と苦言を呈した。効率の良い産業によってあがる収益から農業へ移転された資金の割合があまりにも大きすぎた，というのだ。例えば，鉱業に投資された資金は，農業に投資された同額の資金より大きな利益を生み出した。1937年の金鉱の金産出高は1914年の2倍だった。金鉱の支払った租税は12倍に上った。農業社会に与えられた不経済な救済金は，他の国民への重荷となった。国内の食料品の高価格は，重圧に苦しむ鉱業の肩にさらなる負担を課した。バター，砂糖，粗挽き粉などの高価格はプア・ホワイト問題やプア・ブラック問題を，もともと乏しい彼らの収入の購買力を低下させることによって，よりいっそう解決困難にした。資本と労働が非効率的で収益のあがらない領域の方へと流れていた。砂糖産業に与えられる保護は，1926年のトン当たり7ポンドから1930年の12ポンド10シリング，1932年の16ポンドへと増大し，これは確かに砂糖の増産をもたらした。しかし，増産は辺境の土地を開墾して得たものだった。砂糖栽培業者の利益は錯覚だった。それは土地から生じたものではなく，砂糖の人為的高価格に対して金を支払う国内消費者の懐から生じた利益だった。こうして，無駄な助成，土地価格の高騰，援助なしでは存続不可能な物乞い的既得権益の乱造，といった望ましくない結果を生んだ。1908年に，すでにトランスバール農業管理官は，過去20年間に南アフリカの一人当たりの農民に費やした資金は他のどの国よりも多い，と言明している。農業に振り向けられた資金の大半は，資本の浪費であり未来のための投資ではなかった[7]。国は農民に資金を供給し，その金で農民は危険な風土を相手に博打を打った。無能

な人間を不毛な土地へ配置することによって，南アフリカは農業以外の，真の豊かさに見合う経済基盤の上に人口を再配分し，産業と生産を調整することを妨げられたのである。

　どの大英帝国自治領でも，保護政策の目的は純粋に経済的なものではなかった。社会的，政治的な目的もあった。南アフリカでは関税と助成金には，農業にいっそうの繁栄をもたらすという意図があった。しかし，農民を土地から引き離そうとする手酷い衝撃を和らげるという意図もあった。関税と助成金は，ヨーロッパ人労働者を鉄道において雇用する政策と同工異曲だった。それは白人農民の強化策だった。理想とする成果はより豊かでより安定した農業人口の創造だった。しかも，白人農業社会の崩壊を防ぐことで得るものはもっと大きかった。農村住民を可能な限り強健に保つことは，損得では計り得ない「国家的大義」だった。経済的価値と並んで社会的価値を尊ぶべきだった。農地はボーア人の家庭であり，言葉の故郷であり，彼らの卓越性の源泉だった。他でもないこの農地で，共和諸国を築いた人々が育ったのである。都市が人口の補給を求めるのは農地だった。農業は一つの生活様式だった。国家の貧困は必ずしも金銭的なものだけではない。田園の荒廃という貧困もあった。経済評論家は援助や助成金に眉をひそめ，負債の減免とか灌漑や鉄道支線に投じられる巨額の経費に渋面をつくった。大きな共同体を自由競争の破壊的作用から救済することは，何物にも勝る社会的理由ではないのか？ 関税や助成金は確かに金銭的負担を必要とするかもしれないが，その見返りとして，物質的富に勝る価値をもたらしたのである。

　大英帝国の各々の自治領が自意識や自己保証を求めて行った努力（時に，オーストラリア，南アフリカ，カナダのナショナリズムと呼ばれることもあった）と密接に結びついて，より充実しより複合的な社会生活の実現を求める欲求もあった。大英帝国のこれらの地域では，産業の多様化が進み，かつて，各地域の経済を羊毛，毛皮，木材，魚類などの数少ない一次産品の輸出に依存していた時代のような，純粋な植民地的状態は失われていた。産業の発展は政治機構の発達と同様，より高度な成熟の度合いを示す指標だっ

7　原注：1910年から1936年の間に，1億12百万ポンドが国庫の歳入や貸付資金から農業に費やされた。

た．政治的な自主独立志向は，経済的自給自足の増大という明白な責務を伴った．愛国心と自治が政治に先行した．経済的自立が政治的独立をいっそう現実的なものにした．入植した人々は遠く離れた本国のために畑や森で働く単なる植民地住民に留まらなかった．彼らは木材伐採人，牧羊業者，罠猟師だけでなく，技術者，組立工，電気技師，型枠製作工といった，多種多様な経済的仕事や広範な職種によって特徴づけられる近代国家の市民になっていた．1912年に，オーストラリアのある関税委員会が，関税は，総じて「他の方法よりもはるかに多くの人口を一定の生活水準に維持するのに有効な手段である」と言明した．

　1925年まで，南アフリカの関税は国庫収入を目的に課税されていた．厳密に言えば，歳入関税であると同時に保護関税でないものは存在しないが，連邦に加盟する以前の，ケープ植民地とナタールの関税の主要目的は，輸入税から歳入を得ることだった．新興植民地社会では，こうした関税が常に政府の収入獲得の最も容易な方法であることが立証されている．1854年にケープ議会が代議制度を認可されて，最初に議決した法律の一つは1855年の関税法だった．4年後，基本的に同じもので，さらに有名なケイリー・ゴルト関税がカナダで採択された．植民地関税はすべて一度定められると，通例，めったに引き下げられることはない．歳入関税も保護関税も右肩上がりに上昇する傾向がある．1864年と1884年のケープ関税は税率が次第に引き上げられた．1889年の関税は，オレンジ自由国との関税同盟当時に導入されたもので，一部の人々から保護関税だとして攻撃されるほどだった．これは，皮革，木材などの輸入原材料への関税を引き下げることによって，地元の製造業者に重要な譲歩をしていることは確かである．しかし，機械や鉱山用工具の関税も引き下げているので，純粋な保護関税ではなかった．1870年以降のケープ植民地の経済はダイヤモンド鉱業と牧畜業を基盤としており，保護関税を必要としていなかった．1890年代に，二つのボーア系共和国が国境に設けた関税障壁はけっして保護主義的なものではなかった．二つの貧しい共和国が歳入増加のために行ったごく自然な試みにすぎなかった．それは，海沿いの二つの英領植民地が，港で徴収した関税を内陸にある隣国と分け合うのを自分勝手に拒否したことから直接生じた結果だった．トラン

スバールの金鉱が多くの人間や商品をトランスバールに引き寄せるにつれて，関税はイギリス利権の圧力に対抗するための強力な政治的武器となった。四つの社会の間のこのような政治的・経済的対立は，真に保護主義的な関税政策を阻んだ。例えば，ケープ植民地との内陸貿易をめぐる主導権争いで，ナタールが低率の輸入関税を維持している限り，真の保護主義的政策は不可能だった。

　連邦発足当初の15年間，連邦の歳入の大部分は関税に依存していた。1914年の関税法には，明確な保護主義的側面があったとはいえ，保護主義は同法の意図した目的であると同時に間接的結果でもあった。1925年に，南アフリカは紛れもない保護関税を採択した。この年はまさに歴史的な年だった。1925年にドイツも強力な保護関税を採用し，その直接的，間接的結果が世界を揺がす重大事となったからである。1925年の関税および物品税改正法は，政府が連邦の経済生活および社会生活を規制，促進しようと努める手段とした諸々の法律の全体系において不可欠な部分だった。例えば，この法律は，地場産業を保護するための保護主義的なダンピング関税を賦課するに止まらない手段となった。それは文化的労働政策にとって有効な手段にもなったのである。政府は最高税率ではなく，最低税率を適用することによって「政府の意に反する労働関係」を続ける産業に対して，この法律で得られる保護を減じる裁量権を付与されたからである。

　南アフリカの国内生産を最初に活気づけたのは関税保護ではなかった。地域の生産者が生得の強みを持つ市場を最初に作り出したのは，ダイヤモンドと金の発見だった。しかし，ダイヤモンドと金は産業の発展を制約するのに大きな役割を果した。熟練工も不熟練労働者も一様に吸収してしまったからである。ダイヤモンドと金産業では非常に高い賃金が支払われたため，他産業の経営者は熟練労働者の雇用競争で太刀打ちできなかった。また，ダイヤモンドと金産業はこの国に非常な繁栄をもたらしたため，地場産業の保護はさほど緊急の問題とされなかった。国内生産に最大の刺激を与えたのは第一次大戦だった。物価は高く積荷の容量は限られていた。輸入品に課される高い運送料と保険料は，実質的に保護関税と同じ効果をもたらした。1911年から1920-21年にかけての工業製品の価格は，1910年を基準に計算すると

3倍になった。戦時という特殊な条件が製造業を生み出すと，それは既得権益となり，戦後になると，保護を要求した。これは大英帝国の各自治領でもお馴染みの話だった。新興産業の要求は積極的に聞き入れられた。すべての自治領で，第一次大戦が各々の偉大さを増し独立独行を確信させたという強い意識があった。大英帝国自治領の発展に政治的・経済的ナショナリズムが密接に結びついていた。

　保護主義政策を正当化するために用いられた議論は非常によく知られている。未成熟な産業は他国の大成した既存産業との競争に対抗できるようになるまで，保護・育成期間が必要だと主張された。こうした議論に南アフリカ特有の理由が付加された。製造業の多種多様な熟練作業は，白人労働力の雇用にとってとりわけ好都合だった。鉱業が安い黒人労働抜きに存続できないことは大きな弱点だった。製造業では，白人の黒人労働者に対する比率をもっと高くすることができた。1916-17年に，製造業に携わる白人の数は46,100人で，非ヨーロッパ人の77,742人とは1対1.65の割合だった。1934-5年には，115,971人の白人労働者が全賃金・給与の74パーセントを受け取り，149,877人の非ヨーロッパ人とは1対1.3の割合だった。この数字は鉱業の1対9という割合と対比されるべきである。したがって，製造業を保護することは南アフリカ亜大陸における白人の指導的地位を保護することでもあった。

　ある優れたオーストラリアの歴史家[8]が，「オーストラリアの保護主義は単なる政策に止まらなかった。それは信条であり教義であった。」と書いている。新興の民主主義社会では，愛国心や憂国の念が保護主義と強力に連携する。外国からの輸入品には何か好ましくない有害な要素があるので，関税は適切かつ当然の国益の防御策であると，無定見な選挙民には容易に信じられた。自給自足への誘惑は非常に強くて抵抗し難かった。電気や蒸気機関車の使用は，電気機器や鉄道資材を輸入する代わりに国内で製造したいという誘惑に容易につながった。原材料輸出は外国の産業や労働者に不当な機会を与えるかのように思われた。輸出される原毛の価格と輸入される高価格の毛

---

[8] 原注：W. K. Hancock, *Australia*, p.89.

織物との差額は，有権者の素人目に，外国生産者への助成金のように見えた。すべての大英帝国自治領において，憂国的・愛国的動機は保護主義の歴史の重要な要素であった。関税障壁の背後で産業は大きく発展したとはいえ，世界のすべての地域で機会が均等だったわけではない。アメリカの産業のとてつもない発展は保護主義によってのみ生じたのではなかった。非常に豊かな天然資源，多数の優秀な住民の急激な増加，国内市場の規模と購買力，効率的な産業組織——こうしたものがアメリカの工業化の発展を説明する重要な要素である。南アフリカはこのような強みに匹敵するものを一つも持ち合わせていないのである。農業の貧しさは製造業の妨げとなっている。白人住民の大半の低い生活水準と，全黒人住民のさらに低い生活水準は貧弱な国内市場を生み出している。労働資源としての住民は，有能な者は高賃金であり，低賃金の者は無能である。ヨーロッパ，アジア，アメリカにおける効率の良さと労働力の低廉さは，南アフリカが世界の公開市場で競争し得る製造業を，一定期間内に発展させる可能性を奪っている。実際にすべての製造業と農業の大半は，保護もしくは庇護された市場に依存している。原材料の不足はない。トランスバールの鉄鉱石と石炭の鉱脈は相互に近接していて，18世紀のイギリス産業革命にとって非常に好都合だった条件を再現している。石炭は豊富で品質も良好である。鉄鉱石の埋蔵量はアメリカやフランスに匹敵するほど十分にある。南アフリカの産業で，1929年に鉄鋼業法によって確立されたこの産業ほど，自然的条件に恵まれているものはない。

　多種多様な資源や産品を持つ国々では保護政策の費用は分散される。限られた資源と乏しい主要産品しかない国々では，保護政策の費用は容易に分散できない。南ア連邦の世界市場における位置は金，ダイヤモンド，羊毛の三つの産物に基礎を置いている。1910年の連邦成立以来，これら3大産品は常に総輸出量の80パーセントまたはそれ以上を占めてきた。これらの産品の輸出に南アフリカの経済は度外れた依存をしている。ニュージーランドを除いて，国の福利を輸出貿易にこれほど依存している大英帝国自治領は他にない。金，ダイヤモンド，羊毛は関税保護から何の恩恵も得られない第一次産品である。保護政策は，結果的に原料コストを引き上げ，生活コストを増大させることによって，主要輸出産業にさらなるコストを付加している。経

済性の低い産業への支援は，自然的条件に恵まれた産業の立場を弱体化する。鉄鋼業は競争相手が多いが，金生産は南アフリカの輸出の2分の1から3分の2占めていて，競争相手はほとんどいない。関税保護に関する，1929年の有名なオーストラリアの報告書に付記されている論評は，直ちに，南アフリカの経済学者や歴史家の注目を集めた。

　ブリグデン・オーストラリア連邦委員会は次のように言明した。「全輸出を賄うような非常に豊かで，低品位の鉱石を含まない金鉱を持つ国ならば，鉱山から得られる利益を製造業へ助成金として使用することによって，製造条件が例外的に不利でなければ，かなりの人口を増大させることが可能だろう。しかし，もし低品位鉱石で，ほとんど採算すれすれに近いような生産に国が依存している場合，いかなる保護政策を施そうと，さほどの人口増大は達成できないだろう。」

　関税保護政策は白人の雇用機会を増大させるという主張についても，助成金や支援を必要とする産業は国富を増大できないばかりか，他の自立した産業から労働力や資本を流用するという理由から，難点がある。関税は生活コストの上昇を招くことによって，黒人に対する白人の競争力を実際に低下させる。関税は先住民の生活水準も低下させるため，国産品の消費者としての先住民の価値を減じ，彼らの競争をさらに激烈なものにしている。
　製造業を導入したために，南アフリカは法規や規制を整備せざるを得なかった。大英帝国内では，産業問題や労働問題を通常の法律の枠内に組み入れるために，最も注目すべき実験が行われてきている。例えば，オーストラリア連邦諸州は労働争議の極小化，労働搾取の排除，産業における危険の削減等を図るために法律を活用した。20世紀初頭，アンドレ・シークフリートらの経済産業改革の研究者たちは，南アフリカに全く関心を払わなかった。第一次大戦後の10年間，研究に値するものはほとんどなかった。大英帝国で注目を集めたのはニュージーランドとオーストラリアだった。南アフリカは，産業についても産業法規についても30年もの遅れをとっていた。ダイヤモンドと金が草原地帯の只中に二大鉱業中心地を出現させ，各々，独

自の労働問題を抱えていたとはいえ，注目を集めたのはそれ以外の山積する諸問題だった。南アフリカでは，オランダ系共和国と，イギリス政府およびイギリス領植民地との間の政治的関係が決着するまで，産業法規は一時しのぎの継ぎはぎ細工だった。1914 年以前のウィットウォーターズランドの不安定で変わりやすい雰囲気で，産業規制は困難だった。雇用条件は不安定だった。人々は鉱山から鉱山へと気安く移動し，地底の仕事で高賃金を掴み取り，恐ろしい鉱夫病で身体がボロボロにならないうちにまた立ち去った。彼らの住む借家の賃貸料は異常に高かったが，少なくともその理由の一つは，彼らがあまり芳しくない借家人で，仕事を次々に変えるのと同じく，家を次々に移り住んだからである。「夜逃げ」には，ヨハネスブルクの多くの家主はお手上げだった。鉱夫たちは地底でほこりにまみれ，地上ではその日暮しという雰囲気で生活していたのは明白である。労働者同士の団結心は希薄だった。1907 年，1913 年，1914 年のストライキは労働者と鉱山経営者との劣悪な関係を示す証拠だった。このストライキの間，人々は鉱山省に悪態をつき，コーナー・ハウスと呼ばれる鉱山省の建物を，最悪の資本主義的暴政と金銭欲の巣窟であると言い立てた。父親の話を聞きかじった学童たちは，その建物のあまりぱっとしない外見を，南アフリカ版クレムリンやバスチーユとして眺めるようになった。実際，鉱山に依存する鉱夫や労働者たちは初期のダイヤモンド採掘時代の熱狂的な資質を欠いていた。往時，誰もがシャベル一掘りに幸運がかかっていると感じ，首尾よくダイヤもしくは金の発見という報告や噂が，乾燥した青土の山から風が土ぼこりを吹き流すように，群衆を揺り動かしたものだった。しかし，ウィットウォーターズランドにいるのは，本国の鉱夫と変わらない人々が大部分だった。コーンウォールの「同郷の誰それ」，オランダ人，ドイツ人，アメリカ人，オーストラリア人などが鉱山の地下深く，汗を流し，発破をかけ，自分自身や海の彼方の妻子が安楽に暮らせるようにと死に物狂いで，しばしば命がけで，焦って荒稼ぎしていた。しかし，彼らが多数派になることはなかった。彼らの数は減少し，次第に「草原地帯奥地」の農民の土地を持たない子息たちに取って代わられていたのである。しかし，彼らは不満分子だった。労働条件に難くせをつけたからである。彼らは所得能力に響くとなると，直ちに，健康上の理由

でかけられた規制に憤慨し，効率向上を図る法規にも抵抗した。熟練労働者数がまだ不足していたため，鉱山会社はあまり熟練度の高くない労働者や全くの未経験者を雇わざるを得ず，そうした連中は，不十分な訓練期間をあわただしく素通りしたため，健康や効率を損なうことになった。高賃金の誘惑に乗らず，採掘作業の危険や粗暴さにしり込みする保守的な人々にとって，鉱夫という職業は必ずしも魅力的でなかったのは驚くに当たらない。

　1880年に，南アフリカ全土に労働組合は一つも存在しなかった。1881年に，ケープタウンで，最初の大工・指物師合同組合の南アフリカ支部が結成された。ボーア戦争終了後でさえ，労働組合組織は未発達で全く無力だった。1907年のウィットウォーターズランドのストライキは，労働組合運動に多少の活力を与えた。労働力の組織化の遅々とした進展は次のような事実によって明示されている。労働組合連合は，トランスバールでは1911年まで，ケープ植民地では1913年まで組織されず，結成時において，その構成員はけっして全労働人口を包含していなかった。事実，すでに見たように，主要中心地の熟練労働者は特権的地位にあって，組合組織の保護や勢力を求める必要性をあまり感じていなかった。連邦全体に均一の労働条件が欠如していたことで，組織化はさらに遅れた。ケープタウンの労働者はカラードの助手を使い，ダーバンではインド人の「クーリー」*，ヨハネスブルクではカフィル人が使用された。ヨハネスブルクの賃金はブルームフォンテンより高く，ブルームフォンテンの賃金はケープタウンより高かった。小さな田舎町で働く者は，熟練度に関係なく，例えば，ヨハネスブルクの立派な市庁舎で働く人々と同等の賃金を期待できなかった。したがって，第一次大戦勃発の頃，賃金や労働条件の均一性や対等性はとりわけ欠如していた。賃金や労働条件の決め方はまちまちで，労働組合の要求活動，雇用主の気ままな決定，あるいは，地域の伝統や慣習の力などによって決められることも多かった。特定の職種において，ばらばらな系統の議会法や地方条例が，健康，労働時間，その他の労働規則を定めた。例えば，1907年のトランスバール労働者補償法，1909年のトランスバール産業紛争防止法，1911年の鉱山・作業法，

---

* クーリー：苦力，中国やインドなどの下層労働者。下賤な労働に従事するインドの低カーストの名が語源といわれる。19世紀，アフリカ，インド，アジアの植民地で酷使された。

1914年の労働者賃金保護法などである。しかし，1913年のストライキが露呈したのは，ウィットウォーターズランドのような恵まれた所でさえ，雇用主の間で雇用状況がかなりまちまちで，将来に対する不安定感や不確実感が労働界に充満していたという実態である。効果的な審議機関の欠如は明白だった。経験ある人材を擁し，労働不安を沈静化し，苦情を話合いへと誘導する能力を持つような機関があまりにも不足していた。社会全体の利益のために，産業問題を調査する責任を担える政府機関は存在しなかった。とりわけ，調停機関がなかった。したがって，1922年に至るまで，労働紛争の背後には，中途半端な労働組合の組織化，労働者階層の細分化，産業紛争を規制・解決するための法令化の原則が確立されていないという実態があった。

　産業関係の立法において，南アフリカが他の大英帝国自治領に遅れを取らないための，最初の本格的取り組みが行われたのは1918年だった。工場法は工場の登録を規定し，従業員の安全と福祉のためのより効果的な監督を規定した。1889年に，ヨハネスブルクの機械工場の従業員が週54時間労働に反対してストライキを決行した時のような状況は，もはや一般的ではなかったとはいえ，工場法における労働時間の規制と超過勤務手当ての規定は，この法律の重要条項だった。1918年の賃金・徒弟・見習い規制法は，賃金委員会の設立，女子および若年労働者の賃金規定，特定業種や職種における徒弟や見習いの条件の規定などを定めていた。この法律がほとんど効力を持たなかったのは驚くに当たらない。この法律は，熟練労働者の外部に広がる混乱と紛争に満ちた領域に踏み込んでいた。それは不熟練および半熟練労働者の領域であり，ケープ・カラード，ナタールのインド人，カフィル人，白人の女性と年少者，プア・ホワイトなどが，雇用と昇進をめぐり相互に競り合っている戦場だった。この法律はこうした問題の非常な複雑さに人々の注目を集めた点では成功したが，それ以外は，無視，敵対心，無関心をもって扱われた。1921年の少年法は，白人年少者の雇用・訓練・福祉を取り扱う委員会の設立を規定した。この法律も，また，雇用の階梯に職を求めようとする若年男子の窮状に注目を促した。他の国では，若者が熟練労働者や高い地位へと上っていく道は，不熟練もしくは半熟練労働の段階から通じていた。しかし，南アフリカでは，この道は，先住民やカラードの労働者を使う

習慣によって，非常に狭く，きわめて困難なものになっていた。1922年の徒弟法は，少年法を補強するために制定された。その目的は熟練労働における白人青少年の地立の拡大だったことは明白である。徒弟制は教育上欠かせない一形態であり，それについては国が管理・監督する権限を持つべきであると考えられた。多くの産業部門で徒弟委員会が設立され，徒弟条件，賃金，指定業種の徒弟の人数等について大臣に認可を勧告する権限が与えられた。

1922年3月のウィットウォーターズランドの大規模なストライキの後，鉱業省は金鉱と炭鉱に常設の調停機関を設置するよう勧告した。1924年の産業調停法で，調停原則の適応範囲が，農業と政府官吏を除く，すべての事業に拡大された。この法律と後の修正法[9]の目的は，各産業内部の自主的話し合いと調停によって，紛争の解決を促進することだった。この法律は経営者団体と労働組合の創設を奨励し，それを公的に登録するよう要求した。この法律の下に，各産業の経営者団体と労働組合は，両者の最大限の理解を保つための産業評議会を設立することを許可された。何らかの理由で産業評議会を設立できない産業の場合は，調停委員会を設立すればよかった。各産業において最大限の自主的解決を原則として，産業評議会の経営者側代表の過半数と，被雇用者側代表の過半数が，仲裁の受諾に同意するか，もし仲裁人自身の意見が一致しない場合，裁定人による裁定の受諾に同意することができた。

議会法はどんなに有用なものでも，奇跡を起すことは稀である。産業調停法といえども，多くの南アフリカ産業における混乱と支離滅裂な性格に対して，その成果は遅遅として進まなかった。この法律が暗黙のうちに意図していたのは，可能な限り産業を局地的基盤ではなく，国家的基盤で組織化することだった。しかし，この制度が実施されて12年の間に，僅か三つの産業評議会が国家的基盤で設立されただけだった。他方，ストライキは1925年以後，次第に頻度が減り，損失も減少した。1916年から1925年の間に，214件のストライキが発生し，2,890,000日以上の稼働日と推定2,383,456ポンド

---

9 原注：1930年の第24号法，1933年の第7号法，1937年の第36号法などで，それ以前の法律は無効となった。

の賃金の損失をもたらした。1925 年から 1936 年の間には，約 137 件のストライキがあり，僅か 196,000 日の稼働日と推定 98,000 ポンドの賃金損失をもたらしたに過ぎなかった。損失の大きい労働争議から幾分解放されたことは，保護政策と相俟って産業の発展を促進した。鉱業の経済的重要性と紛争の発生しやすい性格を考えると，産業調停開始後 10 年間に，89 件の調停委員会のうち 28 件が鉱業部門の紛争に当てられたことはきわめて重要だった。

　産業調停法はもっぱら熟練労働者の領域に関心を絞っていた。これと対をなす，1925 年の賃金法[10]は，不熟練の未組織労働者の分野を規制した。この法律は連邦の賃金委員会を設立させた。委員会は大臣，経営者団体，労働組合のいずれかの要請によって活動を開始し，賃金，労働条件の調査を行う権限を与えられた。この二つの法律を合わせると，連邦全体の賃金体系の統制が可能になった。二つの法律で与えられた権限によって，労働大臣が賃金委員会の勧告や産業評議会の協定に法的規制力を持たせることが可能となり，全国的な賃金の調和，統制を実施する機会が与えられた。しかし，この国の社会秩序の錯綜から貧困による無気力症状に至るまであらゆるものが，産業法規に立ちはだかった。産業法規は想定通りに進まなかった。ニュージーランドやオーストラリアで可能だったのは，両国が産業的にも社会的にも均質だったからである。産業調停法は熟練労働者の結束を強め，高賃金を確保する傾向が強かったため，不熟練労働者の賃金を引き上げる裁定はなおさら難しくなった。南アフリカは，結局，総生産性の低い国に留まった。産業の中で，特定グループの賃金が高ければ，必然的にそれ以外の賃金は押し下げられた。賃金法が直面した問題は，カラハリ砂漠の不毛と同じくらい手に負えないものだった。富は法律だけでは生み出せないからである。賃金委員会は多数の産業従事者の生活水準を維持し，他の人々の生活水準を引き上げるのに役立ったとはいえ，1935 年に開かれた産業法規委員会は「半熟練労働者のための適正な法規の作成に失敗した」と苦言を呈していた。

　これまで南アフリカの歴史的，経済的領域の考察にページを割いてきた。しかし，評者がいかなる場面に立ち，いかなる方向に目を凝らそうと，一つ

---

[10] 原注：1930 年の第 23 号法，1935 年の第 16 号法で修正され，1937 年の第 44 号法によって廃止された。

の事象がけっして視野から外れることはない。その事象とは，先住民の存在である。平原にそそり立つ大雄峰のように視野に入り込み，常に存在し，免れることができない。産業法規が対処しなければならない諸問題——違法行為，技術的な難点，人間や法廷の遅延——などは，産業労働者の圧倒的多数を白人ではなく先住民が占めている事実に比べれば無きに等しい。産業調停法と賃金法は，連邦のカラー・バーと白人労働者政策の影の下で実施された。連邦の産業法規は全労働者を対象に作成されたものなのか，それとも，文化的労働者と非文化的労働者との差別を容認するものだったのか。オーストラリアでもニュージーランドでも，産業法規はそうした差別をしていないし容認もしなかった。基本給，生活賃金あるいはオーストラリアの法廷が「適正で妥当」とする賃金は，「文化国家の人間として認められる平均的被雇用者の標準的必要性」によって常に決定されていた。実際には，不熟練労働者と熟練労働者の賃金の差異は僅かで，各労働者グループの全体的不平等は解消されていた。ところが，この産業調停法では，「被雇用者」という用語は先住民すべてを除外すると定義され，先住民は法律によってパスの携帯を要求されていていたのである。したがって，この法律は膨大な数の先住民労働者には適用されなかった。すべての先住民地域はいかなる協定や裁定の施行からも除外されていた。規制を逃れるため，白人労働者から先住民へ雇用の切り替えを始めた経営者の存在が発覚し，同法は1930年に改正された。その後，産業評議会の協定は先住民労働者にも適用されるようになった。理論的には，先住民は白人労働者と同一の賃金と労働時間の恩恵に浴すことが可能になったはずだが，法改正が明白に意図したのは，高賃金の白人労働者を低賃金の先住民労働者に置き代えるのを阻止することだった。この法律の適用は公式に登録された労働組合組織の労働者が対象だったため，先住民がその便宜を受けるのはさらに困難だった。先住民の非組織化は周知のことであり，効率的組織化には最大の障害が立ちはだかっていた。1911年の先住民労働規制法などの法律は，先住民労働者が労働契約を破ることを犯罪とみなしていた。このため，ストライキを行うことは治安妨害となり，警察力による阻止を受け，投獄の罰則を受けた。先住民労働者の組織化の歴史は，長続きせず，内部の弱体と，外部の反感という惨めな記録が主体だった。数多

い白人労働組合に先住民が加入することは理論的には可能であっても，組織された労働組合運動はもっぱら白人のものだった。

　賃金法には，先住民と白人労働者との間に差別は設けられていなかった。換言すれば，賃金委員会には人種や肌の色で賃金を定める権限がなかった。賃金委員会が召集されて最初に行った決定で，委員会は「赤毛とか青い目」で雇い人を差別できないのと同様，先住民か白人かで労働者を，差別することは，もはやできないとした。しかし，農村部と都市部の労働者の格差，ヨーロッパ人の熟練工と不熟練工の格差，アジア人，カラード，先住民相互の格差が最も複雑な問題として賃金委員会に立ちはだかった。委員会は最低賃金を高く設定するか低くするかという両極端の間を，用心深く実験的に操作する必要があった。すべての労働者に高い賃金を与えるとすれば，大半の先住民を産業から排除し，産業生産コストを大幅に増大させるという二重の影響をもたらすことになる。低賃金にすればヨーロッパ系労働者の需要を極度に低下させることになる。したがって，基本賃金の決定は経験にゆだねられ，一定しなかった。産業に従事するすべての労働者のための「基本」賃金や「公正で妥当な」賃金の設定は不可能だった。経済的実態と社会的，人種的な思惑が相俟って，賃金水準や賃金決定に多様な影響を与えた。大きな利潤をもたらす経済活動は，伝統と法規によってヨーロッパ人の専用になっていたため，産業・賃金規制が効力を及ぼす範囲は限定され，融通性を欠いていた。その結果，規制の及ばない決定事項，変更できない取り決め，規制の入り込めない領域などが存在していた。熟練労働者と不熟練労働者の賃金に大きな隔たりのあることを意識して，賃金委員会が取り組んだのは，その中間的な賃金水準を確立し，南アフリカの産業も，その頂点から底辺に至る賃金水準と労働機会の階梯を，より健全でゆるやかなものにすることだった。しかし，「文化的生活習慣」を維持できないような賃金を勧告することは，委員会にはできなかった。不熟練労働の大部分は文化的生活習慣を持たない先住民によって行われていたため，委員会はその権限の範囲が先住民労働者に及ぶすべての産業部門で文化的水準の賃金を勧告することはできない，と大臣に報告せざるを得なかった。この区別は賃金規定問題に非常に大きな影響を与えたもので，1924年10月31日の回状5号で，公式に表示された。

文化的労働は次のように定義された。

「文化的労働とは，普通のヨーロッパ人の観点からして許容される生活水準で生活を営む人々が従事する労働である。非文化的労働とは，野蛮で後進的な人々の間で了解されている，露命をつなぐ必要最低限を満たすだけが目的の人々が行う労働であると考えられる。」

　これは，実際上，賃金規制は包括的，均一的なものではあり得ないことを意味していた。産業法規全体の効力として，白人の結束を強め，交渉力を高め，雇用機会の範囲を考慮するという効果をもたらしたが，先住民労働者もその一員である経済体制内の異常性や不平等から先住民を保護することは認めない，という事実を否定できないのである。全体的に見れば，産業法規は，社会的・経済的に低い身分の人々の競争を排除し，彼らを白人労働者専用の雇用範囲や生活水準に侵入させないための防御壁だった。週給1ポンドの先住民と，日給1ポンドのヨーロッパ人熟練工の存在は，産業界の冷酷な現実だった。それは，気候，土壌，歴史，人種が生み出した複雑極まりない結果だった。それは他の大英帝国自治領で使われる言葉の意味が南アフリカでは全く通用しないこと，他の自治領との類似性はとてつもなくかけ離れた相違性と背中合わせであることを如実に示す生々しい証拠だった。

参考文献一覧

注：以下の文献一覧は学生や一般読者の参考になることを意図したものである。完璧を期したものではない。

Arndt, G. H. D., *Banking and Currency Development in South Africa 1652-1927*, Cape Town, 1928.
Brookes, E. H. *The History of Native Policy in South Africa from 1830 to the Present Day*, Lovedale Press, 1924
Buell, R. L., *The Native Problem in Africa*, 2 vols., New York, 1928
Cambridge History of the British Empire, vol. viii, *South Africa*, Cambridge, 1936
Carnegie Commission, Report of: *The Poor White Problem in South Africa*, 5 vols., Stellenosch, 1932
De Kiewiet, C. W., *The Imperial Factor in South Africa*, Cambridge, 1937.
De Kock, M. H., *Economic History of South Africa*, Cape Town, 1924.
Evans, I. L., *Naïve Policy in Southern Africa*, Cambridge, 1934.
Evans, M. S., *Black and White in South East Africa. A Study in Sociology*, second edition, London, 1916.
Hofmeyr, J. H., *South Africa*, London, 1931.
Knowles, L. C. A., *The Economic Development of the British Overseas Empire*. The Union of South Africa, vol. iii, London
Macmillan, W. M., *The Cape Colour Question*, London 1927.
——*Bantu, Boer and Briton*, London, 1929.
——*Complex South Africa*, London, 1930
——*Africa Emergent*, London, 1938.
Marais, J. S., *The Cape Coloured People*, London, 1939.
Robertson, H. M., '150 Years of Economic Contact Between Black and White', South African Journal of Economics, Dec. 1934, March 1935.
Walker, E. A., *A History of South Africa*, reissue, London, 1934.
——*The Great Trek*, London, 1934.

公文書
以下の文献は非常に有益である。
  Report of the Transvaal Indigency Commission, T. G. 13. 1908.
  Final Report of the Low Grade Mines Commission, U. G. 34, 1920
  Report of the Drought Envestigation Commission, U. G. 49, 1923
  Report of the Economic and Wage Commission, U.G. 14. 1926.
  Report of the Native Economic Commission, U. G. 22. 1932.
  Report of the Low Grade Ore Commission, U. G. 16, 1932.
  Report or the Industrial Legislation Commission, U. G. 37, 1935.

Report of the Customs Tariff Commission, U. G. 5, 1936.

Round Table 誌と *South African Journal of Economics* 誌は2誌とも南アフリカ経済史に関する優れた記事を多数記載している。

補遺　高位高官名簿

英国司令官
　　海軍大将 G. K. Elphinstone　卿，陸軍大将 A. Clarke,
　　および　J. H. Craig,　1795 年 9 月 16 日－11 月 15 日
英国指揮官
　　陸軍大将 J. H. Craig, 1795 年 11 月－1797 年 5 月 5 日
英国総督
　　Macartney　伯爵，1797 年 5 月 5 日－1798 年 11 月 20 日
　　陸軍大将　Francis Dundas，代理：1798 年 11 月－1799 年 12 月
　　George Yonge　卿，1799 年 12 月－1801 年 4 月
　　陸軍大将　Francis Dundas，代理：1801 年 4 月－1803 年 2 月 20 日
高等弁務官　（バタビア共和国政権下）
　　J. H. de Mist,　1803 年 2 月 21 日－1804 年 9 月 25 日
総督　（バタビア共和国政権下）
　　陸軍中将　J. W. Janssens,　1803 年 3 月 1 日－1806 年 1 月 18 日
英国総督　（英国による 2 度目の占領）
　　陸軍大将　David Baird，代理：1806 年 1 月 10 日－1807 年 1 月 17 日
　　陸軍中将　H. G. Grey，代理：1807 年　1 月－1807 年 5 月
　　Caledon　伯爵，1807 年 5 月 22 日－1811 年 7 月 4 日
　　陸軍中将　H. G. Grey，代理：1811 年 7 月－9 月
　　陸軍中将　John Francis Cradock　卿，1811 年 9 月 6 日－1814 年 4 月 6 日
　　陸軍中将　Charles Somerset　卿，1814 年 4 月 6 日－1826 年 3 月 5 日
　　　（陸軍大将　Rufane Shaw Donkin　卿，代理：1820 年 1 月－1821 年 12 月）
Charles Somerset 卿は 1826 年 3 月 5 日に休暇を取り，1827 年 4 月に退任した。）
　　陸軍大将　Richard Bourke，代理：1826 年 3 月－1828 年 9 月 9 日
　　陸軍中将　Galbraith Lowry Cole　卿，1828 年－1833 年 8 月 10 日
　　陸軍大佐　Thomas Wade，代理：1833 年－1834 年 1 月 16 日
　　陸軍大将　Benjamin D'Urban　卿，1834 年－1838 年 1 月 20 日
陸軍大将　George Thomas Napier　卿，1838 年 1 月 22 日－1844 年 3 月 18 日
陸軍中将　Peregrine Maitland　卿，1844 年 3 月 18 日－1847 年 1 月 27 日

高等弁務官およびケープ植民地総督
　　Henry Eldred Pottinger　卿，1847 年 1 月 27 日－12 月 1 日
　　陸軍大将 Harry George Wakelyn Smith 卿，1847 年 12 月 1 日－1852 年 3 月 31 日
　　陸軍中将　George Cathcart　卿，1852 年 3 月 31 日－1854 年 5 月 26 日
　　Charles Henry Darling，代理：1854 年 5 月－12 月
　　George Grey　卿，1854 年 12 月 5 日－1861 年 8 月 15 日
　　陸軍中将　Robert Henry Wynyard，代理：1859 年 8 月 20－1860 年 6 月 4 日，
代理：1861 年 8 月 15 日－1862 年 1 月 15 日
　　Philip E. Wodehouse，1862 年 1 月 15 日－1870 年 5 月 20 日

陸軍中将　C. C. Hay, 代理：1870年5月20日－12月31日
Henry Barkly 卿, 1870年12月31日－1877年3月31日
Bartle Frere　卿, 1877年3月31日－1880年9月15日
陸軍大将　Henry Hugh Clifford, 代理：1880年9月15日－9月27日
G. C. Strahan, 代理：1880年9月－1881年1月22日
Hercules Bobinson 卿, 1881年1月22日－1889年5月1日
　　（陸軍中将　Leicester Smith 卿, 代理：1883年
　　　陸軍中将　H. D. Torrens, 代理：1886年
　　　陸軍中将　H. A. Smith, 代理：1889年5月1日－12月）
Henry B. Loch 卿, 1889年12月－1895年3月
　　（陸軍中将, W. G. Gameron, 代理：1891－2年および1894年）
Hercules Robinson 卿（Rosmead 卿, 1896年）1895年5月30日－1897年4月
Alfred Milner 卿, 1897年5月5日－1901年3月6日
　　（William Butler 卿, 代理：1898年11月－1899年2月）
Walter Hely‐Hutchinson 卿, 1901年3月6日－1910年5月

ナタール行政府：
司令官
　　Andries Willem Jacobus Pretorius, 1838年11月－1842年7月
　　G. Rudolph, 1842－3年
特別弁務官
　　Henry Cloete, 1843年5月10日－1844年5月
副総督：
　　M.West, 1845年12月4日－1849年8月1日
　　Benjamin Chilley Pine, 1850年4月19日－1855年3月3日
　　John Scott, 1856年11月－1864年12月31日
　　陸軍中佐　John Maclean, 1864年12月－1865年7月26日
　　Robert William Keate, 1867年5月－1872年7月19日
　　Anthony Musgrave, 1872年7月－1873年4月30日
　　Benjamin Chilley Pine 卿, 1873年7月－1875年4月1日
行政官
　　Garnet Wolseley 卿, 1875年4月－9月3日
副総督：
　　Henry E. Bulwer 卿, 1875年9月－1880年4月20日
　　George Pomeroy Colley 卿, 1880年7月－1881年2月27日
ナタール総督：
　　Henry Bulwer, 1882年3月6日－1885年10月23日
　　A. E. Havelock 卿, 1886年2月－1889年6月5日
　　C. B. H. Mitchell 卿, 1889年10月－1893年8月
　　Matthew Nathan, 1907年9月2日－1909年12月23日
　　Methuen 卿, 1910年1月17日－5月

南アフリカ連邦の首相：
　　Louis Botha 将軍, 1910年5月31日－1919年8月28日
　　J. C. Smuts 将軍, 1919年9月3日－1924年6月

J. B. M. Hertzog　将軍, 1924年6月20日-1939年9月5日
J. C. Smuts　将軍, 1939年9月5日-

南アフリカ連邦の高等弁務官および総督
　　Gladstone 子爵, 1910年5月31日-1914年7月
　　De Villiers 男爵, 代理：1912年7月-11月, 1914年7月-9月
　　Buxton 子爵, 1914年9月8日-1920年6月
　　Prince Arther of Connaught, 1920年11月20日-1923年11月
　　Athlone 伯爵, 1924年1月21日-1930年11月21日

南アフリカ連邦の総督
　　Clarendon 伯爵, 1931年1月26日-1937年3月
　　Patrick Duncan 卿, 1937年4月5日-

陸軍・植民地大臣
　　Henry Dundas, 1794年7月-1801年3月
　　Hobart 卿, 1801年-1804年5月
　　　　（アジア領有権に関するバタビア評議員, 1803年2月-1806年1月）
　　Castlereagh 子爵, 1805年7月-1806年2月
　　William Windham, 1806年-1807年3月
　　Castlereagh 子爵, 1807年-1809年10月
　　Liverpool 伯爵, 1809年-1812年6月
　　Bathurst 伯爵, 1812年-1827年4月
　　Goderich 子爵, 1827年4月-9月
　　William Huskisson, 1827年-1828年5月
　　George Murray 卿, 1828年-1830年11月
　　Goderich 子爵, 1830年-1833年3月
　　Edward George Stanley, 1833年-1834年6月
　　Thomas Spring-Rice, 1834年6月-11月
　　Wellington 公爵, 1834年11月
　　Aberdeen 伯爵, 1834年12月-1835年4月
　　Charles Grant (Glenelg 卿, 1835年5月), 1835年-1839年2月
　　Normanby 侯爵, 1839年2月-9月
　　John Russell 卿, 1839年-1841年9月
　　Stanley 卿 (Derby 伯爵), 1841年-1845年12月
　　William Edwart Gladstone, 1845年-1846年6月
　　Grey 伯爵, 1846年-1852年2月
　　John Pakington 卿, 1852年2月-12月
　　Newcastle 公爵, 1852年-1854年6月

植民地大臣
　　George Grey 卿, 1854年-1855年6月
　　Sidney Herbert, 1855年2月
　　John Russell 卿, 1855年2月-7月
　　William Molesworth 卿, 1855年7月-10月

Henry Labouchere, 1855年-1858年2月
Stanley 卿, 1858年2月-6月
Edward Bulwer-Lytton 卿, 1858年6月-1859年6月
Newcastle 公爵, 1859年6月-1861年4月
Edward Cardwell, 1861年4月-1866年6月
Carnarvon 伯爵, 1866年6月-1867年3月
Buckingham 公爵, 1867年3月-1868年12月
Granville 伯爵, 1868年12月-1870年7月
Kimberley 伯爵, 1870年7月-1874年2月
Carnarvon 伯爵, 1874年2月-1878年1月
Michael Hicks Beach 卿, 1878年1月-1880年4月
Kimberley 伯爵, 1880年4月-1882年12月
Derby 伯爵, 1882年12月-1885年6月
F. A. Stanley, 1885年6月-1886年2月
Granville 伯爵, 1886年2月-8月
Stanhope 伯爵, 1886年8月-1887年1月
Henry Holland 卿 (Knutsford 卿, 1888年), 1887年1月-1892年8月
Ripon 侯爵, 1892年8月-1893年6月
Joseph Chamberlain, 1895年6月-1903年10月
Alfred Lyttelton, 1903年10月-1905年12月
Elgin 伯爵, 1905年12月-1908年4月
Crewe 伯爵(侯爵), 1908年4月-1910年11月
Lewis Harcourt, 1910年11月-1915年5月
Arthur Bonar Law, 1915年5月-1916年12月
W. H. Long, 1916年12月-1919年1月
Milner 子爵, 1919年1月-1921年2月
Winston S. Churchill, 1921年2月-1922年10月
Devonchire 公爵, 1922年10月-1924年1月
J. H. Thomas, 1924年1月-11月
L. C. M. S. Amery, 1924年11月-1929年6月
Passfield 卿, 1929年6月-1931年8月
J. H. Thomas, 1931年8月-11月
Philip Cunliffe-Lister 卿, 1931年11月-1935年6月
Malcolm MacDonald, 1935年6月-11月
J. H. Thomas, 1935年11月-1936年5月
W. G. A. Ormsby-Gore, 1936年5月-1938年5月
Malcolm MacDonald, 1938年5月-1940年5月
Lloyd of Dolobran 卿, 1840年5月-1941年2月
Moyne 卿, 1941年2月-

自治領大臣

L. C. M. S. Amery, 1925年-9年
Passfield 卿, 1929年-30年
J. H. Thomas, 1930年-5年
Malcolm MacDonald, 1935年-8年(5月)

Stanley 卿, 1938年5月－11月
Malcolm MacDonald, 1938年11月－1939年2月
Thomas Inskip 卿 (Caldecote 子爵), 1939年2月－

南アフリカ史における重要事件

1652年　ファン・リーベックの下に最初の入植。
1657年　「ボーア自由民」誕生。
1658年　西アフリカ人奴隷の導入開始。
1688年　フランスの清教徒農民ユグノーの入植開始。
1706年　総督に対する入植者の反対運動。
1760年　白人猟師が始めてオレンジ川を横断。
1779年　第一次カフィル戦争。
1789年　第二次カフィル戦争
1795年　イギリスによる最初の占領。
1799年　第三次カフィル戦争と東部辺境地における反乱。
1800年　ケープタウンにおける新聞出版の開始。
1803年　バタビア共和国へケープ移譲。
1806年　イギリスによる第二次占領。
1811年　初の巡回裁判所設立。
1812年　第四次カフィル戦争。
1814年　大英帝国がケープの統治権を獲得。
1818年　第五次カフィル戦争
1820年　5000人のイギリス人移住民がポート・エリザベスに到着。
1824年　新聞, the Commercial Advertiser紙 の定期刊行開始。
1825年　貨幣価値の下落したリクスダラーを英国通貨へ切り替える。
1828年　第50号法令が可決され，出版の自由が認められる。
1834年　行政府および立法府の設立。第六次カフィル戦争。
1836年　ケープ植民地からボーア人によるグレート・トレックの開始。
1838年　ボーア人移住者によるナタール共和国の創立。
1843年　イギリス政府によるナタール共和国の併合。
1846年　第七次カフィル戦争。
1848年　イギリスがオレンジ川とバール川にはさまれた地域の統治権を宣言。
1850年　東部辺境地域における反乱と紛争。
1852年　銅工業の開始。「サンド川協定」により，トランスバールの独立を承認。
1854年　「ブルームフォンテン協約」によりオレンジ自由国の独立を承認。初のケープ議会（代議政体）。
1859年　最初の鉄道がケープ植民地で開通。ジョージ・グレー卿による南アフリカ連邦設立提案の失敗。
1860年　ナタール，インド人労働者を導入。
1865年　オレンジ自由国とバストとの紛争。
1867年　ダイヤモンドの発見。
1868年　イギリスによるバストランドの併合。
1871年　イギリスによるダイヤモンド産地の併合。
1872年　ケープ植民地に対する責任政府の承認。

1875 年	カーナボン卿による南アフリカ連邦化計画の提議。
1877 年	イギリスによるトランスバール併合。第九次カフィル戦争。
1879 年	ズールー戦争。
1880 年	バスト戦争。アフリカンダー・ボンドの結成。第一次アングロ＝ボーア戦争勃発。
1881 年	「プレトリア協定」によるトランスバールの独立承認。
1884 年	バーバートンで最初の重要な金鉱地。
1885 年	ケープタウンとキンバリー間に鉄道開通。英領ベチュアナランド創設。
1886 年	ウィットウォーターズランド金鉱開業。ヨハネスブルク創立。
1888 年	イギリス南アフリカ会社設立。
1889 年	ケープ植民地とオレンジ自由国の関税同盟
1890 年	ケープタウンとブルームフォンテン間に鉄道開通。イギリス軍がマショナランドを占領。
1892 年	ヨハネスブルクが鉄道によってケープと接続。
1893 年	ナタールに対する責任政府の認可。
1894 年	ヨハネスブルクが鉄道によってデラゴア湾と接続。
1895 年	ヨハネスブルクが鉄道によってダーバンと接続。ジェームソン侵攻事件。
1897 年	ケープタウンからブラワーヨまで鉄道開通。ナタールが関税同盟に加入。南アフリカ国際郵便協定の設立。
1898 年	クリューガーが南アフリカ共和国（トランスバール）初の大統領に4選される。
1899 年	ボーア戦争の勃発。
1900 年	イギリスによるブルームフォンテン，ヨハネスブルク，プレトリアの占領。
1902 年	フェレーニヒンク講和。
1904 年	中国人労働者の金鉱への導入。
1906 年	トランスバールとオレンジ自由国に対する責任政府の認可。
1908 年	南アフリカ連邦設立を考える国民会議。
1910 年	南アフリカ連邦の制定。
1912 年	「南アフリカ連邦土地・農業銀行」の設立。
1913 年	ウィットウォーターズランドの労働争議。
1914 年	ウィットウォーターズランドにおける深刻な産業紛争。第一次世界大戦の勃発。
1915 年	ドイツによる南西アフリカの占領。
1919 年	南アフリカ連邦が南西アフリカ保護領を委任統治。
1921 年	南アフリカ連邦主義諸政党の連合。「南アフリカ準備銀行」。深刻な戦後不況。
1922 年	南アフリカの産業，特にウィットウォーターズランドの産業における流血のストライキと革命運動。ローデシアは連邦への加入を拒否。
1923 年	南ローデシアに責任政府を認可。
1924 年	Hon J. B. M. ヘルツォークによる組閣。
1925 年	南ア連邦が金本位制へ復帰。アフリカーンス語の公用語宣言。
1926 年	カラー・バー法案の可決。
1930 年	ヨーロッパ人婦人へ参政権付与。
1931 年	ウェストミンスター憲章*が帝国議会で可決。
1932 年	南アフリカ連邦政府は金本位制を離脱。
1933 年	南アフリカおよび国民主義政党の政治的連合。プレトリアにおける南アフリカの鉄鋼業の開始。
1935 年	汎アフリカ郵便会議がプレトリアで開催される。

---

* ウェストミンスター憲章：英帝国内の自治領の完全独立を認めた憲章。

1936 年 『先住民代表法, *Representation of Natives Act*』の可決。
1939 年 対ドイツ戦争（第二次世界大戦）への参戦。

【訳者あとがき】

1．はじめに

　平均的な日本人にとって，なじみのない国，南アフリカ共和国が，このところ連日のように新聞やTVのスポーツ・ニュースで話題になっている。日本も代表チームを送っているサッカーのワールド・カップの南アフリカでの開幕が近づいているからにほかならない。そこで異口同音に繰り返されるのが，熱烈なサポーターも観戦ツアーへの参加に二の足を踏んでいるというコメントである。これには，事前の日本チームの戦績が振るわず，大会で多くを望めないという要因も含まれているだろうが，南アフリカは日本からひどく遠いうえに，恐ろしく治安が悪く，ツアーには大きな危険が伴うという現地の事情が作用していることは間違いない。南アフリカ共和国は日本人に縁の薄い国であるとはいえ，少数派のヨーロッパ系白人によって，「アパルトヘイト」と呼ばれる究極の人種差別が長きにわたり続けられてきたことは知られている。そして，1994年に実現した全人種による選挙の結果，マンデラ氏が大統領に就任し，劇的な形で人種差別の全面的撤廃がなされ，平等な社会の実現に向かっているものと理解されている。しかし現実はどうか。白戸圭一氏の戦慄が走るようなルポ『資源大陸アフリカ』(東洋経済新報社, 2009)で紹介されているように，南アフリカは，今なお，世界で類を見ない格差と治安の悪さで名だたる国である。それはなぜなのか。この疑問を歴史的に解明してくれる著作を手にとってみるには，サッカーワールドカップを間近にしたこの時期が，またとない機会であろう。C. W. デ　キーウィトの著作は，それに最適である。

2．原著との出会い

　本書は，C. W. de Kiewiet, *A History of South Africa : Social and*

Economic, Oxford University Press, 1941 の全訳である。訳者が知る限り，原著は，1941 年に初版が刊行されてから，1978 年までに 13 刷を記録しており，この分野の専門的な研究書としては稀有なほど多くの読者を獲得している。帯文にしたイギリスの誇る歴史家 A. J. P. テイラーの呈した賛辞，「筆者の学識と洞察力が，10 年に一度か二度しか味わえないような知的満足を与えてくれる本」という評価は，実に的を射たものである。1970 年代から 1980 年代にかけて，南アフリカの歴史を学ぼうとする人にとって，原著は E. A. ウォーカーの『南アフリカ史』*A History of South Africa*（1934 年刊）と並んで，もっとも定評ある「古典」として知られていた。しかし，70 年も前に書かれた原著を，ことのほか出版事情が厳しい今，あえて訳書として世に送り出すについては，しかるべき理由がなければならない。ところが，訳者は，南アフリカの歴史については全くの門外漢であるから，先学の諸兄姉から，この訳業自体が僣越であるとのそしりを免れない。これらの点については，諸兄姉に得心をいただけるような根拠や理由を用意できているわけではないので，率直に自らの思うところを述べて，ご寛恕を願うほかない。

　訳者がキーウィトの原著の存在を知ったのは，今から 35 年以上も前のことで，慶応大学の先輩である大島通義教授（ドイツ財政史専攻）と大島かおり夫人の共訳になるハナ・アーレントの代表作『全体主義の起原』の第二部「帝国主義」（みすず書房，1972）に感銘を受けたことが契機である。アーレントは，ナチス・ヒトラーの人種差別思想の源泉が，19 世紀の南アフリカにおけるオランダ系白人のボーア人による先住民黒人に対する人種差別思想にあることを，キーウィトの『南アフリカ社会経済史』によって学んだと述べて，その意義を高く評価していた。そこで訳者は，直ちに，キーウィトの著作を手に入れ，一読してアーレントの慧眼に敬服することになった。そして，この著作は，翻訳して世に送り出す価値があると確信した。「アパルトヘイト」で知られる究極の人種差別国家が，イギリスの膨張的な帝国主義政策と関わりをもちながら，いかにして南アフリカにおいて形成されたのかを理解するには，キーウィトの本に勝るものはないと考えて，翻訳を試みたのである。しかし，この当時，私は K. ポラニーの『大転換』にも重大な関心

を寄せていて，吉沢英成氏らと共訳作業を始めていた。『大転換』は，市場社会の形成と崩壊を中心課題にしており，経済学のレゾン・デートルに関わる問題を論じていたから，キーウィトの著作の翻訳作業より，明らかに優先順位が高かった。かくして，『南アフリカ社会経済史』の翻訳作業は後回しになり，下訳を終えた時点で，出版を見送った。しばらくの間，キーウィトの著作は，私の視界から消えることになったのである。

3．キーウィト『南アフリカ社会経済史』の読み直し

ハナ・アーレントの『全体主義の起原　2　帝国主義』は，私が資本主義の崩壊の主たる要因を，第一次大戦を導いた19世紀末以降のヨーロッパ帝国主義に求めていたときに，大島教授から紹介されたものであった。アーレントの帝国主義論に傾倒していった私の問題関心は，ヨーロッパ列強の勢力圏の拡大・膨張における経済的・政治的・軍事的利害と汎民族主義的思想の関係に置かれていた。キーウィトの著作は，こうした問題関心に直結するものではなかった。ところが，後になって，『大転換』における19世紀の「自己調整的市場」社会の崩壊の直接的要因は，「自己調整的市場」の理念を具現化した国際金本位制の崩壊にあるという論点に共鳴するようになると，イギリスが主導する国際金本位制の形成・確立・崩壊のプロセスに自らの問題関心が向かうようになった。そうなると，1886年の南アフリカ・ヨハネスブルクにおける金の大鉱床発見の歴史的意義を指摘しているキーウィトの原著が，私に新たな意味を与えてくれることになった。

具体的に言うと，次のようになる。1793〜1815年のナポレオン戦争に勝利したイギリスは，世界に先駆けて産業革命を遂行し，1816年にはいち早く金本位制を採用して，グローバルな通商・金融体制を構築し，その中枢としての地位を享受することができた。そのイギリスを追う形で，普仏戦争に圧勝したプロイセン・ドイツが，1871年に銀本位制の放棄と金本位制採用を宣言すると，欧米の先進諸国は次々とドイツに追随して銀本位制を放棄し始め，金本位制が国際的に普及することになった。このため，国際貿易の急速な拡大と決済に必要な金の供給量が恒常的に不足して物価は低落すること

になり，1870年代初頭から1890年代初頭まで，安定していた金銀比価が動揺して国際通貨体制の危機が生ずるに至った。「19世紀の長期にわたる大不況」がこれであった。1878年から1892年にかけて，3回の国際通貨会議が開催され，イギリスをはじめとする先進諸国は，事態の解決を図るべく討議を重ねたが，容易に意見の一致をみなかった。こうした行き詰まりの中で，1886年に南アフリカで金の大鉱床が発見され，1890年代初めに，その効率的な精錬方法が開発されると，安定した価格で金の円滑な供給が行われるようになった。かくして，南アフリカの金の大鉱床の発見は，「大不況」の救世主となったのである。

　キーウィトの著作は，それまで，世界経済との接点を持てず自己充足的で孤立していた南アフリカ経済が，上述した金の大鉱床の発見によって，一躍世界経済の中枢と連動する地位を与えられたことを指摘している。金とダイヤモンドを中心に，南アフリカの産出する多様で豊富な鉱物資源は，現代に至るまで，南アフリカに「経済大国」とアフリカで唯一の「G20」のメンバーとしての地位，換言すれば「アフリカらしくないアフリカの国」という称号を授けることになった。

　しかし，キーウィトの著作は，金とダイヤモンド鉱山の存在について，これとは異なるもう一つの視点を提供している。この二つの鉱産物が人種差別思想を，近代産業の労働市場に組み入れる役割を果たしたことを明示しているのだ。それだけではない。キーウィトは，複雑な人種関係を有する南アフリカの伝統的非市場経済社会が，自由主義的な市場経済に突如包摂されると，いかなる破壊的影響を受けるのかを実に印象的に描いている。それは，ポラニーが『大転換』において，イギリスが経験した人類最初の産業革命により，類例を見ない「自己調整的市場」の理念に席巻されて，どのような衝撃を受け，それにどう対応したかを描いてみせたのと，見事に重なり合う。誤解を恐れずに言えば，ポラニーが『南アフリカ社会経済史』を執筆しているのではないかと思わせるのだ。それは言うまでもなく，人類学や社会学のアプローチを採用して得られた成果である。1941年の原著の刊行時点で，Social and Economicという副題を付している歴史書は，きわめて珍しい。昨年刊行された訳者と栖原学氏の共訳になるポラニー『大転換』の新訳

版が，1944年に刊行されたにもかかわらず，「現代の古典」として多様なオピニオン・リーダーによって評価され，多くの読者に迎えられたことを考えると，本訳書も『大転換』と同様の評価を与えられる資格を有している。キーウィトのそうした「社会経済学的論点」については，以下で紹介したい。

4．キーウィトの略歴と『南アフリカ社会経済史』の現代的意義

(1) キーウィトの略歴

キーウィトは，1902年にオランダのロッテルダムに生まれ，幼少期にダイヤモンドと金の採掘に取り付かれた父親に連れられて，南アフリカの金鉱業の拠点ヨハネスブルクに移り住んだ。1920年代初めに，イギリスのオクスフォード大学・ケンブリッジ大学をモデルに創設された地元の名門ウィットウォーターズランド大学（日本流に表現すると，「南アフリカの東大」だそうである）で，南アフリカ研究の第一人者といわれたW. M. マクミラン教授の指導をうけながら，歴史学の学士号および修士号を取得した後，イギリスに渡り，1927年にロンドン大学で歴史学の学位を授与された。いかなる事情によるものか，南アフリカには戻らず，1929年にアメリカに移住し，アイオワ大学，コーネル大学でヨーロッパ史を教えながら，イギリスの植民地政策，とりわけ南アフリカについての研究を続けた。コーネル大学では，歴史学部の学部長になっている。さらに，1951年から1961年まで，ニューヨーク州のロチェスター大学の学長を務め，退任後はアフリカの高等教育のために尽力し，1986年にワシントンで没した。新天地アメリカで要職を歴任したキーウィトに，誰もが敬服せざるを得ない学識と人格が備わっていたことは，彼の略歴から十分にうかがい知ることができる。そして退任後の活動から，彼が南アフリカを心から愛し，絶えず気にかけていたことが見て取れる。

キーウィトは名文家として知られ，恩師のマクミラン教授をはるかにしのぐ影響力を持つに至った。とりわけ代表作『南アフリカ社会経済史』は，1970年代まで，南アフリカ史の「最良の古典」として多くの読者に親しま

れた。それ以外の著作としては，1870年代初頭から1880年代半ばに至るイギリスの南アフリカの植民地政策を論じた以下の著作がある。
　1．*British Colonial Policy and the South Africa*, 1929.
　2．*The Imperial Factor in South Africa*, 1937.
　このうち後者は，イギリス本国政府が大英帝国全体の中で南アフリカをどのように位置づけていたのかを論じたものとして，数多く引用され高い評価を得ている。

(2)　『南アフリカ社会経済史』の中心的論点と現代的意義
　1　研究の方法と視点の特徴―「社会経済学」的アプローチ
　現在日本の南アフリカ史研究の第一人者と目される峯陽一教授は，大部の訳書レナード・トンプソン『南アフリカの歴史〔最新版〕』（明石書店，2009）の「解説『南アフリカの歴史』を読む」において，キーウィトは，前出のW. M. マクミラン教授を始祖とする「南アフリカ・リベラル史学」の系譜を引継ぐ重要な研究者であるとし，E. A. ウォーカーを経てトンプソンに結実する流れの中に属すると位置づけている。峯教授は，さらに，この「リベラル史学」は，南アフリカの歴史研究の本流を形成してきたと総括し，次のような解説を付している。
　　「リベラル史学」とは，政治的には，19世紀初頭に宣教師を通じてイギリスから伝えられた博愛主義を起源としており，法の支配や言論の自由といった価値観を信奉し，共産主義とは一線を画し，平和的手段での漸進的変革を唱導するとともに，「原住民の友」であった。ただし，歴史研究におけるリベラルというカテゴリーは，20世紀後半の産物であり，マクミランもキーウィトも，自らをリベラルと称していたわけではない。「リベラル史学」の方法論的特徴は，概念操作よりも実証を重んじ，経済決定論の立場をとらず，人間的個人とその観念の役割を重視し，階級闘争よりも人間関係の理解に焦点を絞る傾向が認められる。

　私は，キーウィトの『南アフリカ社会経済史』を読み，またトンプソン教授の『南アフリカの歴史』を素読して，峯教授の上記の紹介に基本的に同意

しつつも，両者の研究を方法論的に表現する場合，政治的立場を含意する「リベラル史学」とするよりも，社会科学的立場を示す「社会経済学的」アプローチをとる研究者とするのが適当ではないかと考える。

　その理由は，キーウィトもトンプソンも，南アフリカには，ヨーロッパ系白人が植民・移民してくるはるか以前から，圧倒的多数の黒人先住民が居住しており，彼らの生活が，ポラニーの表現を借りれば，血縁関係に基づく「互酬」，部族の首長が統括する「再分配」，自給自足の最小単位としての「家政」を軸にした非市場社会組織によって営まれてきたことを明確にしたうえで，彼らの存在を南アフリカ社会の原型に据えているからである。17世紀半ばに南アフリカに植民してくるオランダ系白人＝ボーア人は，西ヨーロッパの中世農村風の耕作農業で育ちながら，南アフリカのやせた台地では，自分たちの耕作農業が通用しないことを察知し，先住民と同じ広大な土地を必要とする粗放型の牧畜農業を採用していく。しかし，数の少ないボーア人は，19世紀ヨーロッパに特有の自由主義と市場経済原理を伴いつつ，遅れてやってきたイギリス人に追われて内陸部への移動（これが「グレート・トレック」と呼ばれ，ボーア人のレゾン・デートルとなる）を余儀なくされる。そこで彼らは，大量の黒人先住民に初めて遭遇する。かくして，19世紀前半の南アフリカにおいて，出自を異にする二つの異質な文化圏の人々が，接触し，そして衝突する。さらには，その二つの集団に，第三の異質な集団，イギリス人が関わることになる。これらの接触・衝突こそが，南アフリカの歴史を規定し，現代にまで至るのである。その複雑な様相は，マルクス学派の唯物論的・経済決定論的な階級対立史観によってとうてい解析できるものではない。非市場社会の仕組みと構造をモデル化し，19世紀イギリスが創り出した自己調整的市場社会との違いを確認しつつ，膨張的性格を有する後者が，どちらかと言えば静態的な前者をどのように解体・破壊するのかを示すことによって，解明できるのである。キーウィトもトンプソンも，等しく，こうした「社会経済学的」認識を共有している。言うまでもなく，時代の制約からして，キーウィトは，トンプソンのように，人類学や社会学の成果をより多くより深く利用できていないことは認めなければならない。

2 人種差別思想の根源—ボーア人の孤立した生活と恐怖感：自然条件の厳しさと圧倒的多数の黒人先住民の存在

① 南アフリカの自然条件の厳しさ

　本書の中心課題であり，読者がもっとも関心を寄せる問題は，南アフリカを究極の人種差別社会たらしめた人種差別思想が誰によってもたらされ，いかにして実現されたのかということに尽きるであろう。キーウィトは，その答えを，南アフリカの自然条件の厳しさと圧倒的多数を占める黒人先住民に対するボーア人の恐怖から生じた人種的優越感に基づく差別意識に求めている。注目すべきことに，彼は，このような差別意識を持つに至ったボーア人の道義的責任と精神的堕落を糾弾し，非難することよりも，なぜ彼らの中にそうした差別意識が発生し，その実現に狂奔したのかを解き明かすことに力点を置いている。

　オランダ人が南アフリカにやってきたのは，1602年のオランダ東インド会社設立が契機になっている。それまでアジア貿易の支配権を握り，「東方帝国」を構築していたポルトガルの力がさほどのものでないことを見透かしたオランダは，1623年にアジア貿易で競合するイギリスをアンボイナ（現在のインドネシア）から退去させ，1641年にマラッカを占領し，1658年にはセイロンをも制して，オランダの東インド帝国が確立した。こうした背景の下で，インド航路の中間地点として補給基地の建設が必要となり，1652年にヤン・ファン・リーベックが，アジア貿易を行うオランダ船舶に食糧や水や燃料を補給する任務を課された東インド会社の社員を引き連れてケープタウンに上陸した。だがこの任務には困難が伴った。困難の原因は，南アフリカの土地が彼らの想像を絶するほど痩せていて，西ヨーロッパでなじんだ耕作農業が全く役に立たないことにあった。年間の降水量は僅かであり，河川は水量不足で乾期になると航行は望めず，また沿岸部には貿易に適した良港がなく，マラリア蚊やツエツエバエによる疫病が発生しやすく，家畜の飼育も難しかった。本国オランダから遠く隔たった南アフリカの痩せた台地で，自らの生命を維持し，家族を養っていくにはどうしたらよいのか。募る孤立感と絶望の中で，彼らが見出した道は，接触した現地先住民の生活方法に倣うことだった。それは，彼らが原始的で退行的であるとして放棄したは

ずの自給自足の粗放型牧畜業であった。実は，この型の牧畜業がボーア人に協同作業と緊密な人間関係を有する共同体を捨てさせた結果，各自がばらばらに広大な土地を求めて内陸部に入り込み，牧夫と家事や農作業をこなす従僕とをもって構成する自給自足型の放牧経営が基本単位となっていた。拡散したボーア人家族の粗放牧畜経営では，牧夫や従僕には，遭遇した先住民黒人を充当することになる。そしてそこに，後述するような人種差別思想が介在するのである。

② 大英帝国における南アフリカの特異性

ところで南アフリカでは，ヨーロッパの覇権を争ったナポレオン戦争において勝利したイギリスが，1802年に一度オランダに返還したケープタウンを1806年に再占領した。そしてケープタウンを中心とするイギリスの支配地域が，1815年にケープ植民地として講和条約で公式承認された。居場所の無くなったオランダ東インド会社の幹部社員やオランダ軍は本国へ戻ったが，17世紀後半からケープに入植して農業を営んでいたオランダ人＝ボーア人は，本国へ戻るわけにはいかなかった。彼らはイギリスの支配するところとなったケープ植民地を統括することになったイギリス人総督の管轄の及ばぬ内陸部へ「自由」を求めて逃れていった。一方，イギリス本国政府は，ボーア人や先住民に対する数的劣勢を補うため，折からの不況対策をかねて，1820年に5,000人もの入植者を，補助金を支給して実験的に南アフリカに送り込んだ。しかし，入植者たちはボーア人や黒人先住民と土地の取得をめぐって対立を引き起こし，企ては失敗に終わった。多くのイギリス人入植者は失意のうちに本国へ戻った。そしてこれ以後，海外への移民・入植を企てるイギリス人は，耕作農業に適さない痩せた台地の南アフリカを素通りし，広大な土地が簡単に手に入り，肥沃な土壌に恵まれているアメリカ，カナダ，オーストラリア，ニュージーランドへと向かい，イギリス本国政府はこれら4地域を植民地化し，遠隔統治した。ただしアメリカは，18世紀末の独立戦争によって，植民地を離脱したことは言うまでもない。

周知のように，イギリス本国政府は，残りの三つの地域のイギリス人住民に対して内政の権限を付与して自治領とし，18世紀末から19世紀半ばにか

けて，大英帝国を再建したが，1877年にインドを，1910年には南アフリカを，大英帝国に組み入れた。しかし，インドと南アフリカは，明らかに大英帝国の基本原則に反している。なぜなら，大英帝国とは，イギリス本国から海外に移民・植民した人々が，本国と同様の国家組織を建設し，同胞意識によって本国と結ばれ，内政の権限を有しながら，本国の国王を共通の君主として仰ぎ，外交に関しては本国政府の決定に従う連合体を意味しているからである。直截に言えば，自治領は，移民・入植先の少数の先住民を虐殺もしくは僻地に放逐し，その広大な全領土をイギリス人の所有として成立している。これに対して，後者は移民・入植先の先住民の数が圧倒的に多く，彼らを放逐して自治領のような領土の所有を実現することは，とうてい不可能であった。ここでは，植民地政府を少数派のイギリス人によって代表させ，その外交・内政については，本国政府の承認を必要とする統治形態が採用されたのである。

　それでは，インドと南アフリカとの違いはどこにあるのか。インドには，ボーア人のように，イギリス人と敵対する白人は居住していない。さらに，インドは自らの集権的政府を有していた上に，イギリス人にとって魅力ある綿花や綿織物，紅茶などを生産していただけではなく，イギリスの工業製品の重要な輸出先でもあり，加えて，アジアの戦略的要衝として，イギリスがその防衛を引き受ける代わりに，巨額の植民地経費を毎年イギリスに支払う植民地であった。これに対して南アフリカは，その土地と土壌の貧弱さゆえに，イギリスにとって魅力ある物産を何一つ生産することができない不毛の植民地であった。そして，1869年にスエズ運河が開通すると，アジア貿易の中継基地としての価値を失い，その保有さえも費用支出に見合わぬ無意味な存在と化していた。実際，1867年のダイヤモンドの発見と1886年の金の大鉱床の発見がなければ，放棄されていたかもしれない。

　イギリス人が数多く南アフリカに移民・入植するようになったのは，ダイヤモンドと金の鉱床の発見があってからである。だが，この二つの鉱産物は，石炭や石油とは異なり，近代工業のエネルギー資源として利用することもできなければ，新しい関連産業を生み出すこともない。使用価値的には，全くの奢侈品である。以上を勘案すると，南アフリカは，大英帝国内におい

てきわめて特異な存在であると言える。キーウィトは，南アフリカを論ずる際に，常に，こうした特異性に言及するのである。そして，この特異性こそが，南アフリカに究極の人種差別思想を登場させ，それを現実化させる要因になるというのである。

③ ボーア人の孤立した生活と疎外感・恐怖感

1837年に開始されたボーア人の内陸部への大移動は，自ら「グレート・トレック」と呼び，南アフリカに降臨した白人が自分たちの国家建設を導くに至った記念すべき年として，今でもボーア人は最重要な歴史的事業として祝っている。しかしキーウィトに言わせれば，これは「神話」である。事実は，「神話」と異なり，ボーア人は，新任のイギリス人総督が，領土拡張を制限する目的で発布する土地の保有権を確定することを求めた法令を嫌って，法令の効力が及ばぬケープ植民地の外部，すなわち南アフリカ内陸部へ逃れ始めた1815年直後から，すでに「トレック」が始まっていた。実際には，イギリス軍とイギリス植民地行政官が到来する以前から，オランダ植民地当局と白人入植者たちとの間の衝突，先住民部族と白人入植者たちとの間の衝突が，18世紀末から19世紀初めにかけて，主として土地の保有をめぐって展開されていた。イギリス人を除くヨーロッパ系白人は，選民意識の強いカルバン派の教義とオランダ語の変形したアフリカーンス語を共有していたが，その中心はオランダ系白人＝ボーア人であった。

1820年のイギリス本国政府の大規模な南アフリカ入植計画を契機にしてケープ植民地当局のボーア人への圧力が強まると，彼らの内陸部への移動の流れは勢いを増し，1830年代後半に頂点に達した。「グレート・トレック」の神話は，これを根拠にしていると言えよう。問題は，この「グレート・トレック」によって内陸部への移動を活発化したボーア人が，そこで大量のバンツー語系の黒人先住民に遭遇したことにある。ケープ植民地のイギリス行政官たちは，ボーア・トレッカーたちの領土拡張を制約しようとしたのに対して，トレッカーたちは，内陸の広大な土地への入植を強く希求したのである。「神話」では，ボーア人はイギリスのケープ植民地政府からの圧力と強制を逃れ，「自由」を求めてトレッキングをしたことになっている。しかし，

ケープ植民地の外側は，カナダ，オーストラリア，ニュージーランドに入植したイギリス人が見出したような「無人の地」（実際には，少数の先住民が居住していた！）ではなく，大量のバンツー系語族が生活している場所であった。ボーア人の求める「自由」は，先住黒人から生活に欠かせぬ土地と水を奪う「自由」であった。

　問題は，それで尽きるものではなかった。数が少なくばらばらに広大な土地を手に入れようとするボーア人は，広大な土地を手に入れても自分たちだけで運営できなかった。つまり，先住黒人を土地から追い払うわけにいかなかったのである。ここに決定的な問題があった。ボーア人は，大量の先住黒人を雇い，働いてもらわなければ，自分たちの生活が成り立たなかったというわけである。ボーア人は，先住黒人と肩を並べて労働するか，それとも主従関係を確立して，先住黒人を隷属させるかの選択を迫られた。結果は，言うまでもなかろう。ボーア人は，躊躇することなく，後者を選択した。ボーア人は，先住黒人の生活を見て，自分たちが明らかに優越していると判断したのである。それは，自分たちの所有している武器，すなわち銃と，聖書に表された宗教的教義が根拠になった。

　さらに，先住黒人に課す労働の内容が問題であった。土地が痩せすぎているため，市場で販売できるような農産物の生産は，期待できなかった。耕作農業に必要な多様な知識と経験は不要であった。自給自足的で生産効率を問わない粗放型の牧畜農業でこと足りた。したがって先住黒人は，広大な土地の一角に家族や，場合によっては，血縁関係者とともに居住しながら，土地所有者のボーア人に労働を提供しながら，昔ながらの生活を続けることができた。ボーア人に隷属してはいるが，伝統的な「互酬」や「家政」，さらには首長が統括する「再分配」も，存続したのである。

　一方，ボーア人は，圧倒的多数の先住黒人に取り囲まれながら，同胞との相互交流はほとんどないまま，孤立した生活をするようになった。彼らは，外界とほとんど接触する機会がなく，農場，草原地帯，天井もない土壁の粗末な作りの家屋の中で，教育を受け，文字や産業社会とは無縁な生活を，19世紀後半に至るまで維持することになった。彼らが連帯意識を発揮するのは，優良な土地や水の獲得をめぐって先住黒人との間に争いが生じ，先住黒

人が反乱や蜂起をした場合,「コマンド」と呼ばれる軍事組織を通じてともに戦う場合であった。こうしたボーア人と先住黒人との関係を崩壊させたのは，1867 年のキンバリーでのダイヤモンド鉱山の発見と，とりわけ 1886 年のヨハネスブルクにおける金の大鉱床の発見であった。

5. イギリスの自由帝国主義と金・ダイヤモンド産業の果たした役割

① 自由帝国主義の南アフリカ統治に対する首尾一貫性の欠如

キーウィトの『南アフリカ社会経済史』における主役は，ボーア人であり，南アフリカの統治に最終的権限を有するイギリス本国政府でもなければ，イギリスのケープ植民地の総督や指導的行政官でもなく，また南アフリカ経済を主導する金やダイヤモンド鉱山の経営者たちでもない。キーウィトは，イギリス本国政府およびイギリス人の金・ダイヤモンド鉱山経営者の南アフリカ統治に対する力を過大評価しないように注意を促している。その理由は，第一に，1815 年から第一次大戦までの百年間についても，第一次大戦終了後から 1948 年の南アフリカにおける反英色の強い「アパルトヘイト」を推進する国民党政権の誕生までの 30 年間についても，イギリス本国政府では大英帝国の運営に積極的な保守党政権と，消極的もしくは慎重な自由党政権が，交互に政権を担当したため，南アフリカに対する首尾一貫した政策が行われなかったからである。第二に，イギリス人鉱山経営者や金融業者は，確かに 1870 年代以降の南アフリカ経済を主導し，大規模な鉱山業を軸に産業革命を遂行しながらも，鉱山労働の一大供給源である農村とそこに居住する大量の黒人先住民を農村から鉱山都市へと吸引する社会の「大転換」を，独力で完遂する力を持ち得なかったからである。なぜなら，1870 年代まで，イギリス人は耕作農業の不可能な農村部に入り込もうとしなかったため，農村はもっぱらボーア人と黒人先住民が生活する場所になった。

これはケープ植民地のみならず，ボーア人がイギリスの植民地政策に対抗すべく建設したナタール共和国（1838 年），オレンジ自由国（1854 年），トランスバール共和国（1852 年）の行政にも反映した。白人にしか選挙権が

付与されなかった南アフリカでは，ケープ植民地を除くと，ボーア人の人口数が常にイギリス人を上回り，国内政治についてはボーア人の側に強い発言力・影響力があったからである。ちなみに，イギリス本国政府は，ナタール共和国を1843年に併合しているが，1893年には自治権を承認している。オレンジ自由国については1854年に独立を承認し，1910年に南アフリカ連邦を成立させた時点でも，自治権を承認している。また，トランスバールについては，本国政府が保守党であった1877年には，ケープ植民地に併合し，自由党政権の1881年には，独立を承認し，1899〜1902年のボーア戦争では，トランスバール共和国およびオレンジ自由国をイギリス本国政府が統括する南アフリカ連邦に組み込むことを企図し，ボーア戦争後のフェレーニヒンク講和では，オレンジ自由国とトランスバール共和国に対して自治権を否定しながら，1906年には両国の自治政府を承認している。

こうしたイギリス本国政府の首尾一貫性の欠如は，第一次大戦後になるとさらに顕在化した。第一次大戦の参戦をめぐってボーア人は分裂し，イギリス本国政府の働きかけが功を奏して，多数派はボーア戦争の立役者であったスマッツ将軍やボータ将軍が中心となってイギリス側に立ったため，ドイツ側に立つことを主張した少数派を制して，イギリス側の陣営に加わった。大戦後の世界経済の再建が，イギリスの主導する金本位制の復活を柱にしたこともあって，1910年に成立した南アフリカ連邦は，旺盛な金の需要に助けられて，世界の中では例外的に好況期を享受する幸運に恵まれた。しかし大戦後の南アフリカ連邦に成立したスマッツ政権は，不況の到来とともに深刻化する金・ダイヤモンド鉱業の合理化の過程で，厳しい事態に遭遇した。すなわち，高賃金を得ていた特権的白人労働者と，極度の低賃金を強いられてきた圧倒的多数の黒人先住民労働者との人種差別に基づく利害対立が顕在化し，イギリス人とボーア人との融和路線の継続が困難になったのである。

私は，南アフリカ社会経済史については，門外漢であるから，専門の研究者の貴重な研究業績に対して論評を加える資格はない。そうは言っても，近年の南アフリカ史の研究書には，若干目を通した。その中で，前川一郎氏の『イギリス帝国と南アフリカ―南アフリカ連邦の形成 1899〜1912』(ミネルヴァ書房，2006) には，教えられるところがあった。しかし，同氏の研究

は，イギリス本国政府が南アフリカに対して積極的な姿勢を打ち出した時期を切り取って，大英帝国史の中での南アフリカを論じている。第一次資料を駆使された同氏の研究には敬意を表するが，イギリス本国政府の南アフリカに対する姿勢には，本国の政権が絶えず交代することから首尾一貫性が欠けており，内政に占めるボーア人の数的優位に基づく首尾一貫した影響力の強さは，イギリスのそれを上回っていると思われる。それは人種差別思想の実践におけるボーア人の影響力の強さに具現化されており，南アフリカの歴史を眺望する場合，彼らの支配的役割を認めざるを得ないと思われる。

②　金・ダイヤモンド鉱山の発見とその労働市場に及ぼした影響

キーウィトの著作の中で，金・ダイヤモンド産業の果たした役割についての叙述は，最大の魅力を覚えるところである。ここでは，ダイヤモンドについては割愛し，話を金鉱に限定しよう。自身がヨハネスブルクの金鉱山業の拠点ウィットウォーターズランドに20年ほど住んでいたことから，その実態をつぶさに知っていることが，叙述の端々にうかがわれる。従来のアメリカやオーストラリアのゴールドラッシュで私たちに染み付いた金鉱のイメージは，地表近くにある品位の高い沖積層の鉱石が偶然発見され，西部劇でおなじみのシャベルとツルハシと選鉱鍋を持った山師風の男たちが，一攫千金を夢見て世界各国からはせ参じ，2～3年もすると金は掘りつくされて人っ子一人見当たらないゴーストタウンと化すというものである。ところが，ヨハネスブルクで発見された金の大鉱床は，そうしたイメージがまったく通用しないのである。それは，地底はるか深く—実に1500メートルあたり—にあり，その採掘や鉱石の探索には莫大な費用がかかる上，鉱石の品位は最低である。ただし，鉱石の質が一定で，採掘コストが安定しており，鉱床は無尽蔵であると推定される。このために，ヨハネスブルクの金鉱業は，巨大資本を有する企業家しか参入できず，大量の鉱山労働者を必要とし，鉱床の態様を分析する少数の高度なエンジニアが不可欠であり，世界のマーケットで金価格を安定化させ価格を調整するネットワーク作りに長けていることが要求される。そしてヨハネスブルクは，南アフリカの内陸部に立地しているため，海外に輸出するには，インフラストラクチャとしての遠距離鉄道が欠か

せない。さらに複雑な鉱山施設を稼動させる動力源として石炭と，大量の鉱山労働者の消費する安価な食料も周辺から調達しなければならない。こうした環境を，やせた台地を基盤にした自己充足的な農村社会の南アフリカにおいて，短期間で準備するには，社会の「大転換」が要求される。これこそ，ポラニーが『大転換』で描いたイギリス産業革命が，「自己調整的市場原理」を実現すべく，自己充足的な農村社会に対して迫った社会転換であった。最大の問題は，ボーア人が広大な痩せた土地に，大量の黒人先住民を縛り付けて営む粗放型牧畜農業を解体して，彼らを金鉱都市のヨハネスブルクに吸引することだった。これこそ，利得動機の交換が行われる市場経済が自己充足的農村社会に仕掛ける破壊作業であった。

　この破壊作業に対して，抵抗するのは金鉱床が発見され地域だけでなく，金鉱床がありそうな空間に居住するボーア人であった。ヨハネスブルクのあるトランスバールが，イギリス人鉱山経営者から白羽の矢を立てられ，彼らがそこへの囲い込みに動き，黒人先住民に対してはボーア人農場主よりも好条件で誘いにかかる。こうした市場経済原理の浸透に抵抗するボーア人に業を煮やしたイギリス人金鉱山経営者は，渋る本国政府を説き伏せて，ボーア人を挑発し，戦争を仕掛ける。これが1899～1902年のボーア戦争であった。この戦争は当時のイギリスにとって，国際金本位制における金の独占的確保がいかに大きな国益であったかを物語ると同時に，イギリス金鉱山経営者（有名なセシル・ローズは，この代表的存在であった）の動きに対抗したトランスバール共和国のクリューガー大統領が，オランダと人種的親近性を持つドイツの介入を策したことで，イギリスは従来にない強硬姿勢をもって対応した。

　ボーア戦争は，「奇妙な戦争」である。この戦争は，南アフリカに侵入する白人のイギリス人金鉱山利害関係者が，南アフリカの金鉱地帯および農村部を支配する白人のボーア人に対して行った戦争である。市場経済にとって至高の価値があると思われる金の獲得を目指したイギリス人が，南アフリカに彼らよりも前に入り込んだ白人のボーア人に対して行った戦争であり，黒人先住民は局外者であった。黒人先住民は，ボーア人に土地と水を奪われ，ボーア人の支配する農村で隷属的な地位に置かれて生活していた。したがっ

て黒人先住民は，どちらかといえば，農村を解放するかに見えるイギリス人の側に立つ者が多かったように見える。しかし，この戦争は，農村の暴力的解体をもたらし，ボーア人の多くも土地を失い，「プア・ホワイト」として，金鉱業での雇用に向かわざるを得なくなった。ここで，大きな問題が顕在化したのだ。先住黒人の主人である白人ボーア人が，鉱山労働者として黒人と肩を並べて働かねばならない未曾有の危機に直面したのである。「プア・ホワイト」の出現によって，白人全体に，黒人との混交，白人の劣化がもたらされるという恐怖が生じた。「プア・ホワイト」を放置すれば，白人優位の南アフリカ社会が崩壊することになるというわけである。「プア・ホワイト」は，しかし，雇用されて労働する気力に乏しかった。彼らは，政府の財政支援を訴えることになったのである。

　ボーア戦争後の南アフリカ社会は，イギリス人の鉱山経営者や金融業者そして鉄道経営者や海運業者などを中心とした市場経済原理を持ち込もうとする勢力と，それに対抗する勢力が衝突することになった。イギリス人経営者層には，白人であるボーア人労働者に高い賃金を払い，先住黒人の労働者に低賃金を押し付ける動機はない。需要と供給の原理で価格が決まる市場経済では，そうした人種別賃金を有する労働市場は，全く非合理的であるからだ。しかし，人種差別による優位をレゾン・デートルに生きてきたボーア人には，先住黒人との「同一労働同一賃金」は，なんとしても認めがたい原理である。

　ボーア人の人種差別思想は，市場経済社会の中では，明らかに無理がある。しかし，彼らには，イギリス人も同意した白人にしか選挙権を認めないという南アフリカの政治制度が唯一の頼みである。なぜなら，彼らは数的にイギリス人をはるかに上回る人口数を有しているからだ。1911 年の鉱山・工場法で黒人先住民の雇用を制限し，白人の高賃金を保障したのを契機に，1924 年には労働省を設立し，白人の労働を「文化的労働」であると規定し，人種差別の法制化が始まる。1920 年に低品位鉱山委員会の報告書で，人種別の労働市場を撤廃し，低賃金の先住民労働によって白人労働者を代替すべきであると提言したのに対して，イギリス人経営者がこれに従うことを表明した。ところが，白人労働者がこれに反撥し，「白人南アフリカ」の声が強

まり，激しいストライキと暴動が勃発したのである。1924年の選挙で，対英協調路線のスマッツ政権に代わって登場したヘルツォーク政権は，ボーア人の人種特権を守りぬくことを標榜した政権であった。そして，乱暴な整理をすれば，1920年代以降，南アフリカ社会は人種差別を維持し，それを法制化することを目指すボーア人が一貫して政権を握ることになる。1918～40年は，産業，都市の居住地，居住地域において，人種の隔離が進んだのである。そして1948年の「国民党」政権の選挙における勝利は，それを堅固にし，1994年の人種差別撤廃による全人種参加の選挙でマンデラ政権が誕生するまで，南アフリカの人種差別社会は継続する。

したがって，キーウィトの『南アフリカ社会経済史』は，1930年代までしか射程にしていないとはいえ，南アフリカ社会における人種差別と，それに基づく類例を見ない格差の構造を描ききっており，マンデラ政権が，ボーア人最後の大統領であるデ・クラークとの長い交渉により，内戦を導く恐れのある白人資産の没収をしないことを約束したことで，「平和的な革命」を実現する一方（この交渉の経緯については，福井聡『南アフリカ―白人帝国の終焉』第三書館，1999，およびアレックス・ボレイン／下村則夫訳『国家の仮面が剥がされるとき』第三書館，2008，が参考になった），経済格差が当分の間継続する南アフリカ社会の現状を理解するのに，有効である。それはけっして「時代遅れの古典」ではなく，「現代の古典」であるといえよう。

6．終わりに

長いあとがきになった。この翻訳書を刊行するに当たっては，言うまでもなく，多くの方々の善意と励ましをいただいている。型どおりのお礼の言葉で，読者にはいささか食傷気味の気分を与えるであろうが，私の気持ちを抑えることはできない。

まず学生時代からの友人で，常に物心両面の支援をいただいてきたカルビー株式会社の元社長で現相談役の松尾雅彦氏には，このたびも多額の出版助成をいただいた。アフリカものの翻訳書では読者も限られているだろうからというご配慮である。同氏には，私がケンブリッジ大学との学術交流に関

与している時期にも，日本大学とケンブリッジ大学ペンブルック・カレッジに大変な額のご寄付をいただいている。そのご恩に報いるには余りにもささやかな本書の刊行であるが，心からのお礼を申し上げたい。また三井物産に勤務する傍ら，私の所属する日本大学経済学部の大学院博士前期課程に在籍され，本年3月に筑波大学大学院生命環境科学科で学位を取得された花田哲郎氏には，鉱山関係の知識を伝授していただき，誤解を防いでいただいた。さらに，花田氏を囲んで社会人大学院の私の講義に参加していただいたシニア・メンバーの諸兄姉からは，励ましの言葉をいただき，出版作業に必要なエネルギーを注入していただいた。

さらに今回の翻訳作業には，毎日新聞の外信部記者でヨハネスブルクに4年半にわたり滞在された白戸圭一氏が，門外漢の私にアフリカの現状をご教示くださった上に，南アフリカ研究のリーダーと目される関西大学経済学部の北川勝彦教授，同志社大学大学院グローバル・スタディーズ研究科の峯陽一教授をご紹介いただいた。お二人からは，キーウィトの『南アフリカ社会経済史』は，「現代の古典」として翻訳する価値があるとのお言葉をいただき，激励までしていただいた。門外漢の私を気遣ってのこととは思いつつ，心強い味方を得た気分になった。また，白戸圭一氏には，光栄にも「推薦のことば」をご執筆いただいた。サッカーのワールド・カップの南アフリカ大会とともに，本訳書が多くの読者の目に触れる機会を増やしていただけるとすれば，それは現在のアフリカを最もよく知る白戸記者のご推薦のおかげではないかと思う。

最後に私事で恐縮なのだが，間近に迫る定年後の活動を見据えて，さる平成20年4月に，ささやかな私設研究所，TNIERを設立した。その折，ロンドン大学SOASで3年間の研鑽を積んで帰国した長男，野口知彦に，スタッフとしてこの翻訳事業に参加してもらい，設立に当たっての事務所開設に関わるハード，ソフト両面にわたり全面的な助言と協力を得た。そのTNIERの実質的な最初のプロジェクトが，本書の出版である。帝国主義の歴史研究の一環として欠かすことの出来ない「南アフリカの歴史」の翻訳に当たり，下訳はもとより，その作業に付随するパソコンのメインテナンスその他，諸々の事務作業に関連して計り知れない協力を得てきたことに対し，

心からの感謝を捧げたい。
　なお，この翻訳の校正作業に関しては，文眞堂の前野弘太氏の丁寧で行き届いたご協力をいただいた。そのお陰で，訳文の改善がはかられたことは間違いない。同氏のご尽力に対して深甚の謝意を表したい。また，文眞堂の企画部長である前野隆氏は，出版事情困難な状況にもかかわらず，出版をお引き受けいただいた。長年のお付き合いによるものと思うがお礼を申し上げて，謝辞を締めくくりたい。

2010 年 6 月 3 日

野口建彦

索　　引

[ア－オ]
アジア人法改正案　152
アダマストルの岬　2
アフリカンダー・ボンド　113, 118
アフリカンダー民族国家　126
アマ・コーサ族　76, 211
アマ・ベイカ族　76
アルゴア湾　41
アルバニーへの入植　42
アルブケルケ，アルフォンツォ　2
アルメイダ　2
アングラ・ペクウェニャ　113
アンボイナ事件　4
イギリス人：
　　（南アフリカ在住）　32-35, 37-38
　　「1820年入植者」　41-42
イギリス南アフリカ会社　131
イサンジュワナ　109, 131
イーストロンドン　129
移民法　140
インド人労働者　86, 151
インフルエンザ　228
インポファナ　83
「ウィーネン」，「ウィーピング」　63
ヴィッツィーショーク　201
ウィットウォーターズランド：
　　金鉱　120-125
　　政治への影響　147-150
ウェイクフィールド，ギボン　64, 193
ウェリントン　72, 101
ヴェルナー，ユリアス　97
ウォルビズベイ　1, 114
「牛崇拝」　199
ウッドハウス総督　101
ウルズリー卿，ガーネット　105-106, 110
ウルンディ　110
エイトランダーズ　135-137, 139, 141
英領カフラリア　67
英領北アメリカ法　104

オーストラリアへの入植者　60
オランダ語　130
オランダ人　1-4
オランダ新教教会　183, 221
オランダ人の教育政策　150
オランダ南アフリカ鉄道会社　127, 130
オランダ東インド会社　4-11, 13, 27, 30, 238
オレンジ川　12, 15
オレンジ川流域の併合　67, 143
オレンジ自由国：　16, 76, 81, 106, 128, 129,
　　136, 140
　　歳入　124
　　自治政府　151

[カ－コ]
海運　101
ガイカ族　79
カイ川　53
外国人排除法　140
カイスカンマ川　51, 53
カーク卿，ジョン　116
貸付農場制度　17, 42, 43
課税　85, 86, 199, 200, 232
河川　15-16
家畜・食肉産業管理局　251
家畜・食肉産業法　251
家畜疾病法　247
カナダへの入植者　62
カーナボン卿　104-108, 132, 143, 147
カフィル式農法　187, 205
カフィル人　33-35, 51-53
カフィル戦争　51, 53, 67, 79
カフィルランド　76
「カラー・バー」　226, 232, 234
「カラー・バー」法　236
ガレカランド　114
カレドン川　69
カレドン総督　47

索　引

灌漑　248-249
灌漑・水利保護法　247
ガンジー，マハトマ　152
関税　254-259
関税法　255-256
関税をめぐる対立　127-131
旱魃　190,192,201,246
旱魃委員会　246
気候風土　13-16
喜望峰　1
キャンベル＝バナマン　147,151
教育　150,229-231,245-246
協同組合法　250
銀行　71
金鉱業：　118,120-125,137-138,156-179,226
　　イギリス出身鉱夫　211
　　カラー・バー　168-170,172
　　機会　159,162
　　危機と不況　172,174
　　金鉱事故　162,164
　　金鉱と金本位制　175-177
　　グループ会社制　163
　　経済状態　158,159,163,165,172,176-178
　　歳入への貢献　248
　　疾病　162,164
　　助成金の提案　174
　　ストライキ　169,172
　　政府所有資産　165
　　先住民労働者　164
　　賃金・給与　166,172,174,177
　　農業への助成　247-249
　　賠償コスト　163,164
　　白人労働と先住民労働　166-174
　　労働コスト　164-166,176
　　労働状況　162
金収益付加価値税　165,177
キンバリー　15,93,100,102,208
キンバリー卿　104
キンバリー中央鉱山会社　98
クィーン・アデレイド州　54
クートセー，ジャコバス　12
グラッドストン　71,112
クラドック，J. F.　43,51
グラーフ＝リネット　34

グランビル卿　113
グリカ族　66
グリカランドウェスト　95,106,190
グリカランドウェスト会社　98
クリューガー，ポール　108,111,116,126-130,
　　132-143,183
クレイグ，J. H.　32,34,35
グレー卿，ジョージ　81,104,143,247
グレート・トレック（牛車による移住）
　　24,55-58,59-64,74,184
グレートフィッシュ川　16
クレスウェル，F. H. P.　149
グレネルグ卿　54,58,65
クルマン川　82
クレリ，カフィル人首長　80
グレン・グレー法　145,200,201
クロコダイル川　221
経済・賃金委員会　173
珪肺症　162,164
ケシベ族　76
ケープ・オブ・グッドホープ処罰法　65
ケープ州の歳入　124
ケープ植民地，入植地　73,74
ケープタウン　129,153,208,247
ケープタウン　初期の入植者　20-22
『ケープ植民地の手引き』　100
言語　180
ゴア　2
コイコイ人（ホッテントット族）　2,20-22,35-
　　36,47-50
降雨　24,190
交易道路　116
鉱業委員会　173
「鉱山・工場法」　168,226
「鉱山会議所」　164
「鉱山会議所建築会社」　164
「鉱山会議所製鋼会社」　164
鉱山規制委員会　226
工場法　262
「鉱夫珪肺症条例」　163,165
黒人巡回裁判　48,57
「国民議会」→　フォルクスラード
国民市場評議会　251
コージ湾　132

ゴッシェン　115
コッチェ卿，ロバート　177
ゴードリッチ子爵　72
小麦粉・荒挽き粉輸入規制法　251, 252
小麦産業規制法　251
ゴルコンダ　91
コルベール，J. B.　5

[サーソ]
歳入　101, 124, 127, 178
サウジー卿，リチャード　95-97, 106
砂糖　72, 151
サルダナ湾　1
産業：
　規制　243-267
　金，ダイヤモンド，羊毛の重要性　258
　賃金　261
　賃金法　264-267
　発展抑制の理由　256
　法律　259-262
　労働組合主義　261-265
産業調停法　263-265
産業立法委員会　209
サン人（ブッシュマン）　20
参政権　135, 235-236
サンド川協約　70
ザンベジ川　2, 131
ジェームソン卿，L. S.　131
ジェームソン侵攻事件　131, 134, 140
シェプストン卿，セオフィラス　77, 108
シークフリート，アンドレ　259
市場法　251
シスカイ　198
自治制　151
自動車陸送用道路網　249
ジュベール　111
シャカ王　52
宗教　23
住民：　48-127
　住民の変化　195-197
　人口　195-197, 201, 206, 207
　人口分布　156-157
　都市人口の増大　195-196, 206, 207
　農村の過疎化　195-196, 197, 206, 207, 214, 220-222
住民（先住民）：
　隔離政策　229, 231, 233, 234, 235, 237-240
　課税　199, 200, 232
　教育　229, 231
　人口　201-202
　人種差別　223-227, 230
　選挙権　235-237
　先住民政策　144-149, 154-155
　先住民と白人の相互依存　180-183
　先住民の移住　202
　先住民の重要性　265-267
　増加　221
　地方政治への参加　232-233
　都市の先住民　206-229
　農村出身者と都市在住先住民との競争　227
　プア・ブラックの凋落の原因　198-202
　労働小作人　202-205
住民（白人）：
　教育　229, 231
　国の財政援助　221
　産業界のプア・ホワイト　214-220
　人口　183, 202
　人種差別　223-227, 229, 232
　選挙権　235-237
　都市への流入　195, 196, 197
　農村社会のプア・ホワイト　194, 195
　白人社会内部の不平等　183
　白人社会保全の必要性　220
　白人と先住民の相互依存　180-183
　プア・ホワイトの凋落の原因　188-195, 196
　ヘルツォーク政権下の白人社会　222-223
出版法　140
少年法　262
食料品輸出管理局　251
食料品輸出規制法　251
食生活　84, 191-192, 201, 204
食肉取引規制法　251
所得　208-209
シーリー卿，ジョン・ロバート　27
浸液タンク（促進）法　247
人種隔離政策　229, 231, 233, 234, 235, 237-240
人種問題　50-56, 209-212
　"住民"の項も参照のこと

索 引

浸食　189, 198-199
森林破壊　190
スウェレンダム　34
スエズ運河　100
スコット副総督　75
スタンダード銀行　71
スティーブン，ジェイムス　48
ステラランド　115
ストライキ　169, 173, 261, 263
スマッツ　151, 171, 222
スミス卿，ハリー　67-68, 110, 143
ズールー戦争　109, 110
ズールー族　52, 63, 76
ズールーランド　76, 81, 117, 144, 151, 188
スワジ族　78, 81
スワジランド　76, 132, 153
政治　103-108
聖フランシス・ザビエル　5
セイロン　4
赤水熱（ビルハルツ住血吸虫）　192
石炭　122, 161
セククニ　108, 109
宣教師　46
先住民課税・啓発法　231, 232
先住民管理法　232-233
先住民経済委員会　200, 204, 228, 231
先住民啓発予算　231, 232, 235
先住民控訴裁判所　232
「先住民人材斡旋会社」　164
先住民信託基金　236
先住民総合税　231
先住民代表会議　236
先住民代表法　234, 235
先住民土地委員会　206
先住民土地改正法　234
先住民土地法　205, 234
先住民弁務官の法廷　232
先住民問題委員会　232
先住民労働規制法　265
セント・ヘレナ　2
相続法　192
ゾートパンスベルク山地　81
ソファラ　2

[タート]
第一次世界大戦　170-171
大工・指物師合同組合　261
ダイヤモンド鉱業　91-102, 106, 174
タバコ規制法　251
タバコ産業管理局　251
ダーバン　70, 102, 208
ダーバン卿，ベンジャミン　54, 64, 211, 232
ダービー卿　117
ダラム卿　41
炭鉱ストライキ　172
チェルムズフォード卿　110
チェンバレン，ジョセフ　134, 139, 141, 148
畜牛　199, 206
中国人労働　149, 167
超過利潤税　165, 177
賃金　208-210, 226-227
賃金・徒弟・見習い規制法　262
賃金委員会　264-266
賃金法　264, 266
通貨　39-40
帝国主義　104-108, 112, 116, 132-134
低品位金鉱石委員会　174
低品位鉱山委員会　172
ディンガネ　63
鉄鋼業法　258
鉄道　72, 102-103, 107, 127-132, 138, 152, 248, 249
デビアス鉱山会社　98, 123
テーブル山　2
テーブル湾　2, 71
デ・ベット　171
デラゴア湾　2, 66, 127, 129, 140
デ・ラ・レイ　171
デントン，ダニエル　21
テンブー族　53, 76
ド・フィリエ　100
ド・ミスト　35, 36
ドイツの南アフリカとの関わり　113-114, 116, 132, 140
ドイツ領南西アフリカ　114
トゥゲラ川　63
トウモロコシ（メイズ）　201
トウモロコシ規制法　251

道路輸送網　249
土地：
　共同所有　193
　土地価格の高騰　188
　土地所有者と無断借地人（バイボナー）
　　188, 194-195
　土地投機　187
　土地の再分割　192
　土地の無断借用　188
　不在地主　76
土地銀行　247
土地銀行法　247
土地入植法　247, 249
土地への課税　60
土地への入植：　17-18, 42-43, 69-128, 247-249
　歳入　73
　先住民人口　76-128
土地保有権：　145, 185
　先住民の土地保有権　200, 201, 205
徒弟法　226, 263
トランスカイ　145, 198
トランスカイ総議会「ブンガ」　200
トランスバール：
　国債　108
　歳入　124
　自治政府　151
　市民権　135
　トランスバールと南アフリカの統一　131-
　　132
　南部トランスバール　16
　併合と反乱　107-118, 143
　北部トランスバール　76
トランスバール交易路　131
トランスバール鉱夫組合　212
トランスバール鉱夫珪肺症療養所　164
トランスバール産業紛争防止法　261
トランスバールへのフランスの関与　141
トランスバール労働者補償法　261
奴隷制　22-24, 38, 45-47
トレック・ボーア人　12-20, 55-58, 59-69

[ナ—ノ]
ナタール：　16, 63, 70, 75, 77
　国庫収入　127

鉄道　103
　ナタールの併合　66
　入植　74, 75
ナマクア・ダマラランド　114
入植　72-76
ネイピア総督　73
ネダバー弁務官　30
農業：　158
　開発計画　244-245
　開発の遅れ　208
　関連法　247, 251
　先住民労働　194, 195
　粗放農業　186, 188-192
　農業経済　252-254
　輸出，輸入　251-252
農村の過疎化　195, 196, 197, 206, 207, 214, 220,
　222

[ハ—ホ]
バイア　91
バイボナー（無断借地人）　188, 194, 195, 205
ハウトマン，コウニーリス　3
バーガーズ，T. F.　103
バークリー卿，ヘンリー　95
バクウェナ族　76
ハスキソン，ウィリアム　48
バスコ・ダ・ガマ　2
バスト諸族　56, 78
バスト戦争　69, 81, 112
バストランド　76, 104, 144, 153, 188, 198
バトラピン族　76
バーナト，バーニー　97, 98
バペディ族　76, 81, 108
バマンガト族　76
バラマプラナ族　76
バラロング族　76
バルトフォンテン合同会社　98
バール・ハルツ灌漑計画　249
バングァケチ族　76
バンツー族　20, 24, 52, 53, 180
ビーチ卿，ヒックス　108
ヒギンズ判事　218
ビクトリア・イースト　67
ビスマルク　113

ビルハルツ住血吸虫 192
ファン・インホフ総督 23
ファン・デル・ステル 8
ファン・デル・ステル, ヴィレム・アドリアーヌ父子 8
ファン・プレテンベルク 26,34
フィッシュ川 51
フィリップ博士, ジョン 46,48,50,54,57,116,145
フィンゴー族 53
フェレーニヒンク 146
フォルクスラード「国民議会」 136,137
ブッシュマン → サン人
ブライアン, W. J. 122
ブラジル 91
ブラッド・リバー（血の川） 64,66
ブラワーヨ 146
フランケル, ハーバート 158
ブランド 104,106,107,128
フリア, バートル 109,110,116
フリオ岬 2
ブリグデン・オーストラリア連邦委員会 259
フリュケニアス弁務官 30
フール・トレッカー 55-58, 59-66, 74, 184-185
ブルームフォンテン 129,131,153,208
ブルームフォンテン協約 70
ブルワー, ヘンリー 110
プレトリア 127,129,153,247
プレトリア協定 112-115
プレトリウス, アンドリース 60
「ブンガ」＝トランスカイ総議会 200
ベイカ族 53
ベイト, アルフレッド 97
ベイヤーズ 171
ベチュアナランド 117,131,153,188
ペティー卿, ウィリアム 240
ベドフォード 15
ベルゲン・オプ・ツーム 3
ペルシャ湾 2
ヘルツォーク 151,176,222
法律： 44
　第50号法令 48,49
放浪罪 48,50
ボーア自由民 6,28

ボーア人： 25,28,55-57,59-67,115,116,125,150
ボーア人の単位「ハイド」： 17
牧羊 60,66,71
保護政策 254-259
ポージス, ジュール 98
ボータ, ルイス 151,171
ホッテントット族 → コイコイ人 2
ポート・エリザベス 103,129
ホフマイヤー, J. H. 100,117,126,131,133
ボーモント土地委員会 201,202
ポルトガル人 1
ポルトガル領の先住民労働者 167
ポンド族 76
ポンドランド 77,117

[マーモ]
マグアンベ族 76
マクマード 127
マショナ族 131
マショナランド 131,145
マタベレ（ンデベレ）族 53,63,76,131
マタベレランド 131,145
マラッカ 2-4
マラリア 192
マルティ山脈 64
マレー卿, ジョージ 48
マンタテー族 52,76
南アフリカ医療研究所 164
南アフリカ金鉱会社 123
南アフリカ先住民信託基金 234
南アフリカ連邦 144-155
ミルナー卿, アルフレッド 141-143,148-150
ムジリカーチ 52,63
無断借地人（バイボナー） 188,194,195,205
メイナー, オノレイタス 34,35
メリーランド 6
メリマン, ジョン X. 100,183
モザンビーク 2
モセガ 63
モルティノー, J. G. 100,104,105
モンバサ 2

304　南アフリカ社会経済史

[ヤ・ユ・ヨ]
ヤング，アーサー　27
ヤン・ファン・リーベック　4-6, 21, 149
ユグノー教徒　7, 18, 22
輸出（農産物）　251-252
輸出助成金　252
輸送交通機関　102, 103, 124, 249
輸入　101, 252
羊毛　60, 66, 71, 92
羊毛評議会　251
ヨハネスブルク　134, 144, 150, 156, 196, 208

[ラーロ]
ライズ博士　132
酪農産業管理局　252
酪農産業規制法　251
ラッセル卿　66
ランガリバレレ　105
ランド製錬会社　164
ランド相互保証会社　164
リヒテンシュタイン，M. H. K.　18-19
リポン侯爵　132
リンポポ川　131
レイツ，F. W.　129
レティーフ，ピート　60, 63
労働：　47-50
　「協定」政府の政策　226
　イギリス出身鉱夫　211
　カラー・バー　168-170
　産業界の白人　214-216, 219-221
　産業界のプア・ホワイト　214-221

産業の排他的性質　212
熟練・不熟練労働者　211, 214, 219
ストライキ　169, 172
ダイヤモンド鉱業の白人　98
賃金　73
　定義　267
　白人と先住民　166-174
　文化的労働　208-241
労働（先住民）：　84-88, 197
　金鉱業界の先住民労働　95, 99, 100
　産業界の先住民労働　216-220
　先住民労働の安さ　227
　農業界の先住民労働　194-195
労働組合主義　211, 212, 261-266
労働小作人制度　203
労働者賃金保護法　262
労働党　212
ローズ，セシル・ジョン　97, 98, 115-117, 123,
　131, 135, 139, 145
ロスパーフォンテン農場　221
ロビンソン，J. B.　123
ロビンソン卿，ハーキュリーズ　139
ロベングラ　146
ロヨラ　3
ロンドン・南アフリカ銀行　71
ロンドン協定　117
ロンドン伝道協会　45

[ワ・ン]
ワイン取引　38-40
ンテベレ　→　マタベレ

著者紹介

Cornelis Willem de Kiewiet

1902年オランダ・ロッテルダム生まれ。幼少期に南アフリカ・ヨハネスブルクに移住。地元のウィットウォータースランド大学で南アフリカ史を専攻し、修士号を取得した後、イギリスに渡り、ロンドン大学で歴史学の学位を取得。1929年にアメリカに移住し、アイオワ大学、コーネル大学でヨーロッパ史を講義し、イギリスの植民地史、南アフリカ史を研究した。1951～61年までロチェスター大学の学長を務め、退任後は南アフリカの高等教育のために尽力し、1986年にワシントンで没した。名文家として知られ、本書『南アフリカ社会経済史』は、最良の古典として多くの読者に親しまれた。これ以外には、以下の著作がある。

British Colonial Policy and the South Africa, 1929.
The Imperial Factor in South Africa, 1937.

訳者紹介

野口　建彦（のぐち　たけひこ）

1941年生まれ。慶応義塾大学経済学部卒業。現在日本大学経済学部教授およびTNEIR（経済研究所所長）。ケンブリッジ大学クレアホール・カレッジ、ペンブルック・カレッジの客員研究員。主要な論文に、「二つの帝国主義とオスマン帝国の解体」「カール・ポラニー再考」「19世紀国際通貨会議の歴史的意義」、主要な訳書に、E.J.ホブズボーム『帝国の時代 1・2』みすず書房、K.ポラニー『大転換―市場社会の形成と崩壊』（旧訳版・新訳版）東洋経済新報社がある。

野口　知彦（のぐち　ともひこ）

TNIER研究員。亜細亜大学経済学部卒業。ロンドン大学SOASにて3年間研修。

南アフリカ社会経済史

2010年7月1日　第1版第1刷発行　　　　　　　　　　検印省略

訳　者　　野　口　建　彦
　　　　　野　口　知　彦

発行者　　前　野　　弘

発行所　　株式会社　文眞堂
　　　　　東京都新宿区早稲田鶴巻町533
　　　　　電話　03（3202）8480
　　　　　FAX　03（3203）2638
　　　　　http://www.bunshin-do.co.jp
　　　　　郵便番号（162-0041）振替00120-2-96437

印刷・モリモト印刷　　製本・イマキ製本所
Ⓒ 2010
定価はカバー裏に表示してあります
ISBN978-4-8309-4674-5　C3034